33 | 계명한국학총서

한국족보의 특성과 동아시아에서의 위상

― 계명대학교 한국학연구원 편 ―

계명대학교 출판부

| 계명한국학총서 33 | 한국족보의 특성과 동아시아에서의 위상

동아시아 족보 연구의 새로운 지평

계명대학교와 성균관대학교는 20세기초 이전에 간행된 古本 族譜를 많이 소장하고, 또 족보에 관한 체계적 정리와 새로운 연구를 추진해온 대표적인 대학이다. 본서는 계명대 한국학연구원과 성균관대 동아시아학술원이 한국연구재단 및 계명대 동산도서관의 후원을 받아 지난 2011년 8월 4-5일에 공동 개최한 학술대회의 산물이다.

성균관대 동아시아학술원은 조선시대 호적과 족보의 전산화와 병행하여 자료에 대한 다각적인 연구를 진행하고 있다. 족보에 대해서는 특히 '한국사회장기변동연구팀'이 역사인구학·인구사 및 계보학과 관련한 연구방법론을 시도하고 연구 성과를 국내외에 발표해왔다. 연구자들은 동아시아 족보에 대한 공동연구를 거듭하면서 족보의 다양한 형태와 기능은 물론, 그러한 족보를 만들어낸 다양한 사회구조 및 사회활동에 주목하게 되었다. 또 동아시아 족보에 대한 비교 검토를 통해 한국 족보의 특성을 새롭게 인식하는 계기를 마련하였다.

계명대 한국학연구원은 1970년대 이래 국내외로 한국학의 진흥을 위해 의미 있는 역할을 해온 기관이다. 최근에는 특히 동산도서관에 소장된 고문헌의 발굴 소개와 가치 선양에 적극적인 노력을 기울여, 『계명대학교 동산도서관 소장 고서의 자료적 가치』, 『계명대학교 동산도서관 소장 善本古書 해제집』(1·2·3) 등을 간행한 바 있다. 이는 실로 오랜 기간에 걸쳐 고서의 수집 정리와 보존에 헌신적으로 노력해온 계명대학교 및 동산도서관의 미래를 내다본 안목이 토대가 되었다. 현재 동산도서관에는 古書 72,000여 책이 소장되어 있고 그 가운데 13,000여 책이 族譜다. 다른 분야의 고문헌도 그러하지만, 특히 족보 컬렉션의 수준에 대해서는 국내외 많은 연구자들이 찬탄해하는 바이다. 동산도서관은 收藏 뿐 아니라 학계에의 제공에도 힘을 써 현재까지 『晉陽河氏族譜』를 비롯한 13종의 善本 古書를 '고문헌총서'로 영인 간행한 바 있다. 계명대 한국학연구원은 동산도서관 소장 족보 자료의 학술적 가치를 제고시키고 학계에 기여할 방법을 모색하기 위해 앞으로도 지속적으로 관심을 기울일 것이다. 동산도서관은 2011년 기획학술대회를 기념하여 '족보 특별전시회'를 마련한 바 있었다.

본서는 공동 학술대회 첫 날(성균관대) 발표된 논문 중 한국 족보 관련 논문 2편과, 둘째 날(계명대)의 '한국 族譜의 특성과 연구 과제'를 주제로 발표된 9편의 논문을 한 데 수록한 것이다. 여기 실린 총 11편의 논문에는 풍부한 참고도판과 방대한 양의 도표 등 구체적인 자료들이 제시되어 있다. 자료 실물에 바탕하고 이론적 모색을 아우른 구체성을 띤 연구서가 되었다. 내용상으로도 족보의 제반 특성을 개괄하는 논문과 특수한 영역을 세밀하게 보여주는 논문이 조화롭게 交織되었다.

먼저 미야지마 히로시 교수의 「동아시아 세계 속의 한국 족보」는 한중일 삼국과 베트남, 류큐 등 동아시아 세계가 이룩해온 족보의 다양한 모습과 각각의 특징을 전체적으로 조망하는데 크게 도움이 된다. 장인진 박사는 동산도서관에 소장되어 있는 2,386종 13,150책에 이르는 족보의 현황과 특징을 구체적으로 보여준다. 사진과 도표 등 대량의 자료는 그것만으로도 중요한 의미를 띨 것으로 생각된다. 한국 족보의 역사와 현황 및 종류, 그리고 연구 전망을 정리하고, 지금까지 이루어진 족보 관계 연구 목록을 보여준 권기석 박사의 논문은 앞으로 이 방면 연구자들이 필수적으로 참고해야 할 자료가 될 것으로 보인다.

족보 중에 특별한 성질을 갖는 黨派譜와 왕실 보첩류에 대한 연구와 함께, 조선후기 족보를 통해서 본 인쇄 문화사와 中人의 사회적 지위, 고문서에 나타난 족보 편찬 과정에서의 분쟁 등은 하나하나가 모두 처음 시도된 독창적이고 중요한 연구 성과들이다. 또 정승모 선생의 논문은 파주, 안성, 군포 등지에 오랜 세월 세거한 여러 성씨의 이동 사례에 대한 구체적인 분석을 통해서 족보가 지역사 연구에서 어떤 역할을 할 수 있는가를 보여주었다(애석하게도 정승모 선생은 본서의 출간을 보지 못하고 작년 말 不意의 병으로 幽明을 달리하셨다. 역사민속학 분야에 큰 업적과 열정을 남기고 가신 고인의 명복을 빈다). 아울러, 1600년頃이라는 특정 시점을 설정하고 그 시점에서 편찬된 족보의 형태와 특성을 분석한 손병규 교수의 논문과, 1700년 이후 250년간 9개 가문의 족보에 나타난 死亡力을 분석한 박희진 교수의 논문은 족보연구의 방법과 방향이 기존의 인문학적 연구에서 사회과학적 연구와 활용으로 크게 확장된 양상을 보여준다. 또한 손교수의 논문은 계명대 동산도서관이 소장하고 영인하여 학계에 제공한 『晉陽河氏族譜』(2권2책, 1606년 海印寺 刊)를 연구의 주자료로 삼았다. 향후 兩校가 족보 연구를 공동으로 하고, 先導해 나갈 기대를 實例로 보여주었다.

한국 사회에서 족보에 대한 인식은 늘 명암이 병존해왔음은 주지의 사실이다. 족보는 주로 역사학과 한문학 분야에서 연구의 보조 자료로 활용되어 왔다. 정작 족보 그 자체에 대한 연구는 이제 시작이라고 해야 할 형편이다. 그 역기능의 현재성에서 기인한다고 말할 수 있을 것이다. 宗族의 내적 결속은 족보가 갖는 기본적인 목적인 바, 그것이 초래한 갖가지 부작용은 이미 오래 전부터 지적되어 온 터이고 현재도 목도하기 어렵지 않은 일이다. 하지만 譜學의 전통이 거의 사라진 시점에서 시작된 족보 연구는 독립 학문으로 성장하고 자리 잡을 큰 잠재력을 갖고 있다. 최근 '韓國系譜硏究會'의 발족(2010년)은 바로 독립 연구의 필요성에서 결성된 것이다. 이제 族譜 또는 譜學의 연구는 그 시각과 대상을 동아시아뿐만 아니라 더 크게 세계로 잡고, 우리 전통에 기반을 둔 튼튼한 학문으로 성장해야 할 것이다. 본서가 하나의 礎石이 될 수 있기를 기대한다.

끝으로 계명대 한국학연구원과 성균관대 동아시아학술원의 공동 학술대회 개최에 크게 기여하신 이윤갑, 신승운 원장님 및 족보 자료 전시회를 마련해주신 계명대 동산도서관 관계자 여러분, 학술대회 준비부터 본서의 간행까지 큰 수고를 해주신 김보경연구원께 깊은 감사를 표한다.

2013년 7월

집필자를 대표하여 김영진 씀

Contents

한국족보의 특성과 동아시아에서의 위상

동아시아세계 속의 한국 족보 | 宮嶋博史

동아시아세계 속의 한국 족보*

—

宮嶋博史

Ⅰ. 머리말

중국 송나라시대에 시작된 족보(소위 근세족보)의 편찬과 간행은 그 이후 주변의 동아시아 지역으로 보급, 확산되어 갔다. 그 중에서도 한국은 과거에 있어서도 현재에 있어서도 족보의 편찬·간행이 가장 왕성한 지역일 뿐만 아니라 족보의 고향인 중국을 능가하는 성행을 보이게 되었다. 그리고 이러한 한국의 족보 성행은 중국과 한국의 유사성, 즉 부계 혈연 조직의 광범위한 존재라든가, 과거제도가 오랫동안 존재했던 것이라든가 하는 유사성을 나타내는 현상으로 이해되어 왔다.

그러나 이러한 이해는 중국과 한국의 족보를 상세하게 비교·검토한 결과에 근거한 것이라기보다는 주로 족보 형식의 유사성에 근거했을 뿐이며 애매한 이해에 지나지 않는다. 양국의 족보를 비교한 연구로서는, 한국의 송준호와 최양규, 그리고 일본의 스에나리 미치오(末成道男)의 연구가 있기는 하지만[01], 본격적인 비교 연구는 향후의 과제로서 남아 있다. 또한 송준호와 스에나리의 연구는 양자의 차이점에 대해 각각 중요한 지적을 했는데, 주로

---

* 이 논문은 2007년 정부(교육과학기술부)의 재원으로 한국연구재단(구 학술진흥재단)의 자원을 받아 수행된 논문임(NRF-2007-361-AL0014)

01 송준호. 1980.「한국에 있어서의 가계기록의 역사와 그 해석」.『역사학보』87. 역사학회. (송준호. 1987.『조선사회사연구』. 일조각에 재수록); 최양규. 2007.「중국족보와 조선족보의 비교연구」. 홍익대 박사학위논문.; 末成道男. 1995.「ベトナムの『家譜』」.『東洋文化研究所紀要』127. 東京: 東京大學東洋文化研究所.

족보의 체제나 내용적인 차이에 주목한 것으로서 족보가 가진 사회적 기능과 관련시켜 비교하는 관점은 희박하다.

따라서 본고에서는 한국의 족보를 중국 및 다른 동아시아 지역의 족보와 비교하면서, 그 특징을 고찰해 보려고 한다. 그리고 한국 족보의 특징을 족보가 가진 사회적 기능과 관련시켜 검토하고자 하는데, 이는 한국 사회의 특징을 이해하는 데 도움이 되리라 생각한다.

Ⅱ. 중국의 족보와 그 특징

1. 근세 족보의 탄생

주지하는 바와 같이 지금과 같은 형식의 족보는 중국 송나라시대에 와서 편찬이 시작되었다. 歐陽脩와 蘇洵이 편찬한 족보가 그 효시로 간주되어 왔는데, 이러한 족보가 중국의 주변 지역, 즉 한반도, 베트남, 류큐(琉球), 일본 등에 전파되어 갔다. 그 중에서 지금도 족보가 편찬되고 있는 지역은 중국, 한국, 베트남, 류큐(오키나와)이다. 각 지역의 족보는 공통성을 갖고 있는 반면에 지역 마다 독특한 성격을 가지고 있다. 그래서 먼저 동아시아 족보의 원형이 된 중국·송나라시대 이후의 이른바 근세 족보의 특징과 그 의미를 논하겠다.

중국에 있어서 가계 기록은 긴 역사를 가지고 있다.[02] 종법 제도가 확립된 주나라 시대에 벌써 譜牒이라고 하는 가계기록이 작성되었고 전국시대부터 진·한 제국 시대에는 그 편찬이 쇠퇴했지만, 후한 이후 호족 세력이 성

02 중국 기계기록의 역사에 관해서는 서양걸 저. 2000.『중국가족제도사』. 윤재석 역. 아카네 참조.

장하면서 재차 보첩의 편찬이 활발해졌다고 한다. 특히 호족 세력이 강하던 위진남북조 시대에는 그 최성기를 맞이했는데, 이 시기의 보첩에는 세 가지 종류가 있었다. 하나는 家傳으로 불리는 것으로, 일족 중에서 특히 걸출한 행적이 있던 인물의 전기를 기록한 것이다. 둘째로는 單姓家譜라고 하는 것으로, 송나라 시대 이후의 근세 족보의 원형이라고도 할 수 있는 것이다. 이것은 저명한 일족이 그 구성원 전체를 대상으로 기록한 가계기록으로서 현존하는 것은 없지만 일족의 혈연관계와 각자의 개인정보가 기록되었다. 셋째의 유형이 이 시대의 전형적인 보첩으로서, 簿狀 또는 譜籍이라고 불리는 것이다. 이것은 전국적 규모 또는 군 등의 지방 단위로 저명한 일족을 망라하는 형태로 편찬된 것으로서, 정부 기관에 의해서 편찬되었다. 「天下望族譜」라든지 「某郡 望族譜」등의 명칭을 가진 것이 이 유형에 해당되는데, 이러한 가계기록이 편찬된 이유는 이 시기의 관료 등용에 있어서 九品官人法으로 상징되는 바와 같이 문벌을 중시한 제도가 실시되어 있었기 때문이었다. 정부는 관료의 등용이나 혼인의 허가를 하는데 있어서 이러한 기록을 참조했던 것이다.

이상과 같은 가계 기록의 긴 역사 속에서, 당나라 시대 중기 이후의 혼란기를 거치는 가운데 그 때까지의 가계기록, 특히 정부가 편찬하던 부장 혹은 보적이라고 하는 유형의 가계 기록은 완전히 사라지게 된 한편, 단성가보의 계보를 이은 족보가 송나라시대 이후 새로운 형식으로 편찬되게 되었던 것이다.

2. 근세 족보와 그 사회적 기능

중국의 근세 족보는 세계 각 지역에서 다양하게 작성되어 온 가계기록 중에서 아주 특이한 성격을 가지는 가계기록이라고 할 수 있다. 그 특이성을 가장 단적으로 나타내는 것이 양적인 방대함이다. 수권으로부터 큰 것으로는 수십 권에 이르는 것까지, 또한 수록된 인원의 수에 있어서도 만 명을 훨씬 넘는 경우를 많이 볼 수 있는데, 어째서 이와 같이 방대한 가계기록이 작성되게 된 것일까?

중국의 족보가 방대한 분량이 되는 것은 어느 개인으로부터 출발해서 그 후손(남성계 후손에 한정되지만)을 모두 망라하는 것을 원칙으로 했기 때문이다. 세계의 가계기록의 대부분은(나중에 보듯이 류큐나 에도시대 일본의 족보가 그렇지만) 후손 중의 특정된 가계만을 선택적으로 기록하는 것이 일반적이다. 이러한 형식은 가계기록이 작성된 당시의 인간을 기점으로 해서 그 인물의 직계 조상을 소급적으로 기록하는 형식이며 가계기록의 흐름은 아래 세대부터 위세대로 올라가는 것이다. 그에 비해서 중국의 족보는 조상을 기점으로 해서 그 방계의 후손까지도 모두 수록하므로 방대한 분량이 되지 않을 수 없는 것이다. 중국의 족보에서도 실제로는 족보 편찬 당시의 인간이 기점이지만, 형식적으로는 조상을 기점으로 해서 그 후손을 모두 수록하는 형태를 갖고 있는 것이다.

그러면 무엇 때문에 중국의 족보는 이러한 형태를 가지게 된 것일까? 또한 중국 족보의 영향을 받으면서 편찬되게 된 동아시아 다른 지역의 족보는 그 수록 대상에 있어서 중국과 같은 것일까? 이러한 문제가 동아시아 각 지역의 족보를 비교하는데 핵심적인 내용인 것과 동시에, 족보를 낳은 각 지역의 신분제 및 가족·친족 제도의 특징을 이해하는데 있어서 결정적으로 중요한 첫 번째 내용이라고 생각할 수 있다.

중국의 족보에 수록된 내용은 족보 마다 다양하지만, 항목적으로 보면 서문, 범례(족보의 편찬 방침 등이 기술된다), 世系圖, 世表圖, 別傳·墓誌(일족 중에서 특히 현저한 공적이 있던 인물을 대상), 祠堂記·祠規, 家規·宗約, 家訓·家範, 義田記·義莊記, 墓記·墓圖, 藝文·著作 등의 부분으로부터 구성되어 있다[03]. 사당이란 일족의 조상을 모신 건물이며, 의전·의장은 일족의 공유재산으로서 설정된 토지이다. 사당이나 의전 등을 가지고 있다는 것이 족보의 편찬과 함께 일족의 결속을 가시적으로 보여주는 장치였다.

다양한 족보의 내용 중에서 가장 중심적인 위치를 차지할 뿐만 아니라 양적으로도 제일 많은 부분을 차지하는 것이 세계도와 세표도이다. 세계도는 시조로부터 시작되어 후손들의 계보 관계를 계도로서 표시한 것인데 대해 세표도는 각 세대마다 그 세대에 속하는 인물을 출생순서에 따라 각자의 전기를 기록한 것이다. 세계도에도 각자의 전기 등이 기재되므로, 중국의 족보에서는 세계도와 세표도이라는 두 개의 부분에 전기가 기록되게 된다.

세계도와 별도로 세표도가 만들어진 것은 다음과 같은 이유에 의해서이다. 세계도에서는 같은 세대의 인간이 장남의 후손, 차남의 후손이라는 식으로 형제의 순서에 따라서 기록되는데, 이 순서는 출생 순서와는 일치하지 않는다. 왜냐하면 차남, 삼남 등이 장남보다 먼저 아이를 얻는 경우가 있기 때문이다. 그에 비해서 세표도에서는 같은 세대의 사람들이 출생순서에 따라 기록되므로 같은 세대의 사람들의 연령 고하를 한눈에 파악할 수 있다.

중국의 종족에서는 같은 세대에 속하는 인물들의 이름에서 같은 한자를 공유하는 일이 일반적이다. 이것을 輩行字라고 하는데, 예를 들어 '淳'이라는 배행자의 경우, 출생순서에 따라 淳一, 淳二, 淳三과 같은 식으로 이름을 붙이는 경우를 많이 볼 수 있다. 세대가 내려가면 같은 세대에서도 많은 사람들이 포함되기 때문에 淳百十一, 淳百十二 등의 이름도 실재하는 것이다. 세표도에서는 그들이 淳一로부터 차례로 기록되므로, 같은 세대 내의 출생

---

03 중국 족보의 구성에 관해서는 타가 슈고로(多賀秋五郎). 1960.『宗譜の研究 資料篇』. 東洋文庫 참조.

순서를 한눈에 알 수 있다는 말이 된다.

우에다 마코토(上田信)는 중국의 가족·친족 제도의 특징을 태국 및 일본의 그것과 비교한, 흥미로운 견해를 발표한 적이 있다.[04] 우에다에 의하면 중국의 가족·친족 제도에서는 세대와 연령의 높낮이라고 하는 '형용사적' 관계가 중요하고, 동일 세대의 사람들 사이에서는 연령으로 질서가 형성되기 때문에, 세계도와는 별도로 세표도가 필요하게 된 것으로 이해할 수 있다. 중국의 족보에서 가장 중심을 이루는 이 세계도와 세표도의 부분이 다른 동아시아 각 지역의 족보에 있어서 어떻게 변용하는지, 이것이 족보의 성격을 비교하는데 있어서 결정적으로 중요한 또 하나의 문제임은 나중에 보는 그대로이다.

그런데 앞에서 지적한 것처럼, 중국 족보의 최대 특징은 그 양적 방대함에 있는데, 그 이유가 중국에 있어서 왜 송나라시대 이후 족보가 본격적으로 편찬되게 되었는가라고 하는 문제와 밀접한 관련을 가진다. 송나라시대 이후가 되면서 족보가 편찬되게 된 것은 단적으로 말해서 과거제도의 실시와 그에 따른 지배층의 존재 형태의 변화 때문이다. 즉, 과거제도가 확립됨에 따라서 지배층은 그 지위를 세습적으로 유지하는 일이 제도적으로 불가능하게 되었는데, 이러한 변화에 대응할 수 있기 위해 등장한 것이 같은 조상을 공유하는 부계 혈연집단인 종족 조직이었으며 그 구성원의 명단으로서 족보를 편찬하게 된 것이다. 종족이라는 큰 집단을 결성하면서 그 중에서 계속해서 과거 합격자가 배출되도록 함으로써 합격자 본인뿐만이 아니라 종족의 구성원들이 전체적으로 높은 사회적 지위를 확보하려고 했던 것이다. 그 때문에 방계 후손까지 망라한 방대한 족보를 편찬할 필요가 있었다고 생각할 수 있다.[05]

세계 각 지역의 다양한 가계도는 많은 경우 지배층이 그 지위를 과시하

---

04 上田信. 1995.『伝統中国:「盆地」「宗族」にみる明清社会』. 講談社.
05 井上徹 2000.『中国の宗族と国家の礼制: 宗法主義の視点からの分析』. 研文出版.

기 위해 만들어졌으며 가계도를 가진다는 것, 혹은 가계도에 자기 이름이 기재된다는 것이 그 사람의 사회적 지위, 신분을 표시한다는 의미를 갖고 있었지만, 그에 비해서 중국의 족보는 비신분제적 사회인 중국에 어울리는 가계 기록이며, 족보의 편찬이나 족보에의 등록이 신분을 표시하는 의미는 없었다. 방대한 인원이 족보에 수록되는 것도 그것이 신분제와는 직접 결합되지 않았기 때문에 가능했다.

중국의 족보와 관련해서 한 가지 더 지적해 두고 싶은 것은 족보의 편찬이 청나라시대에 들어가면서 크게 확대되기에 이르렀다는 것이다.[06] 즉 송나라시대부터 명나라시대 중기에 걸쳐서는 족보의 편찬은 사대부를 낳은 종족으로 한정되어 있었다고 말할 수 있는데, 점차 과거 합격자를 갖지 못한 종족이라도 족보를 편찬하게 되었다. 이것은 엘리트층의 가족·친족 규범이 사회 전체에 확산해 나가는 경향을 단적으로 나타내는 현상인데, 중국만이 아니라 다른 동아시아 지역에서도 공통적으로 볼 수 있는 현상이다.

Ⅲ. 동아시아 족보의 비교론

중국의 영향을 받으면서 다른 동아시아 지역에서도 족보가 편찬되게 되었는데 각 지역의 족보를 비교해서 일람표로 표시하면 〈표 1〉과 같다. 이 표를 근거로 해서 각 지역의 족보의 성격이 사회구조나 신분제의 성격과 어떠한 관련을 갖고 있는지에 대해서 논하기로 한다.

---

06 瀨川昌久. 1996.『族譜 : 華南漢族の宗族·風水·移住』. 風響社.

<표 1> 동아시아 족보 비교표

지역	중국	한국	베트남	류큐	일본
특징적인 명칭	宗譜	世譜	家譜	家譜	家譜
편찬주체	민간	민간	민간	정부	정부 및 민간
족보 수록 범위	후소 전체	후손 전체	후손 전체	직계 후손	직계 후손
세계도	있음	있음	없음	간략	있음
세표도	있음	없음	있음	있음	없음

우선 명칭에 대해 비교해 본다. 류큐와 일본을 제외해서 족보라고 하는 명칭이 동아시아의 어느 지역에서도 널리 사용되고 있지만, 실제로 편찬된 족보의 이름을 보면, 지역 마다 특징적인 이름이 존재했다는 사실을 발견할 수가 있다. 중국에서는 宗譜라는 명칭이 그런 것이며 베트남과 일본에서는 家譜라고 하는 명칭이 일반적이고 류큐에서는 모두 가보라고 하는 명칭으로 통일되고 있다. 그에 비해서 한국의 경우는 世譜라는 이름을 가진 족보가 많다는 특징을 지적할 수 있다.

이러한 명칭의 차이는 우연한 현상이 아니라 각 지역 족보의 성격과 밀접하게 관련된 현상이라고 생각할 수 있다. 중국에서 종보라고 하는 명칭이 많이 사용되는데 문자 그대로 종족의 명단으로서 족보의 성격을 단적으로 나타내는 명칭이라고 할 수 있다. 그에 비해 베트남에서는 가보라는 명칭이 일반적인데 스에나리가 지적했듯이 족보에 수록되는 범위가 좁다는 것을 의식한 명칭이었다고 생각할 수 있다.07 류큐나 일본에서도 가보라고 하는 명칭이 사용되지만, 이것은 류큐나 일본의 족보가 문자 그대로 이에(家)의 계도로서, 부계 혈연집단 구성원의 명단이라는 족보 본래의 성격과는 근본적으로 다르기 때문에 생긴 차이다.

다음으로 족보의 내용을 비교해 보면, 베트남의 족보는 세계도가 없는

07 末成道男. 앞의 논문 참조.

것이 일반적이며 세표도가 족보의 중심을 이루고 있다. 이 점은 류큐의 족보와 닮았는데 류큐의 족보에는 세계도가 반드시 포함되어 있기는 하지만 극히 간단한 것으로서, 족보의 압도적 부분을 세표도가 차지하고 있다.

베트남의 족보에서 세계도가 결여된다는 것은 가보라는 명칭이 족보 수록 범위의 좁음을 반영한 것과 같은 이유에 의한 현상일 것이다. 베트남의 족보에 수록되는 일족의 구성원은 보통 마을의 범위를 넘지 않다고 여겨지는데, 이러한 좁은 지역의 인간만이 수록되기 때문에 수록 인원도 적고, 조상으로부터의 계보 관계를 일부러 나타낼 필요가 없었다고 생각할 수 있는 것이다. 그 반대로 세표도 부분에 기록된 개인의 정보는 대단히 풍부하고, 친한 조상을 후손들이 기억한다는 성격이 강한 족보라고 말할 수 있다.08

류큐의 족보에서는 첫 부분에 간단한 세계도가 기재되어 있는데 베트남과 마찬가지로 수록 범위의 협소함을 반영해서 몇 장 분량 밖에 되지 않는다. 그것보다도 류큐 족보의 세계도에서 크게 주목해야 될 특징은 중국이나 베트남의 족보와 달리 방계 후손이 족보에 수록되지 않다는 일이다. 즉 세계도와 세표도에 수록되는 사람들은 각 세대의 가계 계승자와 그 형제, 자매뿐이고, 가계 계승자가 아닌 사람들의 후손, 즉 방계 후손은 수록되지 않는 것이다.

류큐 족보의 이러한 특징은 류큐가 신분제 사회이었다는 데에 그 원인을 찾을 수 있을 것이다. 류큐에서 족보가 편찬되게 된 것은 17세기가 되면서부터인데, 系圖座라고 하는 정부의 기관에 의해서 작성되어 사족 신분의 표상으로서의 의미를 가졌던 것이다. 따라서 족보를 가지는 사람이 사족이었으며, 사족 이외의 사람들은 족보를 가질 수가 없었다는 이야기인데, 즉 족보의 유무가 그 사람의 신분을 판별하는 기준으로 간주되었던 것이다. 방계 후손들이 족보에 수록되지 않다는 것도 그들이 사족으로서의 신분을 갖지

---

08 베트남의 족보는 하노이에 있는 漢喃연구원에 많이 소장되고 있다. 그 일부분을 복사한 것을 성균관대 동아시아학술원 존경각 도서실에서 열람할 수 있다.

못했기 때문이며, 방계 후손 중에서 무언가 특별한 공적을 올려 사족 신분이 된 사람이 생겼을 경우에는 그 사람을 기점으로서 또 다른 세계도가 작성되었다. 그리고 류큐 족보의 세표도에는 개인의 자세한 이력이 기록되었는데, 그것은 정부가 작성한 인사 기록으로서 공적인 성격을 갖고 있었다. 류큐의 족보가 이렇게 공적인 성격을 가진 것이었기 때문에 그 위조를 막기 위해 많은 官印이 찍혔다.

앞에서 지적한 것처럼, 중국의 족보는 비신분제적인 성격을 가진 중국 사회에 어울리는 형식을 갖고 있었는데, 신분제 사회인 류큐에 있어서는 족보라고 하면서도 중국의 그것과는 매우 다른 성격을 가진 것으로서 작성되었다고 말할 수 있다.09

류큐 족보의 위와 같은 특색은 에도(江戸)시대 일본의 가보에 대해서도 지적할 수 있다. 일본의 가보는 류큐와 달리 세계도 만으로 구성돼 세표도가 없는 형태이지만 세계도에 방계 후손이 수록되지 않다는 면에서 류큐와 마찬가지이다. 그것은 에도시대의 일본이 전형적인 신분제 사회이었기 때문에 당연한 일이었다. 또한 일본의 경우, 가보의 편찬 주체는 류큐처럼 정부에 일원화되지는 않고 민간에서 독자적으로 작성되기도 했지만, 그 대다수는 도쿠가와 막부(徳川幕府)나 다이묘(大名)에 의해서 편찬된 것으로서, 이 점에서도 류큐와 비슷하다고 할 수 있다. 가보가 신분 표시의 의미를 강하게 띠고 있었기 때문이다.10

---

09 류큐의 가보는 www.geocities.jp/ryukyu_history/ryukyukafu를 통해서 볼 수가 있다.

10 도쿠가와 막부에 의해 1812년에 완성된 『寛政重修諸家譜』가 그 대표적인 것이다. 이 책은 그 당시의 다이묘 등, 최상층 무사들의 가계기록을 집대성한 것으로서, 국립 중앙도서관의 홈페이지를 통해서 열람할 수 있다.

Ⅳ. 한국 족보의 동아시아적 위치

1. 족보와 신분제

이상에서 중국의 족보와 비교하여 베트남, 류큐, 일본의 족보를 비교, 검토하였는데, 이 결과를 기초로 하여 한국 족보의 특색을 검토해 보겠다. 한국의 족보는 베트남이나 류큐와 반대로 세계도가 주체이며, 세표도는 극히 예외적으로 작성되었을 뿐이다.[11] 그리고 중국과 마찬가지로 방계 후손까지 포함한 방대한 인원이 수록된다. 그러한 의미에서는 동아시아 각 지역 중에서도 중국의 족보와 가장 가까운 족보가 편찬 되었다고 생각할 수 있지만, 여기서 한 가지 의문이 생긴다. 즉 중국에 있어서 방계 후손까지 포함한 방대한 인원이 족보에 수록된 것은 중국사회의 비신분적인 성격과 깊은 관계를 가진 현상이라고 할 수 있는데, 통설적으로 강고한 신분제가 존재했다고 여겨지는 조선시대에 있어서 왜 중국과 마찬가지로 방계 후손까지 포함한 족보가 편찬 되었는가 라는 의문이 제기되는 것이다. 이 의문을 풀기 위해서는 조선시대 신분제의 특색을 생각해야 한다.

류큐나 일본의 가보에 방계 후손이 수록되지 않다는 일은 그들이 조상의 신분을 계승하지 못했기 때문이었다. 바꿔 말하면 부친의 신분을 계승할 수 있는 사람은 아들들 중에서 한 명뿐이었으므로, 가보에는 신분 계승자의 계보만이 기록되었던 것이다. 그런데 조선시대에는 부친의 양반이라는 신분을

---

11 한국의 족보에서 세표도 형식을 가진 족보로서는 남평 문씨, 은진 송씨 집안에서 만들어진 족보 중의 일부가 해당된다. 그러나 이 경우도 각 세대의 배열 순서는 중국과 같이 출생 순서가 아니기 때문에 세표도 원래의 기능을 가질 수가 없었다고 생각된다. 한국에서 작성된 족보 중에서 출생순으로 구성된 세표도를 가진 족보러서는 유일하게 『皇朝遺民世系源流譜』(1828년, 한국학 중앙연구원 장서각 소장)를 들 수 있다. 이 족보는 임진왜란 때 명나라 장병으로서 참전했다가 나중에 조선에 귀화한 사람들의 족보를 모은 것으로서, 그 때문에 중국적인 족보의 형식이 채용되었다고 추측할 수 있다.

아이들은 동일하게 계승할 수 있던 것이기 때문에 족보에 방계 후손들도 수록되었다고 생각할 수 있다. 따라서 양반 신분이 가진 이러한 성격 때문에 신분제 사회이면서도 비신분제적인 중국의 족보와 같이 방계 후손까지 포함한 족보가 작성되었던 것이다.

류큐나 일본과 같이 전형적인 신분제 사회에 있어서는, 신분의 계승이라고 하는 것은 단지 부친의 사회적 지위의 계승을 의미했을 뿐만 아니라, 정치적, 경제적 지위의 계승도 의미했다. 예를 들어 다이묘의 계승이라는 것은 다이묘가 가진 모든 권한을 계승하는 것으로서, 따라서 그것은 당연히 한 명만이 계승할 수 있는 것이었다.

그에 비해서 조선시대 양반의 지위 계승은 완전히 다른 것이었다. 즉 그것은 어디까지나 양반이라는 사회적 지위의 계승에 지나지 않았던 것으로서, 예를 들어 부친이 재상의 지위에 있었다고 해도, 아들이 그 지위를 계승할 수는 없었다. 계승할 수 있는 것은 지역사회에 있어서 양반으로서의 대우를 받는 것과 국가에 대한 역 부담을 면제 받는 특권을 향유하는 정도이였다. 바꿔 말하면 그다지 굉장한 특권을 인정받지 못했기 때문에 양반으로서의 지위가 모든 아들들에게 계승될 수 있었던 것이며 따라서 양반이라고 해도 그 내부에서 격렬한 경쟁이 존재했던 것이다. 또한 19세기 이후 양반의 격증 현상이라는 사태가 생기게 된 것도 양반이라는 지위의 이러한 특징에 유래하는 것이었다.[12]

---

12 조선시대의 신분제 문제에 대해서는 宮嶋博史. 2003.「조선시대의 신분, 신분제 개념에 대하여」.『大東文化硏究』42. 성균관대 대동문화연구원 참조.

2. 족보의 사회적 기능

다음으로는 한국에서 왜 다른 동아시아 지역보다도 족보가 활발하게 편찬되게 되었는지, 이 문제를 생각하기로 한다. 이 문제를 풀기 위해서는 중국과 한국의 족보를 조금 더 자세하게 비교할 필요가 있다.

한국의 족보에 대해서는 다음과 같은 이해가 일반적인 것 같다. 즉 17세기를 전후해서 족보의 내용이 크게 바뀐다는 것, 17세기 이전의 족보에는 남성 계열의 후손뿐만이 아니라 여성 계열의 후손도 수록되었는데, 그것은 당시의 쌍계적인 친족 관념을 반영한 것이었다는 것, 17세기 이후에 작성된 족보에는 여성 계열 후손의 수록 범위가 점차 축소되어 가면서 남성 계열 중심의 내용으로 변화했는데, 그것은 주자학의 보급, 부계 혈연 조직의 강화 등에 의한 현상이었다는 것, 등의 이해가 그것이다. 따라서 17세기 이전의 족보는 중국의 족보와 크게 차이가 있었지만 17세기 이후의 족보는 기본적으로 중국과 동일한 성격의 족보가 편찬되기에 이르렀다고 이해되고 있다. 그러나 이러한 이해에 대해서는 몇 가지 의문점을 제기할 수 있다.

중국 족보와 비교했을 경우, 한국 족보 최대의 특징이라고 할 수 있는 것은 혼인 관계에 관한 기록이 대단히 중시되었다는 것이다. 예를 들어 일족의 남성 구성원의 경우 그 배우자의 부친(장인)의 성명과 본관이 반드시 기재되었고 여성 구성원의 경우도 결혼상대(그 일족에서 보면 사위)의 성명과 본관이 반드시 기재되었다. 중국의 족보에서도 배우자의 부친이나 사위의 성명이 기재되는 경우가 없지는 않지만, 한국처럼 일반적이었다고는 말하기 어렵다. 배우자에 관해서는 성만을 기재하는 경우나 성마저도 기록되지 않은 경우를 많이 볼 수 있다. 그에 비해 한국의 경우는 일족의 혼인 상대가 어디의 누구인지를 족보에 기재하는 것이 원칙이었으며, 그 기재가 없는 것만으로도 일족의 위신이 의심되는 경우도 많았다.

이와 같이 장인과 사위가 반드시 기재되었기 때문에 기묘한 현상이 일어나게 된다. 즉 어느 A 부계 혈연집단의 족보이면서도 그 족보에 고유 명사로서 등장하는 인물의 과반이 다른 성을 가진 인간이라는 현상이 필연적으로 생기게 되는 것이다. 그 극단적인 예가 17세기 이전의 족보이다. 그곳에서는 여성 계열의 자손(외손)도 판명되는 한 모두 수록하는 것을 원칙으로 했기 때문에, 족보에 수록되는 인물의 대다수가 다른 성의 인간이 되는 것이다. 예를 들어 현존하는 가장 오래된 족보인 「안동권씨성화보」(1476년)에는 전부 약 9,000명을 넘는 인물이 등장하지만, 그 중 안동권씨에 속하는 남성은 380명밖에 안 되는 것이다. 그리고 이런 현상은 17세기를 전후해도 변하지 않았던 것으로서, 따라서 17세기를 전후해서 족보의 성격이 근본적으로 변화했다고 하는 종래의 이해는 재고되지 않으면 안 된다.

그러면 무엇 때문에 한국의 족보에서는 혼인 관계의 기재가 중시되었던 것일까? 그것은 한마디로 말하면, 족보를 편찬한 일족의 사회적 위신이 혼인 관계를 통해서 밝혀졌기 때문이다. 즉 일족이 어떠한 일족과 혼인 관계를 맺어 왔는지가, 그들의 사회적 지위, 양반으로서의 격(반격)을 판단하는 결정적인 기준의 하나였던 것이다.

이렇게 생각하면 17세기 이전의 족보에 대해서도 새롭게 해석하는 일이 가능하게 된다. 여성 계열의 후손도 모두 수록한다는 것은 지금까지의 이해처럼 쌍계적인 친족 관념의 반영인 것이었음은 확실하겠지만, 그렇다고 해서 당시 족보에 수록된 사람들의 사이에 어떠한 친족조직이 존재했다고 생각할 수는 없다. 왜냐하면, 족보에 수록된 범위가 너무 광범위하기 때문이다. 예를 들어 친손자의 친손자와 외손의 외손까지 포함한 친족조직이 존재했다는 것은 너무나 비현실적인 이야기다. 17세기 이전의 족보에 여성 계열의 후손까지도 수록한 것은 그들이 사회적으로 높은 지위에 있는 인물이었기 때문이며 「안동권씨성화보」의 서문에서 편찬자의 한 명이던 徐居正이 「이 족보에 수록된 인물만으로, 정계의 중요 인물이 거의 망라되었다」라고 자랑

한 것은 족보의 성격을 단적으로 보여주고 있다.

따라서 한국의 족보는 名族譜로서의 성격을 기본적으로 가지고 있었다고 생각할 수 있다. 대략적으로 생각하면 족보에는 두 가지 기능이 있었다고 말할 수 있다. 일족의 결속을 강화한다는 대내적 기능과, 일족의 사회적 지위를 과시한다는 대외적 기능이 그것이다. 어느 족보도 많든 적든 간에 이들 두 가지 기능을 겸비하고 있다고 말할 수 있겠지만, 중국의 족보는 대내적 기능이 상대적으로 강했다고 생각할 수 있다. 家規나 宗約이라고 하는 명칭을 가지는 일족의 규칙이 중국의 족보에서는 큰 분량을 차지하면서 아주 상세한 규칙이 정해져 있는 경우가 많을 뿐만 아니라 그것을 위반했을 경우 그 집안으로부터 추방하겠다고 명기되어 있는 예를 많이 볼 수 있다. 그것은 집안이 항상 분열의 가능성을 가지고 있기 때문이라고 여겨지는데 그만큼 대내적인 결속을 강화하는 필요성이 강했던 것이다. 더 붙여서 말하면 베트남의 족보도 대내적인 기능이 우월했다고 생각할 수 있다.

그에 비해서 한국의 족보는 대외적인 기능이 상대적으로 강했다고 생각할 수 있는 것 같다. 한국의 동일 성관집단에서는 종손이라고 하는 중심선이 존재했기 때문에, 중국의 종족보다는 안정성을 가질 수 있었고 일족의 결속을 규약 등에 의해서 규제하지 않아도 되었던 것이다. 한국의 족보에도 일족의 규약이 실리는 경우가 많지만, 대부분 아주 간략한 내용에 불과하다. 대외적 기능이 강했다는 면에서 한국의 족보는 류큐나 일본의 가보와 비슷하지만 류큐나 일본의 가보가 기본적으로 정부의 공적 기록으로서의 의미를 가지고 있었던 것과 비교하면 한국의 족보는 사적으로 편찬되었다는 점에서는 차이가 난다.

현재의 동아시아에 있어서 족보가 가장 많이 편찬되고 있는 지역은 한국이다. 마크·피터슨이 말한 것 같이[13] 가계 기록을 작성하기 위해서 소비된 국민 일인당 종이의 양을 보면 한국은 세계 제일이라고 생각되는데, 이와

13 마크 피터슨 저. 2000. 『儒教社會의 創出: 조선중기 상속제와 입양제의 변화』. 김혜정 역. 일조각.

같이 오늘 날에도 대량의 족보가 편찬되고 있는 것은 한국의 족보가 대외적인 기능이 강하다는 것과 동시에 사적으로 편찬 되는 것이었다는 전통에 의한 것이기도 하다.

3. 다양한 가계 기록과 그 의의

이상 말한 것처럼, 한국의 족보는 기본적으로 명족보로서의 성격을 가지고 있다고 생각할 수 있는데, 그것과 관련해서 흥미로운 현상은 족보 이외의 다양한 가계 기록이 작성되었다는 사실이다. 따라서 여기서는 족보 이외의 가계 기록을 몇 가지 소개하면서 한국 족보의 성격을 검토하겠다.

족보 이외의 가계 기록으로서 비교적 많이 작성되었다고 생각되는 것은 八高祖圖이다. 족보는 이미 지적한 것처럼 조상으로부터 후손으로 내려가는 것이지만, 팔고조도는 반대로 본인을 기점으로 조상에게 거슬러 올라가는 형태로 만들어지는 가계 기록으로, 본인의 부모 양쪽 모두의 조상을 고조부의 대까지 거슬러 올라가 만들어지는 계도이다. 따라서 8명의 고조부가 여기에 등장하는데 그 배우자를 합하면 16명의 고조부모가 수록되게 된다. 중국과 마찬가지로 한국에 있어도 조상 제사의 대상이 되는 것은 고조부까지의 부계 조상과 그 배우자였기 때문에, 팔고조도는 조상 제사에 필요한 것으로서 널리 작성되었다고 생각할 수 있다.

이 팔고조도를 본인만이 아니라 본인의 배우자, 아내에 대해서도 마찬가지로 팔고조도를 만들어서 양쪽을 합친 것을 十六祖圖라고 부른다. 따라서 십륙조도에서는 16명의 고조부, 그 배우자를 합쳐서 32명의 인물이 자기와 자기의 배우자로 연결되는 조상으로서 기록된다는 이야기다.

팔고조도를 확대해서 본인의 대 뿐만이 아니라, 조상 각각의 팔고조도를 표시한 가계 기록도 작성되었다. 그 한 가지 예가 성균관대학교 존경각 도서실에 소장되고 있는 「萊鄭家藏外內八高祖圖」라고 하는 자료이다. 여기서 「내정」이라는 것은 동래의 정씨를 의미하는데 이 계도 자료는 동래 정씨 일족의 외내 팔고조부를 나타낸 것이다. 작성 연도는 1881년으로, 그 1881년 당시의 인물을 기점으로 해서 먼저 부계의 직계 조상을 부, 조부, 증조부, 고조부라는 식으로 13대 조상까지 거슬러 올라가서 각 조상에 대한 팔고조도를 기록하고 있다. 그 만이 아니라 각 직계의 부계 조상의 배우자, 즉 부친의 배우자인 모친과 조부의 배우자인 조모와 같이, 각 부계 직계 조상의 배우자에 대해서도 각각의 팔고조도가 기록되고 있다. 전자가 내 팔고조도이며, 후자가 외 팔고조도, 양자를 아울러서 외내 팔고조도가 되는 셈이다.

이 경우, 부계의 조상에 대해서는 세대가 일대 오를 때 마다 고조부를 한 명 더해 가면 되기 때문에 쉽지만, 배우자의 팔고조도를 작성하기 위해서는 혼인 관계와 각 姻族의 내력이 확실해야 된다. 이 집안에서는 13대의 조상까지 올라가서 그것이 가능했다는 일은 이 집안이 그만큼 명문이었다는 것을 보여주는 증거이다. 한국에서는 18세기 후반 이후 양반이 아닌 집안에서도 족보를 만드는 현상이 보이기 시작했고 19세기 후반이 되면 그러한 경향이 더욱 강해졌는데, 족보의 보급에 대항해서 명문 가문이 아니면 도저히 만들 수 없는 계보기록을 작성함으로써 명문으로서의 지위를 과시하려고 했던 것이 아닐까 여겨진다.

다음으로 외보라든지 내외보라고 불리는 가계 기록에 대해서 검토한다. 외보라고 하는 것은 부계 혈연집단의 남성 구성원의 배우자 가문의 족보를 기록한 것이다. 한편 내외보라고 하는 것은 부계 집단의 족보에 외보를 아울러 수록한 것이다. 따라서 앞에서 소개한 「내정가장외내팔고조도」는 내외보의 일종으로서 외보의 가계 기록 가운데 각 배우자의 고조부까지 한정해서 기록한 것으로 볼 수 있다.

팔고조도나 십륙고조도, 혹은 외보나 내외보 등의 가계 기록은 그 작성 주체인 부계 혈연집단에 시집 온 여성 일족의 계보를 자세하게 기재한 것이라는 면에서 공통되고 있다. 즉 역대 인족의 계보를 상세하게 기록한 것이라고 할 수 있는데 그것이 가능하기 위해서는 인족 또한 계보 관계가 분명한, 사회적으로도 이름이 있는 일족일 경우에 한정된다. 따라서 이러한 가계 기록을 작성한다는 행위 자체가 그 부계 혈연집단의 지위를 과시하는 의미를 가진다고 말할 수 있을 것이다.

지금까지 본 팔고조도라든지 외보, 내외보라고 하는 기록들은 본인을 기점으로 해서 위세대로 거슬러 올라가는 형태로 작성된 가계 기록인데, 그에 비해서 외손보라든지 내외 자손보로 불리는 가계 기록은 족보와 마찬가지로 조상 중의 한 사람을 기점으로 해서 그 후손들을 기록한 것이다. 외손보라는 것은 문자 그대로 외손의 계열만을 대상으로 만들어진 족보이다. 정상적인 족보에서는 외손은 생략돼 친손자의 계보만을 수록되는데 외손보는 반대로 그러한 부계의 직계 후손은 생략되고 외손 계열만을 편찬 시점에 이르기까지 기록한 것이다. 따라서 당연한 일이지만 거기에 수록되는 인물은 모두가 외손보의 작성 주체와는 다른 부계 혈연집단의 구성원인 셈이다.

한편 내외 자손보라고 하는 것은 친손과 외손 양쪽 모두를 기록한 것으로서 이미 소개한 것처럼 16세기까지의 한국 족보 원래의 형태와 기본적으로 같은 것이다. 외손보 혹은 내외 자손보 등의 가계 기록이 18세기 이후에도 일부 집단에서 만들어졌다는 현상은 17세기를 전후해서 혈연 관념이 변함에 따라서 족보의 기재 방식도 변했다고 하는 통설적 이해로서는 납득하기 어려운 현상이라고 하지 않을 수가 없다.

이상과 같이 한국에서는 족보 이외의 여러 가지 형태를 가진 가계 기록이 작성되었는데, 이러한 가계 기록들은 지금까지 연구에서는 16세기까지의 쌍계적인 혈연 관념이 17세기 이후도 뿌리 깊이 남아 있어서 그것을 반영한 현상이라고 해석되어 왔다. 그러나 팔고조도이나 외보, 혹은 외손보 등의 편찬이 쌍계적인 혈연 관념을 반영한 것이라고 이해할 수 있는지에 대해서는 쉽게 납득하기가 어렵다. 십륙조도와 외보 등 여성 계열의 조상을 기록한 가계 기록이 편찬되었다고 해서 거기에 수록된 모든 사람들이 혈연 관계에 있다고 인식되었는가 하면 결코 그렇지 않을 것이다. 마찬가지로 초기 족보의 경우, 「안동권씨성화보」에 등장하는 인물들이, 서로를 혈연관계에 있는 것이라고 인식하고 있었는가 하면, 역시 의문이라고 하지 않을 수 없다. 하물며 이러한 등장인물을 망라하는 혈연 조직이 존재한다는 것은 있을 수 없는 일이다.[14]

이러한 문제를 생각하기 위해 이것도 한국의 특징적인 현상이라고 생각할 수 있는 독특한 명단에 대해 검토하기로 한다. 예를 들면 「北譜」, 혹은 「南譜」라고 불리는 계보 기록이 몇 가지가 존재하고 있는데 이것들은 북인, 혹은 남인들의 인물을 대상으로 그 사람들 각각의 가계 기록을 편찬한 책이다. 예를 들어 「북보」에는 북인에 소속된 모든 인물에 대해 각자의 8대 직계 조상과 외조부, 그리고 장인이 기록되어 있는 것이다.

이러한 자료가 있는가 하면 관직에 있는 인물을 대상으로 그 사람들이 속하는 일족의 족보 기록을 집대성한 「簪纓譜」라고 불리는 계보 기록도 작성되었다. 이와 같이 족보나 팔고조도, 외보 등 하나의 부계 혈연집단을 단위로 만들어진 가계 기록과는 달리 복수의 집을 대상으로 각 집안의 계보 기록을 집성한 기록들이 많이 편찬되었다고 할 수 있는데, 여기에 하나 더 다른 계통의 가계 기록으로서 어느 특정 지역의 명문가들의 족보를 집성한 자료도 존재한다. 경상도 하동 지역을 대상으로 한 「鄕案世系源流」이라는 기록이 그 한 가지 예이다. 이 자료는 하동 지역 양반 가문의 명단인 향안

14 『안동권씨성화보』에 수록된 인물들 중에는 안동권씨의 사위로서도 많은 안동권씨가 등장하는데, 이러한 사람들은 그 당시까지만 해도 동족으로 인식되지 않았던 것이다. 이러한 문제에 관해서는 宮嶋博史. 2008. 「『안동권씨성화보』를 통해서 본 한국족보의 구조적 특성」. 『大東文化硏究』 62. 성균관대 대동문화연구원 참조.

에 등장하는 인물들이 속하는 부계 혈연집단의 족보를 집성한 것이다. 혹은 「順天氏族譜」 같이 순천 지역의 씨족으로 인지된 일족의 족보를 집성한 자료도 같은 예이다. 이런 지역 단위의 족보 집성이라고도 할 수 있는 기록들이 19세기부터 식민지 시기에 걸쳐서 작성되었던 것이다. 그리고 이런 지역적인 명족보가 더욱 발전한 것으로서 전국적인 명족보가 19세기말 이후 편찬되게 되었는데 그 가장 유명한 것이 1931년부터 33년에 걸쳐서 편찬, 간행된 「萬姓大同譜」이라고 할 수 있다.

「만성대동보」의 서문을 보면, 한 명의 인물을 기점으로 20대의 조상까지 올라가면 수백만 명이 되기 때문에 현재는 완전히 혈연관계가 없는 한국 사람이라도 조상까지 올라가면 모두 혈연관계라고 할 수 있다고 강조되고 있다. 즉 한민족의 뿌리는 하나이라는 것을 강조하고 있는데, 그렇다면 이 책이 한민족이 하나의 뿌리로부터 나왔다는 것을 주장하기 위해 편찬되었는가 하면 결코 그렇지 않다고 생각할 수 있다. 오히려 한민족이라는 집단 중에서 조상까지 거슬러 올라갈 수 있는 집단은 극히 한정되어 있을 뿐만 아니라 그 중에서도 명문이라고 말할 만한 과거 합격자를 배출한 집안이 극히 일부에 지나지 않다는 것이 이 책 최대의 강조점이었다고 생각할 수 있는 것이다. 「만성대동보」에 수록되고 있는 가계는 당시 한국 사회에 존재한 다수의 부계 혈연집단 중 일부에 지나지 않기 때문에 기본적으로는 명문가 일족을 대상으로 편찬된 명족보로 봐야 될 것이다.

그렇다면 명족보적인 성격을 가진 가계 기록이 왜 19세기 이후 다양하게 편찬되게 된 것일까? 19세기부터 20세기에 걸친 시기는 한국의 역사 속에서 족보가 가장 많이 편찬된 시기였다. 조선시대에 있어서 족보는 원래 양반들의 일족만이 편찬하고 소유하는 것으로서 양반 이외의 사람들은 그러한 가계 기록을 가지지 못했다. 그런데 특히 19세기부터 20세기에 걸쳐서 양반이 아닌 계층의 사람들도 자기들 일족의 족보를 가지게 된 것이다. 말하자면 兩班化 현상이 족보의 편찬에 있어서도 현저하게 진행된 것이다. 현재 한국의 족보를 가장 많이 소장하고 있는 기관은 국립 중앙 도서관인데 그 장서 중에서 제일 큰 비중을 차지하는 것은 조선 총독부가 식민지 시대에 수집한 족보들이며 그 대부분은 20세기에 들어가서, 특히 1920년대, 30년대에 편찬된 것이다. 20세기는 그러한 의미에서 족보 편찬의 절정기였다고 할 수 있다. 그리고 특정된 명문 일족만이 아니라 일반 사람들도 족보를 편찬하게 된 것이 이러한 현상을 낳았다고 할 수 있다.

위에서 소개한 다양한 형태의 가계 기록들은 족보 편찬의 일반화 현상에 대한 대응으로서 편찬되었다고 볼 수 있을 것이다. 즉 일반 사람들이 작성하기 힘든 혼인 관계를 과시하기 위해 작성된 기록, 혹은 특정된 가문 만을 대상으로 편찬된 기록 등은 족보가 양반의 점유물이 아니게 된 현상에 대응해서 족보와는 다른 형태로 편찬 주체들의 사회적 지위를 과시하기 위해 작성되었다고 여겨진다.

V. 맺음말

동아시아 각 지역에서 작성된 족보와 비교해서 한국 족보의 특징을 정리하면 다음과 같이 말할 수 있다.

첫째로, 한편에 엄격한 신분제가 존재하던 류큐와 일본의 족보를 두고 다른 한편에 비신분제적인 성격이 강했던 중국의 족보를 두고 볼 때 조선시대의 한국 족보는 신분제 사회이면서도 중국과 비슷한 내용을 가진 것이었다고 할 수 있다. 그리고 이러한 특징은 조선시대의 신분제, 특히 양반의 성격과 깊은 관계를 가진 것으로 이해할 수 있을 것이다.

둘째로, 중국의 족보와 비교할 때 한국 족보의 최대 특징은 혼인 관계에 대해 자세하게 기록되었다는 데에 있었다고 할 수 있는데, 이러한 특징은 한국의 족보가 명족보로서의 성격을 강하게 갖고 있기 때문에 생긴 것으로 이해될 것이다.

셋째로, 한국 족보의 특색으로서 족보 편찬의 일반화와 그에 따른 족보의 왕성한 간행 현상을 지적할 수 있는데 이것 역시 양반이라는 지위의 독특한 성격과 깊은 관계가 있는 것으로 이해된다. 즉 양반이라는 지위가 모든 후손들에게 세습될 수 있는 것이었기 때문에 많은 양반들이 생기게 되었을 뿐만이 아니라 양반의 지위 자체가 법적으로 규정된 신분이 아니었으므로 양반에 올라가려고 하는 사람들이 등장하게 되었는데 이러한 사람들이 족보를 편찬함으로써 양반으로서의 지위를 얻으려고 했던 것이다.

마지막으로, 한국의 특징으로서 족보 이외의 다양한 가계 기록이 작성되었다는 현상을 지적할 수 있는데, 이러한 기록들은 족보 편찬의 일반화에 대응해서 족보가 갖고 있었던 명족보로서의 성격을 이어받으려고 작성된 것이었다고 볼 수 있을 것이다.

한국족보의 특성과 동아시아에서의 위상

계명대학교 동산도서관 소장 족보의 현황과 문헌적 가치 | 장 인 진

계명대학교 동산도서관 소장 족보의 현황과 문헌적 가치

張 仁 鎭

Ⅰ. 머리 글

계명대학교 동산도서관에 소장하고 있는 족보는 현재 2,386종 13,150책이다. 이를 연구하는 것은 조선시대 身分史, 家族史, 社會史, 女性史 등의 기반 자료로 활용하는데 있다.

족보는 주지하는 바와 같이 한 성씨의 자손을 일정한 도표와 서식에 따라 수록한 家系기록으로서, 동일 혈통의 源流와 결합된 인간관계를 살피고 조상의 업적을 존중하며, 同族간의 화목을 도모하고자 편집한 사료이다.

『禮記』의 「大傳」 편에 의하면 大宗과 小宗의 宗法을 들면서 "人道는 부모를 섬기는 것이며, 부모를 섬기는 까닭으로 조상을 존경하고, 조상을 존경하는 까닭으로 종족을 공경하며, 종족을 공경하는 까닭으로 一族을 모우고, 일족을 모우는 까닭으로 宗廟를 존중하여 엄하게 한다."[01]라 하였다.

예기의 尊祖 敬宗 의식은 송나라 때 확장되었다고 하겠다. 蘇洵(1009-1066)은 「族譜引」과 「族譜後錄」에서 그 자신의 高祖를 중심으로 한 小宗의 『眉山蘇氏族譜』를 만든 뒤 "우리의 족보를 보면 효도·공경하는 마음이 유연하게 생길 것이다."[02]라 하였다. 성리학자 程頤(1033-1107)는 "宗族을

01 『禮記』. 「大傳」 篇. "人道親親也 親親故尊祖 尊祖故敬宗 敬宗故收族 收族故宗廟嚴."
02 蘇洵. 『宋大家蘇文公文抄』 卷10. 「族譜引」. "觀吾之譜者 孝悌之心 可以油然而生矣."

거두고 풍속을 돈후하기 위해서는 근본을 잊지 않도록 해야 한다."[3]고 하였다. 또 朱熹(1130-1200)가 지은 『家禮』에서도 士族 가문에서는 '小宗(高祖 중심)'과 '五服圖'를 중시하여 祭禮를 행하고 있는데, 行祀의 대수는 4대 奉祀가 중심이 되었음을 살펴볼 수 있다.[04]

이러한 尊祖·敬宗 및 重本 의식은 '조상의 계승과 一家의 유대'를 시사하고 있으므로 후대에서 족보를 편성할 때 수용의 근거가 되었던 것이다.

우리나라의 족보 편찬은 중국의 영향을 받았는데, 옛 족보의 序文을 중심으로 살펴보면 태종 1년(1401)에 吳先敬이 편한 『海州吳氏族圖』와 태종 5년(1405)에 白明玉이 편한 『水原白氏派譜』가 있다고 한다. 이 두 책은 현존하지 않아서 당시 출판이 되었는지, 필사본인지 알 수 없다.

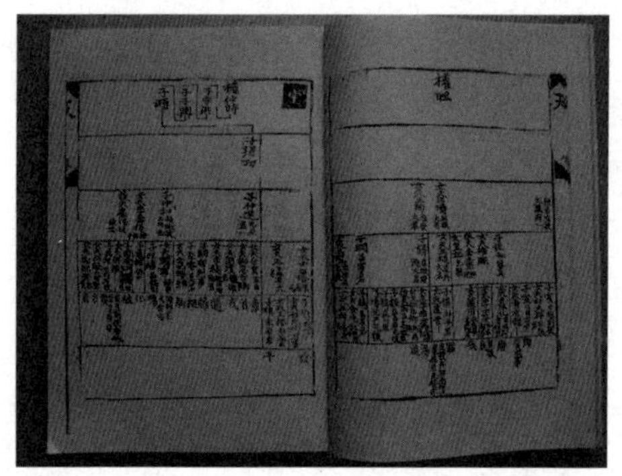

「그림 1」『안동권씨세보』(성화보)

현존하고 있는 출판 자료 가운데 最古本은 일찍이 權踶(1387-1445)가 家譜로 편찬한 것을 아들 權擥과 甥姪 徐居正이 增補하여 1476년(성종 7)에 安東에서 간행한 『安東權氏世譜』(成化譜 : 「그림 1」)[05]와, 같은 해에

---

03 조선시대 족보의 序文에서 程頤의 "收宗族 厚風俗 使人不忘本."을 보편적으로 인용하고 있다.

04 『大典通編』 卷3. 「禮典」의 奉祀 條를 보면 "文武官의 6品 이상은 3代를 제사지내고, 7品 이하는 2代를 제사지내며, 庶人은 단지 父母 제사만 지낸다."고 하였다.

간행한 것으로, 李陸(1438-1498)이 편찬한 「鐵城李氏族譜圖」[06]이다. 두 刊本을 살펴보면 內外譜로써 전자는 종합 족보, 후자는 간편 족보인 族圖라 하겠다.

그러다가 1565년(명종 20)에 『文化柳氏世譜』(嘉靖譜)가 경상도 義城에서 간행되었는데, 이 족보는 명종 때 義城에 귀양 중이던 柳希潛[07]이 20여 년간 수집한 것을 경상·충청·전라도의 지방관원 191명이 간행에 참여한 것이다. 이 책을 살펴보면 10권의 巨帙에 內外 자손을 총 망라한 것으로 당시의 萬姓譜 성격을 지니고 있다.[08] 만성보의 성격을 지닌 족보로는 梁誠之(1415-1482)의 『海東姓氏錄』, 洪汝河(1621-1678)의 『海東姓苑』, 丁時述의 『諸姓譜』 등이 있었으나[09] 傳存 여부가 불분명하다. 그리고 趙從耘(1607-1683)의 『氏族源流』는 필사본으로 전해지는데[10] 내용을 보면 주요 성씨의 가계를 간략하게 수록하였다. 朴慶家(1779-1842)의 『東姓考』[11]도 필사본으로 전해지는데 내용을 보면 土姓과 華姓으로 구분한 뒤 姓貫別로 始祖, 派祖 등을 간략하게 수록한 것이다.

17세기 이전에 간행된 우리나라 족보는 현재 30여종으로 확인되고 있는데, 이를 살펴보면 內外孫을 함께 중시한 內外譜에서 점차 本宗을 중시한 同姓譜로 전환되고 있음을 알 수 있다.

한편 우리나라 성씨는 조선 초기 자료인 『世宗實錄地理志』에 250여

---

05 徐居正. 安東權氏家譜序. "吾東方 自古無宗法 又無譜牒 雖巨家大族 絶無家乘."이 주목된다.

06 「鐵城李氏族譜圖」는 李陸이 編한 『鐵城聯芳集』(목판본, 1476년)의 卷首에 들어 있는데, 四寸族譜之圖, 六寸族譜之圖, 八寸族譜之圖 등으로 수록하였으며, 철성연방집 책머리에 徐居正의 序가 들어 있다. 계명대 동산도서관에 초간본 1책을 소장하고 있다. 한편 壬辰倭亂 이전에 간행된 초간본의 번각본 1책도 전해지고 있는데, 이 책에서는 일부 계통에 자손이 추가되어 있다.

07 유희잠은 우의정 柳亮의 6세손으로 監察 柳渙의 아들이고 우의정 柳灌의 조카다. 1543년에 龜城府使로 재임할 때 그 고을에서 『內外八寸族譜』를 간행한 바 있는데, 2년이 지난 1545년(乙巳) 가을에 경상도 義城에 유배되었다. 그는 귀양살이 18년이 되던 1562년에 문화류씨 내·외손을 총망라한 거질의 『문화류씨세보』 10권을 편집 완료하고, 3년 뒤 간행하였다.

08 卷首에 世宗 4년(1422)에 쓴 柳穎의 序와 凡例, 先代와 관련 있는 文獻, 狀碣文과 1483년(成宗 14)의 文科榜目, '구월산별곡(九月山別曲)' 등이 실려 있다.

09 李裕元. 『林下筆記』(影印本). 卷18. 「文獻指掌編」 참조.

10 趙從耘. 1994. 『氏族源流』(影印本). 서울: 保景文化社.

11 朴慶家. 『東姓考』 1책(필사본. 계명대학교 동산도서관 소장)

姓, 1486년에 간행된 『동국여지승람』에 277姓으로 확인되고 있다.[12] 다시 필자의 조사에 의하면, 조선중기 이전까지 本貫別 姓氏가 수록되어 있는 『增補文獻備考』에서는 성씨 본관이 496姓 9,519本임을 확인할 수 있고,[13] 일제강점기까지 본관별 성씨가 수록되어 있는 『靑邱氏譜』(「그림 2」)[14]에서는 492姓 1,207本임을 확인할 수 있다.[15]

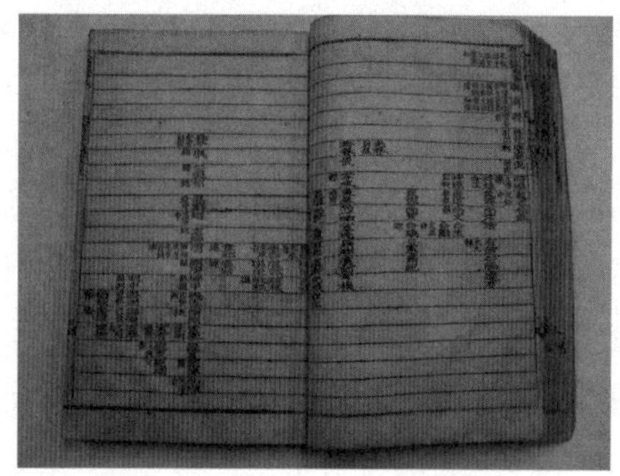

「그림 2」 『청구씨보』(1925년)

여기서 우리는 조선후기로 오면서 성씨에 비하여 本貫이 크게 줄어든 사실에 주목할 필요가 있다. 이러한 현상은 당초의 小宗(高祖 중심)의 本貫에서 후대로 오면서 각 성씨 本貫끼리 合族[同譜]한 것이라 하겠다.[16] 그리고

12 이 외에도 陶谷 李宜顯은 298姓으로 조사한 바 있다.

13 『增補文獻備考』의 성씨 본관에 관한 내용을 살펴보면 『新增東國輿地勝覽』(李荇 등편, 1531년 간행)의 各邑 姓氏 篇에 수록된 鄕, 所, 部曲 名의 本貫까지 수록되어 있음을 알 수 있다. 향, 소, 부곡은 주지하는 바와 같이 新羅 때부터 조선 초기까지 있었던 특수한 지방 하급행정구역이고, 이들 주민의 신분은 奴婢나 賤民에 가까웠다.

14 宋啓升을 포함하여 아들 宋奎淵, 손자 宋基夏 등 3대가 50여 년에 걸쳐서 각 성씨자료를 수집하여 1925년에 목판본 20책으로 간행한 것이다.

15 장인진. 2007. 「한국 족보의 문헌적 고찰」. 『古典籍』 3輯. 한국고전적보존협의회. p.119 참조. 이 492姓에도 亡姓이 포함되어 있으므로 조선후기까지 실제로 존속한 성씨는 250姓 내외로 봄이 타당할 것이다.

16 안동권씨의 성화보를 포함하여 뒤에 나온 족보의 原譜와 別譜를 살펴보기로 한다. 權守洪의 계통은 그 女壻 權良俊, 孫壻 權 咸, 曾孫壻 權萬, 玄孫壻 權德生 등을 포함하여 8世孫壻 權以恭에 이르기까지 직계 8世의 계통 대대로 권씨 사위를 보았다(權一重 編 『안동권씨세보』[1734년], 卷

우리나라 전체 족보 중에서 19세기 이후 간행된 것이 90% 가량 되는 것은 合族 의식의 반영이라고 본다.

우리나라의 족보는 개인의 傳記나 家系, 사회학적 身分史 변천 등을 연구하는데 필요한 중요 역사자료이다. 족보자료 가운데는 동일한 시조를 중심으로 편성한 족보라 하더라도 자료에 따라 내용 변화가 나타날 수 있으므로 善本의 구명이 필요하다.

본 연구에서는 족보의 일반적인 현상을 검토하고, 계명대학교 동산도서관에 소장되어 있는 족보를 중심으로 시대별 현황, 성씨별 현황을 파악한 후 선본 자료와 문헌적 특성에 대하여 살펴보기로 한다.

Ⅱ. 족보의 편찬과 내용

1. 족보의 편찬

우리나라 사람들은 문장이나 도덕적 행실로써 가문을 유지하는데 각별한 관심을 갖고 있었다. 세상에서 名家로 존숭을 받으려면 "道德으로써 복을 누리게 하고, 文章으로써 드러내며, 節義로써 세워야"[17] 가능하였다.

우리나라 姓氏에서 姓은 부계혈통을, 氏는 本貫을 뜻한다. 족보는 성씨

1, 18頁 및 卷3, 25頁). 또 權祐의 계통 가운데서 權宗胄는 그 父로부터 직계 8代祖에 이르기까지 대대로 8人의 妣位가 권씨였고, 또 權載運은 그 祖父로부터 직계 8代祖에 이르기까지 대대로 7人의 妣位가 권씨였음을 알 수 있다(權以綱 編, 『안동권씨세보』[1794년], 卷30, 52頁- 60頁). 그런데 『增補文獻備考』에 권씨의 本貫數가 56本임을 감안하면 別譜에 수록된 자들은 당초 다른 本貫을 사용했을 것으로 추정되며, 후대에 合族한 경우가 많았을 것이라고 본다.

17 崔錫鼎의 「昌寧曺氏族譜序」를 보면 "道德以禔之 文章以表之 節義之樹之然後 人皆稱豔尊崇卓然爲名家選族."이라 하였다.

계통의 사적을 담고 있는 책이라 하겠는데, 족보를 편찬하는 동기에 대하여 邊循은 先外家인 능성구씨 丙子譜(1576년)의 後識에서 다음과 같이 말한다.

> 아! 옛날 사람들은 家塾을 설치하고 譜牒 만드는 일에 힘을 썼기에 宗法이 밝혀지고 親睦을 하며 友愛하는 도리가 극진하였는데, 지금은 그렇지 않아서 寸數가 九寸만 넘으면 楚越같이 멀리하고, 서로 만나서 行列을 분별하지 못하며, 심한 경우에는 몽매하게도 자기의 根源을 몰라서 서로 婚嫁까지 하기에 이르렀다. 이것은 실로 家庭에 족보가 없고 종중에 法統이 없는 까닭이니 痛嘆한 일이다.[18]

「그림 3」 4대 봉제사를 중시한 『가례』의 「祠堂圖」(우측)

조선 초기부터 朱熹의 『家禮』[19]에 따른 4대 奉祭祀의 祠堂圖가 제시된 것이다(「그림 3」). 따라서 4대 奉祭祀가 중심의 小宗을 중시하였으므로 16세기에 와서도 9촌을 넘기게 되면 行列을 분별하지 못하거나 婚事하는 경우가 있었다. 이에 尊祖, 敬宗과 宗法 구현의 필요함을 제기하고 있다.

족보는 '한 집안의 春秋' 의식을 갖고,[20] 한 세대 단위로

---

18 具仁 등편. 1576. 『綾城具氏姓譜』 木板本. 淸州: 菩薩寺. 後識, "嗚呼 古之人 設家塾修譜牒 故宗法明而睦愛之道盡 今則不然 親雖袒免視同楚越 及其相遇不辨倫序 甚者 矇不知所自至相婚嫁 寔實家無譜宗無法之所致 吁可歎也."

19 『太宗實錄』. 태종 3년(1403) 8월 29일 기사를 보면 "『朱文公家禮』150부를 平壤府에서 印刷하여 各司에 頒賜하였다."고 하였으므로, 조선 초기부터 家禮에 관심이 있었다.

연이어서 修譜를 한다. 수보란 기존 족보를 중심으로 대상자가 家系를 연계하거나 세대교체에 따른 자손을 추가로 표기하는 것으로, 족보의 수정 편찬을 뜻한다. 그러나 간행은 부정기적으로 이루어 졌다.

족보의 편성 방법을 살펴보면 17세기 전반 이전에는 대체로 血統 중심[21]의 內外譜가 중시되었으므로, 남녀 출생 순으로 편집하는 일종의 남녀평등의 '從年次法'을 취함과 동시 外孫의 경우는 代數 제한 없이(不限代) 수록하였다. 17세기 후반에 오면 本宗 중심의 同姓譜가 중시되었으므로 남자를 여자보다 먼저 표기하는 일종의 남녀차별의 '先男後女法'을 취하는 가문이 늘어나고 外孫도 2-3世(외손, 외증손)로 한정하여 수록하였다. 그리고 庶子女의 경우는 출생이 嫡子女보다 빨라도 '先嫡後庶法'에 따라 嫡子女 다음에 표기하였다.

족보 편성에서 이러한 변화는 17세기 초반의 朝鮮의 정치, 사회상과 관련이 있다. 壬辰, 丙子 양 大亂을 겪은 후 明·淸 교체기에 접어들면 朝鮮에서는 중국 최초로 正統性을 확보한 周나라 尊重의식의 尊周論이 대두되는데,[22] 이러한 논리로 宗統의 질서와 繼承을 통하여 통치권을 확립하고 宗法을 바로 세우고자 한 것이라고 본다.[23]

---

20 朴胤玄 編. 1742.『密城朴氏世譜』. 목활자본. 凡例에 "譜牒 實一家之春秋."라 하였다.

21 한 예로, 혈통과 관련하여 문화류씨세보(1565), 卷1, 16頁을 보면 茂松人 尹桓의 사위 南佐時가 문화류씨의 外派에 연계되어 있는데, 그의 旁註에 "南의 妻는 본래 尹桓의 副室産이어서 柳玕의 外孫이 아니다."라고 지적하고, "형세로 보아 마땅히 削去해야 하지만 南의 子女들이 서로 婚娶되어 잠시 여기에 두었다. 뒷날 刊行할 때는 여기서 떠나고 마땅히 들어와야 할 井(칸)에 보존하라."하였다(南也 是尹桓副室產也 非柳玕之孫也 勢當削去 而佐時之子女 互相婚娶 姑存於此 他日繡梓之時 去此而存諸應入之井.). 당시 南佐時의 內外孫 중에는 定宗의 王子, 駙馬를 포함하여 관직에 임명된 자가 16인이나 되는 등, 名門임을 알 수 있다. 그러나 이 족보 편집자 柳希潛은 족보의 연계 부당성을 지적하여 문화류씨의 혈통을 지키고자 한 것이다.

22 尊周論은 송나라 朱熹에 의하여 尊王攘夷論으로 정립되었다. 明淸교체기 이후에는 大明義理論으로 확산되었으며, 그 후『尊周彙編』(1800)이 편찬되기도 하였다.

23 이즈음 나온 족보 중에서『羅州羅氏族譜』(1721)의 羅八元 跋에는 "周公 重宗統 務敦睦 至百 世而不廢者 同一揆也."라 하였고,『延安李氏族譜』(1694), 凡例에서는 족보 登載를 外孫으로 限定한 후 "詳於同宗 而畧於異姓也."라 하였으며,『德水李氏世譜』(1713)의 凡例에서는 "先男後女 以本宗爲重者."라 하였다. 또『璿源系譜記略』(宗簿寺, 1679)의 凡例에서는 "譜例皆先男後女… 外孫則 限一世收錄."이라 하였고,『杞溪兪氏族譜』(1738)의 凡例에서는 "先男後女之法 遵用璿譜 定例."라 하고 "外孫 舊譜限四代載錄 而今從近來諸家譜例 限以服制錄 止外孫."라 하였다. 한편 17세기 이전에는 아들이 없을 때 外孫이 奉祀할 수 있었는데, 17세기 이후에는 대개 養子를 세워 奉祀하였다.

족보의 編者는 대체로 조선전기에는 관직에 있던 內外孫이 함께 관여하였으나, 후기로 오면 本孫(姓孫)의 官職者, 宗孫, 門長 등이 중심이 되어 譜所를 설치하고 譜規를 정한 뒤 有司를 分定하여 작업하였다. 그리고 譜所에 譜單을 내어 족보에 등재하고자 하는 사람은 單子(譜單)와 名下錢(冠童數에 따른 收單費)을 譜所에 납부하였다. 족보의 子孫 連系는 당사자가 單子와 名下錢을 갖추어서 요청해야만 가능하므로, 요청하지 않을 때는 下系가 누락되어 같은 뿌리라도 타인이 될 수 있었다.[24]

족보의 卷末 또는 附錄에는 別譜나 外譜를 편성하는데, 別譜는 한 계통이 동일한 시조의 후손으로 추정은 되지만 중간에 先系를 잃어버려서 계통을 분명하게 정립하지 못할 때 譜所에서 별도로 편성한 계보이다. 18세기 이전의 족보에 別譜가 많이 수록되어 있다. 外譜는 본인의 外家를 포함하여 아버지 외가인 眞外家, 할아버지 외가인 曾外家, 증조할아버지 외가인 高外家와 선대의 외가인 先外家의 계보이다.

2. 족보의 수록 내용

족보에서는 대개 序文과 始祖·中始祖·派祖의 傳記類, 선조의 墳墓圖, 行列圖, 凡例 등이 순서대로 기재되고, 다음으로 족보의 본문인 系譜圖가 있다.

계보도의 每張은 대개 6層 橫間으로 구성되어 있으며, 始祖를 一世(또는

24 盧尙樞. 2005.「盧尙樞日記」.『韓國史料叢書』49. 국사편찬위원회. 2권, p.599에 의하면 만약 名下錢을 收合하여 譜所에 보내지 않는다면 印出을 아니해 주므로 派系의 아래를 다시 擧論하지 못한다 하고, 돈이 없으면 도리어 路人(길에 오가는 사람)이 된다(若不收送名下之錢 則不爲 印出於派系之下 更不擧論…而無錢者 反爲路人) 하였다. 한편 후손이 收單을 내지 않을 때는 이름자 하단에 '未單'이나 '單不入' 등으로 표시하였다.

代)로 하여 層[間]마다 1世(代)씩 표기한다. '世'의 표기는 시조나 파조로부터 一二三의 숫자로 표기하는데, 『昌寧成氏族譜』(1709년)에서는 天地玄黃의 순으로 표기하였다. 그리고 호칭에 있어서 世孫(代孫)이나 代祖(世祖)는 본인을 뺀 상하의 차례 계통을 의미한다.[25]

계보도의 수록 내용을 간략하게 살펴본다.

① 父子 관계 표시 : 계보도 위 칸[欄]과 아래 칸은 父子 관계가 된다. 개인별 수록 칸에 이름이 들어가며, 이름 위에는 '子'를 표기[26]하여 連系를 하는데, 만약 後嗣가 없어서 養子를 들일 때는 '系子(繼子)'라 표기하였다. 딸은 대개 '女'를 표기[27]한 후 사위(壻)의 성명과 本貫을 기록하였다. 다른 계통으로 出系한 자를 '出後'라 하고, 자손이 없으면 '無後'라 하였는데 당사자 이름 아래에 표기하였다. 또 자손으로서 증거가 명백하면 후대에 와서 入錄하기도 하였다.[28]

入系(入繼)와 出系(出繼)는 주로 同宗의 가까운 親屬으로 이루어졌는데, 대상자의 친권자가 먼저 합의하고, 친족 및 門長의 同議를 얻어서 禮曹에 청원[所志]한 후 임금의 允許를 받아서 시행하였다.[29] 이 때 합의한 사항을 기록하여 당사자에게는 禮曹의 '立案'(禮曹 立案)을 발급하였고(「그림 4」), 禮

---

25 朱熹, 「少師保信軍節度使魏國公致仕贈太保張公[浚]行狀」(朱子大全); 李滉, 「嘉善大夫禮曹參判 兼同知春秋館事五衛都摠府副摠管李公[瀣]墓碣銘」(退溪先生文集); 鄭逑, 「忠順衛呂公[遇昌]墓表」(寒岡先生文集), 金長生, 「榮川郡守宋公[爾昌]行狀」(沙溪全書); 蔡濟恭, 「通訓大夫行溫陽郡守李公 [範中]墓碣銘」 및 「司諫院正言洪公[亮漢]墓碣銘」(樊巖先生文集) 등 참조.

26 '子 표기'는 母의 신분 또는 지위와 관련이 있다. 母가 父의 妻인가, 妾인가에 따라, 妻가 낳았으면 子로, 妾이 낳았으면 庶子로 표기 하였다. 庶子도 良妾子는 庶子이고, 賤妾子는 孼子이다. 이 점은 母系 중심에 의한 신분부여로, 일종의 從母法 확대 적용이라고 볼 수 있다.

27 妾이 낳으면 庶女, 孼女로 표기함

28 金道行 等編. 1778. 『義城金氏世譜』. 목활자본. 의 凡例에 "舊譜無子孫處 不敢任意連系 而有明的可據文蹟者 懸註入錄"이라 하였다. 이처럼 入錄의 경우, 舊譜에서 子孫이 없는 곳에는 任意로 連系할 수 없는데, 根據할 文蹟이 明白하면 別譜에 넣지 않고 바로 入錄하였다. 그리고 士族의 族譜에 女系로 連系되어 있을 때도 入錄의 기준이 되었다.

29 『大典通編』. 「禮典」의 立後 條를 보면 "嫡室(妻)과 妾室에 모두 아들이 없는 경우[嫡妾俱 無子]에는 官에 告하여 同宗의 支子를 세워 뒤를 잇게 한다."하였다. 이처럼 嫡子, 庶子 모두 없을 때 허용하였다. 이 때 두 집안의 아버지가 함께 명령하여 養子를 세우되, 아버지가 죽었으면 어머니가 官에 告한다. 그리고 親族·門長의 同議와 禮曹에 請願, 임금의 윤허 등을 받도록 하였다. 그런데 19세기 이후로 오면 庶子가 있어도 承嫡시키지 않고 嫡子계통의 사람을 入系하는 경우가 많다.

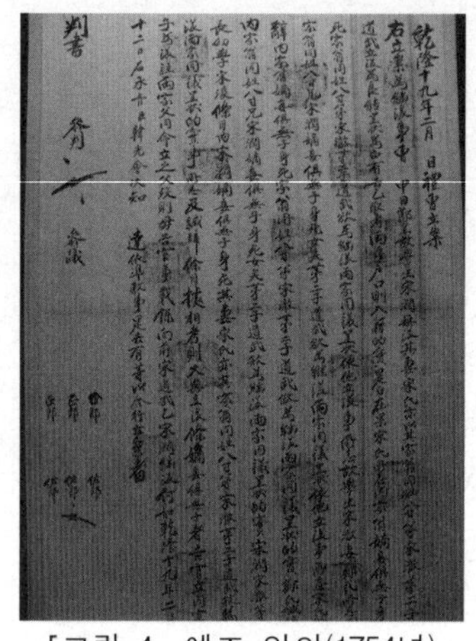

「그림 4」 예조 입안(1754년)

曹의 稽制司에서는 '繼後謄錄'을 기록하여 보존하였다.[30] 족보를 편찬할 때는 立案의 내용을 심의하여 원안과 같이 수록하였다. 그리고 繼後의 방법을 살펴보면 '系子(繼子)' 외에 '系孫'[31] 또는 '系曾孫'이 있다.

18세기 이후에는 한 성씨 문중의 始祖 祠堂을 주관하는 大宗의 宗孫, 不遷位 宗家의 宗孫, 이름난 小宗의 宗孫, 한 계통의 명망 높은 주인집 胄孫 등이 無後(無后)하여 入系할 경우에는 寸數의 멀고 가까움을 따지지 않고 宗家 또는 주인집을 맡을 만한 인물을 가려서 入系하기도 하였다.[32]

② 이름〔名諱〕 : 사람이 살아 있을 때는 '名'이고, 죽은 뒤에는 '諱'라 하였다. 이름은 문중에서 정한 行列에 따라 지었는데, 족보에 兒名을 수록했다가 뒤에 改名하기도, 동일한 항렬자로 다시 改名하기도 했다.[33]

行列은 문중에서 呼兄 呼戚을 하는데 사용한 것이다. 18세기에 들어오면 문중에서 行列을 정하여 족보의 卷首나 卷末에 수록한 경우가 있었는데, 대개 五行相生法(木,火,土,金,水)을 취하였다.[34]

---

30 서울대학교 규장각 소장. 『繼後謄錄』에 의거 繼後한 내용의 한 사례를 살펴보면 "曹 啓目 淸道 故幼學 張翼星(本貫: 昌寧)妻洪氏 家翁嫡妾俱無子 同生弟翼參第二子克輝 族李璞朴璜同議繼後 天啓二年(1622) 十月二十五日 同副承旨臣權 次知 啓依允"이라 표기되어 있다.

31 系孫法은 당나라 때 香山 白居易(772–846)가 취한 것이다. 후대 사람들이 孫子 항렬 또는 曾孫 항렬의 사람을 後嗣로 삼을 때는 系譜圖에 비워지는 칸(系孫인 경우 父의 칸, 系曾孫인 경우 祖父의 칸)에 '白香山故事를 取함'이라 표기하였다.

32 한 예로 『迎日鄭氏司成公派譜』(1957)를 보면 湖叟 鄭世雅의 6代 胄孫인 鄭一珪(1701–1780)가 出系하여 族叔(11寸叔)인 篪叟 鄭葵陽(1667–1732)의 系子가 되었다. 또 禹錫簡(1782–1838)의 4男 禹東範은 仁村 禹載岳(1734–1814)의 曾孫으로 入系하였는데 31寸이었다.

33 그러나, 『續大典』(목판본, 1744년), 卷1의 35頁에는 先祖, 宗宰, 罪人 등의 이름자와 同一할때만 改名할 수 있다고 하였다.

34 문중에 따라 一二三 숫자법, 十干法(甲,乙,丙…), 十二支法(子,丑,寅…)등을 사용하기도 했다.

③개인별 수록 내용〔旁註: 譜註〕: 개인별 수록내용은 이름 옆에 註를 다는 것이다. 17세기 이전의 족보에서는 대체로 대표 官職 1-2개만 표기하였고, 18세기 이후에는 이전 보다 내용이 확장되다가 19세기 이후의 족보에서 비교적 상세하게 표기하였다. 수록내용은 다음과 같다.

字는 冠禮를 행할 때 지어주는 亞名이며, 다른 말로는 表德이라 하였다. 후대에 字를 바꾸는 사람도 더러 있었다.[35] 號는 본명이나 字 외에 쓰는 雅名인데, 스승이나 朋友가 지어주기도 하였고, 스스로 호〔自號〕를 지어서 사용하기도 했다. 족보에 표기하는 號는 당사자 死後에 기록하는 것이 원칙이다.

당사자의 행적은 生年月日과 受學, 科擧, 官職, 學德, 卒年月日, 享年, 墓所 위치 등을 포함하여 著述, 諡號, 忠·孝行의 恩典, 기타 업적이나 門中의 公論에 의한 논평[36]이 있으면 모두 기록하였다.

배우자〔妻〕는 대개 室(생전), 配(죽은 후)로 표기한 후 배우자의 本貫, 姓氏, 生年月日과 四祖(父, 祖, 曾祖, 外祖)[37] 또는 二祖(父, 外祖), 卒年月日, 墓所 위치 등을 차례로 기록하였다. 만약 從夫職(예: 남편이 2品이면 貞夫人)이 있거나, 孝·烈의 恩典을 받게 되면 명기하였다.

墓所의 기록은 묘소 형태별로 單墳, 雙墳, 合窆으로 표기하고, 묘소 위치는 소재한 地名, 山 이름 외에 24 방위표에 의거 坐向(예: 子坐 午向)을 표시하며, 碑石, 誌石, 表石 등이 있으면 기재하였고, 碑文의 撰者도 표기하였다.

---

35 청나라 毛奇齡은 字를 大可, 初晴, 春庄, 齊于 등과 같이 고쳐서 15개나 되었다고 한다.

36 대개 漢文 4字나 8字句로 논평하는데, 예컨대 孝가 지극하여 가문을 빛나게 하였으면 '事親至孝能繼家聲'이라 하였다.

37 족보에서 四祖를 넣는 것은 조선시대 戶口單子 표기법의 수용이라 하겠다.

III. 동산서관 소장 족보 현황

1. 시대별 현황

계명대 동산도서관에 소장되어 있는 족보에 대하여 시대별로 현황을 살펴보면 「표1」과 같이 나타난다.

「표1」 시대별 족보 현황

구 분	16세기	17세기	18세기	19세기	20세기	미 상	계
종 수	3	22	163	598	1,272	328	2,386
책 수	4	40	847	3,605	7,405	1,249	13,150
종수 비율(%)	0.13	0.92	6.83	25.06	53.31	13.75	100

전체 족보 2,386종 가운데 시대 미상의 자료 328종을 제외하면 18세기 이전의 자료가 188종으로 전체 7.88%를 차지하고, 19세기 이후의 자료가 1,870종으로 78.37%를 차지하고 있다.

18세기 이전의 족보 188종에 대하여 姓氏, 本貫別로 年代를 표기하여 살펴보면 다음과 같다.

姜 : 晉州(1685), 晉陽(1727, 1799), 晉山(1766)

高 : 長澤(1790)

孔 : 昌原(1660, 1725, 1771), 曲阜(1795)

郭 : 淸州(1730), 苞山(1743, 英祖朝)

具 : 昌原(1797)

權：安東(1734, 1794, 正祖朝)

奇：幸州(1689)

金：義城(1553, 1778), 金海(1675, 1754, 1771, 1775, 1778), 光山(1715), 安東(1729, 1778, 1790), 瑞興(1731, 1769), 善山(1739, 1789, 1791), 淸道(1747), 慶州(1748, 1758), 淸風(1750), 靈光(1752), 永山(1760), 商山(1763), 順天(1764), 道康(1792), 高靈(1797)

羅：羅州(1721), 錦城(1747, 1800)

南：宜寧(1693, 1758), 英陽(1765)

盧：光山(1763), 萬頃(1767)

都：星州(1797)

柳：瑞山(1694, 1766), 全州(1726), 文化(1766)

明：西蜀(1759)

閔：驪興(1713)

朴：咸陽(1678), 高陽(1707), 密陽(1729, 1734), 密城(1742), 務安(1754), 忠州(1764), 順天(1765, 1785), 潘南(1767), 固城(1775), 蔚山(1781)

房：南陽(1778)

裵：大邱(1800)

卞：草溪(1742), 密陽(1800)

徐：扶餘(1760)

石：忠州(1769)

薛：淳昌(1786)

成：昌寧(1709)

蘇：晉州(1670, 1747)

孫：密城(1768)

宋：恩津(1666, 肅宗朝), 礪山(1739, 1797), 新平(1763), 鎭川(1789)

申：平山(1636, 譜:1797, 世譜:1797), 東陽(1721)

辛：靈山・寧越(1716), 寧越(1784), 靈山(1800)

沈：青松(1713)

安：順興(1765, 1796), 廣州(1790)

楊：南原(1754)

梁：大譜(1755)

嚴：寧越(1748)

呂：咸陽(1800)

吳：同福(1712, 1793), 寶城(1766)

禹：丹陽(1754)

元：原州(1774)

兪：杞溪(1738)

劉：江陵(1786)

尹：漆原(1741), 海平(1800)

李：鐵城(1476), 眞城(1600), 全義(1634), 碧珍(1652), 全州[38] (1679, 1728, 1751, 英祖朝, 1798), 星州(1694, 1751, 1767, 1772), 延安(1694, 1761), 德水(1713), 載寧(1714), 韓山(1740), 咸平(1742), 安城(1765), 完山(1767), 加平(1771), 龍仁(1773), 淸州(1776), 古阜(1782), 公州(1798), 新平(1798), 永川(1798), 禮安(英祖朝)

任：豊川(1797)

林：淳昌(1789)

張：興城(1690), 合譜(1763)

全：龍宮(1765)

---

38 璿源派 포함

丁 : 押海(1762)

鄭 : 東萊(1665, 1716, 肅宗朝), 草溪(1700, 1763, 英祖朝, 1785), 慶州(1738), 瑞山(1749), 迎日(1759, 英祖末), 晉州(1767), 晉陽(1786)

曺 : 昌寧(1693)

趙 : 淳昌(1702), 平壤(1724, 英祖朝, 1791), 豊壤(1731), 咸安(1780)

朱 : 綾城(1784)

周 : 尙州(1797)

池 : 忠州(1769)

陳 : 驪陽(1769), 三陟(1778)

蔡 : 仁川(1749), 平康(1792)

崔 : 海州(1744), 全州(1745), 和順(1773), 朗州(1778)

河 : 晉陽(1606, 1789)

韓 : 淸州(1617, 1789)

玄 : 延州(1775)

洪 : 南陽(1604, 1718, 1776, 1779), 缶林(1757)

黃 : 長水(1783)

전체 60姓氏에 138本貫의 족보를 소장하고 있는데, 다수를 점한 본관은 김해김씨 5종, 전주이씨 5종, 성주이씨 4종, 초계정씨 4종, 남양홍씨 4종 등이다.

한편, 미상 자료 328종 가운데는 18세기 자료가 일부 포함되어 있을 것으로 추정할 수 있으므로 계명대 동산도서관 소장 족보는 18세기 이전 자료가 10% 정도, 19세기 이후 자료가 90% 정도는 될 것이라고 본다.

2. 성씨별 현황

계명대 동산도서관에 소장되어 있는 족보 2,386종 가운데 성씨별로 살펴보면 「표 2」와 같이 총 116성씨[39]에 1,994종으로 파악된다.

「표2」 성씨별 족보 종수 현황

성씨	종수	성씨	종수	성씨	종수	성씨	종수
姜	24	朴	115	楊	7	田	7
康	3	潘	3	魚	2	丁	19
慶	3	房	2	嚴	8	程	3
高	24	方	3	余	1	鄭	112
孔	8	裴	6	呂	3	諸	1
郭	15	裵	11	延	3	曺	19
丘	1	白	8	廉	5	趙	42
具	7	范	1	芮	2	周	4
鞠	3	卞	8	吳	52	朱	11
權	30	邊	5	玉	1	池	6
琴	1	卜	1	溫	3	秦	1
奇	6	奉	1	王	2	陳	7
吉	3	尙	1	龍	3	車	3
金	296	徐	23	禹	10	蔡	8
羅	18	西門	2	元	4	千	2
南	14	石	3	魏	2	崔	96
南宮	1	宣	5	兪	1	秋	4
盧	18	薛	3	劉	10	太	2
魯	12	偰	1	庾	3	表	2
唐	1	成	14	陸	2	皮	1
都	5	蘇	7	尹	41	河	11

39 이수건. 2003. 『한국의 성씨와 족보』. 서울대학교출판부. pp.345-347에 수록된 1985년의 전국 성씨조사(북한 제외)에 의하면 전체 姓氏가 274姓인데, 25姓은 1975년에 새로 나타난 姓氏이다. 이 가운데 인구 300명 이상의 姓氏는 195姓, 1,000명 이상의 姓氏는 157姓이다.

獨孤	2	孫	18	殷	3	韓	16
杜	2	宋	44	李	313	許	14
柳	36	施	2	印	1	玄	2
馬	4	愼	3	任	7	洪	23
孟	2	申	28	林	31	黃	26
明	2	辛	15	張	43	小計	1,994
睦	2	沈	10	章	2	기타	392
文	15	安	26	蔣	2		
閔	8	梁	19	全	31	합계	2,386

「표2」의 성씨별 족보 1,994종은 각 本貫 姓氏를 붙인 族譜, 世譜, 系譜, 大同譜 등의 족보를 지칭한다. 이 가운데 世譜는 대체로 두 宗派 이상 同譜하여 편찬한 족보이고, 派譜는 한 派屬이 독립하여 편찬한 족보이다. 系譜는 宗族의 혈통관계를 표시하기 위해 始祖로부터 후손까지 이름만을 표기한 것이고, 大同譜는 19세기 이후에 등장하는 것으로 특정한 성씨 본관 전체의 자손을 총 망라한 족보이다. 그리고 족보라는 명칭은 系譜 형태와는 무관하게 모든 보첩류에서 폭넓게 붙이는 명칭이라 하겠다.

계명대학교 동산도서관에 소장되어 있는 「표2」의 성씨별 통계를 중심으로 현재 우리나라 인구별 10대 성씨에 대한 本貫을 조사해보면 다음과 같다.

金氏(51): 江陵, 康津, 開城, 慶州, 固城, 光山, 錦山, 金寧, 金山, 金州, 金海, 羅州, 樂安, 道康, 茂朱, 聞韶, 扶寧, 三陟, 商山, 瑞興, 善山, 宣城, 遂安, 水原, 順天, 安東, 安山, 野城, 楊根, 彦陽, 延安, 靈光, 永山, 永順, 英陽, 龍宮, 蔚山, 月城, 義城, 一善, 全州, 晉州, 淸道, 淸州, 淸風, 豊山, 咸昌, 海美, 海州, 海豊, 熙川

李氏(69): 加平, 江陽, 江華, 開城, 京山, 慶州, 古阜, 固城, 公州, 光山, 光州, 廣州, 金山, 丹陽, 德山, 德水, 道康,

東城, 碧珍, 寶城, 報恩, 泗川, 商山, 尙州, 星山. 星州, 隋城, 新平, 安城, 安岳, 陽城, 驪江, 驪州, 延安, 瀛州, 永川, 永春, 禮山, 禮安, 溫陽, 完山, 龍仁, 羽溪, 原州, 月城, 益州, 仁川, 長水, 長川, 載寧, 全義, 全州,[40] 眞寶, 眞城,[41] 昌寧, 鐵城, 淸安, 淸州, 平昌, 河濱, 鶴城, 韓山, 扞城, 咸安, 咸平, 陜川, 洪州, 懷德, 興陽

朴氏(29): 江陵, 慶州, 高靈, 固城, 高陽, 務安, 密城, 密陽, 潘南, 比安, 三陟, 商山, 尙州, 順天, 靈巖, 靈川, 寧海, 雲峯, 蔚山, 月城, 陰城, 義昌, 竹山, 珍原, 昌原, 忠州, 泰安, 咸陽, 咸昌

崔氏(18): 江陵, 江華, 慶州, 曲江, 朗州, 東州, 朔寧, 隋城, 陽川, 永川, 月城, 全州, 草溪, 耽津, 通川, 海州, 和順, 興海

鄭氏(19): 慶州, 光山, 光州, 錦城, 羅州, 東萊, 奉化, 瑞山, 延日, 烏川, 義城, 長鬐, 晉陽, 晉州, 淸州, 草溪, 八溪, 河東, 海州

姜氏(3)[42] : 晉山, 晉陽, 晉州

趙氏(10): 金堤, 白川, 淳昌, 楊洲, 玉川, 平壤, 豊壤, 漢陽, 咸安, 橫城

尹氏(7) : 南原, 茂松, 漆原, 坡平, 咸安, 海南, 海平

張氏(16): 結城, 求禮, 丹陽, 德城, 德水, 木川, 鳳城, 順天, 安東, 沃溝, 玉山, 蔚珍, 仁同, 昌寧, 興德, 興城

---

40 璿源系譜 포함

41 眞城은 眞寶의 별호이다.

42 姜氏 3本貫은 모두 고구려 元帥 姜以式의 후손이 되는 것으로 표기하고 있는데, 姜杭 編, 『晉山姜氏族譜』(1766)에서는 姜啓庸을 一世로, 姜鋧 編, 『晉陽姜氏世譜』(1727)에서는 姜晴을 一代로, 姜碩老 編 『晉州姜氏族譜』(1685)에서는 姜希經을 一代로 표기하였다.

林氏(11): 羅州, 扶安, 善山, 淳昌, 安東, 醴泉, 恩津, 長興, 兆陽, 鎭川, 平澤

이들의 본관을 살펴보면 李氏가 69本으로 가장 많고, 다음으로 金氏 51本, 朴氏 29本, 鄭氏 19本 崔氏 18本, 張氏 16本 순이다.

이 외에 동산도서관 소장본 族譜 중에서 현재 20종 이상 보유하고 있는 성씨의 본관을 살펴보면 다음과 같다.

高氏(6) : 開城, 長澤, 長興, 濟州, 淸州, 橫城

權氏(1) : 安東

柳氏(8) : 高興, 崑山, 文化, 瑞山, 善山, 全州, 晉州, 豊山

徐氏(6) : 大丘(大邱), 利川, 達城, 扶餘, 長城, 連山

宋氏(11) : 南陽, 聞慶, 瑞山, 新平, 冶爐, 礪山, 延安, 龍城, 恩津, 鎭川, 洪州

申氏(5) : 高靈, 東陽, 鵝州, 寧海, 平山

安氏(7) : 康津, 廣州, 順興, 竹山, 竹城, 耽津, 太原

吳氏(11) : 高敞, 羅州, 樂安, 同福, 寶城, 福川, 首陽, 平海, 咸陽, 海州, 興陽

全氏(9) : 慶山, 星山, 沃川, 完山, 龍宮, 全州, 旌善, 竹山, 天安

洪氏(3) : 南陽, 缶林, 豊山

黃氏(6) : 紆州, 長水, 昌原, 平海, 懷德, 檜山

위의 본관 가운데는 地名의 古號나 別號를 사용한 것이 있다. 즉 東陽은 平山, 耽津은 康津, 首陽은 海州, 完山은 全州, 檜山은 昌原 등이다. 또 權氏는 동산도서관에서 30종이나 소장하고 있으나 본관은 安東 뿐이다.

그리고 동산도서관에서 소장하고 있는 주요 희귀 성씨의 족보에 대하여

성씨별로 연대를 표기하여 분류해보면 다음과 같다.

淸州慶氏(1844), 昌原孔氏(1725), 潭陽鞠氏(1853) 海平吉氏(1 838), 密陽唐氏(1824), 西蜀明氏(1759), 泗川睦氏(1806), 安陰西門氏(1816), 慶州偰氏(1871), 晉州蘇氏(1670), 咸從魚氏(1803), 谷山延氏(1814), 慶州溫氏(1898), 洪川龍氏(1850), 茂松庾氏(1828), 幸州殷氏(1887), 喬洞印氏(1826), 尙州周氏(1797), 婺源朱氏(1804), 豊基秦氏(1842), 永順太氏(1857), 新昌表氏(1895), 延州玄氏(1775)

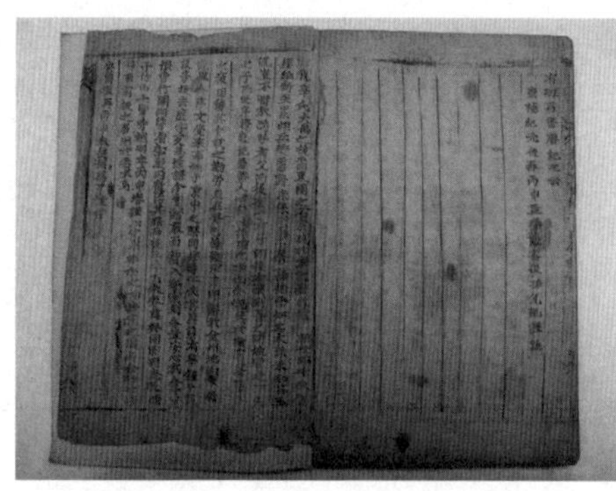
「그림 5」『영산영월신씨합보』(1716년)

한편, 족보의 내용 중에서 17세기 이전의 善本 26종에 대해서는 다음 장에서 논하기로 하고, 그 외에 특성 있는 몇 종을 살펴본다.

『靈山寧越辛氏合譜』(1716)에서는 당시 辛氏의 寧越派와 靈山派가 合譜한 점도 주목되지만, 편집 과정에서 嫡庶 표기의 문제로 작업이 지체된 경위를 수록한 점이 독특하다(「그림 5」).[43]

『羅州羅氏族譜』(1721)에서는 출판에 소용된 총 경비와 인건비, 用紙 분량을 표기하여 후대에 경제적 상황을 고려하게 하였다.[44] 『安東金氏世

43 이 책의 편집자 辛萬亨의 跋을 보면 "족보 편성을 시작한지 10여년이 되던 1713년에 全州에서 간행하게 되었는데, 내(萬亨)가 序文을 받기위해 京中으로 간 사이 同宗의 辛壽仁이 庶孼 有華, 鍾斗, 萬夏 등을 끼고 가서 '庶' 字를 拔去한 후, 도리어 族譜를 훔쳐서 각처에 分賣하고 판값을 사사롭게 호주머니로 챙기니 어찌 마음이 편하겠는가? 내가 즉시 禮曹에 呈狀하니, 湖營으로 公文이 내려지고 罪人을 잡아서 着枷하여 엄하게 懲治하였다. 그 후 3년이 되던 1715년에 同宗의 同志들과 竹山[安城] 七賢寺에서 改修하여 다음 해에 完畢하였다."고 하였다. 족보 간행시 嫡庶의 문제가 심각하게 표출됨을 알 수 있다.

譜』(1729)에서는 五行法에 의한 行列圖를 제시하여 친족 간에 유대를 강화하고 宗法을 구현하는데 일조하였다.[45] 『瑞興金氏族譜』(1731)에서는 「海東理學淵源圖」를 수록하여 寒暄堂 金宏弼을 중심으로 우리나라 理學의 淵源을 제시하였다.[46] 『豊壤趙氏世譜』(1731)에서는 本孫의 이름 아래에 子·女와 庶子·庶女의 數를 표기하여 가족 규모를 한 눈으로 봐서 알기 쉽게 하였다.

「그림 6」『평양조씨소보』(영조 조)

『杞溪兪氏族譜』(1738)에서는 선대 14곳의 墳塋圖를 실어서 후대에 묘역을 잘 수호하도록 조처하였다. 『平壤趙氏小譜』(英祖朝)에서는 표기 및 내용을 검토해보면 특히 庶子의 生母 표기, 庶外孫의 배우자 표기 등 庶派에 대해서도 상세하게 기록한 점이 독창적이다(「그림 6」).[47]

『南原楊氏家乘』(1754)에

44 卷末에 "崇禎後再辛丑(1721) 羅州邑內 開刊."이란 刊記 외에 主事(羅斗秋 외 4명), 書寫(羅晩厚 외 1명), 刻手(張致良 외 5명), 木手(柳鶯重), 使喚(周尙金) 등의 명단이 있다. 이어서 출판에 소용된 需用所入錢은 120餘兩이고, 印匠 手功錢은 5戔이며, 印出紙는 7卷 5張이 들었다고 하였다.

45 卷末을 보면 1719년(己亥)에 쓴 19世孫 濟謙의 跋文에 이어서 22世로부터 시작하는 行列圖가 있는데, 五行法에 따라 '○淳, ○根, 炳○, ○均, ○鎭'의 5世 名字를 제시하고 "通議于京外諸宗以此命名 永世遵用 以敦收族親親之誼焉."이라 하였다. 그리고 『杞溪兪氏族譜』(1738)의 卷首에도 行列圖가 있는데, '彦'字의 아랫대를 五行法에 따라 '漢○, ○柱, ○煥, 致○, 鎭○'의 5世 名字를 제시하였다.

46 卷末에 "崇禎紀元後九十五年辛亥(1731) 十月 日 松沙活字 印出."이란 刊記가 있다.

47 卷首 부분이 缺落되어 編者는 알 수 없다. 從年次法으로 편성하였고, 개인별 내용은 상세하게 표기했으나 墨等(板刻할 때 일부 내용을 삭제하여 검게 나타난 부분)이 드문드문 나타난다. 妾은 표기하지 않았지만, 妾 표기 대신에 庶子女의 旁註에 生母를 표기한 것이 주목되며, 배우자는 嫡庶 차별 없이 '生室 死配'로 기록하였고, 外孫, 庶外孫도 배우자를 수록하였다.

서는 한 사람에 대하여 楊氏의 外孫女가 아니라는 頭註를 달아서 連系에 따른 혈통 문제를 제기하였다.[48] 『西蜀明氏世譜』(1759)에서는 금속활자인 戊申字로 15帙만 찍어서 전국 13處에 分送한다는 간행 정보를 제공하고 있다(「그림 7」).[49]

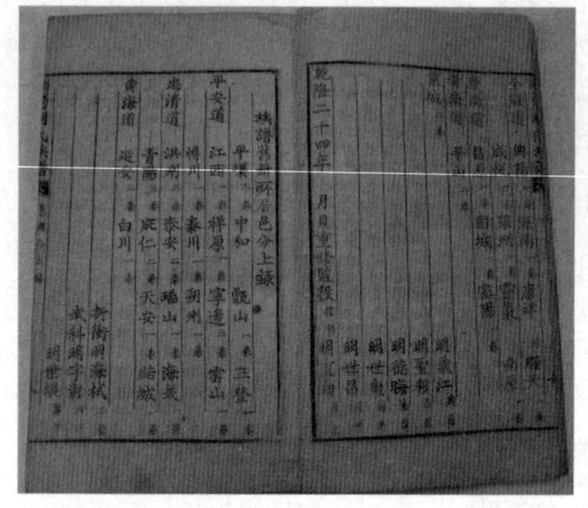

「그림 7」 『서촉명씨세보』(1759년)

『南陽洪氏世譜』(1776)에서는 洪殷悅을 시조로 한 唐洪系의 世譜인데 外裔圖를 별도로 묶어서 戚誼를 다지고자 하였다.

『南陽洪氏世譜』(1779)에서는 洪先幸 을 시조로 한 土洪系의 世譜인데, 卷末에 行列을 정한 사실과 족보를 간행할 때 인쇄비를 모은 사람들 명단이 기록되어 있다[50] 『海州崔氏家譜』(1807)에서는 1393년에 기록한 「司宰令公(崔珙) 夫人 宋氏 戶口單子」를 수록[51]하여 전통 古家임을 입증하고자 하였다(「그림 8」).

---

48 楊學泰 편. 1754. 『南原楊氏家乘』. 목활자본. 卷1. 21頁. '金世挺(道康人) 女 鄭萬極' 篇에 "뒤에 들리는 소문에 정만극의 처는 양씨의 외손이 아니다(追聞 鄭萬極妻 非楊氏出也)"하였다.

49 『西蜀明氏世譜』는 明重白 외 5인이 重修, 監役하여 1759년(영조 35)에 1책(94張) 전체를 금속활자 戊申字로 印出하였다. 卷首의 '明氏族譜 新刊冊 分送錄'을 보면 15帙을 刊行하여 전라도 興陽, 海南, 康津, 順天, 咸悅, 羅州, 靈光, 南原, 경상도 昌原, 固城, 密陽, 황해도 平山(2帙) 및 京城(2帙) 등 13處에 頒帙했음을 알 수 있다. 이 책은 先男後女法 편성에 女壻만 수록하였고, 배우자는 娶로, 系子는 養子로 표기하였으며, 庶子女는 표기하지 않았다. 그리고 卷首의 여러 기록에서 청나라 年號를 사용한 점이 독특하다. 또 分送錄에서 표기한 京城이 당시 漢城의 별칭으로 사용한 것인지 알 수 없다.

50 洪梓 등편. 1779. 『南陽洪氏世譜』. 목활자본. 3책본. 卷末에 坡州牧使 洪檍(1722-1809)이 1779년에 정한 24世부터 28世까지 行列(O厚), 火, 思O, ネ, O翊을 포함하여 洪檍, 長城府使 洪述祖(1738-?), 高靈縣監 洪大顯(洪梓의 子, 1730-?), 泰仁縣監 洪大容(洪檍의 侄, 號 湛軒, 1731-1783) 등 현직 관원들이 世譜를 간행할 때 돈을 모은 것으로 판단한다. 특히 洪大容은 그 이름아래에 '鳩財' 라고 표기되어 있어서 인쇄비를 모으는데 주관한 것이라 하겠다.

51 崔承憲 등편 1807. 『海州崔氏家譜』. 목활자본. 卷首 참조. 한편 『延安李氏族譜』(1694)의 卷首에도 建文 4년(1402)에 작성된 戶口單子가 들어 있다.

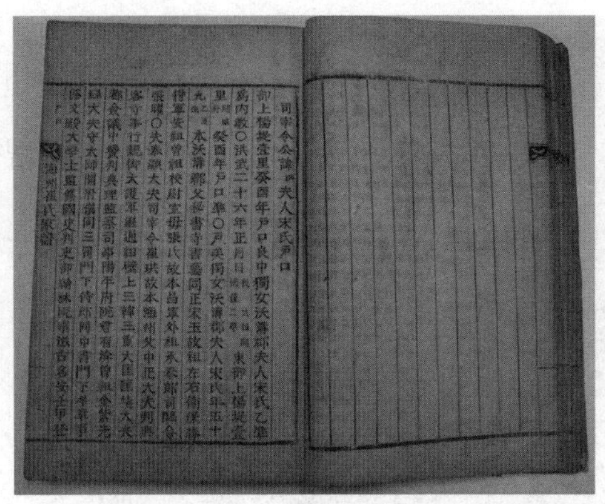

「그림 8」『경주최씨가보』(1807년)

『慶州金氏族譜』(1854)에서는 卷首에 六世祖의 內外祖 考妣의 系譜圖를 실어서[52] 자신의 몸이 여러 선조로부터 영향을 받은 데 대한 소중함을 표하였다.

이 밖에 書誌的인 면에서 『金海金氏世繼』(1675)는 소장본 가운데서 木活字로 간행한 最初本이고, 『光山金氏世譜』(1715)는 全羅道 목활자인 松沙活字로 찍은 책이며,[53] 增補 重刊이나 再修, 三修 등을 붙인 족보도 17세기 후반 이후의 刊行本에서 散見되고 있다.[54] 그리고 족보에서는 매우 드문 현

---

52 金履基 등편 1854.『慶州金氏族譜』. 목활자본. 卷首를 보면 孝簡公 金柱臣(1661-1721)이 그린 系譜圖를 넣었는데, 6世祖까지 父系를 陽刻, 母系를 陰刻으로 표시하였고, 內外祖 考妣의 合數가 124人이라 하였다. 이러한 계산법으로 25世祖가 되었을 때는 內外祖 考妣의 合數가 무려 67,108,860인이나 된다 하였다. 한편 系譜圖에 이어서 金柱臣의 孫子 金孝大의 跋이 있는데, 末尾에 "至行純德英謨毅烈章義弘倫光仁敦禧體天建極聖功神化主上殿下四十八年壬辰(1772)…不肖孫 孝大謹識."라는 英祖의 年代表記가 독특하다. 이 경우 대개 '今上四十八年'이라 하는 것이다.

53 이 책의 卷末에 "崇禎紀元後歲在乙未(1715) 三月 日 松沙活字 印出"이란 刊記가 있다. 계명대 소장본 가운데 松沙活字로 찍은 것이 이 외에도『瑞興金氏族譜』(1731)와『慶州鄭氏族譜』(1738)이다. 또 지난 2006년 6월에 대구 금요고서방에서 제20회 경매물품으로 출품된『密城孫氏族譜』(1710년) 2책에서도 卷末을 보면 "崇禎紀元八十三年庚寅(1710)四月 日 松沙活字 印出"이라는 刊記가 있다. 이처럼 전라도 松沙活字는 현존 자료 중에서도 1710년부터 1738년까지 여러종 사용되었음을 확인할 수 있다.

54 이와 관련한 족보는『瑞山柳氏重刊別譜』(1694),『增補重刊青松沈氏族譜』(1713),『同福吳氏重鐫族譜』(1793),『兆陽林氏再修世譜』(1803),『濟州高氏再修族譜』(1804),『五修陽城李氏世譜』(1842),『

상이지만, 개인의 旁註에 補刻한 판자를 倒植(거꾸로 끼움)한 책도 발견된다(「그림 9」).[55]

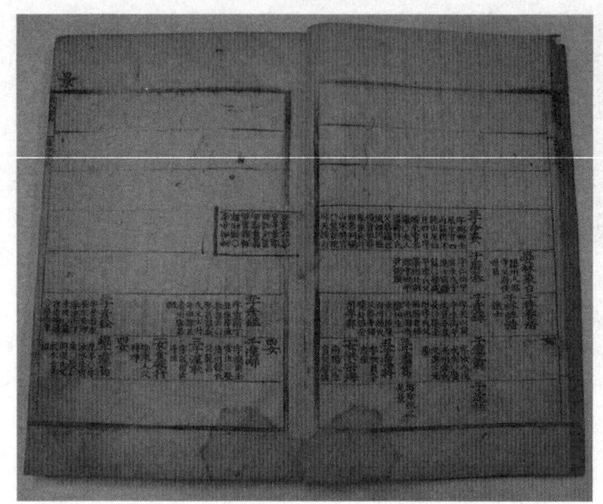

「그림 9」『기계유씨족보』(1738년)

끝으로 위 표에서 성씨별 종류 1,994종을 제외한 나머지 392종은 『靑邱氏譜』, 『姓譜』, 『百氏通譜』, 『總譜』, 『東姓考』, 『世家譜』, 『氏族彙』, 『大東氏族攷』, 『朝鮮氏族統譜』등 萬姓譜의 계통과 『文譜』, 『武譜』, 『南譜』, 『諸家譜』, 『養世系略譜』 등의 특수 족보, 그리고 족보와 관련 있는 개인적 家乘, 家史와 한 고을의 鄕譜, 姓別系譜 등이다.

3. 판본별 현황

계명대 동산도서관에 소장되어 있는 족보 2,386종을 조사해보면 대부분이 간행본이고, 필사본은 전체 족보의 3% 정도가 된다.

필사본은 위에서 언급한 『姓譜』, 『東姓考』, 『萬姓譜』, 『靑邱氏譜』, 『百

竹山朴氏重鐫族譜』(1879) 등이 있다.

55 兪拓基 등편. 1738. 『杞溪兪氏族譜』. 목판본. 卷6. 11頁의 '命賚'의 旁註에 "○墓在抱川天柱山坤向合窆 ○領相鄭澔撰墓誌 贊善權尙夏述碣銘 進善金昌翕記墓表."가 있는데 밑줄 친 부분이 倒植된 내용이다.

氏通譜』 등의 종합 성씨 족보와 『文譜』, 『武譜』, 『南譜』, 『諸家譜』 등의 특수 족보, 그리고 족보와 관련 있는 개인적 家乘 자료와 한 고을의 鄕譜, 姓別系譜 등이다.

일반 족보의 필사본 가운데는 『義城金氏世譜』(1553), 『全州李氏世系』(1728), 『苞山郭氏族譜』(英祖朝), 『缶溪洪氏族譜』(19세기 초반), 『靑松沈氏草譜』(19세기 초반),[56] 『安東權氏世系』(19세기 중반),[57] 『南陽洪氏癸酉譜』(19세기 후반),[58] 『義城金氏世譜』[59] 등이 자료적 가치가 있다.

한편 18세기 이전에 편성·간행된 善本 족보 188종에 대하여 판본을 분류해보면 木板本 79종, 木活字本 96종, 筆寫本 6종, 金屬活字(戊申字本) 1종, 金屬活字(筆書體鐵活字本) 2종, 影印本(목판본) 3종, 影印本(필사본) 1종 등으로 나타나는데, 이 가운데 목활자본이 96종으로 가장 많고 다음이 목판본 79종이다. 그러나 필사본은 6종뿐이다. 이에 대한 상세한 목록은 본고의 「부록」에 제시한다.

56 靑城伯 沈德符의 4男 沈澄 후손의 계보이다.

57 權錫祜(1817-?)가 編한 것이다. 일반적으로 妻系를 표기할 때 妻의 四祖(父, 祖, 曾祖, 外祖)가 최대 표기였는데, 여기서는 많을 경우 妻의 10代祖까지 나열하고 外祖를 표기한 것이 주목된다.

58 洪殷悅을 始祖로 한 唐洪系로, 監司 洪得一 후손의 系譜이다.

59 倫洞의 四友堂 派譜이다.

4. 특수 족보

「그림 10」『문보』(조선후기)

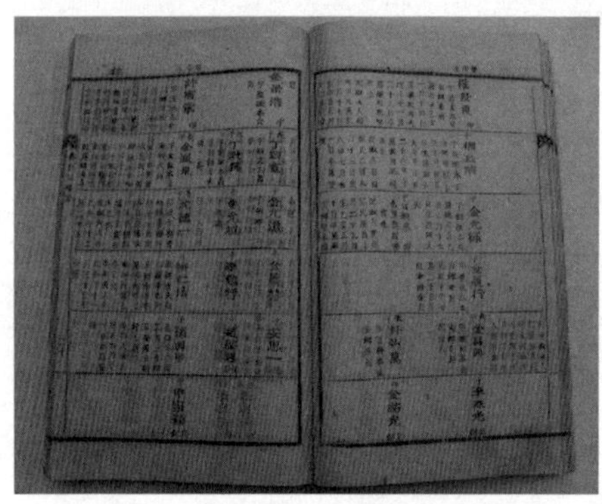

「그림 11」『養世系略譜』(1925년)

계명대 동산도서관에 소장되어 있는 주요 특수 족보를 살펴보면 다음과 같다.

『文譜』(필사본), 2책 : 조선시대 文科에 급제한 자의 계보(「그림 10」).[60]

『武譜』(필사본), 1책 : 조선시대 武科에 급제한 자의 계보

『蔭譜』(필사본), 2책 : 조선시대 蔭職에 벼슬한 가문의 계보

『文蔭譜』(필사본), 1책 : 조선시대 文科와 蔭職에 벼슬한 가문의 계보.[61]

『璿源系譜紀略』, 1책 : 조선시대 역대 임금의 계보

『養世系略譜』, 1책 : 조선시대 宦官의 가계를 수록한 계보(「그림 11」).[62]

---

60 文譜를 '桂譜'라 칭하기도 한다.

61 위의 文譜 武譜 蔭譜를 포함한 이 족보는 본인 중심으로 8대조까지의 世系와 外祖, 妻父를 기록하였다. 三班譜라고도 한다. 표기법을 보면 文科는 赤色으로, 武科는 靑色으로, 蔭職은 黃色으로 각기 대상자의 이름 옆에 표시하였다. 동산도서관에는 文譜 2종, 武譜 1종, 蔭譜 2종, 文蔭譜 1종 등이 있는데, 조선후기에 필사된 자료이다.

62 李允默 編, 『養世系略譜』(목활자본, 1925)에 의거하여 養世 계보의 맏이의 계통을 살펴보면 "尹得富(始祖) – 安仲敬 – 白繼男(尙茶) – 崔漢孫(尙膳) – 金潤屋(嘉義大夫) – 蔡彦俊(正憲大夫) – 吳大邦(判內侍府事) – 次子 吳以恭(崇祿大夫) – 金瑜(通訓大夫) – 劉起漢(尙膳) – 奇景憲(嘉義

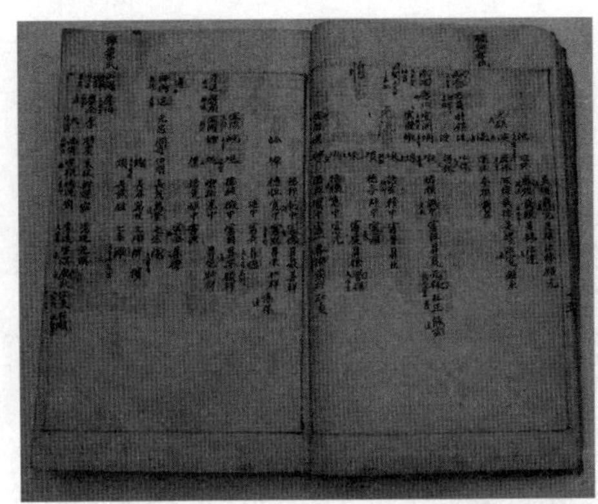

「그림 12」『南譜』(1878년)

「그림 13」『동국만성잠영보』(조선후기)

『萬姓譜』(필사본), 6책 : 남인·북인·노론·소론의 黨色을 표기한 계보.[63]

『南譜』(필사본, 1878년), 1책 : 조선시대 南人 가문의 계보(「그림 12」).[64]

『南極世譜』(필사본, 1891년), 1책 : 안동권씨 80세 이상 享壽한 자의 사적 수록.[65]

『碧珍李氏八門譜』, 1책 : 經學, 蔭仕, 生進, 文科, 忠直, 孝烈, 淸白, 文章의 명인 계보

『朝鮮彛學衿譜』, 13책 : 조선시대 儒學에 뜻을 둔 선비 가문의 계보

『靑襟世譜』, 2책 : 조선시대 여러 선비 가문의 계보

『簪纓名賢姓譜』, 1책 : 조선시대 內外職에 벼슬한 사람의 성씨별 계보

大夫) – 禹洪龜(通訓大夫) – 洪益浩(通訓大夫) – 印永馥(通訓大夫) – 徐常浹(通政大夫) – 李敏五(崇祿大夫) – 文用奎(崇祿大夫) – 朴廷鎬(通政大夫) – 梁漢秀(通訓大夫) – 金世柱"와 같이 20世의 계통을 수립하고 있다. 딸은 率養하지 않았다.

63 조선후기에 筆寫된 것이며 전체 6冊이다.

64 이 책의 편성은 昌原孔氏를 포함하여 孟氏, 李氏, 金氏, 朴氏, 柳氏, 韓氏, 洪氏, 尹氏, 曺氏, 都氏 순이다. 卷末을 보면 戊寅[1878]에 碧洞의 아무개(號 碧山)가 베낀 것으로 되어 있다.

65 權漢功(?–1349)의 후손 權周郁이 편성한 필사본 1책인데, 그 先代 가운데 80세 이상 享壽한사람을 중심으로 사적을 수록한 족보이다. 南極이란 노인을 뜻한다.

『朝鮮簪纓譜』, 10책 : 조선시대 內職과 外職에 벼슬한 사람의 계보

『東國萬姓簪纓譜』(필사본), 2책[66] : 조선시대 벼슬한 사람의 계보(「그림 13」)

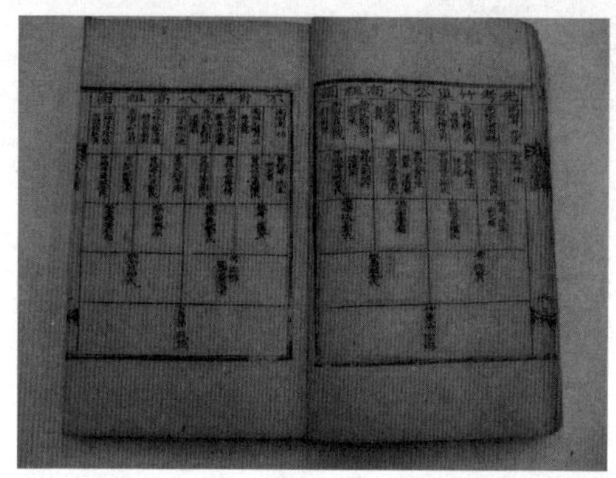

「그림 14」『팔고조보』의 표기 예

『兩朝文蔭武搢紳譜』, 2책 : 高宗·純宗朝에 內職과 外職에 임명된 자의 계보

『歷代統譜』, 1책 : 중국 역대 王朝 및 우리나라 역대 王朝의 계보

『北海古譜』, 1책 : 신라 六部村長 후손의 계보

『世德姓譜』, 2책 : 성씨별로 道德, 文章, 官職, 忠孝烈에 뛰어난 자를 수록한 계보

『八高祖譜』 : 內外의 高祖父 8인에 대한 가계보이다.[67] 자손이 중심이 되어 조상의 계통을 살펴보게 된다(「그림 14」). 八高祖譜를 다시 內外 高祖로 확장하여 高祖母 8인을 포함하면 十六祖圖[68]가 된다.

---

66 이 책에서는 科擧에 급제한 자가 122姓氏에 13,981人이라고 표기되어 있다.

67 八高祖譜는 본인의 內外 高祖父 8인에 대한 가계보이며, 祖父母의 內外祖, 外祖父母의 內外祖계통도이다. 璿源系譜에 역대 임금의 八高祖圖를 수록하였고, 閔致兢(1810-1885)의 『玄岳文集』에도 본인의 八高祖圖를 포함하여 18代祖 閔宗儒까지 대대로 八高祖圖를 수록하였다.

68 十六祖圖는 2008학년도 서울대학교 정시모집의 인문계열 논술시험에서 논제가 되기도 하였다. 이 점은 전통 父系血族 중심에서 앞으로 兩性平等의 憲法精神에서 母系血統을 대비하고, 父系姓 반영의 기존 제도에서 父母 複姓 선택 등 바람직한 방법을 찾고자 한 것이라고 본다.

Ⅳ. 동산도서관 소장 족보의 문헌적 특성

1. 주요 선본 족보의 표기법

계명대 동산도서관에 소장되어 있는 족보 중에서 17세기 이전의 족보는 善本이라 하겠다.[69] 이 자료를 중심으로 父子間의 連系 표시, 배우자의 표기, 자녀의 편성 순서, 外孫의 수록 범위 등을 중심으로 표기법을 조사해보면 「표3」과 같다.

「표3」 동산도서관 소장 17세기 이전 족보의 표기법

서 명	간년	연계 표기		배우자 표기		자녀 편성 순서		외손 수록	비고
		적자녀	서자녀	적자녀	서자녀	종년차	선남후녀		
安東權氏世譜	1476	子, 女夫, 後夫	副室産	×	×	○		不限代	重刊本
鐵城李氏族譜圖	1476	子, 女	×	×		○		3代	鐵城聯芳集, 李岡 家譜
義城金氏族譜	1553	子, 女	×	×		○		不限代	筆寫本
眞城李氏族譜	1600	子, 女	자녀 이름 下: 庶 표기	×	×	○		不限代	繼後표기
南陽洪氏世譜	1604	子, 女	庶子, 庶女 孽子, 孽女	×	×	○		不限代	筆寫本의 影印本
晉陽河氏世譜	1606	子, 女	×	室		○		不限代	凡例수록

69 동산도서관에서는 「표3」과 같이 17세기 이전 자료를 총 26종 소장하고 있다. 그러나 1565년에 간행된 『문화류씨세보』(가정보)를 포함하여 40종 이상 現傳할 것이라고 본다.

清州韓氏世譜	1617	子,女	庶子,庶女	室	×		○	1代(壻)	別譜있음
全義李氏姓譜	1634	子,女	×	娶,配			○	1代(壻)	
平山申氏姓譜	1636	子,女	×	配			○	1代(壻)	影印本
星州碧珍李氏世譜	1652	子,女	庶子,庶女	×	×	○		不限代	影印本
東萊鄭氏世譜	1655	子,女	庶子,庶女	室	×	○		3代	影印本
昌原孔氏族譜	1660	子,女	庶子,孽子	配	×	○		5代	
恩津宋氏族譜	1666	子,女	庶子,庶女	配,娶	×	○		4代	
晉州蘇氏族譜	1670	子,女	庶子,庶女	生娶死室	×	○		不限代	附錄(別譜)있음
金海金氏世繼	1675	子,女	庶子,庶女	生室死配	生娶死配		○	1代	
咸陽朴氏族譜	1678	子,女	庶子,庶女	配	×		○	不限代	
璿源系譜紀略	1679	男,女	庶子,庶女	娶(氏)	娶(姓)		○	2代	
晉州姜氏族譜	1685	子,女	庶子,庶女	室,娶	×	○		2代	
幸州奇氏內外子孫譜	1689	子,女	庶子,庶女	配	×	○		不限代	
興城張氏族譜	1690	子,女	庶子,庶女	生室死配	娶		○	2代	
宜寧南氏族譜	1693	子,女	側子,側女	生娶死配	×		○	2代	
昌寧曺氏族譜	1693	子,女	庶子,庶女	配,室	×	○		5代	
延安李氏族譜	1694	子,女	庶子,庶女	生室死配	妻	○		2代	庶子 1字낮춤
瑞山柳氏重刊別譜	1694	子,女	妾子,妾女	配	×	○		3代	
星州李氏族譜	1694	子,女	妾子,妾女	生室死配	×		○	3代	
草溪鄭氏族譜	1700	子,女	側子,側女	室	×		○	4代	

※배우자 표기에서 從夫職에 의한 '夫人' 표기는 제외하였음

「표3」의 26종에 대한 표기법을 중심으로 족보의 몇 가지 특성을 살펴보기로 한다.

1476년(성종 7)에 安東에서 간행한 『安東權氏世譜』(목판본)와 固城에서 간행한 「鐵城李氏族譜圖」(목판본)는 모두가 內外譜인데, 편성은 從年次法(남녀 출생순)이고 子와 女를 표기하였으며 배우자는 표기하지 않았다. 특히 『安東權氏世譜』는 禮記의 尊祖·敬宗 의식의 영향을 받아서 편성한 것인데, 혈통 중시에 따른 內外孫 존중으로 인하여 外孫을 대수 제한 없이(不限代) 수록하였고, 改嫁에 따른 '後夫' 표기,[70] 改名 표기, 絶孫으로 인한 '無後' 표기가 있다. 그리고 출생에 따른 前室, 後室, 副室産의 所生 표기가 나타나는데, '子○○副室產'[71]의 표기에서 보듯이 이 책은 庶孼을 표기한 현존 最古의 족보이다. 조선시대 庶子가 기록된 최초의 족보는 1421년에 편성된 廣州安氏의 족보[72]라고 하지만 현존하지 않는다.

1553년(명종 8)에 편성한 『義城金氏世譜』(필사본)는 당시 경상도 義城의 임시 縣令이었던 李擢卿(字)이 黃俊良의 序를 받아서 완성한 것이다. 편성은 從年次法이고, 嫡子女만 수록하였으며,[73] 배우자는 표기하지 않았으나 外孫은 대수 제한 없이 수록하였다.

1600년(선조 33)에 경상도 禮安의 陶山書院에서 간행한 『眞城李氏族譜』(목판본)는 金玏 및 吳澐의 序가 있으며, 禮記의 尊祖·敬宗 의식에서 영향을 받은 것이다. 嫡子女·庶子女를 함께 수록하였고, 배우자는 표기하지 않았다.[74] 庶子의 표기는 '庶子○○'라 하지 않고 '子○○'라고 기록한 후 그 이

70 안동권씨 성화보에서 '後夫' 표기가 있는 경우, '後夫' 바로 앞의 '夫'는 前 남편을 뜻한다.

71 權踶 등편, 『安東權氏世譜』(목판본, 1476년), 卷天, 16頁.

72 權奇奭. 2012. 「15-17세기 族譜 편찬과 참여계층 연구」. 서울대학교대학원. 박사학위 논문. p.391.

73 이 책 전체 98張의 8層 横間 譜圖에 수록된 內外孫은 5,000餘人으로 추산되는데, 그 중에서 다만 號張 최하단의 '朴尙文 庶子守業'과 醎張 최하단의 '金守一 庶子翼南' 2건만 표기되어 있다. 이책이 필사본임을 감안하면 庶子 수록 족보라 할 수 없다.

74 다만, 퇴계 이황의 직계 선조의 배우자는 '娶'라 표기하였다. 그리고 庶子 후손으로서 신분 상승된 자의 표기는 '許通'이라 하였다.(庶子 李寂의 아들 敬道와 사위 琴大海, 許通 李仁福의 사위 金塘·趙壽朋 등)

「그림 15」『진성이씨족보』(1600년)

름자 아래에 '庶'라는 註를 달았다. 편성은 從年次法이고 外孫은 대수 제한 없이 수록하였으며, 養子制 도입에 따른 '繼後' 표기가 있다(「그림 15」).[75]

1604년(선조 37)에 편성한 『南陽洪氏族譜』(필사본)는 柳成龍의 序와 洪瑋의 跋이 있는데, 송나라 程頤의 '天下의 人心을 관섭한다'는 重本 의식에서 영향을 받은 것이다. 先祖世紀와 族譜圖로 구성되어 있고, 편성은 從年次法이며, 庶子 표기는 良妾 소생의 庶子·庶女와 賤妾 소생의 孼子·孼女로 구분하였다.

1606년(선조 39)에 河渾이 編한 『晉陽河氏世譜』(목판본)는 嫡子女 중심으로 편성된 從年次法의 족보인데, 배우자는 '室'로 표기되어 있다. 송나라 程頤의 重本 의식과 蘇洵의 『眉山蘇氏族譜』 정신을 모범으로 삼았으며, 개인별 旁註는 편자의 直系에 한하여 상세하게 수록하였다. 또 남명학파, 대북파의 인물이 많이 수록되어 있다. 배우자(室)를 표기한 최초의 족보이다.[76] 凡例가 수록된 것도 이 책에서 처음으로 나타난다.

75 이 책에 앞서 간행된 족보로 서울대학교 규장각에 소장되어 있는 『綾城具氏姓譜』(奎41-1)를 살펴보기로 한다. 이 족보는 1576년에 具仁 등이 內外譜 12권으로 묶어서 간행할 때 卷首에 넣은 零本 1책의 姓譜이다. 嫡子女·庶子女가 함께 수록되어 있으며 편성은 先男後女法이고, 入·出系가 나타난다. 庶子女는 妾子·妾女로 표기하였는데, 庶子의 자손을 다음 篇에 移記할 때는 '孼'로 표기하여 嫡派와 구분하였다. 배우자는 嫡子에 한하여 娶로 표기하였으며, 外孫 배제 의식에 따라 女系는 사위(壻)만 표기하였다. 繼後 표기, 嫡子의 妻(娶) 표기가 주목된다. 그러나 內外譜 편성 당시에 별도로 편성한 姓譜였기에 당연히 本宗을 중시한 것이다.

76 上冊 末尾에 "萬曆丙午(1606)春夏 陝川海印寺開刊 凡百板 本寺直舍僧典守 無失墜焉 監司之令 在立案中"의 刊記와 校正 河景中·成繼甲, 管刻有司 河應瀁를 포함한 지역별 참여 명단이 있다.

1617년(광해 9)에 간행한 『淸州韓氏世譜』(목판본)는 嫡子女·庶子女가 함께 수록되었고, 편성은 先男後女法이며, 外孫 배제 의식에 따라 사위만 표기되어 있다. 宗法을 중시한 同姓譜이며, 卷末에 別譜가 들어 있어서 조선시대 別譜의 관행이 처음으로 나타나는 족보라 하겠다. 권말에 후손 韓孝仲의 跋이 있다.[77]

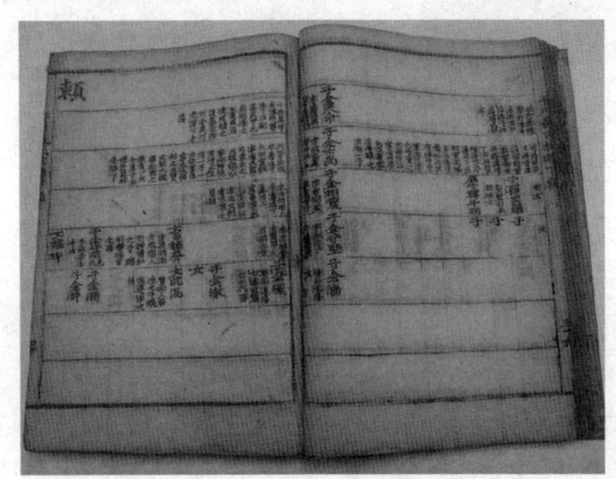

「그림 16」『진주소씨족보』의 外後孫 旁註 표기 예(1670년)

1670년(현종 11)에 간행된 『晉州蘇氏族譜』(목판본)에서는 外後·外後孫에게도 字, 號, 生卒年, 官職, 配, 墓 등의 旁註를 수록하고 있는 점이 독특하다. 이 책은 羅州牧使 蘇斗山이 羅州牧에서 발간한 官板本이므로, 족보의 간행에 참여한 書寫吏, 色吏 등 鄕吏의 이름이 나타나고 있다(「그림 16」).[78]

1675년(숙종 원년)에 간행된 『金海金氏世繼』(목활자본)에서는 庶子에게도 배우자를 표기한 최초의 족보라 하겠다. 배우자 표기법을 보면 嫡子와 庶子 불문하고 죽었으면 '配'를 표기하였으나 살아 있는 경우에는 嫡子의 배우자는 '室'을, 庶子의 배우자는 '娶'를 각기 표기하였다. 권말에 후손 金龍行

77 卷末에 "皇明萬曆四十五年丁巳(1617) 孟春西原菩薩寺開刊"이라는 刊記가 있고, 後孫인 西原(淸州)縣監 韓孝仲을 비롯하여, 有司로 前 禧陵參奉 韓赫, 幼學 韓㮚, 韓潭, 韓純立, 韓岌 등의 명단이 들어 있다. 끝으로 간행 실무담당[色吏]인 戶長 韓嗣宗과 僉知 韓武忠 外에, 刻手인 林武光, 惠智, 曇晟, 愼秀, 智俊, 智玄 등의 명단이 수록되어 있다.

78 卷末에 "庚戌(1670)五月日 羅州牧開刊 板子移置 于益山炭谷東山寺."라는 刊記가 있다. 修譜有司는 蘇斗山(牧使), 李起漢(進士), 蘇山海(郡守), 金守堅, 蘇弘式, 楊俊擧, 蘇景澄, 白光瑞(進士)이고, 書寫吏는 羅五星, 羅星老, 崔海遠이며, 開刊色吏는 羅璧, 尹繼邦이고, 掌務刻手는 羅敬發이다.

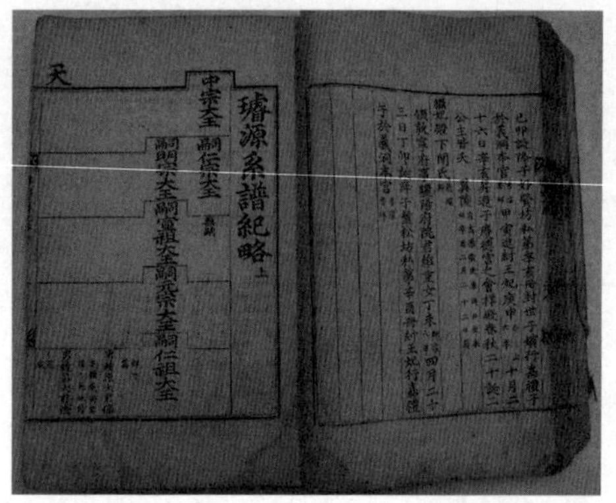

「그림 17」『선원계보기략』(1679년)

의 跋이 있다.

1679년(숙종 5)에 간행된『璿源系譜記略』(목판본)은 조선시대 국왕의 系譜인데, 朗原君 李偘(1640-1699)이 編修한 것을 宗簿寺에서 간행하였다. 嫡子女·庶子女가 함께 수록되었고, 편성은 先男後女法이며, 外孫은 2代(外孫)로 한정하였으나 宣祖의 子孫은 지금의 임금〔肅宗〕의 近親이 되므로 제한을 두지 않고 婚娶와 爵秩을 상세히 기록하였다. 金錫胄의 跋이 있으며,『璿源系譜紀略』중에서는 初刊本이다(「그림 17」).

1689년(숙종 15)에 간행된『幸州奇氏內外子孫譜』(목판본)는 從年次法으로 편성한 것인데, 書名에서 보듯이 內外譜이며, 外孫은 대수 제한 없이 수록하였다. 후손 奇挺翼의 序가 있다.

1693년(숙종 19)에 간행된『宜寧南氏族譜』에서는 1471년에 文科에 及第한 南悌가 1480년(성종 11)에 조정으로부터 받은 中訓大夫 行 吏曹正郎의 敎旨를 권수에 板刻한 것이 이채롭다.79

1694년(숙종 20)에 간행된『延安李氏族譜』(목판본)는 嫡子女·庶子女를 함께 수록하였는데, 庶子女에 대해서는 嫡子女 보다 1字 낮게 표기하여 차별한 점이 주목된다(「그림 18」).80

끝으로 1694년(숙종 20)에 간행된『星州李氏族譜』(목판본)를 보면

---

79 卷首에 板刻한 내용은 半草書로 "南悌爲中訓大夫行吏曹正郎兼春秋館記注官承文院校理典校署校理者 成化十六年十二月二十八日."이라 되어 있다.

80 卷首에는 建文四年壬午(1402) 六月에 작성한 西部上午正五里의 李貴齡 戶口單子가 있고, 卷末에는 "甲戌(1694년) 四月 日 平安監營 開刊"이라 표기한 후 田畓案, 祭需目錄 등을 수록하였다.

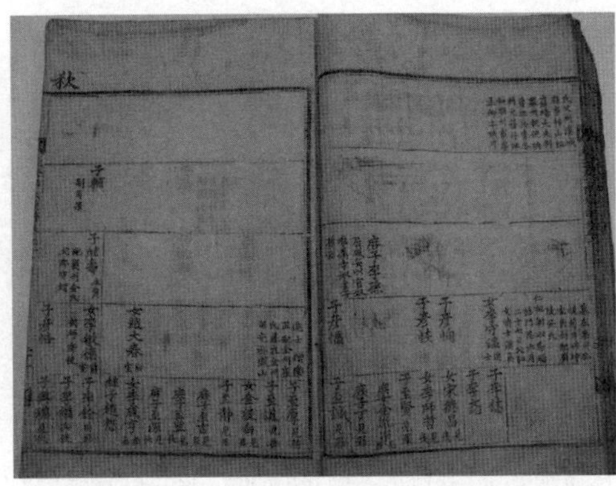

「그림 18」『연안이씨족보』(1694년)

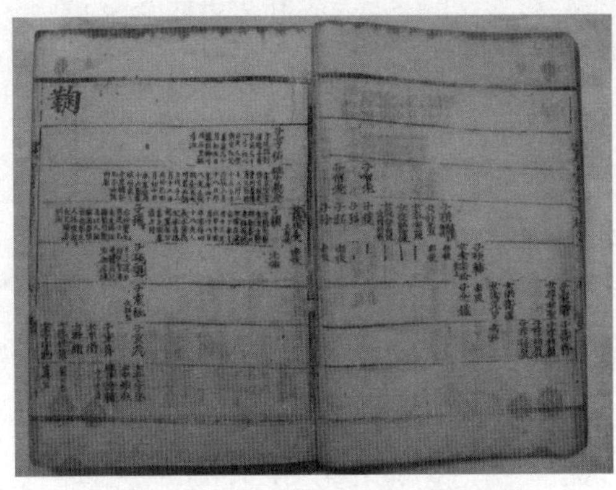

「그림 19」『성주이씨족보』(1694년)

표기의 잘못이 나타나기도 한다. 宣傳官을 지낸 李義老는 1525년생으로 추정되는데, 족보에 萬曆乙酉(1585)生으로 표기되어 있어서 誤記이고, 李義老의 姪壻로서 1556년에 文科에 급제한 張順受(1529 년생)의 경우는 그 막내처남의 女壻로 잘못 연계되어 있다고 하겠다(「그림 19」).[81]

위 26종에 대하여 개인별 기재사항(旁註)을 살펴보면 『金海金氏世繼』(1675)만이 상세하게 수록하였고, 『璿源系譜記略』(1679)에서는 嫡派만 상세하게 수록하였다. 그러나 『鐵城李氏族譜圖』(1476)에서는 系統만 표기하였고, 『安東

81 李光迪 編. 『星州李氏族譜』(목판본) 卷下. 6頁에 '李亨佑의 繼子 義老'는 본래 그 伯父 李元佑의 2男이다. 그의 旁註에 '萬曆乙酉(1585) 閏12月 23日生'이라 하였는데, 확인해보면 李義老의 2男 李穖이 乙酉(1585)에 進士試에 入格하였으니, 아들이 아버지 보다 나이가 많은 셈이다. 冊曆을 보면 乙酉의 閏12月은 萬曆乙酉(1585)가 아닌 嘉靖乙酉(1525)에 있었다. 따라서 60년 뒤의 年號를 잘못 기록한 것이다. 또 李義老의 막내아우(5弟)인 李信老의 '女壻 張順受(文府使)'도 考證하면 李元佑의 女壻가 되는데, 이 族譜에서는 冊板木을 달리하면서 한 칸 아래에 잘못 板刻한 것이다.

權氏世譜』(1476), 『義城金氏族譜』(1553), 『南陽洪氏世譜』(1604), 『星州碧珍李氏世譜』(1652) 등에서는 대표 官職 1-2개만을 수록하였으며, 『眞城李氏族譜』(1600)를 포함한 나머지 족보에서는 편자의 직계 또는 주요 인물만 상세하게 註를 달았고, 그 외 사람들은 대개 官職이나 字 정도만 수록하였다.

그리고 족보의 편성법을 살펴보면 『淸州韓氏世譜』(1617), 『全義李氏姓譜』(1634), 『平山申氏姓譜』(1636) 등을 포함하여 17세기 후반의 족보에서는 당시 유행하던 從年次法에서 탈피하고 先男後女法을 도입하여 本宗을 중시하고 있다. 따라서 養子의 제도가 이 시기에 본격적으로 시행하고 있다. 이 외에도 17세기 중반부터는 모든 족보에서 庶子女를 수록하고 있으나 17세기 후반에 들어오면 庶子를 嫡子보다 한 字 낮추어 표기하기도, 側子, 妾子와 같이 달리 표기하기도 하여 한 층 차별하고 있음을 살펴볼 수 있다.

2. 原譜와 別譜의 특징

족보의 가계 수록 내용을 살펴보면 原譜는 始祖나 派祖로부터 漏譜 없이 이어져 온 가문의 系譜이고, 別譜는 先系를 알지 못하는 가문의 계보인 것이다.[82] 원보에 수록된 계통을 原派라 하고, 별보에 수록된 계통을 別派라 하였는데, 18세기 후반의 한 사례를 살펴보면 別譜에 添錄하는데도 금전이 있어야 가능하였다.[83]

82 別譜는 위에서도 언급했듯이 1617년(광해 9)에 간행한 『淸州韓氏世譜』에서 조선시대 別譜의 관행이 처음으로 나타나고 있다.

83 앞의 「盧尙樞日記」 2권. p.599의 1796년 8월 1일자 시폐를 지적한 내용에서 "오늘날 이른바 譜牒이라는 것은 好事者들이 지나치게 利益을 탐내는 책이다. 한 나라의 동일한 姓氏에게 通文을

족보는 原譜 중심으로 편성하였으므로 별보는 原譜의 附錄에 넣는 것이 일반적이다. 그리고 別譜에 수록된 계통은 후일에 고증을 거쳐서 原譜에 入錄하였다. 이러한 계통의 차별성 때문에 족보를 편집할 당시부터 原譜의 原派와 別譜의 別派는 尊卑 관계가 성립되는 것이다.

족보를 중심으로 家系를 살펴볼 때 고려할 점은 들면, 原派의 인물은 가계를 구명하기가 용이하지만 別派의 인물은 후대 고증에 따른 가계의 변동이 있을 수 있다. 따라서 別派에 수록된 家系에 대해서는 후대의 족보에서 추이를 살펴볼 수 있으므로 우리는 별파를 주목할 필요가 있다.

「표3」을 중심으로 別譜가 수록된 족보를 살펴보면 『淸州韓氏世譜』(1617)를 포함하여 『東萊鄭氏世譜』(1655), 『恩津宋氏族譜』(1666), 『晉州姜氏族譜』(1685), 『昌寧曺氏族譜』(1693), 『星州李氏族譜』(1694) 등이다. 그러나 18세기에 간행된 족보에서는 別譜가 많이 수록되어 있음을 살펴볼 수 있다.

「그림 20」『여흥민씨별보』(1713년)

別譜에 수록된 家系 가운데는 위에 있는 『淸州韓氏世譜』의 韓自熹 家系, 『東萊鄭氏世譜』의 鄭絪[84] 가계, 『昌寧曺氏族譜』의 曺豈仁 가계를 포함하여 18세기에 나온 『昌寧成氏族譜』(1709)의 成禧[85] 가계, 『驪興閔氏族譜

보내고 名下錢을 거두어서 譜所에 다 이르도록 하였다.…만약 姓字가 같고 財産이 넉넉하면 別譜에 入錄하는데, 無后派에 添書하여 같은 뿌리에서 나온 종족이 된다.…돈이 있으면 절로 같은 骨肉親이 되는 것이다.(今之所謂譜牒者 貪利好事者 發文於一國之同姓 收合名下之錢 盡詣于譜所…若姓字同而財産富足 則入錄別譜 添書無后派 自同同根…有錢者 自同骨肉.)"라 하였다.

84 그의 손자 鄭可宗은 禮曹判書를 지냈고, 증손 鄭坤은 大司成을 지냈다. 鄭可宗의 5세손 鄭彦信은 右議政, 鄭彦智는 參判을 지냈다.

85 그의 후손 가운데는 文科에 급제한 成翰을 비롯하여 武科에 급제한 成仟과 成昌老, 進士試에입격

』(1713년) 別譜(「그림 20」)의 閔世榮[86] 가계, 『安東權氏世譜』(1734)의 權㳑夫(高麗 副戶長)[87] 가계 및 權衡允(高麗 給事中)[88] 가계, 『杞溪兪氏族譜』(1738)의 兪仲孫 가계 등이 매우 번성하였다.

3. 특성 있는 家系

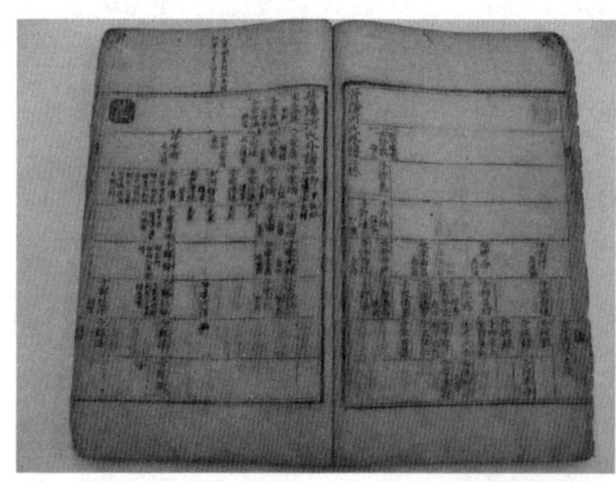

「그림 21」 『진양하씨세보』(1606년)

河渾이 편한 『晉陽河氏世譜』(1606)의 外譜(「그림 21」)를 보면 南冥 曺植의 學派, 鄭仁弘의 黨派와 관련이 있는 혈연적 사실을 확인할 수 있다.

이 책에 등장하는 주요 인물을 살펴보면 曺植을 '南冥先生'이라 표기하여 높였고, 그 문인인 鄭仁弘도 '來庵先生'이라 표기하여 높였으며, 曺植과 남명학파의 鄭仁弘, 崔永慶,[89] 文景虎[90] 등을 別譜[91]에 수록하여 존수

한 成永俊, 成以直, 成以諒, 成忱, 成瞰, 成夏文 등이 배출되었다.

86 그의 후손 가운데는 閔熙와 閔黯을 포함하여 閔點, 閔宗道, 閔就道 등의 政丞, 判書가 많이 배출되었다.

87 그의 후손 가운데 權敏手(退齋), 達手(桐溪) 형제가 유명하다.

88 그의 후손 가운데 權希孟(監司)과 아들 應挺(默巖), 應昌(吏參), 應仁(松溪)이 유명하다.

89 최영경은 하혼의 13寸侄이 되고, 曺植 妻의 9寸侄이 된다.

90 문경호는 하혼의 甥姪이며 鄭仁弘의 門人이 된다.

91 世譜의 卷末에 수록되어 있는 이 別譜는 具民瞻을 初祖로 한 內外孫의 系譜이다.

관계를 쉽게 알아보게 하였다.

특히 河渾은 鄭仁弘과는 10촌의 戚分이 있음을 강조하기 위하여 外高祖의 형제 순서를 아래와 같이 임의로 바꾸어 표기하였다.[92]

宋守謙 ┌ 子[二男] 繼 - 女 河哲石 - 漢佑 - 千壽 - 渾
　　　 └ 子[五男] 繪 - 女 鄭 僖 - 彦佑 - 倫 - 仁弘

그리고 李元翼(領議政)과 大北派의 李爾瞻(執義)은 14촌척, 鄭仁弘과 盧禛(南冥門人)은 8촌척이 된다고 표기하였다.

李伯持 ┌ 守常 - 兄若 - 女 趙鐵堅 - 璟 - 女 李彪 - 億載 - 元翼
　　　 └ 女 柳階 - 宗閏 - 世琛 - 弘慶 - 唯一 - 女 李友善 - 爾瞻

金慶孫 ┌ 女 朴 機 - 女 鄭彦佑 - 倫 - 仁弘
　　　 └ 女 權金錫 - 時敏 - 女 盧友明 - 禛(玉溪)

이 외에도 편자 河渾의 高祖母 순천박씨 계열을 보면 鄭仁弘 가계와 연비 연사가 나타난다.

朴柳星(兵使) - 禮孫 - 漢河 - 女 崔弼孫 - 女 朴澤 - 廷琬
　　 - 女 吳汝檼 - 女 鄭棱

순천인 朴柳星의 曾孫婿는 양천인 崔弼孫이고, 최필손의 女壻 朴澤은 고령에 거주한 고령인이다. 또 박택의 孫婿는 고창인 吳汝檼[93]이고, 오여은의

---

92 하혼의 外高祖가 되는 宋繼는 外五代祖인 宋守謙의 다섯 아들 가운데서 둘째이고, 鄭仁弘의 外高祖 宋繪는 다섯째인데 '子'로 나란히 표기하였고, 그 다음으로 맏이 宋紹의 家系를 표기하였다. 宋紹는 宋希奎의 祖父이다.

93 吳汝檼은 進士에 입격하여 典翰에 이르렀으며, 吳澐의 長男이다.

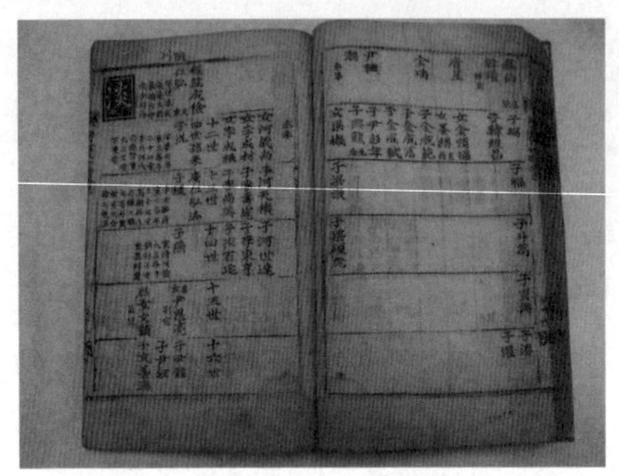
「그림 22」『서산정씨세보』(1749년)

사위는 鄭仁弘의 孫子인 鄭棱이다. 그러므로 고령박씨, 고창오씨, 서산정씨 등은 정인홍과 師承 관계 및 혈연관계가 성립됨을 알 수 있다(「그림 22」).

『진양하씨세보』(1606)에서는 편자 하혼과 戚誼가 있는 金孝元(省菴: 南冥門人), 盧守愼(穌齋), 沈喜壽(一松: 노수신 姪壻), 李山海(鵝溪), 李德馨(漢陰: 이산해 사위), 李浚慶(東皐), 宋麒壽(楸坡) 등도 가계를 들추어서 상세하게 표기하고 있다. 따라서 이 족보에서 河渾은 혈연적으로 관련이 있는 여러 가문의 계보를 널리 수집하여 혈족관계를 제시한 것이므로, 名閥이라는 자긍심을 고취한 면도 있지만, 한편으로는 '曺植 - 鄭仁弘' 系의 학통적인 면을 강조한 점이 주목된다.94

다음으로, 鄕吏를 포함한 中人의 가계가 족보에 수록되어 있음을 살펴볼 수 있다.

鄕吏의 가계는 『安東權氏世譜』(1734)에 가장 많이 실려 있다. 이 가운데 고려시대 戶長을 제외한 조선시대 鄕吏 가계를 중심으로 살펴보면 權用和(吏) 系 22명, 權之守(吏, 戶長) 系 15명, 權千富(吏派 戶長) 系 16명, 權桂(戶長) 系 9명, 權去升(吏, 別將) 系 10명, 權暹(吏, 戶長) 系 14명, 權愼近(吏, 戶長) 系 21명, 權詹(吏, 戶長) 系 6명, 權敬義(吏, 生員) 系 2명, 權祐(吏, 戶長) 系 28명, 權克忠(戶長) 系 8명, 權玄伯(吏, 戶長) 系 10명 등 총 12派에서 161명이 戶長, 攝戶長, 安逸戶長 등 鄕役을 맡았

94 장인진. 2010. 「계명대학교 동산도서관 소장 '晉陽河氏世譜' 萬曆本 해제」. 『진양하씨세보』. 계명대학교 동산도서관편, 영인본. pp.398-405.

다.[95] 이들은 대개 15세기 후반에서 18세기 초반에 활동한 사람으로 추정된다. 이 외의 족보를 중심으로 주요 中人 가계를 살펴보면 「표4」와 같다.

「표4」 중인 가계 현황

韓儒 - 世 - 雄 - 孟俊 - 嗣宗 - 承男 - 繼民[96]
(戶長) (戶長) (戶長) (戶長) (戶長)

柳自沿 - 墩 - 夢麒 - 光霖 - 義男 - 厚諴
(安逸戶長) (安逸戶長) (安逸戶長) (安逸戶長)
- 長春 - 如松 - 必煐[97]
(安逸戶長) (安逸戶長) (安逸戶長)

李仁文
- 子 坤(延城君)
  - 庶子 復升
    - 子 偉(典醫直長)
    - 子 佺(典醫主簿)
  - 庶子 萬升
    - 子 儀(司譯參奉)
    - 女 車忠秀(司譯奉事)
    - 女 梅世恭(司譯正)
- 庶子 夏孫(內醫院正)
  - 子 鳳祥(醫官)
  - 子 鸞祥(醫官)
  - 子 鵬祥(學官)
  - 子 虬祥(譯官, 僉知)
- 庶女 延孝緩 - 子 侊(觀象監參奉)

95 權一重 편. 1734.『安東權氏世譜』. 安東府. 목판본. 卷16 別譜, 88-113頁 참조. 權之守의 가계에서는 功臣이 된 權山虎를 포함하여 權斗樞, 權德恒이 免鄕되었다. 權遲의 가계에서는 英祖 戊申亂(1728) 때 奮武功臣이 된 花原君 權喜學이 배출되었다.

96 韓孝仲 편. 1617.『淸州韓氏世譜』. 목판본. 50頁.

97 柳選 등편. 1726.『全州柳氏族譜』. 平昌郡. 卷5. 2頁. 이 족보를 보면 安逸戶長인 柳厚諴의 손자 如栢·如樟, 증손 必炫·必熺가 安逸戶長이고, 그의 형 厚誠(安逸戶長)의 계통으로 '東春 - 如檜'와 동생 厚護(安逸戶長)의 계통으로 '遂春 - 如楷'가 모두 安逸戶長이었다.

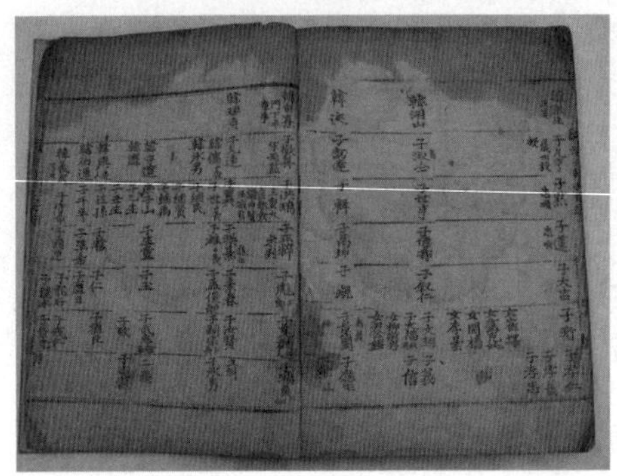

「그림 23」『청주한씨세보』(1617년)

韓儒의 家門을 살펴보면 그의 玄孫 韓嗣宗이 17세기 초반에 淸州의 戶長임을 알 수 있다. 韓嗣宗은 1617년에 淸州에서 『淸州韓氏世譜』(「그림 23」)를 간행할 때 간행의 실무담당〔色吏〕을 맡았으므로 淸州에 世居하였던 鄕吏 가문임을 입증할 수 있다. 이 가문은 이 때 別譜에 수록한 것이다.

柳自沿의 손자로서 安逸戶長을 지낸 柳夢麒의 7代 鄕吏의 가계는 16세기에서 18세기에 살았던 가문이다.[98]

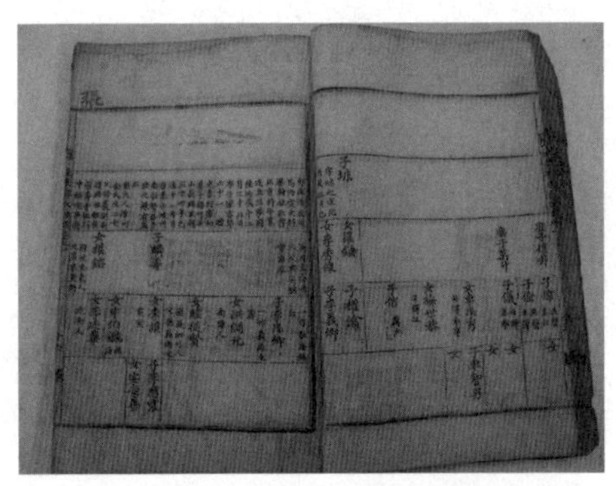

「그림 24」『연안이씨족보』(1694년)

위에 표기된 李仁文(1425-1503)은 延安人으로 生員 李根健의 아들인데, 1465년에 文科에 급제하여 兵曹參議에 이르렀다. 그는 9남 4녀를 두었는데, 嫡子로 塢(判官), 堧(府尹), 垙(別坐), 坤(判決事, 延城君), 土末(府使) 등 5남과 嫡女 許瑞(陽川人)를 두었고, 庶子로 春孫, 夏孫, 冬孫, 歲孫 등 4남과 庶女 延孝綏, 李

98 安逸戶長 柳夢麒의 동생 夢麟(1528-?)은 貢生의 신분으로서 1576년에 生員試에 入格하였다.

鵬孫, 李思恭 등 3녀를 두었다(「그림 24」).

그 가운데 庶孫 復升, 萬升의 계통과 庶子 夏孫, 庶女 延孝綏 계통은 16세기 典醫監·司譯院·觀象監에서 醫官, 譯官, 主簿, 參奉 등의 직에 종사한 中人層임을 알 수 있다.[99]

한편 玄瑜夏는 戶長의 직첩을 받은 河陽縣의 鄕吏이다. 이 가문의 戶口單子와 직첩을 중심으로 家系를 살펴보면 아들 玄道範, 손자 玄達濂(1797-?), 증손 玄斗成(1821-?), 현손 玄錫敎(1843-?) 등 5代가 18-19세기에 활동한 河陽縣의 鄕吏 출신임을 확인할 수 있다.[100]

玄漢壽 - 瑜夏 - 道範 - 達濂 - 斗成[101] - 錫敎 - 柄寅
(將仕郎) (安逸戶長) (貢生) (貢生) (安逸戶長) (安逸戶長)

이 가문에 대하여 『延州玄氏族譜』를 보면 原譜에 수록된 嫡派의 계통임을 알 수 있는데,[102] 후대에 鄕吏 가문으로 전락했던 것이다. 그런데 玄氏의 후대 족보를 중심으로 이들의 旁註를 살펴보면 玄漢壽는 通仕郎으로, 玄瑜夏는 承仕郎으로 표기된 외에, 그 자손에 대해서는 職事를 표기하지 않아서 鄕吏 가문이 드러나지 않는다.[103]

족보의 繼後의 방법은 위에서 언급함과 같이 系子(繼子) 외에 系孫 또는 系曾孫이 있다. 系孫이나 系曾孫은 宗法에 따른 것이므로 系譜圖에서 한 칸 또는 두 칸을 비워서 連系하는 것이다. 『癸酉式年司馬榜目』(1693년)와 『庚寅上候平復王世子平復合二慶增廣文武科殿試榜目』(1710년)에 수록된 密城人

---

99 李萬成 편. 1694. 『延安李氏族譜』. 목판본. 卷1. 9-19頁.

100 金元植 1978. 「朝鮮時代 鄕吏 小考」. 『도서관』 33권 6호. 국립중앙도서관. p. 50.

101 위의 논문, p.48에는 玄斗成이 1869년(同治 8)에 正祖戶長帖을 받은 사진이 수록되어 있다.

102 玄德亮 등편, 『延州玄氏族譜』(목활자본, 1775년), 卷1의 6頁 및 40頁, 卷3의 22頁 참조
계통을 살펴보면 瑞龍 - 浩然 - 琇 - 彦 - 鴻漸 - 自道 - 孝吉 - 文傑 - 滌 - 仲蘭 - 就文 - 達遠 - 禹錫 - 泰章 - 漢壽 - 瑜夏로 이어지는데, 士族의 嫡派 가문임을 알 수 있다.

103 『延州玄氏族譜』(연활자본), 卷8의 10頁 및 24頁 참조. 錫敎는 尙基로 개명되어 있다.

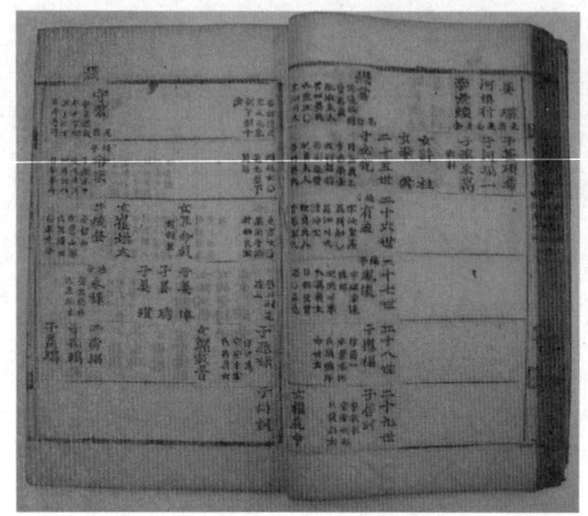

「그림 25」『밀성손씨족보』(1768년)

孫命來(1664-1722)는 1693년에 生員·進士 兩試에 입격한 후 1710년에 문과에 급제하여 成均館 典籍에 이르렀는데, 어려서 始祖의 二十四世인 孫守業의 繼子가 되었다. 2종의 榜目에서 손명래는 손수업을 父로 표기하였으므로 두 사람이 가정에서 아버지와 아들로 호칭한 것이 분명하다. 그러나 宗法에 기반을 둔 족보에서는 行列을 중시하는 것이다.『密城孫氏族譜』를 보면 孫命來는 始祖의 二十七世로 孫守業의 曾孫의 行列이 되므로 두 칸을 비우고 連系하여야 하는데도 바로 繼子로 표기하였으니 잘못이다(「그림 25」).[104] 이러한 사례는 朴由漢의 養子 朴軾의 경우에서도 살펴볼 수 있다. 朴軾은 朴由漢의 從孫으로서 系孫이 되었는데도 족보에서 한 칸을 비우지 않고 바로 連系하였다.[105]

조선시대 驛吏의 경우, 良妻를 娶하여 아들을 낳으면 대대로 驛吏가 되었다. 驛吏의 女로서 良人에게 出嫁하여 낳은 아들도 驛吏가 되는데, 만약 公私賤에 시집가서 낳은 자식은 驛奴婢가 되었다. 驛吏는 文武正科에 응시하는 것을 허락하였는데, 肅宗年間의 경우 武科에 급제한 자가 많이 있었다.[106]

---

104 孫後亨 등편. 1768.『密城孫氏族譜』. 목활자본. 高岡祠. 卷4의 41頁 및 68頁 참조.『癸酉式年司馬榜目』(목판본) 및『庚寅上候平復王世子平復合二慶增廣文武科殿試榜目』(戊申字本)에서도 孫守業이 孫命來의 父로 표기되어 있다.

105 朴望之 등편. 1707.『高陽朴氏族譜』. 목판본. 70頁.

106『承政院日記』. 肅宗 5년(1679) 3월 16일자에 "兵曹判書金錫胄 曰驛吏與各驛鄕吏無異 娶良妻者生子則世爲驛吏 而朝家 許赴文武正科 即今爲武科者 甚多 如時任典籍張振文 乃是以富寧驛吏 登文科者也. … 驛女嫁良之子 則又爲驛吏 而若或嫁於公私賤 則始降爲驛奴婢者 乃是 國法也"라 하였다. 이 글에서 兵曹判書 金錫胄는 富寧 驛吏로서 1675년에 文科에 올라 典籍이 된 張振文을

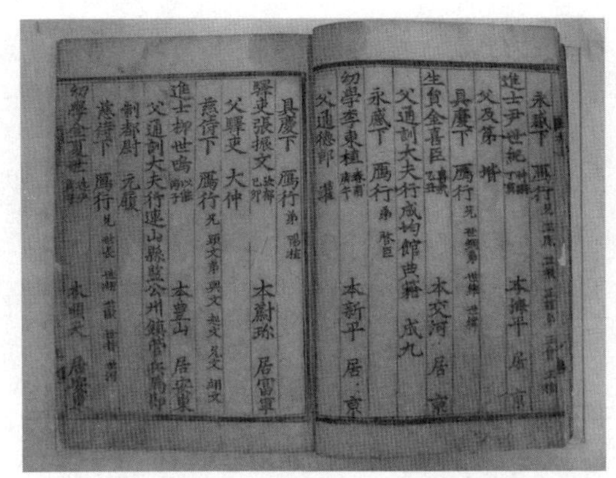

「그림 26」『을묘증광별시방목』(1675년)

仁祖年間에 함경도 富寧에 거주하였던 張大仲(?-1649)[107]은 蔚珍人으로 富寧의 驛吏 출신이다. 그는 顯文, 振文, 興文, 起文, 允文, 翊文 등 아들 6명을 두었는데 모두 文武의 재주가 있었다.

文科의 경우는 2남 張振文(1639-1699)이 驛吏로서 肅宗 元年(1675)의 增廣文科에서 丙科로 급제하였다(「그림 26」).

> 驛吏 張振文 : 字汝郁, 己卯生, 本蔚珍, 居富寧, 父驛吏 大仲,
> 慈侍下, 雁行 : 兄顯文 弟興文 起文 允文 翊文[108]

장진문은 문과에 급제한 후 校書館 正字, 校書館 博士, 典籍 등을 거쳐서 1679년 洪原의 敎養官이 되어서는 洪原鄕校를 移建한 바 있으며, 1684년 良才察訪,[109] 校書館 校理, 1688년 奉常寺 判官을 역임하다가 1698년

주목하고 있다.

107 張奎衡 編. 1912. 『蔚珍張氏世譜』. 목활자본. 卷1. 7頁 및 張相韓 編, 『蔚珍張氏世譜』(연활자본, 1935), 卷5, 19-53頁에 의하면 典書公派의 富寧 世居派로 "張末孫 … 良守 - 信 - 擧碩 - 仁淑 - 天吉 - 升通 - 蘇東 - 順一 - 世俊 - 榮伸 - 孝甲 - 大仲" 으로 이어진다.

108 『乙卯增廣別試榜目』(목판본, 1675년), 9頁. 丙科 二十二人 張振文 篇 참조. 이 시험의 覆試 試官은 知中樞府事 金宇亨, 兵曹判書 兼 大提學 金錫胄, 吏曹參議 李夏鎭 포함 7인이고, 殿試試官은 讀卷官에 禮曹判書 閔熙, 兵曹判書 兼 大提學 金錫胄, 吏曹參判 李觀徵과 對讀官에 副提學 吳挺昌 포함 5인이 맡았다.

109 『承政院日記』. 肅宗 10년(1684) 9월 18일자 司憲府의 啓를 보면 새로 除授된 察訪 張振文 은 地望이 寒微하고 또한 才能이 없다고 하면서 遞差할 것을 건의하고 있다. 이에 대하여 肅宗이 말하기를, "張振文의 일에 대하여 일찍이 大臣에게 듣기를, 공무에 임하여 마음을 다한다고 진달한 바 있었는데, 하필 地望이 寒微하다고 얽어매는가?" 하였다.

文川郡守에 부임하여 그 이듬해 재임 중에 졸하였다. 또 4남 張起文의 아들 張溟羽(1670-1719)도 肅宗 28년(1702)의 咸鏡道 別試文科에서 丙科로 급제하여[110] 校書館 副正字, 奉常寺 參奉, 校書館 著作, 陽智縣監 등을 거쳐서 1710년 典籍, 1712년 校書館 校理, 1713년 成歡察訪 등을 역임하였다. 武科 급제의 경우는 4남 起文, 5남 允文을 포함하여 6형제 가문에서 23명으로 파악된다.[111]

역리 장대중의 계통은 문과, 무과 급제자가 많이 배출되어 신분이 상승되었으며, 이 집안은 후대로 오면서 武科 집안으로 계통을 유지하며 자손도 매우 홍하였다. 조선 시대 驛吏는 國法에 따라 科擧에 오를 수 있는 신분이었다. 그러나 蔚珍張氏의 여러 족보에서는 이 계통에 대하여 驛吏의 家系임을 표기하지 않았다.

4. 내용의 양상

1) 신분에 의한 표기와 식별

『易經』에 "하늘은 높고 땅은 낮으니 乾과 坤이 정해지고, 낮은 것과 높은 것이 베풀어 있으니 귀하고 천한 것이 자리를 잡았다."[112] 또 "위는 天이고 아래는 澤인 것이 履卦이니, 君子가 그것을 써서 上下를 분별하고 백성의 뜻을 정한다."[113] 하였다. 尊卑의 등급과 貴賤의 분수가 있는 것이 마치

---

110 『國朝榜目』(필사본, 英祖年間, 계명대 동산도서관 소장본), 卷7, 肅宗壬午(1702) 四月 日, 咸鏡道別科(別遣 : 重臣 徐宗泰), 丙科 二人 通德郎 張溟羽 篇.

111 武科의 榜目, 『承政院日記』 등에 실려 있는 자는 다음과 같다. 張大仲 기준으로 아들 起文, 允文, 翊文, 손자 溟翰, 溟翻, 溟翕, 溟翽, 증손 齊旭, 齊弼, 齊白, 齊尹, 齊斗, 현손 宅夏, 宅基, 宅 運, 5세손 斗郁, 斗卿, 彦衡, 6세손으로 翼軫, 元行, 晉行, 7세손 震九, 龍九 등을 들 수 있다.

112 天尊地卑 乾坤定矣 卑高以陳 貴賤位矣.

하늘과 땅이 있음과 같이 질서가 정연하다는 사실을 말해주고 있다. 이러한 명분에 따라 족보에서도 尊卑와 貴賤이 적용되고 있다.

내용을 보면 父와 子, 君과 臣, 夫와 婦, 兄과 弟, 朋과 友 등과 같이 尊卑法으로 전개할 수 있고, 妻와 妾, 嫡子와 庶子, 士族과 庶類, 良民과 賤人, 主人과 奴婢 등과 같이 貴賤法으로 정립할 수 있다.[114] 이러한 존비·귀천은 三綱五倫의 덕목과도 관련이 있는 것이다.

족보 표기에서 나타난 同等, 序次, 貴賤, 尊卑 등은 夫婦와 父子 관계에서 성립이 되는 용어이다.

예컨대, 남자의 행적 다음에 배우자를 기록하는 것은 동등 신분의 夫婦 序次에 의한 것이다. 자녀 가운데 아들을 딸보다 먼저 표기하는 先男後女法은 本宗을 중히 여기고자 하는 男女 倫序에 의한 것이고, 자녀출생순의 從年次法은 아들·딸 同等의식에 따른 長幼 序次이다. 배우자 표기에서 妻는 수록하고 妾을 수록하지 않은 것은 부부 貴賤의식에 의한 것이고,[115] 嫡子女 다음에 庶子女를 표기한 것은 子女 尊卑라는 名分을 중히 여긴 까닭이다. 또 배우자 표기에서 嫡子의 妻는 '配'를, 庶子의 妻는 '娶'를 표기한 것은 等級을 둔 것이고, 庶子가 承嫡이 되어 祭祀를 받들 때는 嫡女 앞에 수록하는데 이 것은 繼統을 중히 여긴데서 나온 표기다.[116] 한편 딸이 王妃가 되면 本行에 기록하지 않고 圈表(○)를 가하여 특별히 系譜圖의 제 1層으로 올려서 표기〔擡頭法〕한 것(「그림 27」)은 尊敬하는 뜻을 나타낸 것으로 王家와 士大夫家

---

113 上天下澤履 君子以辨上下 定民志.

114 『성종실록』. 성종 9년(1478) 7월 20일 조에서 李承召가 말하기를, "『左傳』에서 賤한 사람 이 貴한 사람을 방해하고, 年少者가 年長者를 능멸하는 것을 六逆의 으뜸으로 삼았는데, 이른바 貴賤이란 곧 嫡庶요, 少長이란 곧 尊卑를 말한 것으로서 그 분별이 매우 엄합니다." 하였다. 또 『성종실록』. 성종 13년(1482) 5월 2일 조에서 成宗이 禮曹와 司憲府에 전교하기를, "貴賤의 구분과 嫡妾의 차례는 마치 하늘과 땅이 형성된 것과 같아서 문란하게 할 수 없는 것이니, 어찌 貴한 이로써 妾을 삼으며, 賤한 자로써 嫡室을 삼을 수 있겠는가?" 하였다. 그런데 庶子의 경우는 婢를 포함한 賤妾의 자녀인 경우는 從賤法에 따라 賤으로 규정하겠으나 족보를 살펴보면 대개 尊卑法으로 대우하고 있다.

115 妻는 六禮를 갖추어 맞이하고, 妾은 예를 갖추지 않고 데려옴.

116 崔承憲 등편. 앞의 책. 凡例를 보면 "先書男子 後書女子 重本宗也 先書嫡子女 後書庶子女 別 尊卑也 庶子承重 則書於嫡女之上 重繼統也 嫡派書配 庶派書室 序等級也."

의 尊卑의식이 적용된 것이다.

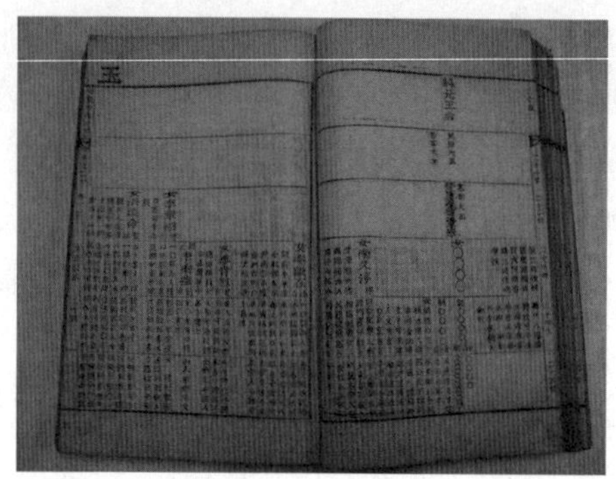

「그림 27」 안동김씨 세보의 대두법(1878년)[117]

안동권씨 成化譜(1476년)를 보면 결혼한 딸이 改嫁함에 따른 '後夫' 표기가 있다.[118] 前夫를 尊이라 할 때 後夫는 卑가 되는 것이다. 그런데 뒤에 나온 문화류씨 嘉靖譜(1565년)에서는 '後夫' 표기가 극히 드물게 나타나고 있다.[119] 이 점은 庶孼의 禁錮 및 限品敍用을 규정했던 『經國大典』이 편찬되었기에 그러하겠지만, 그 보다는 1481년에 改嫁를 금했음에도 불구하고 개가가 자행되고 있는데 대해 警戒를 삼고자 표기한 것이다.[120]

족보의 내용 중에서 이름자〔諱〕 바로 위에 '子'의 표기는 尊卑의 상징이 되었으니, 즉 嫡子는 '子○○'로, 庶子는 '庶子○○' 또는 '孼子○○'[121]로 표기하여 구별하였다. 그리고 족보의 이름 옆에 붙이는 字는 표기상 尊卑와

117 제 1層의 '純元王后'는 본래 제 4층의 '女○○○○'인데 擡頭法을 적용하여 위로 올려 기록한 것이다. 제 2층의 '翼宗大王' 및 '哲宗大王'과 3층의 '憲宗大王' 및 '統天隆運肇極敦倫主上殿下'의 표기도 제 4층과 5층에서 '誕○○…'와 '嗣○○…'의 부분을 위로 올려 기록한 것이다. (金炳學 等 編. 1878. 『安東金氏世譜』: 筆書體鐵活字本. 卷20. 24頁 참조)

118 後夫 표기는 閔鎭厚 등편. 1713. 『驪興閔氏族譜』: 校書館. 卷1의 19頁에도 보인다. 내용을 보면 閔頔의 4男 2女 가운데 막내딸은 "女朴仁龍, 後適(後夫)許信"으로 표기되어 있다.

119 柳希潛 편. 1979. 『文化柳氏世譜』(嘉靖版). 경인문화사. p.478의 金遵性의 女

120 文化柳氏 嘉靖譜의 凡例에 "改嫁者 直書前後夫之名 而不諱者 十目所視不可掩也 亦可以爲戒"

121 庶子의 경우, 17세기 중반까지는 良妾子인 庶子와 賤妾子인 孼子로 구별 표기하기도 하였다.

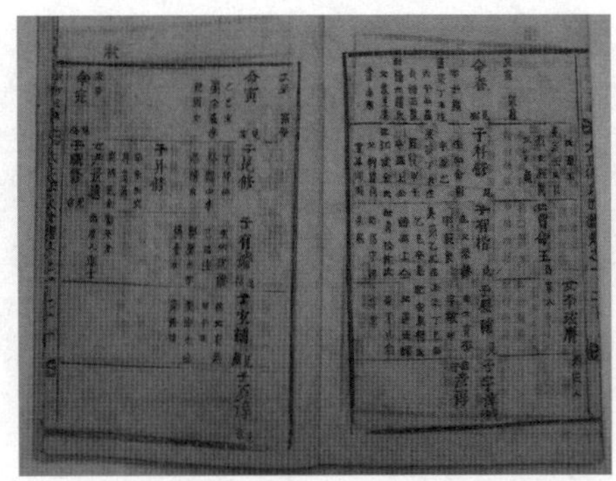

「그림 28」『대구서씨세보』(1891년)

관련이 있다. 그래서 嫡子에게만 표기하고 庶子에게는 표기하지 않는 것이 관례였다.[122] 조선시대 여러 족보를 살펴보면 庶子의 계통에 대해서는 비록 여러 대가 지나도 字를 표기하지 않은 것이 많았다(「그림 28」).[123] 이 경우 위로 계통을 거슬려 살펴보지 않아도 바로 庶子의 후손〔庶派〕임을 쉽게 알 수 있는 것이다.

字의 표기법은 족보 외에, 조선시대 일부 文武科의 榜目에서도 확인할 수 있다. 「그림 29」을 보면 文이 武보다 우위를 점한다는 文武尊卑意識이 반영되고 있는 것이다.[124]

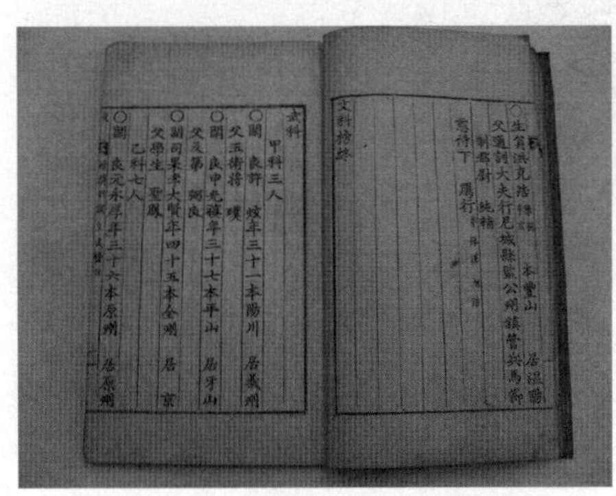

「그림 29」『崇禎三癸卯增廣別試文武科殿試榜目』(1783년)

배우자의 氏와 姓 표기도 존비와 관련이 있다. 배우자의 경우 17세기 이전까지는 족보에 표기하지 않았으나,

122 족보에서 이름은 대개 名(또는 諱)과 字 2개로 사용하게 되는데 庶子 및 庶派의 경우는 字를 표기하지 않기 때문에 하나의 이름(명) 만을 사용한다고 하여 '一名집'이라 칭하기도 하였다.

123 『大丘徐氏世譜』(1891)의 경우, 庶子로서 承嫡된 자에게는 冑孫 계통만 字를 표기하였다.

124 『崇禎三癸卯(1783)增廣別試文武科殿試榜目』을 보면 文科에는 字를 표기했으나 武科에는 字를 표기하지 않았다.

17세기 후반 이후로 표기하였다. 표기법에 있어서 가령 일반적으로 많이 사용하였던 嫡配·庶娶를 중심으로 살펴보면 庶子의 계통〔庶派〕은 여러 대 내려와도 그들의 배우자에게는 '娶'를 표기하여 嫡派와 구별하였다.[125]

성씨 표기법에 있어서 族譜에 기록된 배우자의 姓氏를 살펴보면 대부분이 嫡派는 '本貫 ○氏 父○○'라고 하여 '○氏'를 사용하고 있으나, 庶派는 '本貫 ○〔姓〕○○의 女'와 같이 표기하여 '氏'를 사용하지 않고 '姓'만을 기록해둔 것이다.[126]

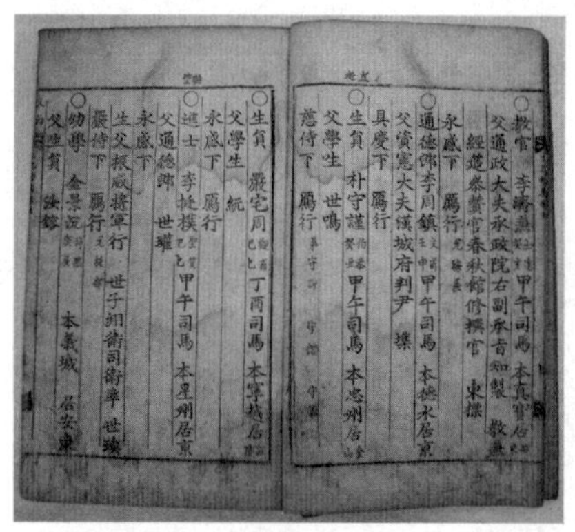

「그림 30」『乙巳增廣別試文武科 榜目』(1725년)

이처럼 조선시대에서는 貴賤의 차별이 심한 관계로 신분상승을 도모한 사건이 있었다. 全義의 官奴 李萬江이 嚴宅周로 變姓名하고 生員試와 文科에 합격하여 縣監에 이르렀으나 뒤에 발각되어 嚴刑을 받고 黑山島 奴婢가 된 경우이다.[127] 榜目의 내용을 살펴본다(「그림 30」).

生員 嚴宅周: 字觀甫, 己巳生, 丁酉司馬, 本寧越, 居江陵, 父學生紘, 永感下, 雁行.[128]

---

125 庶子는 그 아들을 포함하여 후손 계열에서는 다시 '庶' 字를 넣지 않았지만, 배우자의 '娶' 표기를 통하여 庶派의 구별이 가능한 것이다.

126 金道和 等編. 1981.『義城金氏世譜』. 의 凡例에 "妣位 作故則書配字 生存則書室字 而曰某封 某氏父某 自庶派以下 則存沒皆書室字 曰某封某女"라 하였다. 따라서 배우자가 金海人이라고 가정할 때 嫡子의 妻는 '金海金氏 父 아무개'로, 庶子의 妻는 '金海 金아무개 女'가 되는 것이다.

127 弘文館 纂輯.『增補文獻備考』卷186. 科制 條.

128『乙巳增廣別試文武科榜目』(戊申字本, 1725년). 5頁.

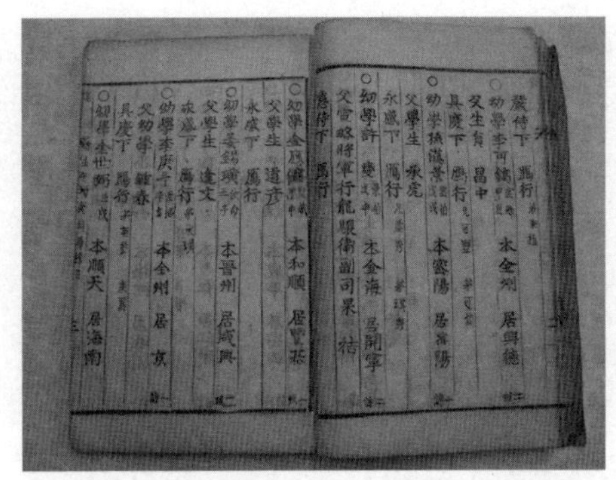

「그림 31」『崇禎紀元後四壬午增 廣司馬榜目』(1882년)

엄택주는 丁酉(1717년)에 生員試에 入格하고 乙巳(1725년)에 文科의 丙科 第7人으로 及第하였다. 그의 인적사항을 보면 字는 觀甫, 生年은 己巳(1689년), 本貫은 寧越, 居住地는 江陵, 父는 원(糸+元), 兄弟는 없는 것으로 되어 있다. 그가 小科와 大科에 응시할 당시에 寧越嚴氏 족보의 이 계통에 冒錄한 것이라고 본다.

한편 신분 표기와 관련하여 타 문헌에 오류가 나타난 경우가 있다. 1882년에 進士試에 입격한 孫漢景에 대하여 榜目에 수록된 내용을 중심으로 인적 사항을 살펴본다(「그림 31」).

> 幼學 孫漢景: 字雲伯, 戊戌生, 本密陽…父學生承虎, 永感下, 雁行: 兄益秀 弟琪秀.[129]

榜目의 내용을 살펴보면 손한경은 무술년(1838)에 태어나 幼學의 신분으로서 進士試 二等 第六人으로 入格한 士族으로, 入格 당시에 부모 모두 卒하였고, 3형제가 있었는데 兄은 益秀, 弟는 琪秀라는 사실을 알 수 있다.

그런데 『密城孫氏世譜』(1876년)를 보면 아버지 孫承虎는 嫡子女로 系子 益秀(1820-1854)와 2女[130]를 두었고, 庶子女로 2男 秉榮(初名 雲秀, 字漢卿), 琪榮과 1女를 두었다. 서자 秉榮은 戊戌生으로 표기되어 있어서

129 『崇禎紀元後四壬午增廣司馬榜目』(芸閣, 1882년). 進士試. 3頁.

130 2女는 驪江人 李能冕과 烏川人 鄭致源에게 出嫁하였다. 李能冕의 子는 庚久, 壻는 進士 李圭一이다. 鄭致源의 子는 鎭萬이다.

漢景과 동일한 사람임을 알 수 있다.[131] 따라서 손한경은 족보에 표기된 字를 同音의 이름으로 바꾸어서 司馬試에 응시한 것이다. 이 榜目에서는 당시 庶子의 표기인 '業儒'로 기록해야 하는데도 士族의 표기인 '幼學'으로 기록한 점[132]과 入系한 兄 益秀를 親兄으로 표기한 점 등은 잘못이다. 이와 같이 신분을 다르게 표기하여 司馬試에 입격한 것은 科試에 대한 朝廷의 철저한 검증 과정이 허물어졌음을 의미하므로 조선후기 신분제 변화의 일단을 볼 수 있는 것이다.

또 榜目類의 入格者를 살펴보면 혈통과 관련하여 庶子의 外孫이나 庶女의 子 가운데서 幼學으로 표기된 것이 더러 있다.

成汝學 - 庶子 宅俊[133] - 女 柳泠 - 子 幼學 柳以章[134]
成民厚 - 庶子 夏英[135] - 女 尹挺 - 子 幼學 尹寬敎[136]
金 楪 - 庶女 吳尙夏[137] - 子 幼學 吳世珪[138]

이 경우 入格者는 서얼의 혈통이 되므로 幼學으로 칭하는데 무리가 있다고 본다.

끝으로 족보 내용 가운데는 신분 하강된 자도 살펴볼 수 있 있다. 연안

131 孫鍾夾 등편. 1876.『密城孫氏世譜』. 卷3. 33頁.
132 이같이 표기할 경우,『肅宗實錄』. 숙종 34년(1708) 윤3월 25일(壬寅) 條를 보면 榜目에서 拔去한다고 하였다. 또『大典會通』, 卷3의 諸科 條와『續大典』. 卷3의 諸科 條에서는 이 경우 軍保에 降定한다고 하였다.
133 成瑍 編. 1709.『昌寧成氏族譜』己丑譜. 卷4. 50頁에 "庶子 成宅俊(生員) - 女 柳泠 - 子 柳以章(生員)"으로 되어 있다.
134『己巳增廣司馬榜目』(戊申字本, 1689년). 5頁에 "幼學 柳以章 字文叔 戊戌生, 本全州…父 宣敎郎 泠, 慈侍下…"로 되어 있다.
135 成瑍 편. 앞의 책. 卷2. 30頁에 "庶子 成夏英 - 女 尹挺 - 子 尹寬敎(進士)"로 되어 있다.
136『壬午式年司馬榜目』(목판본, 1702년), 11頁에 "幼學 尹寬敎 字而栗 丙辰生, 本坡平…父 通德郎 揀, 生父 通德郎 挺, 具慶下…"로 되어 있다.
137 金喜祖 편. 1752.『靈光金氏世譜』. 卷1. 51頁에 金楪의 "庶女 吳尙夏(平海人, 進士) 子 吳世珪(進士)" 로 되어 있다.
138 앞의『己巳增廣司馬榜目』(1689). 27頁에 "幼學 吳世珪 字叔器 庚寅生, 本平海…父 進士 尙夏, 具慶下…"로 되어 있다.

인 李弼의 庶子 李孫은 경상도 咸安에 거주하였는데, 官奴로서 寺奴에 移屬되었으며 자손은 많다고 표기되어 있다.[139]

2) 貴賤意識에 의한 不載와 削除

위에서 언급한 족보의 표기법을 보면 17세기 중반부터 모든 족보에서 嫡子와 庶子를 함께 표기하였는데, 17세기 후반에 들어오면 위에서 언급함과 같이 庶子를 嫡子보다 한 字 낮추어 표기하기도, 側子, 妾子와 같이 달리 표기하기도 하여 한 층 차별하고 있다. 또 서자에 대한 사회적 호칭에도 차별이 있었다.[140]

여러 족보를 보면 庶子의 계통은 대개 3-4代 못가서 絶孫된 사실을 목접할 수 있다. 예컨대 1543년(중종 38)에 陰陽科에 급제한 洪遠은 영의정 洪彦弼의 庶子였으나 『南陽洪氏世譜』를 보면 曾孫 代에서 收單을 내지 않았다고 하여[141] 고의로 빠졌음을 알 수 있다. 또 豊山柳氏의 西厓 柳成龍의 서자 柳初, 柳襜 형제도 족보에 누락되어 있다.[142] 한편 瑞山柳氏가 1766년에 修譜할 때 嫡派는 다 同譜하였는데 信川에 거주하는 庶派는 同譜하지 않고 빠졌으므로 修正 都有司 柳夢星 등이 '背本忘先'의 類로 지목하고 뒷날

---

139 『延安李氏族譜』(목판본, 1694년). 卷1. 20頁, "李孫 居咸安 以官奴 移屬寺奴 多子孫云."

140 필자가 한 庶子의 文集을 살펴보니 그 아버지를 大爺(큰아버지)로 표기하였고, 嫡統에게는 '嫡'자를 붙여서 嫡兄, 嫡弟로 표기했으며, 伯氏(伯兄)라고 할 때 嫡兄의 맏형이 아닌 庶兄의 맏형을 지칭하였다. 또 嫡統 사람이 庶子에 대한 글에서는 庶子의 母를 표기할 때 "母名은 本貫 아무개의 女"라 하고 '氏'를 붙이지 않았다.

141 洪梓 등편. 1779. 『南陽洪氏世譜』. 목활자본. 卷1. 6頁을 보면 土洪系(始祖 洪先幸)로서 洪彦弼의 庶子인 洪遠은 觀象監正으로 표기되어 있는데, 아들 耆成·耆贊과 孫子 敬伯·敬一·敬祖(武科)가 있으며, 曾孫 廷顯·廷立·廷俊이 있었으나 '無單' 이라고 표기되어 있다.

142 이 점에 대하여 앞의 「盧尙樞日記」. 4권. p.40에 의하면 서애 류성룡의 서자였던 두 사람에 대하여 "족보에 다 빠져서 그 자손이 모두 不錄되었다.…柳氏 집안이 이러한데 다른 집안은 무엇을 말하겠는가.(觀柳氏世譜 西厓先生庶子初襜二人 盡拔於譜中 并子孫不錄…柳氏之家如此 則他尙 何說)" 하였다. 이 기록은 1811년 8월의 기사인데, 柳泳 등편, 『豊山柳氏世譜』(목판본, 1818년)에 두 사람이 누락되어 있다. 다만 「盧尙樞日記」의 내용과 족보 刊年은 7년의 차이를 보인다.

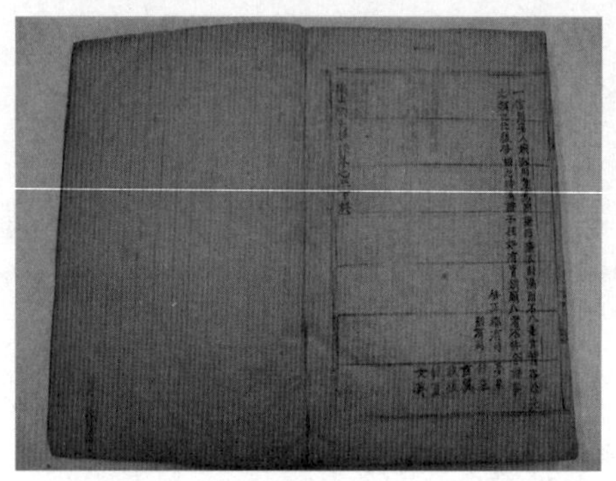

「그림 32」『서산류씨족보』(1766년)의 말미 글

빠진 자손들이 만약 嫡派에 거짓으로 대어서 合譜하기를 원할 때는 不許해야 한다고 지적하였다(「그림 32」).[143] 세 가지 사례에서 보듯이 이들이 실제로 절손되었기 보다는 連系를 원하지 않은데서[144] 나타난 사회현상이었던 것이다. 따라서 修譜 당시 고의로 收單을 내지 않았거나 絶孫된 것으로 나타나는 이들 집단은 후대에 다른 嫡派의 家系로 入錄, 合譜하였거나, 雜科에 응시하여 새로운 中人層의 기반을 다졌을 것이라고 본다.

배우자 표기에 있어서 妻는 기재를 하고 妾은 기재하지 않았는데, 귀천의식에 의한 차별이다.[145]

명종 때 尹元衡은 외척으로서 領議政이 되었는데 그의 妾 鄭蘭貞은 貞敬夫人이 되었다.[146] 『明宗實錄』에 나타난 鄭蘭貞의 기록에 "妾으로서 妻가 되

---

143 柳夢星 편. 1766. 『瑞山柳氏族譜』. 末尾에 "信川宗人 嫡派則盡爲同譜 而庶派則漏而不入 是皆背本忘先之類也 此後修譜之時 漏譜子孫 如有冒嫡願入者 不許合譜事"라 하고, 修正都有司 柳夢星, 別有司 柳命益, 柳重翼 등의 명단이 들어 있다. 이로 인해 족보를 修正했음을 알 수 있다.

144 元一亨 등편. 1774. 『原州元氏族譜』. 목활자본. 卷1. 43頁의 元三益 條를 보면 "庶派 자손들이 安城에 많이 살고 있으나 족보에 入譜하는 것을 원하지 않으므로 빼버렸다(庶子孫 多在安 城而不願入譜 故拔之)"라 하였고, 金道行 등편, 『義城金氏世譜』(1778년)의 凡例에서도 "庶派 중에서는 혹 入錄을 원하지 않는 자가 있는데 이는 아비도 없고 할아비도 없는 불효한 사람이다. 마땅히 刪去한다." 하였다.

145 다만, 親家의 경우, 庶子女를 표기한 門中에서 "庶女○○○妾"이라 표기했으므로 이를 통하여 士族의 妾을 단편적으로 확인할 수 있다.

146 鄭士龍. 1551. 『湖陰雜稿』. 목활자본. 국립중앙도서관 소장. 卷7. 「有明朝鮮國秉忠奮義靖國功臣嘉義大夫同知中樞府事兼五衛都摠府副摠管訓鍊院都正淸溪君鄭公神道碑銘」에 "公諱允謙…生一男曰淑唐津縣監 側室有一男三女 男曰淡 季女歸贊成尹元衡 恩封貞敬夫人 縣監娶忠義衛金繼勳 之女生一男一女 男曰宗榮 登丙午科 爲弘文館校理 女適別坐趙舜賓 贊成生一男三女皆幼…贊成公 以神道文見屬."이라 하였다. 『草溪鄭氏族譜』(목판본, 1700년)을 보면 鄭允謙의 슬하에 側子 淡의 兄으로 洞이 있으나 신도비명에 누락되어 있고, 딸 3명 중 長女, 次女는 신도비명에 姓名이 누락되어 있다. 鄭士龍이 尹元衡의 청탁을 받아들여서 鄭允謙의 신도비명을 지을 때 한 아들과

어 夫人으로 봉해 짐(以妾爲妻 封夫人)"[147]이라 하였으므로, 당시 족보가 간행되었다면 혹 배우자로 표기되었을지 모른다. 그러나 후대에 간행된 尹氏의 族譜에는 기재되지 않았다.[148]

숙종 때 학자인 李熺의 『悠悠子稿』는 側室女인 李氏가 수집해서 1761년에 淸道郡에서 간행하였다.[149] 李熺의 측실녀는 당시 청도군수 金履健의 妾이었다. 그런데 『安東金氏世譜』의 '김이건' 편에 기록된 배우자는 趙泰果의 딸 한 사람이다.[150] 문집의 편성은 남자들도 수행하기가 어려운 일인데, 이처럼 업적이 있어도 기재하지 않았다.

李長坤은 갑자사화 때 함경도 함흥으로 도망가서 무자리(揚水尺)의 딸과 혼인하였는데, 그와 혼인한 무자리 딸은 뒷날 중종반정으로 後夫人이 되었다고 한다.[151] 『錦溪筆談』을 보면 "임금이 특별히 柳器匠의 딸을 正室로 삼도록 하였고, 뒤에 이장곤의 벼슬은 亞相에 이르렀고, 그 녀는 貞敬夫人에 봉해졌다." 하였으니 호사가들에 의해 기록되었으므로 과장된 점도 없지 않을 것이다.[152] 그런데 『碧珍李氏族譜』를 보면 "갑자사화 때 홍문관교리로서 咸興에 은둔했는데 중종반정으로 榜文을 붙여서 찾게 되니 그 이름이 한 세상을 진동하였다."[153]라고 한 후, 배우자는 正室인 慶祥[154]의 딸만 수록하고, 후부

두 딸의 성명을 누락하고 季女壻인 尹元衡의 側室[鄭蘭貞]을 貞敬夫人으로 표기한 것이다. 이처럼 神道碑銘에서 정난정의 신분 상승한 사실이 은연중 드러나고 있다.

147 『明宗實錄』. 13년(1552). 6월 18일(己巳) 條.

148 鄭允謙의 側女인 鄭蘭貞에 대하여 草溪鄭氏 族譜(1700)를 보면 '陞妾爲夫人'이라는 신분 상승을 표현하여 그 자손을 존중했으나, 坡平尹氏 族譜(1832)를 보면 '配 延安金氏' 條 末尾에 '黜妻陞妾'이라 표기하여 그 자손을 차별하였다.

149 李熺. 1761. 『悠悠子稿』. 목판본. 淸道郡. 趙德常 撰. 「悠悠子詩稿序」 참조. 또 徐有榘. 1941. 『鏤板考』. 京城; 大同出版社. p.258을 보면 "悠悠子稿 一卷, 李熺撰 肅宗時人 居黃驪江上… 有側室女 集其詩鋟版 淸道郡藏."이라 하였다.

150 金履安 編. 1790. 『安東金氏世譜』. 목활자본. 金履健 篇.

151 이 이야기는 『溪西野譚』, 『記聞叢話』, 『靑丘野談』 등에 수록되어 있다.

152 그러나 安鼎福 撰, 「琴軒墓誌銘」을 보면 이장곤이 갑자사화 때 "巨濟로 귀양 갔는데 화를 두려워하여 바다건너 도망가서 咸興에 숨었고, 양수척 집의 사위가 되었으나, 맡은 일을 게을리하여 '게으른 사위' 라는 이름이 지어졌다(竄巨濟 懼禍越海 逃竄匿於咸興揚水尺家 爲其壻怠於役作號爲懶壻.)"라고 하였다(李長坤, 『琴軒先生遺稿』, 「附錄」).

153 李鍾潤 등편. 1865. 『碧珍李氏族譜』. 목활자본. 李長坤 篇, "甲子禍 以弘文校理 隱遁咸興 中宗改玉 揭榜搜覓 名動一世"

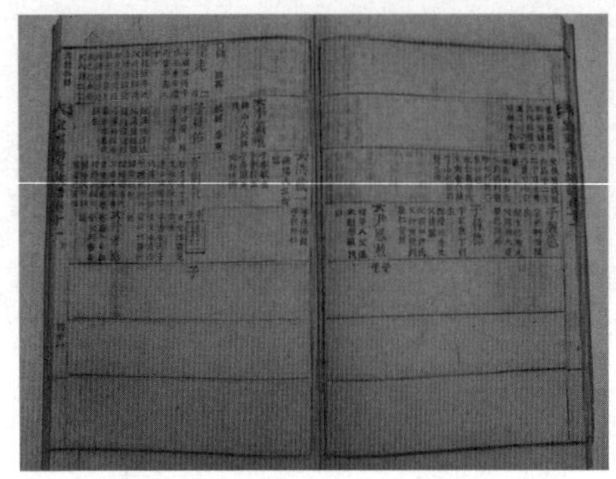

「그림 33」『의령남씨족보』(1870년)

인은 기록하지 않았다. 柳器匠의 딸로 태어나서 신분상승을 하였음에도 이씨 문중에서는 인정하지 않았던 것이다.

또 반란을 주도한 범죄자는 족보에서 삭제하였다. 영조 때 반란을 일으킨 鄭希亮(?~1728)의 경우이다.155 이러한 경우에는 일족이 연좌되어 피화되거나 가족이 노비로 전락되기도 하였다.

한편 문중의 구성원으로서 명예를 더럽히는 행위를 하였거나 逆臣으로서 謀叛하여 伏誅된 사람에 대해서는 족보를 간행할 때 그 姓氏나 이름자를 四角形(□) 또는 圓形(○)으로 표기(「그림 33」)하여 남들이 쉽게 알아 볼 수 있도록 하였다.156 또 이와 같이 표기된 이름 옆에는 事由를 기록하였다.

이미 간행된 족보라 하더라도 이름을 더럽히는 행위를 한 경우에는 족보의 그 이름자에 먹(墨)으로 삭제〔墨削〕 하거나 그 이름자를 칼로 도려내는〔刀割〕 경우가 있다.157

---

154 『正德庚午司馬榜目』(1510)을 보면 그는 德川郡守였고, 아들 慶世新은 이 때 生員試에 入格하였다.

155 정희량의 初名은 遵儒인데 1728년 少論의 호응을 얻어 密豊君 坦을 추대, 왕통을 바로 세워야 한다고 李麟佐 등과 반란을 일으켰다가 잡혀서 참수되었다. 鄭重元의 아들인데, 『草溪鄭氏族 譜』(鄭亮欽 等編, 목활자본, 1785)를 보면 이름이 삭제되어 있다.

156 南相善 등편. 1870. 『宜寧南氏族譜』와 權錫祐 등편. 『安東權氏世系』(필사본)에는 성명에 사각형을 표시하였고, 金履安 편. 1790. 『安東金氏世譜』에는 姓에 원형을 표시하였다.

157 成瑍 편. 앞의 책(계명대도서관 소장본). 卷3의 53頁에 나타나고 있다.

3) 吏讀式 이름 또는 지명

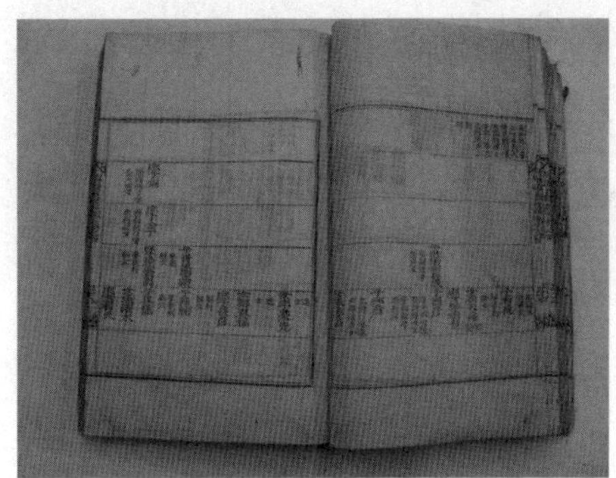

「그림 34」 『선원계보기략』(1875년)

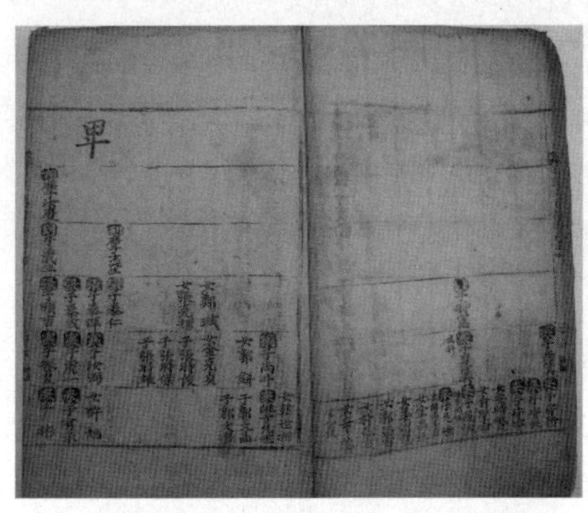

「그림 35」 『창녕성씨족보』(1709년)

족보에서는 실제로 사용하는 이름을 등재하였으나, 천하게 지어진 이름은 후대로 오면서 개명한 경우가 많다.

세종대왕의 6男인 錦城大君의 아들은 '乫同'(갓동)이었고 乫同의 아들은 '金叱丁'(쇳정)이었다(「그림 34」).[158] 뒤에 간행된 족보를 보면 乫同이 '銅'(동)으로 개명되었음을 알 수 있다.[159]

창녕인 成方慶의 아들 '末叱生'(끝생)도 이두식 이름인데, 뒤에 나온 족보를 보면 '末生'(말생)으 개명되었다(「그림 35」).[160] 또 李擢英의 손자 '末叱男'(끝남)은 경주이씨 족보의 하단에 수록된 이름인데, 다음 책 상단으로 移記할 때 '末男'이라고 표기하였으므로 한 족보에 두 이름이 수록

---

158 『中宗實錄』. 中宗 十五年(1520) 11月 13日丁卯 條.

159 宗簿寺 편. 1875. 『璿源系譜紀略』 卷4. 38頁을 보면 "錦城大君 瑜 – 銅 – 金叱丁 – 豆里同" 과 같이, 금성대군으로부터 그 증손자 豆里同까지 家系가 표기되어 있다.

160 成瑍 편. 앞의 책과 成宗瀅 등편. 1908. 『昌寧成氏世譜』戊申譜의 비교.

되어 있다.[161]

족보의 이두식 이름은 주로 庶孼과 같은 신분이 낮은 계층에서 사용하였다. '旕乭'(엇돌),[162] '㐦立'(끝립), '仍邑同'(넙동), '乫同'(갯동),[163] '金叱同'(쇳동) 등 다양하다.

한편 『楊州趙氏族譜』[164]를 보면 쇠촌면(金村面), 쇠골(金谷), 밧미아리(外彌阿里), 가온대쏠(中谷) 등과 같은 한글 지명을 사용하였다.

4) 變改와 辨誣錄

족보에 수록된 자는 대개 거주하는 고을의 鄕案에 입록할 자격이 있고, 동등한 가문과 婚事를 하여 문벌을 형성하며, 軍役, 부역을 면제 받는 등 재지 士族으로서 신분을 유지할 수 있었다. 이로 인해 신분 상승을 바라고자 하여 조선후기에 오면 족보를 위조하는 자가 있었다.

18세기 초반의 경우, 위에서 언급한 『靈山寧越辛氏合譜』에서 일부 庶孼 출신이 '庶' 字를 拔去한 후에 만든 族譜를 훔쳐서 각처에 分賣하고, 판값을 사사롭게 호주머니로 챙겼다는 기록에서 僞譜가 유통된 사실을 알 수 있다.

丁若鏞의 글을 살펴본다.

> 淸溪坊 文陽里의 주민 李仁蕃·李仁華 형제가 문성진의 牙兵으로 있으면서 宣城君(定宗의 4남)의 후예라고 지칭하며…牙兵을 면하고자 하였습니다. 그래서 그 系派의 眞僞를 알기위해 그 족보를 찾아보니 僞造의 단서가 수없이 나와서 간사스

161 李圭錫 등편. 1913. 『慶州李氏世譜』 卷11. 4頁의 下段을 보면 "擢英 - 廷芸 - 末叱男"으로 표기되어 있으나, 移記한 同卷, 31頁의 上段에는 '末男'이라 하였다.

162 南明燮 등편. 1765. 『英陽南氏世譜』. 別譜. 8頁. 玉福의 子.

163 成璵 편. 앞의 책. 卷末.

164 趙鎭衡 등편. 1826. 『楊州趙氏族譜』.

> 러운 실상이 드러났습니다.…黃海道의 족보위조의 폐단은 한이 없습니다. 府使가 도임한 뒤 監營의 명령에 따라 족보 僞造의 獄事를 처단 하는데 아직 결말이 나지 않았습니다.[165]

이처럼 족보를 위조하여 軍役을 면하고자 한 일이 있었으며, 대개 황해도와 경기도 서울 등지에서 책이 만들어 졌고, 심지어는 위조한 족보 책을 가지고 각 道를 다니면서 이 책을 팔아 생계의 수단으로 삼는 경우가 있었다.[166]

19세기 이후에는 大同譜 편찬이 활발하였는데, 한 문중에서 대동보를 편찬하게 되면 譜所(譜廳)에 收單을 내는 자가 많았다. 이 때 일부 계통의 사람들은 譜廳의 任員들과 금권으로 결탁하는 일도 있었다. 金在華는 근세의 大同譜에 대하여 다음과 같이 말한다.

> 근세의 大同譜라는 것은…이미 이름을 大同이라 하면서도 원하지 않으면 入錄하지 않았고, 그 사람이 보통 사람인데도 品類를 스스로 분류하게 되니 바른 것은 항상 적어지고 사악한 것은 많아지며, 또 바른 것은 항상 약해지고 사악한 것은 강해지니 이로써 譜廳의 권위가 마침내 사 악한 무리들에게 옮겨져 사사로운 청탁을 맡게 되고 붓을 함부로 놀리어 법을 농락하게 되었다.…系統이 없어도 있게 되고 관직이 없어도 있게 되며 妾이 妻가 되고 庶子가 嫡子가 되어도 그 황천의 선조께 죄를 얻게 된 것을 알지 못하고 있다. 아! 족보의 폐단이

165 丁若鏞. 『茶山詩文集』 第10卷. '李仁華仁蕃等僞譜情節論報狀'

166 李肯翊의 『練藜室記述』 別集, 「文藝典故」를 보면 "그때에 모리배들이 남의 집 족보를 많이 모아두고 만약 족보상 先代에 功蔭이 있으면 그 끝에 이름을 거짓으로 기록하고 活字로 박아내어 軍役을 모면하는 계책으로 삼았다.…근래에 간사한 자가 錦城 林아무개라고 사칭하면서 위조족보를 영남에서 간행하였는데, 錦城林氏와 平澤林氏의 족보를 합치면서…서울의 顯族 몇 집을 집어넣어 派宗을 뒤바꾸고 代數를 바꿔 고쳐서 선조의 世系를 어긋나게 하여 인륜의 序次를 문란케 한 것이 매우 많았다. 또한 여러 도를 두루 다니면서 임가 성을 가진 어리석은 백성을 속이고 족보 책을 팔아 생계로 삼았다."라는 기록이 있다.

이에 이르러 극심해 지니 세상의 道는 더욱 쇠퇴하고 사람의 마음은 더욱 경박하여 가히 길게 한숨짓게 되는 것이다.[167]

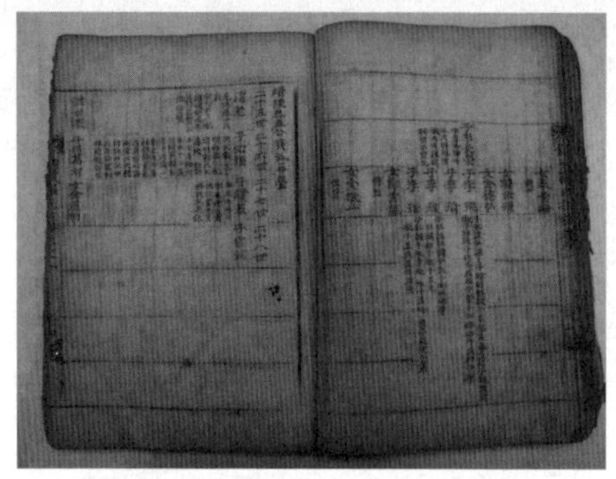

「그림 36」『금성나씨족보』(1747년)

인용문에서 보듯이 후대의 大同譜에서는 대체로 내용의 변개가 자행되고 있음을 말해주는 것이다.

계명대 동산도서관에 소장되어 있는 족보 가운데는 金海人 金玄成의 계통 변화 양상을 보여주는 것을 포함하여 후대에 명분 없이 계통을 削去하거나 連系를 하여 家統에 혼선을 주는 것이 더러 보인다. 예컨대 錦城人 羅應禧의 曾孫인 "必謙 - 纘基 - 宗弼"의 3世는 「그림 36」와 같이 한 派의 青孫 계통인데 명분 없이 削去한 경우이고,[168] 慶州人 金正卿의 계통은 연계와 삭거가 동시에 나타나는데, 그 玄孫 自股의 계열은 8世까지 수록되어 있던 것을 삭거한 후 股春의 家系로 대체한 경우이다. 이 외에도 여러 족보를 비교해보면 변개된 사례가 곳곳에 나타나고 있다.[169]

또 古文書를 통하여 족보 간행 과정상 분쟁을 살펴보면 永山人 金守溫의 후손 金基培 등이 漢城府에 等狀을 올린 嫡庶 분쟁이나 淸道郡守가 慶尙監司에게 書目을 올려서 光山金氏 僞譜 26卷을 燒却한 일 등이 산견된다.[170]

---

167 金在華.『醇齋先生文集』. 연활자본. 卷8. 10頁,「密城孫氏派譜序」

168 羅斗璧 編. 1747.『錦城羅氏族譜』(丁卯譜, 木板本) 卷一. 13頁. 34頁 및 羅義成 編. 1855.『錦城羅 氏族譜』(乙卯譜, 木活字本) 卷一. 10頁. 25頁 비교.

169 張仁鎭. 1994.「族譜資料의 文獻學的 考察」.『漢文學硏究』. 9輯. 계명한문학회. p.249.

170 전경목.「고문서를 통해 본 족보간행 과정상의 분쟁」(성균관대 동아시아학술원. 계명대 한국학연구원 공동주최 국제학술대회.『동아시아 족보의 특성과 연구과제』. 2011.8.5), p.130.

족보가 잘못 편성, 발간되었을 때는 문중 간에 심한 논쟁으로 비화되는 경우가 있었다. 이 경우 당사자는 변무록을 편집, 발간하여 문제를 제기하였다. 이에 대해 피당사자는 변증록을 편집, 발간하여 그 사실을 옹호하였다. 이러한 논쟁 과정에서 집안 간에 찬반파로 갈리어 반목을 하게 되고 급기야 사회적인 물의를 일으키게 되는 것이다.

족보 및 宗系의 변무록·변증록의 출판은 출판 사회학적 관점에서 조명할 수 있는 자료들이다.

文鍾龜 편, 『甘辨隨鈔』, 석판본, 1924년, 1책.

金榮灝 등편, 『金海金氏文愍公派宗支卞正錄』, 필사본, 1902년 (광무 6), 2권1책.

具然守 편, 『綾城具氏大邱東無怠宗系卞正錄』,[171] 필사본, 1890년(고종 27), 1책.

禹熙敬 편, 『丹陽禹氏譜系卞正錄』, 목판본, 1911년, 1책.

月村門中 편, 『丹陽禹氏世系卞正錄』, 목활자본, 1책.

金炳文 편, 『寶白堂先生宗系辨證錄』, 석판본, 1949년, 1책.

蘇尙奎 편, 『晋陽蘇氏家乘辨』, 목활자본, 1883년(고종 20), 1책.

李炳七 편, 『眞寶李氏上溪派派譜辨破錄』, 목활자본, 1책.

許 浻編, 『河陽許氏譜系辨證』, 목활자본, 1907년(융희 1), 1책.

新寧門中 편, 『花山君宗系卞誣實紀』, 필사본,[172] 1책.

이와 같은 자료를 편찬하여 간행할 때에는 해당 고을이나 書院, 門中의 구성원들이 公論을 일으키고자 通文을 발송하여 지지층을 확보하고, 공감대를 형성하여 사건을 종결짓고자 하였다.

171 구본욱 편역. 2005. 『300년간 지속해온 논쟁』. 대구: 도서출판 대광의 원문 영인자료.

172 權純能 편. 2004. 『花山君宗系史徵憑裒錄』. 大譜社. pp.309-400. 影印本.

V. 마무리 글

족보는 한 집안의 春秋의식을 갖고 편성한 姓貫의 가계기록이다. 조선초기부터 『禮記』의 尊祖·敬宗의식, 蘇洵의 효도 공경을 기반으로 한 族譜정신, 程頤의 重本의식 등에서 영향을 받고 간행하였다. 족보를 가진 사람들은 대대로 집안에 간직하면서 후손에게 가문의 자긍심을 심어주고, 혈통 동족 간에 화목을 도모하는데 활용하였다.[173]

이처럼 우리나라 족보는 개인이 家藏하면서 후대에 傳承하는 자료이기에 수집이 용이하지 않은 것이 사실이다. 그런데 계명대학교 동산도서관에 소장되어 있는 족보는 총 2,386종 13,150책으로 파악되어 量的으로 많다. 이를 시대별로 살펴보니, 약 10% 가량이 18세기 이전에 편성·간행된 善本임을 알 수 있다. 善本 족보에서는 총 60 姓氏에 138 本貫이 확인된다. 그리고 족보 2,386종을 세분해보면 1,994종이 116 성씨의 족보이고, 나머지 392종은 만성보, 특수보 家史 등이었으며, 희귀 성씨의 족보도 23종 살펴볼 수 있었다. 소장된 족보의 판본은 대부분이 간행본이고, 필사본은 전체 3%정도였다. 특수 족보는 『文譜』, 『武譜』를 포함하여 20여종인데, 대개 19세기 이후에 나온 것이다. 이 가운데 宦官 가문을 수록한 『養世系略譜』와 享壽한 사람의 사적을 수록한 『南極世譜』, 黨色을 표기한 『萬姓譜』, 科擧 급제자의 姓氏를 표기한 『東國萬姓簪纓譜』 등이 주목되는 자료였다.

본고에서 도출한 내용을 다음과 같이 요약한다.

첫째, 문헌학적으로 살펴보면 17세기 이전 족보 가운데 『安東權氏世譜』(1476)에서는 從年次法(남녀 출생순)으로 편성하여 外孫을 무제한 수록하고 改嫁에 따른 後夫 표기, 庶孼 표기 등이 나타났고, 『眞城李氏族譜』

173 소형 두루마리에 기록하여 휴대하며 상고하기도, 한글본 『진셩니씨세계』(필사본)가 계명대 동산도서관에 소장된 사실에서 보듯이 한글 족보를 작성하여 활용하기도 하였다.

(1600)에서는 入養에 따른 繼後 표기가 있으며, 『晉陽河氏世譜』(1606)에서는 남명학파, 대북파 인물이 많이 수록되어 있었다. 또 『淸州韓氏世譜』(1617)에서는 宗法 중시에 따라 사위(壻)만 표기한 점과 권말에 別譜를 붙인 점에서 최초본이 되고, 『晉州蘇氏族譜』(1670)에서는 外孫·外後孫에게도 字, 號, 生卒, 官職, 配, 墓 등 旁註(譜註)가 수록되고 있으며, 『金海金氏世繼』(1675)에서는 庶子에게도 배우자를 표기한 최초본으로 확인되었다. 18세기 족보 가운데는 嫡庶 표기로 갈등을 보인 것이 있었고, 출판 경비와 用紙의 분량을 표기한 것과 新刊 分送錄을 기록한 것도 있었다. 이 밖에 五行法의 行列圖, 戶口單子, 墳塋圖, 理學淵源圖 등도 살펴볼 수 있었다. 그리고 개인별 기재사항은 17세기 이전에는 주요 官職 표기가 주된 관심사였기에 족보가 일종의 官職名簿의 성격을 지니고 있었다. 18세기 이후로 官職 외에 字號, 生卒, 배우자 가계표기, 墓所가 포함되었으며, 19세기에 접어들면 受學, 學統, 學問的 업적, 三綱 모범, 儒林이나 門中 기여도와 論評까지 확장되었다.

둘째, 사회 변화 현상과 관련하여 족보는 17세기를 기점으로 혈통 중심에서 本宗 중심으로, 아들이 없을 경우 祭祀는 外孫 奉祀에서 養子 奉祀로, 族譜는 內外譜에서 同姓譜로, 족보 편성법은 從年次法에서 先男後女法으로 각각 전환되고 있었다. 이점은 壬辰, 丙子 양 大亂을 겪은 후 明·淸 교체기에 尊周論이 대두되던 정치, 사회 현상과 무관하지 않았다. 그리고 庶子女의 수록은 17세기 중반부터 모든 족보에서 수용하였으나, 17세기 후반에 오면 庶子를 嫡子보다 한 字 낮추어 표기하기는 등 차별이 심하였다. 18세기 중반에 오면 신분변화의 조짐이 나타나고 있었으니, 예컨대 1724년에 鄭震僑 등이 庶類 通淸을 청하는 상소를 하여 허락을 받았고,[174] '庶'字를

174 『英祖實錄』, 英祖 즉위년(1724), 12월 17일(丙戌) 條에 庶孼 進士 鄭震僑 등 260명이 상소를 하니, 批答하기를, "하늘과 사람은 하나이고 해와 달의 비침은 이미 精粗를 가리지 않으니, 王者가 그 사람을 씀에 있어서 어찌 그 가운데 차이를 두겠는가? 그대들이 인용한 바는 근거가 있다." 하였다. 史臣이 말하기를, "柳子光 이후로 서얼의 通淸을 허락하지 않아 왔는데 이에 이르러 뭇 서얼들이 스스로 通淸을 청하니, 조정의 기강이 날로 문란해짐을 볼 수 있다." 하였다.

뺀 族譜가 1759년 西蜀明氏 가문에서, 1773년 安康盧氏 가문에서 각각 발간되었으며,[175] 平壤趙氏의 小譜에서는 庶子의 生母가 표기되었다. 그러나 庶類 通淸의 경우, 鄕案의 등록을 청하는 서얼 3,000여명의 上疏가 있어도 嶺南 유생들이 이들의 鄕案 등록을 허락하지 않았고,[176] 明氏의 족보에서는 귀천 존비가 은연중 드러나고 있으며,[177] 盧氏 가문에서는 30년이 지난 뒤에 이 족보를 僞譜로 규정하여 모두 소각하였다.[178] 이처럼 신분 변화의 조짐은 나타났으나 嫡庶신분의 장벽은 19세기 말에 이르기까지 허물어지지 않았다. 족보에서 庶派의 絶孫 현상이나 고의로 收單을 내지 않은 것은 嫡庶 차별이 심해진 사회 현상과 관련이 있었다.

셋째, 中人層과 관련하여 살펴보면 족보의 附錄에 실은 別譜는 先系를 알지 못하는 자를 위해서 편성한 것인데, 이 가계에 속한 사람들을 別派라 하여 편성할 때부터 차별이 있었다. 別譜에서는 鄕吏를 포함한 中人들도 찾아볼 수 있다. 중인층으로서 別譜에 나타나고 있는 安東權氏, 淸州韓氏, 全州柳氏 등의 鄕吏 집단은 주로 15세기 후반에서 18세기 초반에 활동한 가문이었고, 『延安李氏族譜』(1694)에 나타난 中人들도 15세기 후반에 활동한 가문이었다. 그리고 19세기 古文書를 통하여 확인된 延州玄氏의 鄕吏 가문도 족보에서 확인할 수 있었다. 이들 中人계층에 대해서는 사회 경제 신분사적으로 살펴볼 필요가 있을 것이다.

---

175 앞의 「盧尙樞日記」 1권. p.316을 보면 庶子 盧洙의 요청에 따라 1773년에 庶字를 뺀 盧氏의 족보(癸巳譜)가 軍威 洪氏의 木活字로 法住寺에서 간행하였다.

176 『英祖實錄』, 英祖 48년(1772), 12월 28일(戊子) 條에 경상도 서얼 유생 金聖天 등 3,000여명이 庶類를 通淸한 후에도 鄕案에 등록하는 것을 허락하지 않는다고 상소하였는데, 임금이 비답하기를, "朝廷은 朝廷이고 鄕案은 鄕案이니 내가 어찌 이러한 일들에 간여하겠는가?" 하였다.

177 明重白 등편. 앞의 『西蜀明氏世譜』, 凡例에 "庶子女不計年序 書諸嫡子女之下 以別嫡庶 且略旁註以眎等殺 而庶女爲人妾 則必書其人妾 以別其妻妾 此譜之不可無等殺."라 전제하고, "그러나 우리 明氏를 돌이켜보면 본래 이국땅 외로운 종족의 먼 자손으로서 미미한 후손인데 반드시 嫡庶 2字로 분별하여 기록할 필요가 없으므로 이 法을 쓰지 않는다(然顧我明氏 本以異域孤種遐苗 微裔 不必嫡庶二字 分別書之 勿用此規焉)" 하였으나, 실제 표기한 序次를 살펴보면 嫡庶가 드러나고 있다. 즉 11頁의 '俊貞' 子女와 23頁의 '暾' 子女의 경우다. 또 19頁 '華進'의 前·後娶 子女와 '峻德'의 前·後娶 子女도 이 족보의 다른 家系와 비교하면 嫡庶로 구분한 것임을 알 수 있다.

178 앞의 「盧尙樞日記」 3권. p.399와 453을 보면 庶字를 뺀 족보를 癸巳 僞譜로 규정하고 모두 수거하여 소각하였다.

넷째, 족보의 내용 양상에서는 吏讀式 이름이 나타나고 있는데 주로 庶孼 계층이 사용하였다. 배우자의 氏와 姓 표기 및 개인의 字 표기 여부에 따라 貴賤 尊卑의 신분 식별이 가능하였으며, 불명예에 따른 흔적도 살펴볼 수 있었다. 신분 사회적 병리현상으로 인해 19세기 이후에는 僞譜가 出刊되거나 족보 편집자와의 결탁으로 인한 내용의 변개 양상이 나타나고 있어서 출판 사회학적 문제가 대두되기도 하였다.

위에서 살펴본 바와 같이 계명대 동산도서관에 소장하고 있는 족보는 善本이 많고 시대별, 성씨별, 문헌별, 내용 양상 등에서 특성이 다양하였다. 앞으로 개인의 傳記, 身分史, 家族史, 社會史 등을 포함하여 역사연구의 토대자료로써 활용하는데 중요한 가치를 지닐 것이라고 판단한다.

부록

동산도서관 족보 현황 (18세기 이전)

연번	서　명	연도	책수	판본	간행지	청구기호	비고
1	鐵城李氏族譜圖	1476	1	木	〔刊寫者未詳〕	811.082 이육처	
2	義城金氏世譜	1553	1	筆	〔刊寫者未詳〕	929.1 의성김	
3	眞城李氏族譜	1600	2	木	陶山書院	929.1 진성이	入出系
4	南陽洪氏世譜	〔1604〕	1	〔筆〕	〔刊寫者未詳〕	929.1 남양홍ㄷ	影印本
5	晋陽河氏世譜	1606	2	木	海印寺	929.1 하혼ㅈ	
6	清州韓氏世譜	1617	1	木	菩薩寺	929.1 청주한씨	別譜有
7	全義李氏姓譜	1634	2	木	〔刊寫者未詳〕	929.1 전의이	
8	平山申氏姓譜	〔1636〕	1	〔木〕	〔刊寫者未詳〕	929.1 평산신씨	影印本
9	星州碧珍李氏世譜	〔1652〕	1	〔木〕	〔刊寫者未詳〕	929.1 성주벽	影印本
10	東萊鄭氏世譜	〔1655〕	2	〔木〕	〔刊寫者未詳〕	929.1 동래정ㄱ	影印本
11	昌原孔氏族譜	1660	1	木	〔刊寫者未詳〕	929.1 창원공	
12	恩津宋氏族譜	1666	1	木	〔刊寫者未詳〕	929.1 은진송족	
13	晉州蘇氏族譜	1670	1	木	羅州牧	929.1 진주소조	零本
14	金海金氏世繼	1675	1	木活	〔刊寫者未詳〕	929.2 김해김ㄱ	
15	咸陽朴氏族譜	1678	2	木	光山 柳谷村	929.1 함양박ㄱ	
16	璿源系譜記略	1679	1	木	〔刊寫者未詳〕	929.7 선원계ㄱ	
17	晋州姜氏族譜	1685	2	木	天柱寺	929.1 진주강씨	
18	幸州奇氏內外子孫譜	1689	2	木	〔刊寫者未詳〕	929.1 행주기씨	
19	興城張氏族譜	1690	2	木	〔刊寫者未詳〕	929.1 흥성장씨	
20	宜寧南氏族譜	1693	2	木	咸興府	929.1 의령남ㅆ	
21	昌寧曺氏族譜	1693	4	木	黃海兵營	929.1 창녕조ㄱ	
22	瑞山柳氏重刊別譜	1694	1	木	〔刊寫者未詳〕	929.1 서산유ㅂ	
23	星州李氏族譜	1694	3	木	〔刊寫者未詳〕	929.1 성주이씨	
24	延安李氏族譜	1694	3	木	平安監營	929.1 연안이ㄱ	
25	草溪鄭氏族譜	1700	4	木	〔刊寫者未詳〕	929.1 초계정	
26	淳昌趙氏族譜	1702	2	木	〔刊寫者未詳〕	929.1 순창조ㅆ	

27	高陽朴氏族譜	1707	1	木	〔刊寫者未詳〕	929.1 고양박	
28	昌寧成氏族譜	1709	4	木	〔刊寫者未詳〕	929.1 창녕성서	
29	同福吳氏族譜	1712	2	木	公州 月窟菴	929.1 동복오ㅆ	
30	驪興閔氏族譜	1713	8	木	校書館	929.1 여흥민ㅈ	
31	青松沈氏族譜	1713	4	木	浮石寺	929.1 청송심ㄱ	零本
32	德水李氏世譜	1713	2	木	〔刊寫者未詳〕	929.1 덕수이	
33	載寧李氏族譜	1714	2	木	〔刊寫者未詳〕	929.1 재령이	
34	光山金氏世譜	1715	1	木活	〔刊寫者未詳〕	929.1 광신김ㄴ	
35	靈山寧越辛氏合譜	1716	4	木活	竹山 七賢寺	929.1 영산영ㅇ	
36	東萊鄭氏族譜	1716	6	木	〔刊寫者未詳〕	929.1 동래정ㅈ	
37	南陽洪氏族譜	1718	4	木	〔刊寫者未詳〕	929.1 남양홍ㅆ	
38	羅州羅氏族譜	1721	2	木	羅州邑內	929.1 나주나ㅈ	
39	東陽申氏世譜	1721	1	木	〔刊寫者未詳〕	929.1 동양신	
40	平壤趙氏世譜	1724	3	木	〔刊寫者未詳〕	929.1 평양조	
41	昌原孔氏族譜	1725	3	木	〔刊寫者未詳〕	929.1 창원공ㅅ	
42	全州柳氏族譜	1726	4	木	平昌郡	929.1전주유씨ㅈ	
43	晋陽姜氏世譜	1727	2	木	牛芳寺	929.1 진양강ㅇ	
44	全州李氏世系	1728	1	筆	〔刊寫者未詳〕	929.2 전주이ㅅ	
45	安東金氏世譜	1729	3	木	〔刊寫者未詳〕	929.1 안동김ㅊ	
46	密陽朴氏家乘	1729	1	筆	〔刊寫者未詳〕	929.2 박필정ㅁ	
47	清州郭氏族譜	1730	2	木活	〔刊寫者未詳〕	929.1 청주곽씨	
48	瑞興金氏族譜	1731	3	木	〔刊寫者未詳〕	929.1 서흥김ㄱ	
49	豊壤趙氏世譜	1731	3	木	尙州 清溪寺	929.1 풍양조ㅅ	零本
50	安東權氏世譜	1734	17	木	安東府	929.1안동권씨ㄱ	
51	密陽朴氏族譜	1734	1	木	德裕山元通寺	929.1 밀양박ㅋ	
52	杞溪兪氏族譜	1738	4	木	〔刊寫者未詳〕	929.1 기계유	
53	慶州鄭氏族譜	1738	3	木活	〔刊寫者未詳〕	929.1 경주정조	
54	善山金氏族譜	1739	9	木	石門庵	929.1 선산김ㅆ	
55	礪山宋氏族譜	1739	7	木活	〔刊寫者未詳〕	929.1 여산송ㄷ	
56	韓山李氏世譜	1740	8	木	尙州牧	929.1 한산이씨	
57	漆原尹氏族譜	1741	3	木	開心寺	929.1칠원윤씨ㅈ	
58	密城朴氏世譜	1742	30	木	東皐	929.1밀성박씨서	

59	草溪卞氏族譜	1742	3	木	〔刊寫者未詳〕	929.1 초계변ㅅ	
60	咸平李氏族譜	1742	4	木活	〔刊寫者未詳〕	929.1 함평이ㅆ	零本
61	苞山郭氏世譜	1743	8	木活	〔刊寫者未詳〕	929.1 포산곽ㄱ	
62	海州崔氏世譜	1744	4	木	〔刊寫者未詳〕	929.1 해주최ㅆ	零本
63	全州崔氏世譜	1745	4	木	〔刊寫者未詳〕	929.1전주최세ㅂ	
64	淸道金氏世譜	1747	5	木活	〔刊寫者未詳〕	929.1 청도김씨	
65	錦城羅氏族譜	1747	1	木	〔刊寫者未詳〕	929.1 금성나	
66	晋州蘇氏族譜	1747	3	木	月明菴	929.1 진주소	
67	慶州金氏族譜	1748	2	木	〔刊寫者未詳〕	929.1경주김족ㅂ	
68	寧越嚴氏族譜	1748	2	木活	〔刊寫者未詳〕	929.1 영월엄ㄱ	
69	瑞山鄭氏世譜	1749	2	木活	玄風 率禮村	929.1 서산정씨	
70	仁川蔡氏族譜	1749	3	木活	栗谷齋	929.1 인천채	
71	淸風金氏世譜	1750	4	木	〔刊寫者未詳〕	929.1 청풍김씨	
72	璿源系譜紀略	1751	7	木	〔刊寫者未詳〕	929.7 선원계	
73	星州李氏世譜	1751	5	木活	〔刊寫者未詳〕	929.1 성주이ㄷ	
74	靈光金氏世譜	1752	2	木活	〔刊寫者未詳〕	929.1영광김씨ㅅ	
75	南原楊氏家乘	1754	3	木活	漁隱公讀書庵	929.2 남원양	
76	金海金氏族譜	1754	9	木活	〔刊寫者未詳〕	929.1 김해김보	
77	務安朴氏世譜	1754	4	木	〔刊寫者未詳〕	929.1무안박씨ㅅ	
78	丹陽禹氏族譜	1754	9	木活	德洞講齋	929.1 단양우씨	
79	梁氏大族譜	1755	8	木	〔刊寫者未詳〕	929.1 양씨대	
80	缶林洪氏族譜	1757	2	木活	〔刊寫者未詳〕	929.1 부림홍ㅅ	
81	慶州金氏族譜	1758	2	木	〔刊寫者未詳〕	929.1 경주김ㅇ	
82	宜寧南氏族譜	1758	9	木活	〔刊寫者未詳〕	929.1 의령남	
83	西蜀明氏世譜	1759	1	金活	〔刊寫者未詳〕	929.1 서촉명ㅆ	
84	迎日鄭氏世譜	1759	5	木活	〔刊寫者未詳〕	929.1 영일정ㅅ	
85	扶餘徐氏世譜	1760	1	木	〔刊寫者未詳〕	929.1 부여서ㅆ	
86	永山金氏族譜	1760	1	木	〔刊寫者未詳〕	929.1 영산김ㄱ	
87	延安李氏家乘	1761	1	筆	〔刊寫者未詳〕	929.2 연안이ㅆ	
88	押海丁氏族譜	1762	3	木	茂長古縣	929.1 압해정ㅆ	
89	商山金氏世譜	1763	4	木	〔刊寫者未詳〕	929.1상산김씨ㄷ	
90	光山盧氏族譜	1763	1	木	〔刊寫者未詳〕	929.1 광산노	零本
91	新平宋氏族譜	1763	2	木活	〔刊寫者未詳〕	929.1 신평송ㅅ	

92	張氏族譜	1763	3	木活	〔刊寫者未詳〕	929.2 장씨족	
93	草溪鄭氏族譜	1763	7	木活	玉田齋宮	929.1 초계정ㄱ	
94	順天金氏世譜	1764	5	木活	開元寺	929.1 순천김ㅇ	
95	忠州朴氏世譜	1764	6	木活	〔刊寫者未詳〕	929.1 충주박씨	
96	龍宮全氏世譜	1765	1	木	〔刊寫者未詳〕	929.1 용궁전ㅅ	
97	英陽南氏世譜	1765	5	木活	〔刊寫者未詳〕	929.1 영양남ㄱ	
98	順天朴氏族譜	1765	10	木活	〔刊寫者未詳〕	929.1 순천박ㅅ	
99	順興安氏族譜	1765	3	木	〔刊寫者未詳〕	929.1 순흥안씨	
100	安城李氏世譜	1765	2	木活	〔刊寫者未詳〕	929.1 안성이	
101	晋山姜氏族譜	1766	14	木活	〔刊寫者未詳〕	929.1 진산강	
102	文化柳氏世譜	1766	14	木活	〔刊寫者未詳〕	929.1 문화유씨	
103	寶城吳氏世譜	1766	3	木活	〔刊寫者未詳〕	929.1 보성오ㅆ	
104	瑞山柳氏族譜	1766	3	木活	〔刊寫者未詳〕	929.1 서산유ㅆ	
105	萬頃盧氏族譜	1767	1	木活	〔刊寫者未詳〕	929.1 만경노ㅆ	
106	潘南朴氏世譜	1767	4	木	〔刊寫者未詳〕	929.1 반남박	零本
107	星州李氏世譜	1767	4	木	〔刊寫者未詳〕	929.1 성주이ㅆ	零本
108	完山李氏世系	1767	4	木	〔刊寫者未詳〕	929.7 완산이	
109	晉州鄭氏族譜	1767	3	木活	〔刊寫者未詳〕	929.1 진주정ㅆ	
110	密城孫氏族譜	1768	5	木活	高岡祠	929.1 밀성손ㅅ	
111	瑞興金氏族譜	1769	3	木活	天柱寺	929.1 서흥김ㅅ	
112	忠州石氏族譜	1769	2	木活	〔刊寫者未詳〕	929.1 충주석ㅆ	
113	忠州池氏族譜	1769	1	木	〔刊寫者未詳〕	929.1 충주지ㅅ	
114	驪陽陳氏世譜	1769	3	木	〔刊寫者未詳〕	929.1 여양진	
115	昌原孔氏族譜	1771	6	木活	〔刊寫者未詳〕	929.1 창원공ㅆ	
116	金海金氏族譜	1771	8	木活	〔刊寫者未詳〕	929.1김해김씨나	
117	加平李氏世譜	1771	2	木活	〔刊寫者未詳〕	929.1 가평이ㅅ	零本
118	星州李氏族譜	1772	2	木活	〔刊寫者未詳〕	929.1 성주이ㄱ	
119	龍仁李氏族譜	1773	6	木	〔刊寫者未詳〕	929.1 용인이ㅆ	
120	和順崔氏世譜	1773	4	木活	〔刊寫者未詳〕	929.1 화순최ㅅ	
121	原州元氏族譜	1774	2	木活	原州 沙堤	929.1 원주원씨	
122	金海金氏族譜	1775	6	木活	〔刊寫者未詳〕	929.1 김해김그	
123	固城朴氏世譜	1775	1	木活	金山 孤雲寺	929.1 고성박	
124	延州玄氏族譜	1775	4	木活	〔刊寫者未詳〕	929.1 연주현ㅆ	

125	淸州李氏世譜	1776	4	木活	〔刊寫者未詳〕	929.1 청주이	
126	南陽洪氏世譜	1776	14	木活	〔刊寫者未詳〕	929.1 남양홍ㄱ	唐洪系
127	安東金氏族譜	1778	20	金活	〔刊寫者未詳〕	929.1 안동김ㅅ	
128	義城金氏世譜	1778	18	木活	〔刊寫者未詳〕	929.1의성김씨ㅂ	
129	金海金氏族譜	1778	8	木活	〔刊寫者未詳〕	929.1 김해김ㅈ	
130	三陟陳氏族譜	1778	1	木活	〔刊寫者未詳〕	929.1 삼척진	
131	朗州崔氏世譜	1778	3	木活	〔刊寫者未詳〕	929.1 낭주최ㅅ	
132	南陽房氏族譜	1778	2	木活	〔刊寫者未詳〕	929.1 남양방ㅆ	
133	南陽洪氏世譜	1779	3	木活	〔刊寫者未詳〕	929.1 남양홍ㅈ	土洪系
134	咸安趙氏世譜	1780	3	木	〔刊寫者未詳〕	929.1 함안조세	
135	蔚山朴氏族譜	1781	2	木活	〔刊寫者未詳〕	929.1 울산박	零本
136	古阜李氏族譜	1782	2	木活	石堤齋舍	929.1 고부이	
137	長水黃氏世譜	1783	6	木	〔刊寫者未詳〕	929.1 장수황	
138	寧越辛氏世譜	1784	1	木活	〔刊寫者未詳〕	929.1 영월신ㅅ	
139	綾城朱氏族譜	1784	5	木活	〔刊寫者未詳〕	929.1 능성주ㅆ	
140	順天朴氏族譜	1785	8	木活	〔刊寫者未詳〕	929.1 순천박ㄴ	
141	草溪鄭氏族譜	1785	8	木活	〔刊寫者未詳〕	929.1 초계정ㅆ	
142	淳昌薛氏族譜	1786	5	木活	〔刊寫者未詳〕	929.1 순창설ㅆ	
143	江陵劉氏族譜	1786	7	木活	〔刊寫者未詳〕	929.1 강릉유ㅈ	
144	晋陽鄭氏族譜	1786	6	木活	〔刊寫者未詳〕	929.1 진양정조	
145	善山金氏族譜事蹟	1789	1	木	〔刊寫者未詳〕	929.1선산김씨ㅈ	
146	淳昌林氏家乘	1789	1	木活	〔刊寫者未詳〕	929.2 순창임	
147	鎭川宋氏族譜	1789	4	木活	〔刊寫者未詳〕	929.1 진천송씨	
148	晋陽河氏世譜	1789	8	木活	〔刊寫者未詳〕	929.1 진양하ㄷ	
149	淸州韓氏世譜	1789	7	木活	〔刊寫者未詳〕	929.1 청주한ㅆ	零本
150	長澤高氏族譜	1790	4	木活	毅烈公齋閣	929.1 장택고씨	
151	安東金氏世譜	1790	8	木活	淸風池閣	929.1안동김씨ㅅ	
152	廣州安氏世譜	1790	5	木活	〔刊寫者未詳〕	929.1 광주안ㅅ	
153	善山金氏族譜	1791	13	木活	〔刊寫者未詳〕	929.1 선산김ㅆ	
154	平壤趙氏世譜	1791	5	木活	〔刊寫者未詳〕	929.1 평양조ㅅ	
155	道康金氏族譜	1792	4	木活	〔刊寫者未詳〕	929.1 도강김	
156	平康蔡氏族譜	1792	4	木活	〔刊寫者未詳〕	929.1 평강채	
157	同福吳氏重鐫族譜	1793	5	木活	〔刊寫者未詳〕	929.1 동복오	

158	安東權氏世譜	1794	22	木	〔刊寫者未詳〕	929.1 안동권ㄹ	零本
159	曲阜孔氏族譜	1795	7	金活	華城 闕里祠	929.1 곡부공ㅈ	
160	順興安氏族譜	1796	19	木活	〔刊寫者未詳〕	929.1 순흥안ㅆ	
161	昌原具氏世譜	1797	4	木活	〔刊寫者未詳〕	929.1 창원구	
162	高靈金氏世譜	1797	3	木活	〔刊寫者未詳〕	929.1 고령김	
163	星州都氏族譜	1797	3	木	〔刊寫者未詳〕	929.1 성주도ㅆ	零本
164	礪山宋氏家譜	1797	20	木活	〔刊寫者未詳〕	929.1 여산송가	
165	平山申氏譜	1797	4	木活	〔刊寫者未詳〕	929.1 평산신ㅅ	
166	平山申氏世譜	1797	13	木活	〔刊寫者未詳〕	929.1 평산신ㅈ	
167	豊川任氏世譜	1797	15	木	〔刊寫者未詳〕	929.1 풍천임ㅆ	
168	尙州周氏世譜	1797	2	木活	〔刊寫者未詳〕	929.1 상주주	
169	公州李氏世譜	1798	7	木活	麻谷寺	929.1 공주이ㅅ	
170	新平李氏世譜	1798	5	木活	〔刊寫者未詳〕	929.1 신평이	
171	永川李氏族譜	1798	7	木活	〔刊寫者未詳〕	929.1 영천이ㅈ	
172	全州李氏益安大君派譜	1798	4	木活	〔刊寫者未詳〕	929.7 전주이익	
173	晋陽姜氏族譜	1799	8	木活	〔刊寫者未詳〕	929.1 진양강ㅅ	
174	錦城羅氏族譜	1800	5	木活	〔刊寫者未詳〕	929.1 금성나ㅅ	
175	大邱裵氏族譜	1800	1	木活	松林寺	929.1 배경리ㄷ	零本
176	密陽卞氏族譜	1800	4	木活	〔刊寫者未詳〕	929.1 밀양변ㅅ	
177	靈山辛氏世譜	1800	1	木活	〔刊寫者未詳〕	929.1 영산신더	
178	咸陽呂氏世譜	1800	8	木活	〔刊寫者未詳〕	929.1 함양여ㅅ	
179	海平尹氏世譜	1800	8	木活	終南第	929.1 해평윤	
180	東萊鄭氏族譜	肅宗朝	1	木活	〔刊寫者未詳〕	929.1동래정씨ㅇ	
181	恩津宋氏族譜	肅宗朝	4	木	〔刊寫者未詳〕	929.1 은진송조	
182	璿源世系	英祖朝	1	木活	〔刊寫者未詳〕	929.8 선원세	
183	禮安李氏世譜	英祖朝	1	木	〔刊寫者未詳〕	929.1 예안이	零本
184	草溪鄭氏族譜	英祖朝	1	木活	〔刊寫者未詳〕	929.1 초계정ㄴ	零本
185	平壤趙氏小譜	英祖朝	1	木	〔刊寫者未詳〕	929.1 평양조소	
186	苞山郭氏族譜	英祖朝	1	筆	〔刊寫者未詳〕	929.1 포산곽	
187	迎日鄭氏世譜	英祖末	6	木	〔刊寫者未詳〕	929.1 영일정씨	零本
188	安東權氏家乘	正祖朝	1	筆	〔刊寫者未詳〕	929.2 안동권ㄱ	
합 계			847	책수:「표1」의 891책은 복본 44책 포함 수치임			

한국족보의 특성과 동아시아에서의 위상

한국의 족보 연구의 쟁점과 과제 | 권 기 석

한국의 족보 연구의 쟁점과 과제

—

권 기 석

1. 머리말

족보는 과거에 생존했던 수많은 인원의 인적사항과 가족관계가 집적되어 있는 방대한 기록으로서 다양한 연구에 활용되어 많은 사실을 규명하는 데 큰 도움을 준다. 반면 족보를 연구 자료로 이용하는 데는 난점도 많다. 그 중 첫째로 족보가 공적인 역사 기록이라기보다는 일개인이나 가문의 사문서로 평가절하되어 왔다는 점이다. 둘째로 혈통관계 이외에는 개인별 정보가 대단히 한정적으로 기록되어 있어서, 일개인의 삶을 복원하기에는 일정한 한계가 있는 기록이라는 점이다. 이런 자료적 특성은 특정한 인물이나 사안에 관한 정보를 서식에 따라 단편적으로만 제공해 주는 고문서에 가깝다. 셋째로는 기록의 조작이나 윤색, 자손이 아닌 자의 모록이 개입되어 있을 위험성이 있어서, 엄격한 사료비판과 타 자료와의 교차 검증이 필수로 여겨져 온 자료이기도 하다. 또한 학계의 연구보다는 주로 자기 가문의 뿌리 찾기에 관심이 많은 일반인의 譜學의 측면에서 관심이 집중되었고, 족보에 관한 개설서는 전문적인 학술논저보다는 일반 시민을 위한 대중교양서가 많은 편이다.[01]

학술연구자들에게도 족보는 그 자체가 탐구 대상이라기보다는 다른 연구

---

01 譜學的 관심에서 출간된 족보 관련 대중교양서나 논고 중 대표적인 것으로 다음을 들 수 있다. 이상진. 2005『한국족보학개론』. 민속원; 김정현. 2009.『우리겨레 姓氏 이야기』. 지식산업사; 박정주. 2007.「족보와 족보학」.『대한토목학회지』. 제55권 제9호. 대한토목학회.

를 위해 필요한 정보를 담고 있는 道具書로 받아들여졌다. 족보의 학술적 활용은 관련 학문 분야에서 인물의 기본정보나 가족사항을 파악하는 데 용도에 국한되었다. 하지만 학계의 족보에 대한 연구가 심화되면서 족보 자료에 대한 이해 수준이 높아졌고 이에 따라서 족보의 활용 가능성도 넓어졌다. 족보의 정보를 통해 당시의 사회상을 폭넓게 조명할 수 있다는 점이 재인식되었고, 족보에 수록된 단편적 정보를 재구성하여 새로운 사실을 밝혀낼 수 있는 방법론도 개발되었다. 이러한 방법론에는 사료비판의 측면에서 족보 기록 중에서 믿을 수 있는 부분과 그렇지 않은 부분을 효과적으로 선별하는 기법도 포함된다.

본고에서는 족보에 관한 기존 연구와 성과와 한계점을 돌아보고, 향후 족보 연구의 발전 방향을 모색해 보기로 한다. 족보에 관한 기존 논의를 종합하여 족보의 개념, 역사적 출현과 전개, 기록 형식, 사료적 가치 등을 정리한 개설적 논저는 이미 다수 나와 있다.[02] 본고는 세부 주제에 따라 족보의 개념과 분류, 족보 편찬의 역사적 전개, 친족 연구와 족보, 족보를 활용한 연구, 특수 유형의 족보에 관한 연구의 순으로 기존 연구를 개관해 보고, 족보 연구의 전망에 대해 논해 보고자 한다.

---

02 김학수. 2010.「한국의 족보—조선시대 사대부 족보를 중심으로」.『조선사회 이렇게 본다』. 지식산업사 ; 이성무. 2009.「부록 한국의 성씨(姓氏)와 족보(族譜)」.『조선시대 사상사연구 2』. 지식산업사(『韓國系譜硏究』 제1호. 2010. 韓國系譜硏究會에 재수록); 정승모. 2010.『한국의 족보-우리 문화의 뿌리를 찾아서』 29. 이화여자대학교출판부; 정구복. 2002.「족보와 족보문화」.『古文書와 兩班社會』. 一潮閣; 黃雲龍. 1985.「韓國族譜硏究序說」.『石堂論叢』 10; 李建千. 1995.「우리 나라 族譜에 關하여」.『청람어문학』. 청람어문교육학회; 최양규. 2011.『한국 족보 발달사』. 혜안.

2. 족보의 개념과 분류

족보는 혈연 정보를 담고 있는 대표적 가계기록이지만, 한국사상 혈연 및 가족관계 정보를 담고 있는 기록은 족보 이전에도 戶籍·墓誌銘·行狀類 등 여러 가지 가계기록이 있었다. 여러 가계기록과 족보를 구별 짓는 족보만의 특성을 명확하게 규정하는 것은 족보연구의 중요한 과제 중 하나이다. 족보의 表題로는 宗譜·世譜·譜牒·家牒·姓譜·家乘 등의 다양한 명칭이 나타나므로 어떤 가계기록이 족보인지 아닌지를 판별하려면 기록 내용과 형식에 대한 분석이 필요하다. 족보의 출현 시점과 관련해서는 본격적인 족보 출현 이전에 나타난 '초보적 족보'와의 구별도 필요하다. '초보적 족보'로는 작성자의 직계선조를 單線으로 수록하고 가까운 친족 이외의 傍親을 생략한 형태의 가계기록인 家牒·家乘이나 혈연관계를 도표 형식으로 간략히 기록한 族圖 등이 있다.

'명실상부한 족보'의 정의에 대해서 선행 연구에서 많은 논의가 있었다. 崔在錫은 '족보는 동족(씨족)이 그들의 시조로부터 현재(족보 편찬 당시)의 자손까지의 계보를 중심으로 한 기록'이라고 정의하고, '동족(씨족)이란 同祖意識을 가진 男系親族을 지적하는 것'이라 하였다.[03] 宋俊浩는 족보를 어느 한 개인 또는 그의 가족을 중심으로 하는 계보가 아니라 그 개인이 속하는 씨족 집단 전체 또는 그 씨족내의 派의 합동계보라고 정의하고, 특정 개인의 조상만을 밝힌 계보인 '家乘, 內外譜, 八高祖圖' 등과 대비하였다.[04] 金龍善은 선대로부터 자신의 父에 이르기까지의 일직선상의 조상과 그 각 조상의 배우자를 세대별로 기록하고 그들의 전기사항을 밝힌 家乘이 확대된 형태로서, 가승에

03 崔在錫. 1983. 『韓國家族制度史硏究』. 일지사. 670쪽.
04 宋俊浩. 1987. 「韓國에 있어서의 家系記錄의 歷史와 그 解釋」. 『朝鮮社會史硏究 -朝鮮社會의 構造와 性格 및 그 變遷에 關한 硏究-』. 일조각. 16쪽 · 28쪽.

나타난 역대 조상의 모든 자손을 찾아 계보상에 수록한 것을 족보로 보았다.[05] 車長燮과 송찬식은 한 사람의 시조로부터 현재 자손까지의 계보를 모두 기재하는 것이 족보라고 하였다.[06]

이상의 정의를 종합해 보면, 족보로서 갖추어야 할 조건은 크게 보아 ① 개인이 아닌 일정한 규모를 갖춘 친족공동체의 집단적 기록이어야 하고, ② 세대별로 일정한 서식에 따라 도표화되어 있어야 한다. 다만 '일정한 규모'에 있어서 성씨 전체를 망라해야 하는가, 아니면 한 계파에 그쳐도 되는가, 그리고 '일정한 서식'을 어느 정도 수준의 격식으로 보아야 할지 모호할 수도 있으나, 대체로 다수 인원의 혈연관계를 세대별로 칸을 나누어 배치하고 관직이나 배우자 등, 기본적인 개인정보를 함께 기재한 정도로 볼 수 있다. 다시 정리하면, 족보는 한 姓貫(姓氏와 本貫) 전체 또는 그 가운데 한 계파에 속하는 자손의 혈통과 혼인관계를 일정한 도표와 서식에 따라 기록한 家系記錄이라 정의할 수 있다.

족보의 개념 규정 과정에서 계보기록의 형태와 특성에 따른 분류와 유형화도 함께 이루어졌다. 족보 이전 단계 기록에서 족보로 점진적으로 발전해 오는 과정에서 나타나는 다양한 계보 형태를 적시하고 유형화한 선구적인 성과로 宋俊浩의 연구가 있다. 이 연구에서는 가계기록의 계보 형태와 거기에 담긴 친족의식에 주목하고, 족보를 포함한 여러 계보기록의 유형별 특징과 그 사회적 파급효과까지 언급하여 족보 이해의 지평을 넓혔다.[07] 본격적인 족보 이전에 다양한 형태의 '개별적인 가계기록'이 존재했고 이것이 후대 족보 편찬의 기본 자료가 되었는데, 족보를 포함한 다양한 가계기록을 두 가지 유형으로 대별할 수 있다. 첫째는 개인을 기점으로 위로 수많은 조상을 찾아올라가는 '개인 중심의 가계기록'(家乘·內外譜·八高祖圖 등)이고, 둘째는 특정 씨족의 공통 조

05 金龍善. 1994.「高麗時代의 家系記錄과 '族譜'」.『李基白先生古稀記念韓國史學論叢』. 일조각.

06 車長燮. 1997.「朝鮮時代 族譜의 編纂과 意義 –江陵金氏 族譜를 중심으로–」.『朝鮮時代史學譜』 2; 송찬식. 1999.「족보의 간행」.『한국사시민강좌』 24 –특집 : 족보가 말하는 한국사–. 一潮閣.

07 宋俊浩. 1980.「韓國에 있어서의 家系記錄의 歷史와 그 解釋」.『歷史學報』 87.(宋俊浩, 1987.『朝鮮社會史硏究 –朝鮮社會의 構造와 性格 및 그 變遷에 關한 硏究–』. 일조각에 재수록)

상을 頂點으로 하고 작성 당시의 氏族員을 底點으로 하는 '피라미드형 가계기록'(흔히 '족보'로 통칭)이다. 양자는 서로 다른 형태의 계보추적 방식에 담긴 혈연의식에 기초하고 있다고 적시한 것은 이후의 족보 연구가 가족제도와 연계될 수 있는 중요한 단서가 되었다고 평가할 수 있다. 조선사회에서 후자가 지배적인 형태의 가계기록으로 정착되면서 부계 혈연집단의 성격을 갖는 氏族 상호간에 '우리'와 '남'을 구별하는 의식이 강화되는 요인이 되었다는 것이다.

이처럼 한국사상 전형적인 형태의 족보는 시조를 기점으로 그 자손을 망라한 집단적 가계기록이었고, 수록된 친족 집단의 규모에 따라 분류하는 것이 일반적인 방식이었다.[08] 예컨대 집단적인 기록이라는 성격이 상대적으로 약한, 특정인이나 가족의 직계에 국한된 개인적인 기록은 통상적으로 '家牒'으로 불리며, 본격적인 '족보'의 단계에는 못 미치는 가계기록으로 분류된다. 집단적인 족보 중에서도 수록 범위가 한 성관 전체를 포괄하면 '大同譜'가 되고, 일개 지파를 대상으로 하면 '派譜'가 되는 식의 구별이 있다.[09]

족보에 수록된 집단의 규모 이외에도 다양한 분류 기준의 적용이 가능하다. 예컨대 계보 추적 방향, 異姓(외손) 및 방계 수록 여부, 목판 또는 활자본으로의 간행, 편찬자 또는 입록자의 신분과 지위 등이 있을 수 있다.[10] 족보의 유형에 대한 체계화를 시도한 차장섭의 연구에 따르면, ①족보를 편찬한 자의 신분과 지위에 따라 王室族譜, 私家族譜로, ②기록하는 방식에 따라 族圖와 族譜, 八高祖圖, 家牒 등으로, ③수록하는 범위에 따라 氏族譜

---

08 중국의 족보(흔히 '宗譜'로 불림)도 종족 사이에서 제작된 계보로 규정되고 있으며, 계보 이외에도 종족의 결합이나 통제에 필요한 기록이며 종족의 활동이나 영예에 관한 기록 등이 부가되어 있는 경우가 많다고 한다(多賀秋五郎. 1981. 『中國宗譜の硏究』 上卷..東京: 日本學術振興會. 1~2쪽). 이러한 계보기록 형식의 기본적 형태는 조선전기 부계 종족제도가 미성숙한 상황이었음에도 불구하고 큰 변형 없이 전파되었다고 볼 수 있다.

09 大同譜와 派譜의 구별은 종족집단이 최대조직인 동성동본 집단과 하위조직인 派 집단의 체계로 조직화된 결과이다. 족보에 있어서 '派'가 출현하는 것은 18세기 이후의 상황으로 파악되고 있다. 이에 대해서는 崔在錫. 1983. 「門中組織. 二. 族譜에서의 派의 形成」. 『韓國家族制度史硏究』. 713~714쪽 참조.

10 權奇奭. 2010. 「15~17세기 族譜 편찬과 참여계층 연구」. 서울대학교 국사학과 박사학위논문(미간행). 24~34쪽. 본 학위논문은 일부 수정하여 단행본으로 출간되었다. 권기석. 2011. 『족보와 조선사회 - 15~17세기 계보의식의 변화와 사회관계망』(태학총서 32). 태학사.

와 萬姓譜로 구분할 수 있다고 한다.[11] 조선시대 족보의 유형에 대한 구체적인 용어가 통일되어 있지 않고 정확한 개념규정이 되어 있다고 보기 어려운 실정이다. 각 유형마다 편찬 목적이나 수록 대상이 크게 다르고, 추출할 수 있는 정보나 역사적 의미도 다르기 때문에 유형별 특성에 대한 연구는 족보에 대한 이해의 폭과 적절한 활용 가능성을 높일 것으로 보인다.

3. 족보 편찬의 역사적 전개

족보에 관한 연구가 제대로 이루어지기 위해서는 족보의 개념 정의 및 분류와 함께 연구대상인 족보 자료의 현황과 편찬 추이에 대한 기초적 연구가 이루어져야 할 것이다.

족보의 편찬 추이에 대한 기초적인 작업으로서 鄭炳完이 현존 족보에 실린 역대 舊譜序를 발췌·정리한 조사가 있다.[12] 연대 추정 등에서 일부 오류가 확인되고 실제 간행된 판본을 직접 조사한 것이 아니라 후대 족보에 轉載된 구보서를 대상으로 했다는 한계가 있지만, 후속 연구자들이 널리 활용할 수 있는 자료 집성 작업이라는 의미가 크다.

실제 족보 판본의 현황에 대한 연구로는 판본의 소장 현황에 대한 서지학적 연구가 이루어진 바 있다.[13] 고문헌의 교정 과정을 검토하는 과정에서 족보의 교정을 다룬 연구도 있다.[14] 특정한 지역에서 세거한 여러 문중의

11 차장섭. 2010.「조선시대 족보의 유형과 특징」.『歷史教育論集』44.

12 鄭炳完. 1987.『韓國族譜舊譜序集』, 亞細亞文化社; 鄭炳完. 1986.「韓國族譜의 舊譜序 比較研究」.『論文集』6. 한국방송통신대학.

13 이창수. 2002.「계보자료의 관리에 관한 연구」.『한국도서관정보학회지』33권 3호; 장인진. 2007.「한국 족보의 문헌적 고찰」.『古典籍』3. 韓國古典籍保存協議會; 장인진. 2011.「계명대 동산도서관 소장 족보의 현황과 善本」『한국학논집』44. 계명대 한국학연구원.

족보 판본을 폭넓게 조사한 연구성과도 있다.[15]

필사본 및 인쇄본의 현황 뿐 아니라, 책판의 현황에 대해서도 조사가 이루어졌다. 옥영정의 연구는 한국국학진흥원에 책판 형태로 소장되어 있는 족보의 현황과 함께, 책판의 보관처에 대해서도 개설적으로 서술하였다.[16] 이 연구는 현존하는 책판목록에 대한 조사 결과가 포함되어 있는데, 정조의 명으로 서유구가 편찬한 『鏤板考』에 따르면, 책판의 보관이 官署, 書院, 寺刹, 私家 등에서 이루어졌으며, 그 중에서 주로 관서에 보관해 왔다는 것을 알 수 있고, 지역적으로는 경상도 지방이 전체의 절반을 차지하고 있다고 한다. 실제 역사적으로 족보의 간행이 지방 관아와 사찰 등에서 이루어진 사례가 많다는 조사 결과[17]와 관련 지어 검토해 볼 수 있을 것이다.

족보의 간행에 관한 연구는 해당 가문의 성쇠를 보여 주는 중요한 지표가 될 수 있음을 지적하였다는 점도 큰 의미가 있다. 족보를 만들 수 있는 가문의 인적·물적 요건과 사회적 위상이 일정 수준에 도달해야 족보의 간행을 가능케 하는 譜所의 설치와 收單의 조직망이 형성될 수 있는 것이다. 이와 관련하여 족보의 간행 형태가 필사본이었는지 아니면 인쇄본이었는지, 족보의 인쇄는 어떤 사람들에 의해서 어느 곳에서 이루었는지, 조선시대 인쇄문화의 발전이 족보의 보급에는 어떤 영향을 주었는지 등의 문제가 좀 더 다루어져야 할 것이다.

족보 서문, 책자, 목판의 현황에 대한 파악을 밑바탕으로 하여 족보라는 가계기록이 어떻게 출현하였고, 그 편집방식과 간행형태는 어떻게 변모하여 왔는지에 대해서 적지 않은 연구가 축적되었고 큰 흐름으로 확인할 수 있게

14 장원연. 2009. 「古文獻의 刊行과 校正」. 『古印刷文化』 16. 청주고인쇄박물관; 장원연. 2009. 「조선시대 서책의 교정에 관한 연구」. 『書誌學硏究』 42.

15 라경준. 2007. 「淸州地域 世居門中의 入鄕過程에 관한 硏究」. 『古印刷文化』 14. 청주고인쇄박물관.

16 옥영정. 2010. 「한국국학진흥원 소장 族譜, 童蒙書, 地誌, 日記類 등 책판의 성격과 가치」. 『대동문화연구』 70. 후속 연구로 조선후기 족보 간행을 인쇄문화사적 시각에서 종합적으로 검토한 다음 연구를 내놓았다. 옥영정. 2011. 「조선후기 族譜의 인쇄문화사적 접근」. 『한국학논집』 44. 계명대 한국학연구원.

17 權奇奭. 앞 논문. 170~182쪽

되었다. 족보 이전의 가계기록에서 족보가 출현하게 된 과정에 대해서는 金龍善의 연구가 있는데,[18] 고려시대 묘지명 등에 나타나는 인물의 가계에 관한 언급과 世譜·家錄·家譜·家牒 등 가계기록의 존재를 시사하는 용어의 사용을 근거로 초보적인 형태의 족보가 이미 고려시대에 발생했을 가능성을 지적하였다. 또한 족보라는 계보 양식이 갑자기 완결된 형태로 출현한 것이 아니라, 족보 이전 단계에 이미 제작된 소규모 가계기록을 바탕으로 점진적으로 형성된 것임을 지적하였다.

조선시대 족보 출현 이후의 전개에 대해서는 李樹健의 연구에 잘 정리되어 있다. 그의 연구에서는 조선시대 전체를 통관하여 編譜體制와 계보관념에 따른 족보의 발전단계를 구분하였다. 15세기에 '土姓'을 중심으로 정리된 각종 성씨 관련 기록의 제작이 족보 등장의 촉진제가 되었고, 17세기 후반 이후 족보의 편찬이 급증하면서 그 편집체제에 나타난 변화를 계기로 시기를 구분할 수 있다고 보았다. 이에 따르면 조선시대의 가계기록은 ①15세기 중반 이전의 초보적인 가첩류와 姓貫 자료, ②조선전기 내외손을 동등하게 기재한 간행본 족보 및 간행되지 못한 族圖·草譜類, ③17세기 이후 본격적으로 등장한 부계 친손을 위주로 하며 등재인의 인적사항이 자세히 기재된 '조선후기적 족보'의 세 단계로 구별할 수 있다.[19] 족보에 나타난 계보관념에 관한 연구는 뒤에서 상술하기로 한다.

족보 편찬의 역사적 전개는 개별 姓貫의 사례 분석을 통해 보다 상세히 검토할 수 있다. 그런 연구로 차장섭의 일련의 연구를 들 수 있는데, 특정 성관별로 역대의 족보 간행 이력을 실증적으로 검토하였다.[20] 성관별 사례

---

18 金龍善. 1994.「高麗時代의 家系記錄과 '族譜'」『李基白先生古稀記念韓國史學論叢』. 일조각; 김용선. 1999.「족보 이전의 가계기록」.『한국사시민강좌』 24.

19 李樹健. 1992.「朝鮮前期 姓貫體系와 族譜의 編纂體系」.『朴永錫敎授華甲紀念 韓國史學論叢』; 李樹健. 1994.「朝鮮後期 姓貫意識과 編譜體制의 변화」.『九谷 黃鍾東敎授 停年紀念 史學論叢』; 李樹健. 1999.「족보와 양반의식」.『한국사시민강좌』 24; 李樹健. 2003.「한국의 성씨와 족보」.『한국의 탐구』 25.서울대학교 출판부.

20 車長燮. 1997.「朝鮮時代 族譜의 編纂과 意義 – 江陵金氏 族譜를 중심으로 –」.『朝鮮時代史學譜』. 조선시대사학회; 김문택. 2003.「1600년 간행 진성이씨족보 편찬과정과 그 성격」.『연구논문집』 1.

연구 중에서 특히 이른 시기부터 계보 정리를 시작하여 다양한 형태의 계보기록이 시대별로 분포하는 개별 성관에 대한 연구는 그 자체가 족보 발달사를 요약하여 보여준다. 박홍갑이 조사한 고성이씨의 족보 간행사를 개관해보면, 族圖, 草譜, 四姓綱目, 外譜 등 다양한 형태의 가계기록이 검출되는데 한 성관의 족보 간행 이력을 통해서 여러 계보기록 사이의 연관성과 선후관계를 분석할 수 있는 좋은 사례로 보인다.[21] 고성이씨의 가계기록 중에서 15세기에 제작된 『鐵城李氏族譜之圖』는 동시대 다른 족보(『안동권씨성화보』 등)와의 인적 구성상 중복과 상호 영향이 돋보이는 자료이다. 여기에 등재된 인물의 字號, 生年, 과거와 관직, 묘 소재지와 좌향, 배우자의 생졸일, 본관, 4조, 이름, 이력 사항 등 주기사항이 기재되지 않은 것도 초기족보의 특징으로 지적되었다. 1600년 전후에 편찬된 『鐵嶺草譜』에서는 초기족보의 통례와 달리 처의 본관이나 4조, 선취 및 후취 여부 등을 기록하거나 소수이지만 入後 사례가 보이는 것에서 나타나듯 후기 족보로 이행하려는 면모를 발견하기도 했다. 16세기말의 『四姓綱目』에서는 입후 사례를 기록하되 양자가 양부 아래 서술되지 않고 생부 아래 그대로 두면서 출계 사실만 밝혀두거나, 庶派의 경우 仕路가 허통되거나 無嫡宗 承家者의 경우 족보에 기재하며, 적자 없이 서자가 대를 이을 경우 '측실' 혹은 '庶' 표기로 구분하는 등 입후나 서파에 대한 사회적 인식이 달라지고 있음을 보이기도 했다. 『先世外家族譜』는 일반적인 外譜와 달리 외가의 외가까지 수록하여 팔고조도를 연상시키는 특수성이 있음을 보였다.

서울역사박물관; 차장섭. 2002. 「조선시대 족보의 한 유형 –삼척김씨 족보를 중심으로–」. 『大丘史學』 67; 차장섭. 2006. 「綾城具氏 族譜의 刊行과 그 特徵」. 『韓國史學報』 22. 高麗史學會; 金時晃. 1991. 「義城金氏 族譜硏究」. 『동방한문학』 7. 동방한문학회; 李東厚. 2004. 「眞城李氏 族譜의 槪略」. 『동양예학』 12. 동양예학회; 宋容緈. 2003. 「은진송씨 舊譜에 나타난 外孫錄」. 『鄕土硏究』 27. 忠南鄕土硏究會; 고혜령. 2010. 「『星州李氏萬曆譜』의 제작과 의의」. 『韓國系譜硏究』 1. 한국계보연구회.

21 朴洪甲. 2010. 「고성이씨 족보 간행과 그 특징」. 『고성이씨 가문의 인물과 활동』. 일지사.

4. 친족 연구와 족보

족보는 폭넓은 친족관계를 정리한 기록물인 까닭에 족보의 특성과 편집방식에 관한 연구는 당시의 친족제도나 혈연관념과 깊은 연관성을 가질 수 밖에 없다. 족보의 계보형태는 족보가 기반하고 있거나, 편찬자들이 추구해야 할 理想으로 여기고 있는 가족집단 내지는 가족질서를 반영하기 때문이다.

15~16세기 초기 족보의 개별 사례는 계보기록 방식에 담겨 있는 친족관념이 오늘날 알려진 족보와 판이하다는 점에서 연구자들의 주목을 받았다. 그중 대표적인 것으로 安東權氏 『成化譜』와 文化柳氏 『嘉靖譜』는 일찍부터 주목을 받아 집중적인 분석의 대상이 되었다.[22] 이 족보가 편찬된 시기는 현재 전하는 수보사례가 극히 드물 뿐 아니라, 여성으로 이어지는 다양한 형태의 계보를 무제한으로 수록하는 總系的인 방식이 돋보인다. 그밖에도 同姓의 本孫 뿐 아니라 異姓의 外孫까지도 광범위하게 수록한 다른 초기적 가계기록 또는 족보의 사례에 대한 연구도 다수 발표되었다.[23]

조선전기의 內外孫을 合譜하는 방식의 족보와 姓孫 위주의 조선후기 족보를 아울러 분석하여 친족제도의 변화를 짚어낸 선구적인 연구자로는 崔在錫을 들 수 있다. 그는 여러 성관에서 발간한 조선전기 이래의 新舊 족보를 대조하여, 수록자손의 범위, 자손 기재방식, 입양 실태, 修譜 간격, 系派의

---

22 權寧大. 1981. 「成化譜攷」 『學術院論文集 제20집 -人文 · 社會科學篇- 』. 대한민국학술원; Edward W. Wagner. 1989. 「1476年 安東權氏族譜와 1565年 文化柳氏族譜 -그 性格과 意味에 대한 考察-」. 『石堂論叢』 15. 동아대학교 석당전통문화연구원; 宮嶋博史. 2008. 「≪안동권씨성화보≫를 통해서 본 한국 족보의 구조적 특성」. 『大東文化硏究』 62. 성균관대학교 대동문화연구원: 『성화보』와 『가정보』에 수록된 인물을 바탕으로 해당 성관의 전개와 사회상에 대해 검토한 연구로 朴龍雲. 2005. 「安東權氏의 사례를 통해 본 高麗社會의 一斷面 - '成化譜'를 참고로 하여-」. 『역사교육』 94; 朴龍雲. 2009. 「儒州(始寧 · 文化)柳氏의 사례를 통해 본 高麗社會의 一斷面 - '嘉靖譜'를 참고로 하여 -」. 『韓國史學報』 24가 있다.

23 정재훈. 1989. 「해주오씨족도고」. 『동아연구』 17; 오영선. 2001. 「조선초기 家系記錄에 대한 일고찰」. 『典農史論-松籃李存熙敎授停年紀念號』. 서울시립대학교 국사학과; 成鳳鉉. 2004. 「固城李氏 『先世外家族譜』와 『八高祖圖』 檢討」. 『古文書硏究』 24. 한국고문서학회.

형성 등의 여러 부분에 걸쳐서 조선 前·後期 족보 사이에 큰 차이가 있음을 밝혀냈다. 족보 편집 방식의 변화 양상은 같은 시기의 父系 동족의식의 확대 경향이 반영된 현상으로 인식되었다.[24]

그밖에 친족제도와 관련된 여러 주제와 연관 하에 족보에 대한 많은 연구가 이루어졌다. 조선시대 가족 규모를 가늠하거나,[25] 조선후기 상속이나 가족형태의 변화를 살펴보기 위해서도 족보가 활용되었는데, 이 주제는 호적과의 비교가 돋보인다고 할 수 있다. 손병규는 17세기 말~19세기 중엽의 『慶尙道丹城縣戶籍大帳』에 등재된 안동권씨 일파의 가계를 파악하기 위해서 안동권씨 족보의 내용을 대조하였다.[26] 족보는 양자 입양의 실태를 파악하기 위한 자료로 활용되기도 하였는데, 立後가 이루어진 경우 養家와 本生家의 계보를 모두 기록하고 있다는 점은 자료적 장점이다.[27]

가족 내에서의 여성의 삶과 관련해서도 족보가 활용되었다. 이남희는 15·16세기 족보를 중심으로 조선사회의 유교화에 따른 여성의 위상을 검토하고자 했는데, 1476년 『安東權氏成化譜』에 기재된 여성의 再嫁 기록에 대한 분석을 적극적으로 활용하여, 유교적 사회질서가 도입되는 과도기라 할 수 있는 조선전기에 이미 여성의 재가가 금기시되는 추세가 확연히 나타나고 있음을 지적했다.[28]

친족과 관련되어 족보가 가장 널리 활용된 분야는 부계 친족집단, 곧 '門

---

24 崔在錫. 1979. 「朝鮮時代의 族譜와 同族組織」. 『歷史學報』 81; 崔在錫. 1981. 「族譜에 있어서의 派의 形成」. 『민족문화』 7. 그의 친족제도 관련 연구는 저서 『韓國家族制度史硏究』(1983, 일지사)에 집대성되었다.

25 李基淳. 1996. 「鳳山李氏 族譜를 통해 본 朝鮮時代의 가족규모」. 『弘益史學』 6. 홍익대학교 사학회.

26 孫炳圭. 2008. 「조선후기 상속과 가족형태의 변화 – 丹城縣에 거주하는 安東權氏 가계의 호적 및 족보 기록으로부터」. 『大東文化硏究』 61.

27 服部民夫. 1978. 「朝鮮時代後期의 養子收養에 관한 硏究–東萊鄭氏派譜의 分析–」. 『韓國學報』 11. 이 논문은 족보를 활용하여 양자 수양의 실례를 추출하고 그 패턴을 분석한 연구이다. 종가의 가계 연속을 우선시하는 양자 관행의 '일반원칙'을 염두에 두면서, 당시 生家와 養家 사이에 系出入 경향을 통해 여러 차례 양자를 '교환'하는 관행을 분석하며 혈연의식의 강도와 영향력을 가늠하고자 하였다.

28 이남희. 2011. 『安東權氏成化譜』를 통해 본 조선 초기 여성의 再嫁 문제」. 『조선시대사학보』 57. 조선시대사학회; 이남희. 2011. 「조선 사회의 유교화와 여성의 위상 –15·16세기 족보를 중심으로–」. 『원불교사상과 종교문화』 48. 원광대학교 원불교사상연구원.

中'에 관한 연구였다. 성씨별 또는 계파별로 형성된 문중은 종법적 가족질서를 지향하는 '집단적 가계기록' 족보가 발전하게 된 이유의 하나였기 때문에, 족보와 문중 연구가 밀접한 연관 하에 진행되는 것은 당연한 추세라 할 수 있다. 우선 종법 이념이 족보의 편찬과 성격에 어떤 영향을 주었는지 구명하는 것이 중요한 과제였다. 족보가 추구하는 宗法 실현을 위한 친족윤리, 즉 追遠報本, 尊祖親親, 敬宗收族 등의 가치가 중국 宋代 유학자들의 사상과 실천을 모범으로 삼은 것이기에 족보 기록과 유교 이념의 상관관계에 관한 검토[29]는 꼭 필수적인 작업이라 할 수 있다.

족보의 편찬 작업 즉,'修譜'자체가 문중 활동의 일환으로 이해되었다.[30] 족보 연구 중에는, 족보를 통해서 한 가문의 전개과정과 문중활동을 살펴보고자 한 경우가 많다.[31] 예컨대 박홍갑의 연구는 특정 성씨와 계파가 지역에 정착하는 과정을 검토한 것이다.[32] 이 연구는 문중활동 뿐만 아니라, 성씨와 본관의 의미, 연원, 전개과정을 추적 검토한 연구라는 의미가 있다. 고려초에 이루어진 것으로 알려진 '본관' 체계의 정리와 시조의 연원은 깊은 연관성이 있는 문제라 할 수 있다.

역사적으로 유력한 특정 성관 또는 가문에 초점을 맞춘 연구 경향도 확인된다. 박용운의 연구는 고려시대로부터 명문거족의 전통이 있는 성관으로서 조선초기에 선구적인 족보를 낸 안동권씨와 문화유씨의 사례에 대해 집중 분석하였다.[33] 이 연구는 족보와 사료를 비교·검증·분석하고자 시도하

---

29 족보가 지향한 이념적 가치나 윤리지향성에 대해서는 다음 논저 참조. 權奇奭, 앞 논문. 60~66쪽; 권오영. 2010.「조선시대의 족보(族譜)기록에 보이는 유교이념(儒敎理念)의 양상과 의미」.『韓國系譜研究』1. 한국계보연구회.

30 족보 발간의 성행은 성리학의 도입에 따른 종법제도와 부계친족집단의 정착과정을 보여주는 한 가지 현상으로 이해되고 있다: 이창기. 2010.「성리학의 도입과 한국가족제도의 변화-종법제도의 정착과 부계혈연집단의 조직화 과정-」.『民族文化論叢』46. 영남대학교 민족문화연구소.

31 蔡守煥. 1994.「平康蔡氏族譜之始祖淵源考」.『韓國의 哲學』22. 慶北大學校 退溪研究所; 金盛祐. 2001.「密城朴氏 嘯皐公派의 淸道 定着과 宗族 활동」.『震檀學報』91; 박홍갑. 2006.「경주노씨 성립과 그 일파의 선산지역 정착과정」.『역사와 실학』31; 배영동. 2009.「선산김씨 문중활동의 지역문화적 의의 -文簡公派를 중심으로-」.『지방사와 지방문화』12권2호.

32 박홍갑. 2006.「경주노씨 성립과 그 일파의 선산지역 정착과정」.『역사와 실학』31.

33 박용운. 2005. 앞 논문; 2009 앞 논문.

였는데, 족보의 신뢰도를 가늠하는 데에는 중요한 참고가 된다고 하겠다. 고려후기부터 명문가로 성장한 안동권씨의 구성원과 인맥관계와 '가문 보존의식'을 탐구한 연구도 있는데,[34] 이는 족보 자체를 탐구한 연구는 아니지만 족보에 수록된 인물의 활동과 동향, 그리고 문벌의식과 친족간의 결속을 심층적으로 다루었다는 데 의미가 있다.

성씨와 문중 단위의 결속이 지배적인 사회현상으로 정착되는 조선후기에 이르면, 이러한 성씨별 가문 연구는 더욱 폭넓은 의미를 갖는다. 조선후기 족보를 통해서 정치적으로 큰 영향력을 발휘한 명문가의 내력과 전개를 밝히려는 사례 연구로서, 김명숙은 『驪興閔氏家乘記略』을 통해서 17~ 18세기 여흥 민씨 가문의 형성 과정과 가문 내부의 질서 정비 사업에 대해서 다루었다.[35] 문중활동이 매우 활발했고 부계 친족질서가 사회 전반으로 확산되던 시기에 걸쳐 정치사회적인 영향력이 큰 집안에 대해 사례 연구를 내놓은 점에서 의미가 크다. 성관 전체가 아닌 '三房派'라고 불리는 계파에 대해 분석했는데, 서인-노론이라는 정치적 색채를 공유하고 왕비를 다수 배출한 집안의 사례로서 문중으로서의 결속력을 가진 단위가 어느 정도의 규모였고 어떻게 역사적으로 성장하여 왔는가를 잘 보여주는 연구라 할 수 있다.

족보를 통해서 문중사를 검토하는 데 있어서, '문중'이라는 집단적 실체와 공동체의식이 언제부터 형성되었는지에 유의할 필요가 있다. 또한 족보에 기록된 문중의 역사가 조선후기 문중 단위의 '역사 만들기' 활동의 소산이라는 점도 유의해야 한다. 족보 등 문중문헌에서 재구성된 선대의 역사는 조선시대 족보 편찬자들이 자기 가문의 명망을 높이려는 노력의 결과물로서 그 자체가 하나의 역사적 현상이라 할 수 있기 때문이다. 이런 관점에서 족보 편찬은 문중의 역사를 복원하는 중요한 사업 중 하나라고 규정할 수 있다. 이 문제와 관련하여, 족보 편찬의 이력을 추적하면서 족보에 수록되거

34 김인호. 2008. 「고려후기 가문보존의식과 방식 -안동권씨가를 중심으로-」. 『한국중세사연구』 25.
35 金明淑. 2009. 「≪驪興閔氏家乘記略≫을 통해 본 17~18세기 여흥 민문의 형성과 가문 정비」. 『韓國思想과 文化』 46. 한국사상문화연구원.

나 또는 수록되지 못한 여러 문중 인물의 활동을 대조한 박홍갑의 연구성과는 족보에 기록된 것과 기록되지 못한 것의 비교를 통해서 문중사 구성의 실상과 허상을 파헤친다는 점에서 큰 의미가 있다.[36]

성씨별 문중의 상징적 존재로서 수많은 자손의 공통조상인 시조에 대한 인식도 족보를 통해서 확인할 수 있는 중요한 연구 소재이다. 족보상 시조의 개념에 대해서는 일찍이 송준호가 '보첩 편간 당시 조상을 추심하다 마지막에 도달한 인물'이라는 해석을 내놓은 바 있으나,[37] 가급적 관직이 높은 뛰어난 인물이어야 했다. 또한 계보의 고증 여하에 따라 족보상 시조의 개념을 이원화할 수 있었다. 실제의 계보가 확인되는 인물인 '실질적 시조'와 관념적으로 공통조상이라는 인식은 있으나 구체적 계보는 고증하지 못하거나 계보 관련 정보가 극히 빈약한 '명목상 시조'(혹은 '관념적 시조'라 부를 수도 있다)로 구분되는데, 양자 사이의 계보는 단선으로 연결되는 것이 일반적이라고 한다.[38] 성씨와 가문의 전개를 족보와 여타 사료의 비교로 파악하고자 한 박용운의 연구에서도 성관의 '실제적인 시조'라는 개념을 적용하여, 上京從仕하여 양반가 일원이 된 柳公權을 文化(儒州)柳氏의 실질적 시조로 간주하고 이후 자손의 활동과 이력을 집중적으로 정리하였다.[39]

족보상 나타나는 '始祖'라는 존재가 어떤 개념이며 역사적으로 어떻게 인식되어 왔는가는, 족보가 수록하는 동족집단의 공통조상으로서 문중조직의 상징적 구심점이라는 측면에서나, 문중사의 재구성과 역사적 연원의 소급이라는 측면에서나 중요한 주제라 할 수 있다. 앞서 언급한 박홍갑의 연구에서도, 조선시대 족보의 시조에 대한 인식이 중국에서 건너온 인물까지 확대되는 반면에, 자손을 남기지 못한 선조는 상당히 큰 활약을 하였음에도 소멸하는 현상을 지적하면서, 실질적 인물보다는 유명인물로만 시조를 내세우

---

36 박홍갑. 2010. 「안강・기계노씨를 통해서 본 족보자료의 실상과 허상」. 『국학연구』 16.
37 송준호. 1986. 「한국 氏族制에 있어서의 本貫 및 始祖의 문제」. 『역사학보』 109. 120면.
38 송준호. 1980. 「한국에 있어서의 가계기록의 역사와 해석」. 『역사학보』 87. 역사학회. 115~116면.
39 박용운. 2005. 앞 논문 ; 2009 앞 논문.

는 것이 우리 가계기록의 특성이라는 결론을 이끌어내고 있는 것도 주목된다.[40] 이처럼 족보상에 막연한 공통조상으로 제시되고 있는 '관념적 시조'는 상대적으로 후대에 문중사의 유구함을 강조하기 위해서 상당한 고증상의 무리함을 무릅쓰고 소급되어 만들어지는 경향성이 있다. 또한 관념적 시조에서 실질적 시조로 이어지는 '單線 계보' 부분은 계보기록이 꾸준히 갱신·보완되며 관리되어온 것이 아니라 어느 시점에 선대의 계보를 끌어모아 소급해서 편집했다는 반증이다. 따라서 계보의 편집시점과 재구성 방식이라는 관점에서 사료상의 신빙성 문제가 고찰되어야 할 것이다.

권기석의 연구에서 지적된 바와 같이 후대에 편간된 족보일수록 시조의 연원을 더 오랜 과거로 소급하려는 경향성이 보인다.[41] 초기 족보의 편찬자들은 최대한 근거 자료를 모아 선대의 내력을 복원하되 의심나는 것은 의문점 그대로 전하여 후세의 고증을 기다린다는 '傳疑'의 원칙을 지키고자 했다.[42] 그러나 족보가 기본적으로 명족의식을 표출하기 위한 기록이라는 속성이 있을 뿐 아니라, 수보 활동이 널리 일반화되면서 가문마다 경쟁적으로 선대 계보와 사적을 밝혀 가문을 빛내고자 힘쓰게 되었다. 그 결과 점차 억측에 의해 선대계보를 윤색할 가능성도 높아졌다. 또한 시조의 소급은 同祖의식을 갖는 동족집단의 규모를 확장시키는 효과도 있었다. 박홍갑이 분석한 안강노씨의 경우 16세기말에는 고려초 인물의 후손으로 소급하다가 18세기 중반 이후 중국 기원설이 등장하면서 이제까지 동족이 아니었던 여러 관향의 노씨가 모두 그의 후손이라는 설이 등장하였다. 그 결과 노씨가 모두 한 뿌리라는 관념이 대두되었는데, 이는 같은 성씨이면 동일자손이라는 미명하에 대동보가 유행한 시대적 분위기와 깊은 관련이 있다고 보았다.[43]

---

40 박홍갑. 2010. 앞 논문. 그 밖에 시조의 연원에 관한 초보적 연구로 다음과 같은 것이 있다. 鄭炳完. 1991. 「우리나라 外來姓氏의 舊譜序 比較 –始祖考–」. 『논문집』 13. 한국방송통신대학; 蔡守煥. 1994. 「平康蔡氏族譜之始祖淵源考」. 『韓國의 哲學』 22. 경북대학교 퇴계학연구소.

41 權奇奭. 앞 논문. 110~112쪽.

42 權奇奭. 앞 논문. 45쪽 · 113쪽 · 240쪽.

43 박홍갑. 앞 논문.

시조 계보의 推尋이 단순한 과거 역사의 재구성에서 끝나는 것이 아니라, 씨족 개념의 확대라는 효과로 이어짐을 잘 보여주는 사례라 하겠다.

문중의 활동은 살아 있는 자손의 집단적 거주지와 죽은 이의 葬地 형성에도 큰 영향을 주었고, 족보는 이러한 주제에 관한 정보를 다수 제공한다. 족보에 기록된 거주지와 장지는 여러 세대에 걸쳐 지속되는 경향이 있으므로, 곧 世居地나 世葬地에 대한 파악으로 연계될 수 있다. 이를 바탕으로 동성촌락의 형성과 분화에 관한 연구에서도 호적과 함께 족보가 활용되었고,[44] 문중 단위 宗山이나 墓域의 정비를 고찰하면서 족보의 출현을 검토하거나 연구의 기초자료로 족보를 활용하기도 했다.[45] 김명숙의 연구도 당시 정계와 학계를 주도했던 근기 지역 유력 가문의 거주 방식의 한 사례로서 驪興 閔門을 검토하면서 거주지와 장지의 문제를 다루고 있다. 이들 유력가문은 정치활동의 중심지인 京邸와 근・원교의 농장이나 묘산 인근 마련된 鄕邸나 別墅를 오가는 생활권을 형성하였던 것이다. 그 대표적 사례의 하나인 여흥 민문도 조선초부터 서울 세거가 일반화되어 있었고, 그 밖에 여주・양주・광주・충주・제천 등의 별서에 우거하며 출사와 은거를 거듭하는 패턴이 확인된다.[46] 『여흥민씨족보』에 실린 초기 선조의 비문을 통해서 遠祖 묘소 찾기에 힘쓰며 필요한 경우 문중 차원에서 발굴 조사까지 했던 사례도 눈여겨 볼 만하다.[47] 가문의 역사를 복원하여 문중 결속의 구심점을 만들기 위한 노력의 일환이었던 것이다.

거주지와 장지에 관한 연구를 바탕으로, 문중의 전개 뿐 아니라 족보의 주된 입록계층인 양반 사족의 지역적 확대와 생활 기반 확보에까지 연구의 범위를 넓힐 수 있다. 이와 관련하여 심승구는 조선초기 족보의 간행형태에

---

44 權乃鉉. 2004. 「조선후기 호적과 족보를 통한 동성촌락의 복원」. 『大東文化硏究』 47. 성균관대 대동문화연구소.

45 權兌遠. 1975. 「朝鮮王朝 時代의 宗山 形成에 關한 考察」. 『논문집』 2권 5호. 충남대학교 인문과학연구소; 車長燮. 2004. 「朝鮮後期 墓域의 整備와 그 意義 -江陵金氏 評議公派를 중심으로-」. 『朝鮮史硏究』 13.

46 김명숙. 앞 논문. 287~288면

47 김명숙. 앞 논문. 291~293면

관한 기왕의 논의를 정리한 후, 족보의 편찬이 16세기 이후 중앙에서 지방으로 확대되는 이유를 중앙관인의 落鄕과 지역사회를 중심으로 한 통혼권의 확대및 경제력의 확보에서 찾았다.[48] 정승모는 地域史 연구의 관점에서 경기지역 성씨의 입향 경로를 추적하고 유형화하였는데, 성씨 이동의 배경에는 宗法, 農法, 자손의 分岐라는 요소가 개입되어 있다는 것을 지적하고, 중앙 관직에 진출하는 빈도가 높은 近畿 지역 사족의 특성도 고려하였다.[49]

사족의 근거지에 관한 연구는 현대의 지역사회 연구와 연계될 수 있는데, 조선후기에 형성된 세거지 관련 기록이 오늘날 거주민의 移居 내력을 밝히는 데 중요한 단서를 제공해 주기 때문이다. 예컨대 島嶼移住民 연구를 위해서 족보를 활용한 예가 있는데,[50] 도서 지역의 경우 족보 문화가 상대적으로 늦게 확산된 지역이라는 면에서 족보의 자료적 한계를 특히 유의해야 하지만, 入嶋祖로부터 현재 거주하는 주민 사이의 계보관계를 확인하는 데 있어서 족보는 상대적으로 신뢰할 만한 자료로 인정되었다. 入嶋 사유(경제생활, 토지, 전쟁, 지방관 임명, 유배, 정치적 사건 등)를 추정하는 데 있어서도 족보를 활용하는 것이 가능했다.

가문의 혈연적, 물질적 기반과 다른 정신적인 가치에 기반한 명족의식이나 '家風'의 형성에 대해서는 상대적으로 연구의 대상으로 주목되지 않은 편이다. 김명숙의 연구에서는 여흥 민문이 가내 의절로 강조한 '遺訓'이나, 일상생활에서의 예의범절, 친족 사이의 상호 부조, 사치 풍조의 경계, '君家의 제례'로 일컬어졌다는 제례 의절 등에 대해서도 상세히 다루고 있다.[51] 그 밖에 문중활동에 초점을 맞춘 것이 아니라 지리학적 관심의 연구이지만, 족보의 山圖에서 묘지를 중심으로 한 풍수지리적 吉地의 관념이 어떠한 제작기법이나 지형표현 방식으로 구현되고 있는지 탐구해 보고자 한 연구도 있다.[52]

---

48 심승구. 2000. 「朝鮮初期 族譜의 刊行形態에 관한 研究」. 『國史館論叢』 89. 국사편찬위원회.
49 정승모. 2011. 「족보에 나타난 성씨의 移居와 지역의 역사」. 『한국학논집』 44. 계명대학교 한국학연구원.
50 김경옥. 2002. 「族譜를 통해서 본 島嶼 移住民 研究」. 『島嶼文化』 20. 목포대 도서문화연구소.
51 김명숙. 앞 논문. 305~308면.

족보의 계보의식에 관한 논의는 친족제도의 문제에 머무르지 않고, 전통사회 인간관계의 변화상에까지 확대될 수 있다. 朴丙鍊은 전통적 가계기록이 단순히 혈연관계를 기록하는 데 그치는 것이 아니라, 조상과의 一體化를 통해 차별 또는 일체화의 구조를 형성한다고 보고, 그 형식을 크게 ①八高祖圖式, ②內外孫合譜式, ③大同譜式으로 분류하였다.[53] 그는 내외 혈연을 구별하지 않는 '팔고조도식'과 '내외손 합보식'이 부계중심의 문중이 부재한 상태에서 지배계층의 일체성을 강조하고 동류의식을 확고히 하는 데 기여하였다고 보았다. 그 반면에 부계 성씨 또는 계파 중심의 족보인 '대동보식'이 일체화에서 차별의 구조로, 혈연을 바탕으로 한 情的 유대에서 父系姓 중시의 명분적 유대의 사회로, 생물학적 혈연에 따른 親疎遠近 관계가 父系親 위주의 擬制된 관계 중심으로 변화해갔다고 설명했다. 이러한 씨족집단의 구성원리는 결과적으로 '차별과 적대의 구조'를 내용으로 사회갈등을 유발할 수 있었고, 조선후기 師承과 血緣을 기반으로 하는 黨色의 고착화로 이어졌다고 보았다. 이처럼 족보의 연구에 관한 논의는 참여계층의 인간관계망 변화로까지 확장될 수 있다.

조선시대의 문중활동 뿐만 아니라 현대의 상황까지 연계하여 족보 간행을 고찰한 연구는 전통의 연속선상에서 현대사회를 바라본다는 점에서 큰 의미가 있다.[54] 이러한 연구에서는 과거의 사료 뿐 아니라 오늘날의 현지조사까지 포함하여, 문중의 역사와 문중 조직, 의례, 입후 관행, 제향, 수보 이력 등에 대해서 종합적인 검토가 시도되었다. 한국에서 족보 간행의 전통이 현재까지 이어지고 있다는 점을 생각하면, 이러한 접근법은 전통과 현대의 연관성을 고려하며 보다 현장성을 갖추어 족보를 바라본다는 점에서 의

52 李炯倫·成東桓. 2011. 「조선시대 族譜에 게재된 山圖의 특성과 지형표현 -『기계유씨족보』와 『반남박씨세보』를 중심으로-」. 『한국지역지리학회』 17권1호.

53 朴丙鍊. 1999. 「韓國의 傳統社會와 族譜읽기 -葛藤과 一體化, 差別과 同化의 二重的 컨텍스트-」. 『藏書閣』 1. 한국정신문화연구원.

54 이연숙. 2007. 「양반마을의 門中儀禮와 宗族意識 - 아산시 송악면 외암리 禮安李氏의 사례」. 『사회와 역사』 75. 한국사회사학회.

미가 크다. 지방사적인 측면에서 족보를 바탕으로 島嶼 지역 이주민의 내력을 검토한 연구도 있다.[55]

5. 족보로 본 전통사회 - 족보를 활용한 연구 -

족보는 그 자체에 대한 고찰보다 다른 연구의 기초자료가 되는 경우가 많았고, 전통사회의 단면을 확인할 수 있는 자료로 폭넓게 활용되었다. 족보에는 계보 고증이나 顯祖 현양을 위해서 선대의 고문서(호구자료, 공신녹권 등)나 墓碣文, 行狀 등이 전재되어 있어서 그 자체가 문중별로 편집된 史料集의 역할을 갖는 경우가 많다. 그러한 자료 중에는 실물 자료가 극히 드문 여말선초의 문서 자료와 같이 역사적 가치가 높은 것도 경우가 있어서 採錄과 분석의 대상이 되었다.[56] 족보에 전재된 고문서 자료는 족보편집자에 의해 재편집되는 과정에서 원형과 달라질 가능성이 있다는 점에 유의할 필요가 있다. 또한 계보 관련 정보를 담은 단편적인 기록이 족보라는 종합적인 가계기록으로 편집되어가는 과정을 보여주기 때문에 족보 편찬의 역사적 전개를 연구하는 자료로서도 의미가 크다.

족보의 본편인 系譜圖 부분의 활용은, 그 주도계층의 특성상 양반을 중심으로 한 사회사 및 신분사 연구에 집중되었고, 그 밖에 수록인물의

---

55 김경옥. 2002.「族譜를 통해서 본 島嶼 移住民 硏究」.『島嶼文化』 20. 목포대 도서문화연구소; 고석규. 2000.「조선시기 珍島 동족마을의 형성과 전개 -郡內面 細嶝里 玄風 郭氏 마을을 중심으로-」.『지방사와 지방문화』 3권 2호.

56 다음은 족보에 전재된 자료에 대한 소개와 분석을 시도한 연구이다. 南權熙. 1997.「族譜 分析에 의한 麗末鮮初의 文書資料」.『한국도서관·정보학회 1997년도 하계 학술발표회』. 한국도서관·정보학회; 윤상기. 1993.「宣城金氏 所載 高麗末 帳籍의 復原」.『圖書館學論集』 20. 한국도서관·정보학회; 노명호 外 編. 2000.『韓國古代中世古文書硏究』(上). 서울대 출판부와 같은 고문서 자료를 수집하여 해설한 자료서에도 다수의 족보 소재 자료가 포함되어 있다.

출생과 사망, 가족관계 등이 담겨 있는 '인명록'으로서의 특성 때문에 호적류 문서와 함께 人口史 연구의 중요 자료이기도 했다.

먼저 신분사 자료로서 족보의 활용에 대해 살펴보기로 한다. 상층양반을 중심으로 족보가 제작되기 시작하였고, 문벌을 과시하는 것이 족보의 제작 의의였다는 자료적 특성 때문에, 족보의 연구는 양반 신분층에 대한 연구로 자연스럽게 이어질 수 있다. 다시 말해서 족보 편찬 활동이 사족층의 주도로 전개되었기에 족보 편찬의 주도계층에 관한 연구는 곧 양반사족의 동향에 관한 연구의 일환이 될 수 있었다. 이는 족보의 역사적 발전 과정을 규명하는 데 있어서도 꼭 짚어보아야 할 측면이기도 하다. 족보의 참여계층과 관련해서는 15~17세기를 대상으로 조사한 권기석의 연구가 있으며,[57] 조선후기 족보에 수록된 범례 규정을 추가적으로 검토한 바 있다.[58]

족보를 자료로 시도할 수 있는 가장 초보적인 수준의 '양반 연구'는 수록된 인물 개인에 대한 연구라고 할 수 있다.[59] 다만 널리 알려지지 않은 인물의 경우 해당 족보의 권위와 고증 문제가 제기될 수 있다. 특히 반역자로 몰려 '削譜'와 같은 의도적인 인멸이 이루어졌거나 공공연히 수록하기 어려운 인물의 경우는 더욱 그렇다고 할 수 있다.[60] 족보가 모든 인물을 빠짐없이 기록하지 않고 의도적으로 배제할 수 있다는 사실을 역으로 해석하여, 족보에 수록되었는지 못했는지 여하에 따라 그 인물의 사회적 평가나 신분적 지위를 추정하는 근거로 삼을 수도 있는 것이다.

족보를 이용한 '양반사회사' 연구는 여러 방면에서 이루어졌는데, 명족의

57 權奇奭. 2009. 「15~17세기 족보 간행 참여계층의 확대와 그 성격」. 『사회적 네트워크와 공간』(이태진 교수 정년기념논총 간행위원회 편). 태학사; 權奇奭. 2010. 「15~17세기 族譜 편찬과 참여계층 연구」. 서울대 국사학과 박사학위논문(미간행).

58 權奇奭. 2010. 「조선시대 族譜의 入錄階層 확대와 한계 –凡例의 관련 규정을 중심으로–」. 『朝鮮時代史學報』 55.

59 개인 연구에 족보 편찬을 활용한 일례로 다음을 들 수 있다. 趙春鎬. 2004. 「朝鮮王朝實錄 收錄 卒記와 族譜編纂 –世宗朝 文臣 皐隱 安止 先生을 중심으로–」. 『동양예학』 12. 동양예학회.

60 송정수. 2010. 「『天安全氏丙戌世譜』를 통해서 본 全琫準 將軍의 家系와 出生地에 대한 再硏究」 『역사학연구』 38. 호남사학회는 새로 발굴된 족보를 통해 '동학농민혁명' 당시 농민군 지도자인 전봉준의 가계와 출생지를 재검토하고자 했는데, 족보 자료의 신빙성 문제를 다루고 있다.

식 즉, 문벌 과시를 통해 사회적으로 신분을 확인받으려는 수단이라는 족보의 기능과 관련되어 있다. 족보의 보유를 통해 양반 신분에 대한 사회적 공인을 받고자 하는 의도가 담겨 있었던 것이다. 이런 관점에서 족보를 집권 사족층의 名族意識 또는 혈통주의에 따른 사회적 권리를 지키려는 수단으로 보는 연구가 이루어졌다. 이정란은 조선전기의 대표적 족보 안동권씨 『성화보』와 문화유씨 『가정보』에 나오는 부인의 再嫁 관련 기록방식을 통해 이 시기 족보의 편찬 배경에는 家産의 傳繼라는 현실적인 목적이 있었음을 지적하였다.[61] 김난옥은 족보의 주된 기능의 하나가 신분적 결함이 없음을 증명하고 尊祖를 통해 가문을 현양하는 것이었음을 지적하며, 족보가 출현한 배경을 지배신분층간 경쟁과 도태과정에서 仕宦과 권력을 유지하려는 현실적인 목적에서 찾고자 했다.[62] 八祖戶口와 같이 크게 확장된 형태의 호적이나 가첩류 기록이 족보 전단계로서 출현한 현실적 목적이 지배층 내의 신분확인 욕구와 문벌의식 때문이었음을 지적한 연구도 있다.[63]

18~19세기에 이르면 족보가 양반가문의 문벌의식을 상징하는 기록물로서 확고하게 자리잡게 되었다. 성씨와 계보에 대한 지식은 '譜學'으로 불리면서 양반으로 처신하기 위한 常識이 되었고, 오늘날까지도 성씨와 본관에 관한 지식은 전통문화의 중요한 일부로 인식되고 있다.[64] 이렇게 사적 기록

61 이정란. 2008. 「족보의 자녀 수록방식을 통해서 본 여말선초 족보의 편찬 배경 – 『安東權氏成化譜』. 『文化柳氏嘉靖譜』를 중심으로 –」. 『한국중세사연구』 25. 한국중세사학회.

62 김난옥. 2008. 「여말선초 先祖意識과 족보편찬의 신분적 배경」. 『한국중세사연구』 25. 한국중세사학회.

63 이종서는 14세기 '限品制'가 무너지고 신분상 하자가 있는 부류가 대거 정계에 진출하면서, 양반층이 혈통의 고귀함과 유구함을 드러내려는 의도에서 호적에 기재하는 혈연계보를 확대한 결과 국가의 입장에서는 번잡하기만 한 '八祖戶口式'이 등장하였다고 보았다(이종서. 2008. 「高麗 八祖戶口式의 성립 시기와 성립 원인」 『한국중세사연구』 25. 한국중세사학회). 이러한 양반층의 자발적인 계보 정리 노력의 확대가 족보 출현의 전단계였다고 볼 수도 있는데, 손병규는 13~15세기 호적에 기록된 계보의 범위가 광범위하였고 이것이 신분 내력을 과시하려는 사적인 목적이 있었음을 지적하면서, 15세기 이후 부부 四祖를 넘어서는 호적 기록 관례는 사라지지만, 호적에 기록된 계보가 누적되어 『안동권씨성화보』와 같은 초기 족보류의 작성으로 이어졌다고 보았다(孫炳圭. 2010. 「13~16세기 호적과 족보의 계보형태와 그 특성」. 『大東文化硏究』 71).

64 김학수. 2010. 「한국의 족보—조선시대 사대부 족보를 중심으로」. 『조선사회 이렇게 본다』. 지식산업사에서는 보학자와 보학 문화에 대해서도 대표적인 사례와 함께 약술하고 있어서 심층 연구

물인 족보를 통해 사회적 신분을 공인받으려는 풍조는, 국가적으로 사족 신분을 보장하기보다는 사족사회 내에서 관습적인 신분의식이 확대되는 현상을 반영한다고 볼 수 있다.

초기 족보의 '官人譜的 성격은 족보 연구가 관료층 연구로 쉽게 이어질 수 있는 좋은 단서가 되었다. 조선전기 내외손을 망라한 안동권씨 『성화보』나 문화유씨 『가정보』와 같은 초기족보는 다수의 고위 관직자나 과거합격자가 다수 기재되어 있으며 자료적 신뢰도가 높다는 사실에 착안하여, 족보의 기재 인물 중 과거합격자의 비율을 추산한 연구[65]가 있는데, 이를 통해 조선전기 족보가 중앙조정의 顯官層을 망라하고 있다는 사실이 밝혀졌다. 조선전기 족보에 기재된 관직을 통해서 관료제 운영의 실상을 검토해보고자 한 연구도 있다.[66] 다만 후기 족보의 경우 관직 기록의 신빙성 문제가 있을 뿐 아니라 족보의 '대중화'에 비례하여 고위 관직자의 밀도가 전반적으로 감소하기 때문에 다른 방법론이 필요할 것으로 보인다.

족보의 활용이 양반사족층의 연구에만 국한된 것은 아니었다. 족보의 저변 확대는 족보문화의 주변부 또는 외곽에 소재한 부류에게도 흡인력을 발휘했던 것이다. 족보가 양반사회 명족의식의 산물로서, 양반문화의 모방을 통한 신분상승을 꿈꾸는 하위계층에까지 폭넓게 영향을 주었음은 '족보의 위조'에 관한 연구를 통해서 극명하게 드러난다.[67] 이수건의 연구에서는 문벌의식과 숭조사상이 양반사회에 만연하면서 사건 또는 기록 조작이 자주 일

의 단서를 제시하고 있다. 보학 교육은 양반가 여성에 대해서도 충실히 이루어졌다(차장섭. 2008. 「朝鮮後期 女性의 譜學敎育」. 『韓國史學報』 32. 高麗史學會).

65 에드워드 와그너 지음. 2007. 『조선왕조 사회의 성취와 귀속』. 이훈상 · 손숙경 옮김. 일조각. 241~244쪽 「부록 3 : 『안동권씨성화보』와 『문화유씨가정보』 그리고 조선전기 지배엘리트의 동질성」. 미국 출신 학자로서 조선시대 양반 사회 연구에 족보를 적극적으로 활용한 와그너의 족보 연구에 대해서는 李曦載. 2004. 「와그너의 한국족보 연구」. 『동양예학』 12. 동양예학회에서 개관하였다.

66 李鎭漢. 2006. 「『成化安東權氏世譜』에 기재된 고려후기의 官職」. 『韓國史學譜』. 고려사학회.

67 백승종. 1999. 「위조족보의 유행」. 『한국사시민강좌』 24; 이욱. 2005. 「족보 위조의 사회사」. 『내일을 여는 역사』 21. 서해문집; 李樹健·李樹奐. 2007. 「조선시대 신분사 관련 자료조작 -家系·人物 관련 僞造자료와 僞書를 중심으로-」. 『大丘史學』 86.

어났다고 하면서, 절대다수의 僻貫·稀貫들이 16세기 이래 개관과 모관을 자행하였고, 선대의 관직, 학행, 문벌 등을 과장하거나 미화하는 내용의 위조 자료와 僞書가 속출하게 된 결과, 조잡하고 과장된 보첩류가 18·19세기에 유행하게 되었다고 하였다.[68] 또한 족보상 무후조상에 대해서 함부로 계대를 시도하게 되고, 그 결과 한 조상에 두 繼派가 僞譜 여부를 두고 이른바 '譜訟'을 벌이는 사례도 알려져 있다.[69] 이러한 연구는 앞서 언급한 족보의 사료비판 문제와 직결되는 것이기도 하다.

비사족층의 족보 참여에 대한 연구는 중인과 庶類에 집중되었다.[70] 족보의 양반 지향성 때문에 비사족층으로서 족보에 자신의 신분을 밝힌 채 등재되는 부류는 거의 중인에 해당하는 향리층이나 서얼에 국한되며, 이는 신분사 연구자료로서 족보가 갖는 한계점이기도 하다. 중인이나 서얼의 족보 참여는 족보의 사회적 확산을 보여주는 현상이라는 점에서 큰 의미가 있다.[71]

양반사족과 나란히 한 족보에 등재되는 부류는 일부 중인층을 제외하고는 대개 양반 서얼이다. 娶妾은 유교적 가족관념에서 정규적인 혼인관계로 인정되지 못했던 데다가, 그 대상이 되는 여성은 대개 지체가 낮은 신분 출신이었기에 母邊의 혈통을 중시하는 조선의 혈연관념과 결합하여 어엿한 양반의 자손으로 대우받지 못했다. 이 때문인지 첩과 그 소생인 서얼의 존재

---

68 이수건·이수환. 2007. 앞 논문.

69 朴秉濠. 2010.「朝鮮後期 譜訟의 一事例 −宗統繼承과 僞譜−」.『韓國系譜研究』1. 한국계보연구회. 족보 편간 과정상의 분쟁, 즉 譜訟에 대해서는 다음 연구에서도 상세히 다루고 있다. 전경목. 2011.「古文書를 통해 본 族譜 編刊 과정상의 紛爭」『한국학논집』44. 계명대 한국학연구원

70 김두헌. 2000.「조선후기 중인의 庶類 및 첩에 대한 차별 −牛峰金, 漢陽劉, 井邑李 중인 가계를 중심으로−」『朝鮮時代史學報』13; 이상규. 2004.「조선후기 川寧玄氏家의 譯官活動」『한일관계사연구』20. 한일관계사학회.

71 李勛相. 1990.『朝鮮後期의 鄕吏』, 一潮閣, 제5장 鄕吏集團과 兩班과의 관계에 있어서 身分差等的 宗族 秩序의 確立과 身分上昇에 대한 制約 −『居昌愼氏世譜』의 刊行과 鄕吏派의 編入−; 김두헌. 2000.「조선후기 중인의 庶類 및 첩에 대한 차별 −牛峯金, 漢陽劉, 井邑李 중인 가계를 중심으로−」.『朝鮮時代史學報』13; 李鍾日. 2002.「18·19세기 韓中 族譜上의 嫡庶表示와 그 身分史的 意義」.『東國史學』37. 동국사학회; 유진 Y. 박. 2008.「새로운 가족사의 추구 − 근대 한국의 족보 편찬과 중인층의 반응」.『역사문제연구』20. 역사비평사; 이종서. 2012「조선후기 울산 鶴城李氏 가계의 향리 이탈과 사족화 −향리 위상의 변동과 관련하여−」.『古文書研究』40. 한국고문서학회.

는 족보 기록 내에서의 엄격한 신분 차별을 보여주는 좋은 예가 되었다. 양반 족보에서 첩은 배우자 기재에서 제외되었고, 서얼의 경우 같은 조상의 자손이지만 적서의 분별에 따라 차별적으로 기재되었다. 서자는 적자와 달리 '庶'자를 붙여 구별하였을 뿐 아니라 기재 순위 등에서도 적자에 밀리는 등 차별을 받았던 것으로 알려져 있다. 차별은 각 개인별로 전기사항을 정리한 註記(傍註)의 기재방식에서도 나타났다. 주기 사항 중에서도 족보의 혼인 및 배우자 관련 기록은 신분 연구에 많은 단서를 제공해 준다. 전근대 사회는 혼인 가능한 대상이 누구인지가 사회적 위신이나 신분적 처지를 가늠하는 중요한 지표가 될 수 있기 때문에 혼인 대상이나 배우자 표기 방식의 차등을 통해서 입록자의 신분을 유추할 여지가 크기 때문이다. 실례를 들면 입록자가 양반 적자인지 아닌지에 따라 배우자를 지칭하는 용어를 配·娶·室 등으로 달리하거나 ~氏라는 호칭을 쓰기도 하고 쓰지 않기도 하는데, 이는 호적의 기재방식과도 연관성이 있을 것으로 생각된다.[72]

김두헌의 연구에서는 조선후기 중인층 내에서도 적서차별이 있었음을 실증하였는데, 19세기 중엽에 이르면 중인 가계도 양반과 마찬가지로 족보를 편찬하고 娶妾을 하며 적서를 분별하였음을 실증적으로 분석한 의미가 있다.[73] 이 연구에서는 중인의 첩이 어떤 신분층에 속하였는지를 파악하고자 했는데, 중인의 서녀가 중인의 첩이 된 사례 등을 통해 대체로 중인 이하의 낮은 신분이었을 것이라 추정하였다.[74] 하지만 족보상 중인 서얼로 기재된 인물이 잡과 및 籌學에 입격한 사실을 밝혀 이들도 적자와 마찬가지로 관직 진출이 가능하였다는 것을 밝혀낸 것도 의미 있는 성과이다.[75] 공적인 관직

---

72 손병규. 2007. 『호적 1606~1923 : 호구기록으로 본 조선의 문화사』. 휴머니스트. 134~144면; 김경란. 2001. 「조선후기 호적대장의 女性呼稱 규정과 성격」. 『역사와현실』 48; 權奇奭. 2010. 「조선시대 族譜의 入錄階層 확대와 한계 –凡例의 관련 규정을 중심으로–」. 『朝鮮時代史學報』 55. 24쪽.

73 김두헌. 앞 논문. 49면에서는 대표적인 중인 가계 3개를 조사한 결과, 妻에 대해서는 四祖 등을 기록하였지만, 첩에 대하여는 어떠한 정보도 기록하지 않았고, 중인의 취첩은 承嫡子를 낳기 위한 것이라기보다는 처와 나누지 못한 남녀의 정을 나누기 위한 목적이 크다는 것을 밝혔는데, 대체로 양반층의 관행과 다르지 않은 것으로 보인다.

74 김두헌. 앞 논문. 55~57면.

진출에서는 차별을 받지 않았으나 가문의 사적 기록인 족보 내에서는 차별을 받은 것이다. 족보의 기재사항을 통해 드러나는 가족공동체 내에서의 차별과 관직 진출의 제한 등을 통해 국가에서 공식적으로 가하는 차별 사이에 일정한 괴리가 있을 수 있음을 보여주는 결과라고 할 수 있다.

노비의 가계를 소유주가 정리한 「奴婢譜」도 존재했는데, 良賤의 신분과 소유권의 귀속에서 母役을 따르는 賤者隨母法을 따르며, 奴보다 婢를 통해 가계가 존속하는 비율이 2.5배로 훨씬 더 많았다. 이러한 기재방식은 부계 자손을 위주로 기록하는 18세기 족보의 일반적인 추세와는 다른 것으로서, 소유주가 노비 소유를 유지하기 위해 家系 단위로 노비를 파악하고 관리하기 위한 목적을 반영하는 것으로 보인다. 노비보의 이러한 특징은 가문을 과시하거나 친족윤리를 실현하기 위한 일반적인 족보와는 편찬 목적부터 판이함을 보여주고 있으며, 모계의 혈통이 더 중요한 의미를 갖는 賤人의 계보의식도 반영되어 있다.[76]

개인의 기본 정보를 담고 있는 기본자료로서 족보를 활용하면서 戶籍·洞案 등의 다른 고문서와 비교하여 분석한 연구도 시도되었다.[77] 이처럼 신분사 연구자료로서의 족보는 주로 호적과 비교 대상이 되면서 '신분 정보'를 담고 있는 기초적인 자료 중 하나로 간주되었다.[78] 손병규의 연구는 호적에 기재된 직역과 사회현실에서 조직되는 신분집단과의 관련성을 파악하고자 한 것으로서, 호적의 직역 기재가 신분집단을 법적으로 보장하는 것이 아니라는 것을 전제하며 족보 자료와의 비교를 시도하고 있다. 그는 족보의 기

---

75 김두헌. 앞 논문. 58~59면.

76 문숙자. 2009. 「조선후기 노비 家系와 婢 −筆巖書院 〈奴婢譜〉의 분석을 통해서−」. 『여성과 역사』 11. 한국여성사학회.

77 林學成. 1999. 「조선후기 牧馬軍 一家의 家勢變化−靈興島 林世載一家所傳 准戶口의 分析(2)」. 『한국학연구』 10; 鄭震英. 2000. 「18세기 호적대장 '戶口' 기록의 검토−族譜·洞案類와의 비교−」. 『韓國中世史論叢 − 李樹健敎授停年紀念』.

78 손병규. 2003. 「조선후기 국가적인 신분 규정과 그 적용」. 『역사와 현실』 48. 이 논문에서는 조선시대 족보가 서얼이나 향리와 같은 사회적 위상을 달리하는 계통을 배제하려는 경향을 보이는 것을 지적하면서 동시대 호적의 기재방식과 비교를 시도하였다.

재사항이 어떤 의미를 갖는지 다음과 같이 지적하였다. 고려·조선전기의 족보는 혼인관계를 통해 다른 유력한 혈연집단과 결부되어 있음을 위세로서 보이고자 하는 것임에 대해 조선후기의 족보는 동족집단으로의 결속력을 강화하려는 의도로 작성되었다고 이해된다. 실제로 조선후기 족보는 혈연적으로 가까운 서자보다 먼 부계 적자계통을 양자를 삼아 종가를 잇는 등 혈연적 친소를 넘어 '의도된 부계'를 설정하며 확대재생산해갔으며, 사회적 위상이 다른 향리 계통은 배제되었다. 즉 족보가 구현하고자 했던 것은 신분적 집단의 형성과 유지였다는 것이다. 이러한 신분적 동족집단의 거대화와 내부 분화는 다른 성씨 집단과의 혼인관계를 설정하는 데 중요한 역할을 했을 것으로 보았다. 우위 신분의 동족집단 내부의 우위 계파들이 지역내에서 결집하여 사회적 신분질서를 유지하였던 것이다.[79] 조선후기 '씨족'과 '계파' 단위로 한 인물의 사회적 신분과 위상이 평가되고 좌우되었던 현상에 대한 유효한 설명이라고 여겨진다. 족보의 보유를 통해 조선후기 사회적으로 '관행화'된 양반 신분의 요건을 찾으려 한 연구[80]도 족보가 신분사적으로 갖는 의미를 잘 보여준 성과라고 생각된다.

人口史 연구의 기본자료로 족보를 활용한 연구도 다수 나왔다.[81] 주로 조선후기의 出産力, 死亡力 및 인구증가 추세를 족보에 나타난 생몰기록을 통해 추정하였다.[82] 손병규는 족보와 호적대장을 이용하여 인구를 파악하는 방법에 대해서 논한 바 있는데, 이들 자료를 가지고 인구현상에 접근할 때

79 손병규. 앞 논문. 45~46면.

80 金盛祐. 2005. 「18~19세기 지배양반되기의 다양한 조건들」. 『大東文化硏究』 49에서는 제1조건으로 '호적상 幼學 職役의 등재와 族譜 보유'를 제시했다.

81 은기수. 1998. 「조선초기 호적과 족보를 이용한 인구와 가족의 재구성 –단성현 안동권씨 상암선생파를 한 예로–」. 『한국의 사회와 문화』 25. 한국정신문화연구원; 孫炳圭. 2004. 「인구사적 측면에서 본 호적과 족보의 자료적 성격 –17~19세기 慶尙道 丹城縣의 戶籍大帳과 陜川李氏家의 族譜」. 『大東文化硏究』 46. 성균관대 대동문화연구소; 손병규. 2006. 「족보의 인구기재 범위 –1926년경에 작성된 합천이씨의 세 파보를 중심으로–」. 『古文書硏究』 28. 韓國古文書學會.

82 차명수. 2009. 「조선후기의 출산력, 사망력 및 인구증가: 네 족보에 나타난 1700~ 1899년간 생몰 기록을 이용한 연구」. 『한국인구학』 제32권 제1호에서는 18~19세기 6개파의 족보를 샘플로 하여 생몰 기록을 검토한 결과, 남성의 출생시 기대여명은 23세, 여성의 합계출산율은 6.81, 인구가 연평균 0.62%의 속도로 증가했다는 결론은 이끌어 내었다.

의 문제점은 기록의 불충실보다는 기재사항 자체가 자료의 작성 의도에 따라 규제되고 제한한 결과라는 점이었다. 특히 유아사망 기록의 부재, 여성 인구 기록의 부실은 출산력, 사망률, 결혼률 등의 역사인구학적 방법론을 사용하기 어렵게 한다고 한다. 또한 현지 거주자에 한정되는 호적 자료, 그리고 부계내 계층적 차별과 혼인관계를 통한 계층적 통합을 목적으로 작성된 명부인 족보 사이의 성격 차이에 따라 양자에 수록되는 인원의 차이가 존재하는 점도 유의해야 할 점이다.[83]

이처럼 족보가 실제 태어난 인구를 있는 그대로 반영한 기록이 아니기 때문에 실제 인구 자료로 활용하기 위해서는 추출 과정에서 일정한 재구성이 필요하다. 박희진의 연구에서는 족보에서 가계당 平均口數를 추출하면서, 족보의 모록을 배제하고 완전성을 높이기 위해 남성가계를 중심으로 가족을 남성의 成婚時까지의 生殘人員으로 재구성하고, 식민지시기의 가계당 平均口數 추세와의 상관관계 분석을 하여 신뢰도를 높이고자 했다. 그 결과 가계당 平均生殘口數는 17세기 증가, 18세기 정체, 19세기 초·중엽 하락추세를 보이고 있다는 결론을 얻어내었다.[84]

손병규가 1926년경 작성된 합천이씨 세 파보를 자료로 분석한 결과에서도 배우자 1인의 출산력은 17세기말 이후 19세기 전반까지 하락하다가 19세기 중엽을 넘으면서 증가하는 현상이 보이지만, 출산력 하락은 족보의 배우자 기록이 충실해져 가는 현상과 병행되는 것이기 때문에 현실을 그대로 반영하는 것은 어렵다고 보았다. 즉 계보상의 시기적 차이에 따라 족보의 인구관련 정보가 다르게 기록될 수 있는데, 혼인하여 자식을 생산할 수 있는 나이까지 생존하지 않은 자에 대해 충실히 등재하지 않는다는 점, 그리고 후대 기록으로 갈수록 배우자 기록이 상세해지는 것을 감안해야 한다고 지적했다.[85]

---

83 손병규. 2004. 앞 논문.

84 박희진. 2002.「朝鮮後期 家系當 平均口數 趨勢 -族譜를 이용한 家族再構成을 중심으로-」.『경제사학』33; 박희진 · 차명수. 2003.「朝鮮後期와 日帝時代의 人口變動 -全州李氏 長川君派와 咸陽朴氏 正郎公派 族譜의 分析-」.『경제사학』35에서는 璿派와 兩班 족보의 대표로서 장천군파와 정랑공파를 선정하여 분석하였다.

6. 특수 형태 족보

일반적으로 알려져 있는 족보의 형태는 성관별로 시조의 자손을 망라하는 방식이고 대개 사족층을 수록 대상으로 한다. 일반적인 족보와 다른 목적과 의도를 가지고 편집한 특수 형태 족보도 존재하는데, 통상적인 족보와는 다른 시각에서 검토할 필요가 있다.

대표적인 것으로 여러 성씨를 망라한 족보의 백과사전인 '萬姓譜' 부류가 있다. 만성보는 여러 가문의 대표적인 家系를 추출하여 合編한 것으로서, 조선후기 대인관계에서 자기의 가계를 증명하고 상대방의 가계를 이해하는 '譜學' 지식이 교양인의 요건이 되었다는 것을 보여주는 한편, 족보의 진위를 분변하고 혼인 등을 위해 상대방의 가계를 파악하고, 심지어 새로운 족보를 편찬하는 데 활용되었다는 점에서 시대상의 한 단면을 보여주는 자료로서 의미가 크다.[86]

그런데 조선후기 전형적인 만성보 이전에 지역단위 합동 족보가 존재하였다는 점을 주목할 필요가 있다. 이러한 보첩류는 『江陵府五大姓譜』 『晉州牧四大姓譜』 『咸陽郡三大姓譜』의 예가 있고, 이들 족보에는 해당 읍을 본관으로 하는 여러 성씨가 합동으로 수록되어 있다고 한다.[87] 이러한 합동보는 고려 초기 이래 각 읍 土姓吏族이 각기 읍사를 중심으로 계급내혼, 지역내혼제를 견지한데서 만들어진 동본토성의 합동보로서 의미를 인정받고 있다.[88]

璿源錄·宗親錄 등 국왕의 혈통과 일정 범위의 종친과 외척을 정리한 왕

---

85 손병규. 2006. 앞 논문.

86 차장섭. 2010. 「조선시대 족보의 유형과 특징」. 『歷史教育論集』 44. 265면.

87 李樹健은 군현망족보의 사례로 江陵府五(金崔咸朴郭氏)大姓譜, 晋州牧四(姜·河·鄭· 柳氏)大姓譜, 咸陽郡三(朴·吳·呂氏)大姓譜를 제시하고 있는데, 고려초기 이래 각읍을 주도한 토성이족이 邑司를 중심으로 階級內婚·地域內婚制를 견지하면서 제작한 同邑土姓의 合同譜로서 鄉案入錄者를 선정하는 과정에 그러한 보첩이 필요했을 것으로 보았다(이수건. 2003. 『한국의 성씨와 족보』. 서울대학교 출판부. 56쪽).

88 차장섭. 2010. 앞 논문. 266~267면.

실족보[89]는 수록인원의 특수성에서나 기능적인 면에서나 일반적인 족보와는 크게 구별된다. 즉 왕친 예우를 위한 근거자료로서 국가 행정의 활용을 위한 공적 기록물로서의 성격이 크다. 계보 기록 방식도 국왕의 직계를 중심으로 일정한 촌수 범위의 내외혈족을 기록하는 방식이고, 시조의 동성 자손을 총망라하는 일반적인 족보와는 큰 차이가 있어서, 그 독특한 목적과 성격을 짐작할 수 있다.

원창애의 연구에 따르면, 조선후기 왕실족보도 私家 족보의 추세에 어느 정도 부합되는 방향으로 변화하고 있었음이 확인된다. 『敦寧譜牒』 대왕편은 왕은 종실 9대손, 이성 6대손까지 수록되어 있는데, 이는 조선 후기 성리학적 친족 의식이 강화되면서 종성친과 이성친을 동등하게 볼 수 없다는 사고로 보았다. 『돈녕보첩』 왕후편도 친족 의식 변화에 영향을 받아, 왕후의 동성친은 고조부를, 왕후의 모계는 외증조부를 기점으로 수록하도록 체계화되면서, 왕후의 부계, 모계 뿐 아니라 왕후친에 수록되지 않았던 조모 부계와 외조모 부계까지도 수록되어 있다. 이는 이 시기 사가 족보에서 배우자의 선계에 대한 기록이 보강되는 추세와 연결 지어 생각해 볼 문제가 아닌가 한다. 또한 顯宗代 明聖王后의 보첩이 작성되면서부터 왕후의 동성친은 고조부 이하로부터 수록되고 계후가 된 경우 생부 계통까지 수록하였다. 이는 16세기까지 조부 항렬을 벗어난 증조부, 고조부에 대한 인식이 적고, 조부

---

89 왕실족보에 관한 연구로는 다음과 같은 것이 있다. 신명호. 1996. 「일제하 李王職과 李王家 족보」. 『한국학대학원 논문집』 11. 한국정신문화연구원 한국학대학원; 신명호. 1998. 「조선전기 왕실정비와 족보편찬 –璿源錄類와 敦寧譜牒을 중심으로–」. 『京畿史學』 2; 鄭在勳. 1995. 「조선초기 王室婚과 왕실후예 연구: <선원록>을 중심으로」. 서강대 대학원 사학과 박사학위논문; 鄭在勳. 1996. 「≪璿源錄≫의 編纂과 그 內容」 『釜山史學』 30. 釜山史學會; 洪順敏. 1990. 「조선후기 王室의 구성과 璿源錄; 1681년(숙종 7) ≪璿源系譜紀略≫의 편찬을 중심으로」. 『한국문화』 11. 서울대 한국문화연구소; 洪順敏. 1990. 「조선후기 ≪璿源系譜紀略≫ 改刊의 추이」. 『규장각』 13. 서울대 중앙도서관; 尹仁鉉. 2006. 「『璿源系譜紀略』 肅宗39年本考」. 『書誌學研究』 33; 원창애. 2007. 「조선후기 선원보첩류의 편찬체제와 그 성격」. 『藏書閣』 17. 한국학중앙연구원; 원창애. 2009. 「조선 후기 ≪敦寧譜牒≫ 연구」. 『朝鮮時代史學報』 48; 안미경. 2007. 「藏書閣 所藏 『璿源系譜記略』의 書誌的인 研究」. 『藏書閣』 17. 한국학중앙연구원; 홍우의. 2007. 「『璿源系譜紀略』. 「跋文」연구」. 『藏書閣』 17. 한국학중앙연구원; 김일환. 2010. 「조선 말기 璿源續譜 발간경위와 정치적 의미」. 『순천향 인문과학논총』 27.

나 외조부의 후손이 핵심을 이루었던 것에 비하여, 17세기 이후 주자가례에 입각한 예제와 의식이 정착되면서 같은 고조부의 후손이 친족 관계로 결속되고 문중화된 경향의 영향으로 보았다. 이는 친족의식이 변화가 왕실 족보에도 영향을 준 사례라 할 수 있다.[90]

한편 왕실 八高祖圖는 부계 위주의 가계기록이 일반화되는 조선후기의 추세에도 불구하고, 방계 출신이나 후궁 소생 국왕의 즉위로 오히려 숙종·영조·정조·고종대에 편찬이 활성화되면서 위상도 올라가고 계보 범위도 확대되는 추세를 보이는데, 이 역시 왕의 선대라는 특별히 고귀한 혈통을 담은 관계로 정치적 목적과 분리되기 힘든 왕실 족보의 특색을 잘 보여준다.[91] 왕실 족보를 직접적으로 분석한 것은 아니지만, 민간족보와 왕실과의 혼인관계를 통해 중앙정계에서의 신분적 연원을 과시하려는 움직임이 조선초기의 『안동권씨성화보』 뿐 아니라 17세기 이후 지방사회에서 편찬된 족보에서도 나타나고 있음을 검토한 연구도 있다.[92]

왕실 족보에 있어서도 '冒錄'은 적지 않은 문제가 되었다. 족친위 대상자는 지방 수령에 의해 파악되었고, 병조에서는 지방에서 올리는 대상자의 진위를 파악할 수 없었기에 돈녕부에서 족친위를 관리할 때보다 모록의 폐단이 심했다. 족친위 모록이 성행한 것은 족친위의 위상이 낮아져 收布 대상이 되었음에도 납부해야 하는 면포의 匹數가 적었기 때문이다. 『돈녕보첩』의 편찬은 왕실의 예우대상으로 끼어들어 국역을 피하려는 부류를 식별하여 모록을 방지하려는 의도도 있었던 것이다.[93]

그 밖에 中人·內官, 특정 과거합격자 등 특수계층의 족보에 관한 연구가 있는데, 무엇인가 남다른 특성이 있는 '특수한 가계'를 모아놓은 것이다. 이들은 성씨별로 모든 자손을 망라한 것이 아니라, 의관·역관과 같은 특수

---

90 원창애. 2009. 앞 논문.

91 김일환. 2007. 「朝鮮後期 王室 「八高祖圖」의 성립과정」. 『藏書閣』 17.

92 손병규. 2012. 「족보에서 보는 왕실과의 혼인 기록과 계보 형태」 『장서각』 27. 한국학중앙연구원.

93 원창애. 2009. 앞 논문.

계층을 모아놓았다는 점에서 각별한 사회사적 의미를 갖는다. 또한 방목과 같은 대조할 수 있는 자료가 있는 것도 사료가치를 높이는 강점이라 할 수 있으며, 특수직능자의 독특한 혈연의식을 파악할 가능성도 있다. 이처럼 특수계층의 족보는 가계기록의 기능과 목적이라는 측면에서, 그리고 신분사적인 활용가능성이라는 면에서 특별한 장점을 가진 자료이다.

이러한 부류의 족보 중에서 상당 부분은 전문직 중인의 족보이다. 譯官의 족보에 대해서는 『譯科譜』의 기록 형식과 내용에 대한 연구가 있고,[94] 醫官의 족보로서 『醫八世譜』에 대한 연구가 있다.[95] 文科, 武科, 蔭官 등 특정한 과거 합격자나 관직 진출자의 가계를 정리한 특수 족보도 존재하는데, 동일한 계층구조를 중심으로 가문의 세계를 종합적으로 묶으려는 시도로서 주목된다.[96] 특수한 부류를 모은 족보에 흔히 나타나는 '팔세보'라는 가계기록 형식도 특징적이라고 할 수 있다. 이는 수록된 개별 인물을 기점으로 8대조까지의 부계 선조와 외조부와 처부를 기록한 방식으로, 역관이나 의관뿐 아니라 文譜, 武譜, 蔭譜 등에서도 폭넓게 나타난다. 이러한 유형은 일반적인 성씨별 족보와는 계보원리와 사회적 기능에 있어서 판이한 특성을 지니므로 별도의 고찰이 요구된다.

이남희의 연구에 따르면, 醫科八世譜를 통해 기술직 중인 가운데 특히 의관의 경우 소수의 집안에 世傳되었음을 확인할 수 있다. 의과합격자 중에

---

94 韓美鏡. 2005.「역과방목에 대한 서지적 연구」.『書誌學硏究』30. 書誌學會; 한미경. 2006.「역과보(譯科譜)에 대한 서지적 연구」.『한국문헌정보학회지』40권 2호; 韓美鏡. 2005.「역과방목과 역과보의 입격자 성명에 대한 연구」.『書誌學硏究』31; 韓美鏡. 2006.「譯科譜의 譯科 入格者 再現에 관한 고찰」.『書誌學硏究』33; 韓美鏡. 2005.「樂安吳氏 譯科入格者 기록에 대한 연구」.『書誌學硏究』32.

95 이남희. 2009.「장서각 〈醫八世譜〉의 자료적 성격과 특징」.『藏書閣』21; 이남희. 2010.「조선후기 醫科八世譜의 자료적 특성과 의미-현전 자료와 그 수록 년대를 중심으로-」.『조선시대사학보』52. 그 밖에 戶曹에 소속되어 국가의 회계 관련 업무를 담당한 算員, 곧 수학자의 八世譜인『籌學八世譜』에 관해서는 다음 논문에서 다루었다. 韓美鏡. 2011.「조선의 수학자 관련 문헌에 대한 연구」『書誌學硏究』50. 서지학회.

96 鄭海恩. 1998.「『武譜』를 통해서 본 19세기 무과 급제자의 관직 진출 양상」.『朝鮮時代의 社會와 思想』. 조선사회연구회; 장필기. 2004.『조선후기 무반벌족가문 연구』. 집문당. 특수한 黨色의 인물의 가계만을 모아 놓은 족보도 존재하는데, 남인의 유력 가계를성관별로 정리한『南譜』의 사례를 들 수 있다(姜周鎭. 1973.「南譜」.『國學資料』8·9. 장서각).

도 선계를 알 수 없어 팔세보 형식을 충족시킬 수 없기 때문에 의과 합격 사실을 알아도 누락시킨 자가 있는가 하면, 世傳 가문의 경우 의과에 합격하지 않아도 '等第'라고 하여 같은 신분층 내지 동류층에 포함시켜 주고 있었다. 이처럼 팔세보가 입격자 전원을 대상으로 하는 것이 아니라, 편찬 과정에서 선택과 배제의 원리를 적용하고 있는 점도 이들 기록의 성격을 이해하는 데 있어서 중요한 특징이다. 이처럼 의과팔세보는 동일 시기(19세기) 의과 합격자 전체를 대상으로 한 것이 아니며, 누락이라기보다는 선택해서 수록한 것이었다. 의과팔세보의 미비한 점은 오히려 그 자료적 가치를 말해주는 것이며, 이른바 대대로 이어져 오는 명문 의관 가문의 세전성과 자의식이 낳은 족보 형식이라는 점이다. 이 시기 중인이 양반처럼 스스로 족보를 편찬하기도 한 것과 같은 맥락으로 보아야 할 것이다.[97]

親子가 아닌 異姓의 양자를 입양하여 가계를 이어야 하는 內侍家의 족보가 갖는 특성과 수록된 가계의 계승 양상에 대한 연구도 있다.[98] 내시가는 동성이 아닌 본래의 성을 유지한 채로 입양에 의한 부자관계가 연결되어 있는 것이 특징인데, 수록된 인물 정보에서도 일반 족보와 달리, 성씨명, 고향, 初入仕, 宮職 등이 추가된 것이 주목된다. 입양자가 2명 이상인 경우 형제의 순서를 기록하고 입양 이후 이름이 변경된 경우 초명과 賜名을 기록하였다. 수록된 인물의 신분에 대해서도 검토하고 있는데, 조선초에는 천민 출신도 있고 후기에는 사족 출신으로 확인된 인물도 있으나, 대체로 양인 이상으로서 중인의 대우를 받았던 것으로 보인다.

끝으로 외국 족보와의 비교 연구인데, 한국 족보의 특색을 객관적으로 이해하기 위해서는 꼭 필요한 작업이라 할 수 있다. 유교적 가족윤리와 족보 문화의 본고장이라고 할 수 있는 중국 족보에 대한 연구와 한국 족보와

97 이남희. 2010. 앞 논문. 252~253면. 이남희는 에드워드 와그너 지음. 이훈상·손숙경 옮김. 2007.『조선왕조 사회의 성취와 귀속』. 일조각을 인용하며『姓源錄』,『續姓源錄』,『全州李氏世譜』,『陜川李氏世譜』와 같은 중인 족보가 편찬된 것과 궤를 같이 한다고 보았다.

98 장희흥. 2006.「『養世系譜』를 통해 본 朝鮮時代 內侍家의 家系 繼承」.『역사민속학』22. 역사민속학회.

의 비교는 조선시대 족보의 동아시아적 보편성과 한국적 특수성을 이해하는 데 큰 도움을 주었다.[99] 이와 관련해서는 중국 宗族 활동을 소개하는 논고도 도움이 된다.[100] 유교의 영향을 받지 않은 지역의 계보기록을 한국이나 중국의 족보 형식과 비교하는 연구도 있다.[101]

이와 관련하여 족보를 통해 국제교류의 일면을 엿볼 수 있는 연구도 확인된다. 자료적 신빙성의 문제가 있지만 국내 족보의 많은 시조가 중국 등 외국에서 이주하여 국내에 정착한 인물로 나타나는 것을 들 수 있다.[102] 반면에 국내인이 외국으로 이주하여 외국 족보에 실리는 사례는, 외국 족보의 형식과 내용 뿐 아니라, 국가간의 인적 이동을 함께 알 수 있다는 점에서 주목할 만하다. 예컨대 임진왜란으로 인해 조선인으로서 琉球에 이주하여 가마를 만들고 조선식 도자기를 전파한 張獻功과 그의 가계를 검토하면서, 유구식 家譜인 『張姓家譜』를 자료로 활용한 연구가 있다.[103] 오키나와의 家譜는 유구왕국의 사족이 가지고 있던 가계에 관한 기록으로서, 일족마다 특정의 성을 따라 작성되었는데 '系圖'라고 하였다. 유구왕국의 尙貞王 2년

---

99 宋俊浩. 1987. 「族譜를 통해서 본 韓·中 兩國의 傳統社會」. 『두계이병도박사구순기념 한국사학논총』. (『朝鮮社會史硏究』. 1987. 일조각에 재수록); 李鍾日. 2002. 「18·19세기 韓中 族譜上의 嫡庶表示와 그 身分史的 意義」. 『東國史學』 37. 동국사학회; 陸貞任. 2006. 「宋元代 族譜修撰과 그 社會史的 意義」. 『韓國史學報』 22; 崔陽奎. 2010. 「족보 기록을 통해 본 朝·淸의 嫡庶 의식 비교」. 『白山學報』 87. 한국 족보의 개설서로서 중국 족보의 특성과 변천 과정에 대한 개론적 설명과 한국 족보와의 비교를 시도한 다음 저서가 최근에 나왔다. 최양규. 2011. 『한국 족보 발달사』. 혜안. 宮嶋博史의 다음 논문은 동아시아 각국의 신분제의 특성에 입각하여 한국 족보의 특색을 비교사적으로 개관하였다. 宮嶋博史. 2012. 「동아시아 세계속의 한국 족보」. 『大東文化硏究』 77. 성균관대 대동문화연구원.

100 洪性鳩. 2003. 「1990년대 中國學界의 「宗族」 硏究 動向 -明淸時代를 中心으로-」. 『中國史硏究』 24; 元廷植, 2003. 「前近代 中國 宗族社會의 變化와 戰亂 -16~17世紀 福建地域을 중심으로-」. 『中國史硏究』 27; 遠藤隆俊. 金鍾健 譯. 2003. 「北宋 士大夫의 日常生活과 宗族 -范仲淹의 「家書」를 통한 분석」. 『中國史硏究』 27.

101 기독교 성경의 역대기에 수록된 계보기록을 한국 및 중국의 족보 형식과 비교한 연구로서 다음을 참조할 수 있다. 최종진. 2008. 「역대기 족보의 유형과 기록 양식」. 『한국기독교신학논총』 55.

102 권기석. 2010. 「15~17세기 族譜 편찬과 참여계층 연구」. 서울대 국사학과 박사학위논문. 110~114쪽; 文智成. 2004. 「韓國的客家後裔 - 廣東陳氏」. 『中國語文學論集』 26. 중국어문학연구회.

103 洪鍾佖. 1998. 「朝鮮人으로 琉球王國의 陶祖가 된 張獻功과 그의 一家에 對하여 -『張姓家譜』를 中心으로-」. 『古文化』 52. 한국대학박물관협회; 崔峰龍. 2004. 「中國 朝鮮族의 移住史와 族譜와 意味」. 『동양예학』 12. 동양예학회.

(1670)에 가보 제출을 명하고 동왕 21년(1689)에 系圖座를 개설하고 諸士에게 계도를 제출시키면서 시작되었다. 이는 유구사회에 계도를 가지는 治者 계급(系持)과 被治者 계급의 완전한 구별을 가져오게 하였다고 한다.[104] 유구의 경우 조선과 달리 족보를 호적과 같이 국가적 관리를 받는 대상으로 만들었음을 알 수 있다. 또한 우경섭의 연구는 『八旗滿洲氏族通譜』를 중심으로 조선에서 만주로 귀부한 조선인에 대해서 다루고 있는데, 주로 수록 인물의 정치적 활동을 다루고 있어서 계보 형태나 특징을 주목한 것은 아니다. 하지만 외국으로 나간 조선인의 활동과 귀결에 대해서 파악할 수 있는 새로운 자료를 개척했다는 의미가 있다.[105]

7. 맺음말 : 족보 연구의 전망과 가능성

이상에서 살펴본 바와 같이 족보 연구는 족보의 개념 규정과 역사적 변화에 대한 검토가 상당히 이루어진 결과, 족보의 편집방식과 계보관념을 통해 가계기록으로서 갖는 기능과 특성, 그리고 시대에 따른 변화와 확산 과정에 대해서는 어느 정도 전모가 밝혀졌다고 할 수 있다. 그리고 계보기록의 양식과 성격 변화가 제작 당시의 친족관념 및 신분의식과 밀접히 관련되어 있다는 사실도 포착되었다. 아직까지 충분히 밝혀지지 않았거나 앞으로 더 논의를 확대해야 할 과제를 제시하며 글을 마치고자 한다.

첫째로 수보 참여인물과 계층의 추이에 대한 실증적 연구는 상대적으로

104 홍종필. 앞 논문. 92면.

105 우경섭. 2009. 「17세기 전반 滿洲로 歸附한 조선인들 –『八旗滿洲氏族通譜』를 중심으로–」. 『朝鮮時代史學報』 48.

충분히 이루어지지 못했다고 할 수 있다. 조선시대 족보 入錄 인원의 확대로 족보가 일부 名門巨族만의 전유물이 아니게 되었고, 근대로 내려오면서 국민의 다수가 족보를 소장하며 성씨와 본관을 가지게 되는 결과로 귀결된 사실은 이미 잘 알려져 있다. 그러나 구체적으로 어느 시기에 어떤 계층에까지 족보가 보급되고 있었는지는 충분히 밝혀져 있다고 하기 어렵다. 이 문제의 실상을 밝히려면 족보와 관련된 '사람들'에 주목하여 보다 다양한 소재로 논의를 확장할 필요가 있다. 편찬자들의 의도와 협력, 모록의 시도의 목적, 족보의 보유가 갖는 개인적 또는 사회적 의미 등에까지 연구의 시선을 돌려야 할 것이다.

둘째로 족보의 기초적 연구과제로 이미 많은 연구가 이루어진 계보관념과 혈연의식에 관한 문제도 모든 것이 충분히 밝혀진 것은 아니다. 17세기 친족관념의 변화로 내외손을 망라하는 초기 족보에서 부계 혈통을 중시하며 同姓만을 기재하는 후기 족보로 이행한 사실은 잘 알려져 있다. 그러나 이러한 변화가 단순히 친족제도에 국한되어 고찰할 수 있는 문제인지, 왜 이 시기에 집중적으로 일어나게 되었는지는 아직 충분한 설명이 주어졌다고 하기 어렵다. 異姓의 배제와 同姓의 등재 확대라는 현상은 단순히 혈연의 계통을 인식하는 방식의 변화에 그친 것이 아니라, 수보 활동을 둘러싼 사회관계망의 다양한 변화와 관련지어 검토할 필요가 있다. 혈연의식의 변화는 사회현상이나 인적 교류가 이루어지는 양상의 변화와 서로 맞물려 진행되기 때문이다. 이 문제와 관련하여 부계 족보로의 변화가 '부계친족집단'인 宗族의 강화와 異姓의 배제라는 단선적인 방향으로만 이해하기 어렵고 혼인네트워크의 형성이라는 측면에서 의미를 부여해보고자 한 최근 연구를 주목할 필요가 있다.[106]

셋째로 한국학 연구의 지평이 확대되면서 족보를 활용될 수 있는 분야도

106 대표적인 논문으로 다음을 들 수 있다. 孫炳圭. 2012. 「조선왕조 1600년경 편찬 족보의 계보형태와 특성 -1606년 편찬 『晉陽河氏世譜(萬曆本)』의 분석을 중심으로」. 『大東文化硏究』 77. 성균관대 대동문화연구원.

확대될 여지가 크다는 점을 지적할 수 있다. 그 이유로 과거의 역사학에서는 사회 전반의 '공적 영역'에 영향을 끼친 정치적 대사건이나 대규모의 사회 현상이 아니면, 중요한 연구의 대상으로 보지 않으려는 경향이 있었다. 그러나 근래 일상사, 생활사의 흐름 속에서 사생활의 영역이 주목을 받게 되었고, 그만큼 많은 사람들의 개인정보를 담고 있는 족보의 자료적 가치도 커질 것으로 전망된다.

넷째로 족보의 활용 가능성을 높이기 위해서는 연구 자료로서 족보를 활용하는 방법론을 정교화할 필요가 있다. 우선 족보에서 어느 부분을 얼마나 믿을 수 있는지 '신빙성' 문제를 해결하기 위해서 족보의 자료적 특성과 작성 목적, 편집 원리에 대한 기존 연구의 성과를 활용해야 한다. 이러한 노력의 한 예를 들면, 계보의 부분별로 차별화하여 검토하는 방법론의 도입이 필요한데, ①고려시대 이전으로까지 소급하여 정리된 最上代 기록, ②초간보에서 중간본으로 이어지는 중간부분 기록, ③족보 편찬 당시 생존인물의 '미완성'된 정보를 모은 最下代 기록의 자료적 특성을 고려할 필요가 있는 것이다. 또한 다른 성씨의 족보와 서로 연결되는 부분을 상호 대조한다든지, 동시대 역사적 기록과 비교하여 신뢰도를 검증하는 노력은 계속되어야 할 것이다. 다수의 문중과 연구기관에서 족보의 기록내용을 전산화하여 자손과 일반인에게 서비스하고 있는 점도 방대한 계보정보의 효과적 이용과 향후 통합적 활용의 가능성이라는 측면에서 주목되는 움직임이라고 할 수 있다.

끝으로 족보 연구의 시야를 더욱 넓히기 위해서 연구 대상의 시간·공간적 지평을 확대할 필요가 있다. 시간적 확대의 일례를 들면, 근현대에 족보문화가 변화하는 과정을 주목할 필요도 있을 것이다. 특히 족보 '간행'의 전성기인 일제시기 족보 편찬에 얽힌 사회상을 규명해 보면 전근대와 현대를 잇는 양반문화의 전승과 變容의 양상을 짚어낼 수 있을지 모른다.[107] 또한

107 일제시기 족보의 간행에 대해서는 최재석. 1969.「日帝下의 族譜와 同族集團」.『亞細亞硏究』12권 4호; 최재석. 2009.「부론. 일제강점기의 족보와 동족(씨족)집단」.『한국사회사의 탐구』. 경인문화사를 참조. 창씨개명에 따른 족보의 변화는 미즈노 나오키(水野直樹). 정선태 역. 2008.

현대 족보의 간행 활동과 편집 방식에 대한 연구는 전통과 현대의 연결고리와 족보의 현재적 의미에 관해 의미 있는 시사점을 제공해 줄 수 있을 것이다.[108] 공간적 확대의 실현 방법의 하나로 외국의 족보 또는 가계기록과 비교사적 관점을 도입한다면, 한국 족보의 특성에 대해 보다 객관적인 인식에 도달할 수 있다. 비교 대상은 한국 족보 형성에 영향을 준 중국의 사례, 중국의 영향을 받은 다른 지역, 즉 베트남이나 琉球(오키나와)가 우선시될 수 있고, '유교문화'의 영향을 받지 않은 지역에서 가계기록의 기능과 계보관념이 어떠했는지도 한국 족보의 이해 수준을 높이는 데 참고가 될 수 있다. 비교사적 관점에서 한국의 족보를 바라보면, 조선시대 형성된 족보의 典型이 족보의 일반적 형태라기보다는 조선사회의 특질을 반영한 특수형으로 보아야 할 여지가 커질 것이다. 또한 조선 전기와 후기로 구분되는 족보의 변화 뿐 아니라 족보의 출현부터 오늘날까지 이어지는 지속적인 특징, 예컨대 성씨와 본관별 편찬 방식이나 단일한 시조의 공통자손을 망라하는 계보 형태 등과 같이 족보라면 너무나 당연한 것으로 여겨져 주목 받지 않은 특성에 대해서도 새로운 관점과 해석을 내놓을 수 있을 것이다.

『창씨개명 – 일본의 조선지배와 이름의 정치학』. 산처럼에서 단편적으로 언급한 바 있다.

108 일례를 들면 족보에 여성을 기재하는 방식과 현대 여성지위의 문제를 연계하여 고찰한 다음과 같은 연구가 있다. 박옥임. 1986.「최근 족보에 나타난 여성지위의 분석적 연구」.『한국가정관리학회지』 제4권 제2호.

한국족보의 특성과 동아시아에서의 위상

조선후기 黨派譜 硏究-『北譜』를 중심으로

|김영진

조선후기 黨派譜 研究-『北譜』를 중심으로

—

김영진

1. 서론

동양문화에서 '譜'라는 것은 매우 중요한 의미를 갖는다고 할 수 있다. 그 外延이 워낙 커서 명확한 개념 정의가 선행되어야 하겠지만 크게 대별한다면 人物譜와 事物譜로 나뉠 것이다. 이 두 종의 '譜'가 모두 동양 한자문화권에서 오랜 연원과 의미를 갖음은 새삼 증빙의 예를 제시하는 것이 군더더기 같은 느낌이다. 우리나라의 인물보의 경우, 身分制의 철저한 존속 속에 양반층의 계보 외에도 중인, 내시 등 특수신분층의 족보도 있었지만 19세기 이래 대대적으로 편성, 유통된 종합보는 철저히 (名門)양반가만을 위주로 하였다. 조선 사회의, 그리고 근대전환기에까지 양반 중심과 양반적인 것의 지향을 잘 보여주는 사례가 될 것이다. 이러한 종합보의 명칭으로는 '簪纓譜'(24책본[01], 17책본[02], 14책본 등) '縉紳譜'('잠영', '잠신' 등은 높은 벼슬아치가 쓰는 冠의 꾸미개, 곧 귀인이나 고관을 의미한다) 등이 일반적인데 '諸家譜' '萬家譜' 등으로도 題號되었다. 19세기말 해남윤씨가에서 편찬, 필사된 『萬家譜』(필사본 14권, 355名家 수록)는 특히 유명하고, 근래

---

01 단국대 연민문고본으로 전24책 중 21책이 현존한다. 이외 고려대 육당문고 17책본, 성균관대 17책본, 규장각 14책본 등이 대표적이다.

02 성균관대 17책본은 善本으로 필체도 좋고 연대도 純祖연간까지 올라간다. 노론쪽에서 만든 것으로 보인다(이희천조에 '辛卯枉死'라 적고 있고, 백시구(兵使, 충장공)를 追記한 것 등등으로 추정한 것이다).

에도 『韓國系行譜』(1959년 朴能緒 편찬, 鐵筆本) 같은 책이 만들어졌다. 양반 중심 문화의 중요한 특징으로 우리는 '黨派'를 외면할 수 없다. 심하게 말하자면 '黨派(黨色)'는 그 자체가 '양반됨의 증거'라 할 만큼 黨派 없는 양반이란 조선에선 극히 찾기 어려운 실정이다.[03] 이런 조선의 문화 속에 이른바 '당파보'라는 것이 18세기 후반~19세기 초반부터 등장하기 시작하였다. '당파보'는 동아시아에서 조선에만 존재하는 것으로 추정된다. 이이화씨는 1987년 '조선당쟁관계자료집'(여강출판사)을 편찬하면서 『南譜』와 『北譜』를 영인하여 그 자료적 중요성을 인식했지만 노론보와 소론보는 존재하지 않는다고 斷言하는 오류를 범했다. 노론보는 일반적으로 '簪纓譜'란 명칭으로, 소론보는 '簪譜'(7책본, 6책본)[04]란 명칭으로, 남인보는 '南譜'(9책본, 4책본)[05], 북인(엄밀히 말하자면 小北)보는 '北譜'(4책본, 3책본, 2책본, 1책본)란 명칭으로 존재했다. 본고는 우선 '북보'에 대해 소개하고자 한다.[06]

19세기 본격화한 당파보(명문가 종합보 포함) 형성의 배경에는 19세기 중후반, 즉 철종 및 대원군 집정기의 정치 상황도 밀접한 관련이 있다. 이 시기에는 이전 시기 '逆'이나 '邪'로 규정된 정치적 불명예자들에 대한 대대적인 伸寃 및 官爵 回復 등이 이루어졌다. 오랜 黨爭의 폐해 인식에서, 또는 自派로 흡수하여 정치적 힘을 보다 확대하고자 집권층에서 이런 柔化策이 대대적으로 시행된 것이다. 당파보의 대규모 정리, 편찬이 나올 수 있었던 한 배경이 된다. 한편 조선후기로 갈수록 서얼들이 많아지고, 常賤民의 兩班 冒稱 및 족보 編入이 증가하였다. 정통 양반 가문으로서는 자신들의 정통성 증빙 내지 과시의 욕구가 강해질 것도 당연하다. 이것이 당파보 및 명가종합보 등장의 또 하나의 이유다. 이와 함께 혼인가 물색 및 인재 등용

---

03 前間恭作(마에마 코오사꾸)은 『名世譜』(아세아문화사 영인)를 만들면서 각 인물의 당파를 기재해 놓았다.

04 규장각 7책본, 전주최씨 후손가의 6책본(현존 5책) 등이 대표적이다.

05 장서각 4책본이 대표적이고 일반적이나, 성균관대와 규장각의 9책본이 最善本이라 할 수 있다.

06 四色 黨派의 당파보를 전부 검토하고자 하나 시간이 부족하여 '북보'에 우선하였다. 아울러 개인적으로 조선후기 소북파의 한문학에 오래전부터 관심을 두고 있다. 이의 연계선상에서 穿鑿해본 것이기도 하다.

을 위한 참고자료, 사랑방 대화꺼리[07]로 명가의 내력과 인물에 대한 정보를 취하기 위한 실용성도 겸하고 있다. 그러면서 또 당파보는 당파 내의 결속, 유대의 유지 및 증대에도 큰 역할을 했을 것으로 보인다.

본고의 연구 대상과 방법과 관련해서 자료 문제를 보면, 첫째 당파보의 연원과 관련해서 각종 家藏書冊目錄 및 藝文志類 서적들에 대한 전면적인 조사가 우선 필요하다. 가장서책목록은 宋浚吉, 칠곡 광주이씨(李元禎 李聃命 父子)가, 李儒修 등의 것을 확인했으나 당파보 성격의 서명은 記載되어 있지 않았다. 예문지류 책으로는 영조 연간에 만들어진 『海東書冊』(필사본 1책, 개인소장)이 있는데 이 책의 '譜牒類'에는 『璿源錄』, 『聖源錄』, 『宗族記』(以上 3종 高麗 任景肅), 『璿源錄』(太朝), 『海東姓氏錄』(梁誠之), 『萬姓通譜』(丁時[08]), 『源流譜』(趙中耘), 『姓源總錄』(任慶昌), 『窮源錄』(閔鎭遠)[09], 『璿源譜略』, 『姓苑叢寶』, 『氏族源流』(丁必東, 1653~1718)[10]가 著錄[11]되어 있을 뿐 역시 아직 당파보 성격의 책은 보이지 않았다. 조사 대상과 범위가 더 넓어져야겠지만 현재로서는 18세기 중반까지 당파보의 존재는 확인되지 않는 셈이다. 둘째, 당파보들은 기본적으로 한 가문의 족보가 완비된 것을 취합, 선택한 것이다. 따라서 당파보 편찬에 이용된 개별 족보들의 編刊 상황에 대한 고찰이 필요하다. 하지만 이는 워낙 방대한 작업이 될 것이기에 이를 염두에 두고 이후의 續稿들을 준비할까 한다. 『북보』의 경우 해당 가문의 숫자가 타 당파에 비해 상대적으로 적고, 소북파의 주요 문인들이 자기 집안의 족보 編刊 사업에 깊이 관여하고 있기에 개별 가문 족보가 『북보』 편찬에 어떤 상관성을 갖는지에 대한 향후 조사는 꼭 필요할 것이라 생각한다. 셋째,

---

07 小北의 경우 예컨대 정효준 5子 登科, 남선의 일곱 아들, 임수적의 여덟 아들 얘기 등등.

08 나주 丁時述(蓿, 典翰, 典簿)의 誤寫이다. 顯宗 때 인물이다. '만성통보'는 '諸姓譜', '東國諸姓' 등으로도 불렸다.

09 이 책은 현존한다.

10 이 책은 현존한다.

11 여기 나오는 서명들은 중요한데, 아울러 관련된 중요한 글이 이규경의 「姓氏譜牒辨證說」(『오주연문전장산고』) 및 이유원 "씨족보를 밝게 분변하다"(『임하필기』. 「문헌지장편」) 조이다. 관련 서적 및 성씨의 연원에 대한 정보를 구체적으로 얻을 수 있다.

현존 당파보들의 전면적인 조사 필요하다.(특히 序跋이나 필사기가 있는 것은 더욱 중요하다. 본고 2장에서 소개한다) 필자는 힘 닿는 데까지 공공 기관과 개인 소장의 당파보를 조사해 보았다. 이를 바탕으로 조선후기 特殊譜 중 黨派譜의 연원과 양상, 그 의미를 개괄적으로 정리해본다.

2. 소북의 형성과 전개

앞서 당파보의 서발, 필사기 등이 매우 귀중한 자료임을 말한 바 있다. 『儒紳近系(표제: 文蔭近系)』(필사본 1책, 수경실 소장본)란 책은 崔鶴羽[12]가 연안이씨가를 비롯한 82家의 南人家 중 近者에 文科에 급제하거나 蔭官을 지낸 인물의 先系 5世와 외조 및 처부를 기록한 것이다.(사진 1) 다음과 같은 小識가 끝에 있다.[13]

> 國朝班爵祿也, 甚郡皆秩級, 各受其職, 通文蔭, 計崇卑, 有九其品, 凡百其員, 表出權要者言之, 則內而宅揆、銓衡、館閣、臺省也; 外而雄州、巨邑、方伯、連帥也. 是皆贊猷承化, 賁飾[飭]太平, 牧[收]民平賦, 黜陟幽明者也. 薦引之道, 進用之機, 可不愼歟. 季世以降, 蠻觸互爭, 戈戟相尋者, 最是黨論痼之也, 豈非今日士大夫之所先匡正者耶. 彼皆涵浴聖化, 共事一君, 而各立朋徒, 互分東西, 趨向異路, 親戚反目, 鹹酸同致, 楚越連腸, 婚媾而先問其

12 1762년생. 1798년 생원. 선산에 세거한 명문가 출신이다. 남인가이지만 소북쪽과도 연혼 관계가 있다. 李鈺의 「與病花子崔九瑞狀」은 바로 최학우에게 부친 변려체 편지이다.

13 작품 번역은 원고 분량 관계로 생략한다. 이하 인용 자료도 이에 준한다.

論, 交遊而必取其黨, 以至立揚朝著, 入者主之, 出者收之, 入者附之, 出者汚之, 拔茅而征疇類離趾下石以拊擠忠黨交害, 彼有松茂之悅, 此有芝焚之歎, 私逕職此開矣, 公道由是蔑矣. 噫嘻哀哉! 黜陟之不均, 賢愚之不辨, 一至此哉! 朋黨之禍, 自古有之, 原於西漢, 流於晩唐, 盛於有宋, 至于我朝而極矣. 末流之弊, 可勝嘆哉! 詩曰: “其何能淑, 載胥及溺.” 此之謂也. 倘使各自渙釋, 互相和調, 以之修身則同德而相益, 以之事君則同心而共濟, 有如禹稷相引, 不爲比周, 工莵並斥, 不爲朋黨, 則習俗一變, 蕩蕩平平, 群賢畢至, 庶績咸熙矣, 豈不盛哉! 謹按儒紳近系, 乃吾黨文蔭官五世譜也, 至若延城之李、豊山之洪、安東之權、平康之蔡、同福之吳、泗川之睦、押海之丁、晋陽之姜, 東方之世臣, 南人之巨室也. 今五世之間, 夷考其出入之跡、升沈之理, 歷歷可記, 雖有二三大夫羽儀明廷, 銅魚邑盖間, 出名族, 而向所謂乇揆銓衡方伯連帥, 寂寥無聞, 何其前盛而後衰也, 於此有所感於心者, 玆豈非黨倫之弊也歟. 遂書之以爲朋黨之戒云爾. 崇禎紀元後三辛丑(1781)獺祭魚節哉生魂, 完山崔鶴羽識.

(사진 1) 『儒紳近系』(필사본 1책, 수경실 소장본)

당쟁의 폐단을 말하고 있으면서도 남인가의 근래 쇠퇴를 애석해하고 있는 위 글은 1781년 최학우가 불과 弱冠 20세에 쓴 글이다. 초보적이고 간략하지만 당파보 성격을 가지고 있는 자료로서는 시기가 상당히 올라간다는 점에서 의미 있는 자료다. 위 자료는 아울러 집안 婚處 물색의 주요 情報源으로서의 기능도 겸할 수 있다. 이와 관련된 것으로 고려대 소장의 『瓜葛姓彙』(필사본 零本 1책, 전5책 중 제3책)는 연안이씨 집안에서 만들어진 것으로 자기 집안과 連婚 관계에 있는 모든 가문의 略譜를 기재하고 있어 흥미롭다. 조선후기의 당파보를 포함한 인물 종합보는 혼인이든 인재 발탁이든 다양한 용도에서 어느 인물 및 집안의 조사에 情報源으로서의 기능을 갖는다. 아울러 '名家의 내력 및 인물 略史의 熟知' 기능도 갖는데 이는 사대부가로서 일종의 교양적 지식에도 해당하는 것이다.[14] 이제 본고의 중심인 『북보』에 대한 정윤영의 서문과 저자 미상의 서문을 소개한다.

(1) 北之名目昉興於昏朝斁倫之日, 小大淸濁是已. 小者淸, 而大者濁, 如爾瞻仁弘輩, 締黨助惡、釀成金鏞之禍, 則爲大爲濁矣; 始也忘身彈劾, 終焉杜身自靖者, 幷二十八家, 而就中知制敎公諱時望, 以太學掌議疏, 請誅訒造以及瞻弘, 於余爲八世祖, 而爲小爲淸也. 于時名公碩儒之立異獻議者、不參庭請者、抗疏直斥者、逃名仕籍者, 其論雖異, 而其議, 則未必非符合於小北也. 於戱! 天運往復, 仁廟撥亂, 奉母后而建皇極, 曩之寃者伸之、幽者拔之、直者旌之, 於是小北著焉. 後又有七學士、五君子、八文章幷皆懷抱利器, 以鳴國家之盛, 此乃卓卓家數也. 惟其雅執小心炳幾斂避名塗, 故後承類多低回散班, 而其係當時大議論、大史禍, 皆不與焉, 則淸小之

14 이 점 조선후기에 편찬, 유통된 야담집 수록 사대부 일화, 기사들도 같은 기능을 갖는다. 이에 대해서는 김영진. 1998. 「조선후기 사대부의 야담 창작과 향유의 일양상」. 『어문논집』 37집. 고려대 참조.

目, 終始自占, 而世亦以此推詡焉.

舊有二弓譜, 拔其尤淸, 故卷帙甚少. 後之君子修潤而添補之, 詳則詳矣, 而時或有猥雜之疵, 然亦知者知之, 又何病焉?

余於辛巳(1881)秋, 以製斥和疏, 承譴于北, 適本倅李(友)敬儀[15], 賫來是譜, 余從而借閱於省愆之暇, 甚愛其詳於蕃衍, 即起謄寫, 分編爲三冊, 旣又略弁數語以該顚末云爾. 上之十八年辛巳仲冬草溪鄭胤永識.

(2) 國朝仕宦之家, 皆不免於黨目之稱. 其家數無慮千百, 此六十九家之爲小譜, 何貴? 不黨也. 其始分黨也, 以一二人之是非爲東爲西爲北爲南, 明辯之不止, 强聒之, 剛者、激者、羽翼者、聲勢者、憤怒者、傾奪者倂起而不止, 互相詆斥, 甲進則乙退, 此盛則彼衰, 升沉立判, 禍福隨之, 以致枝上生枝, 葉上生葉, 西人起則東幻而歸西, 南人進則北變而趍南, 南之擊西, 緩峻不同, 則派而爲淸濁, 西之敵南, 扶仰各殊, 則岐而爲老少, 及乎南之敗也, 淸濁復合爲一, 西之興也, 老少終乃爲二, 遂成鼎足, 殆若瓜分, 永爲三色之目, 始知一邊盛則一邊之中又分爲二, 此其勢然也. 大抵黨目之弊, 同者援之, 異者擠之, 熱者戴之, 寒者踏之, 譽之, 則瓦缶雷鳴, 毁之, 則白璧深淵, 族戚或爲仇怨, 楚越或爲骨肉, 甚之, 一城之內, 婚姻不相通, 片言之間, 卿相可以得, 宜乎庸庸冒沒之輩, 側肩而至, 好爲標榜, 而必欲先登立職也. 以故, 擧世滔滔靡然從之, 鄕曲愚騃之流、輿儓下賤之輩, 自稱曰老論, 或稱以少論, 或稱以南人, 戴頭履趾者, 沒入於三色之目, 獨此六十九家超然脫然, 惟其古家家法, 終始不渝, 視三色之是非, 如鮑隣之

15 본관은 전주(효령대군파). 1881년 7월부터 1883년 6월까지 함경도 利原縣監으로 재임. 정윤영의 매제인 李元儀의 동생임.

有鬪, 不欲被髮纓冠於其間, 旣不毁譽於東西, 又南北無愛憎、老少無恩怨, 見忠賢, 則敬愛之; 見邪侫, 則懲討之, 無論彼此不相甲乙, 處世如虛舟, 故上下三[16]百餘年, 無有一人或致尊顯, 無有一人或蹈亂逆, 豈非所守約而所操堅乎? 傳曰: 君子不黨, 貴其不黨乎一邊也, 如將强而爲黨, 東西南北, 皆吾黨也, 其爲黨也, 豈不蕩蕩乎哉! 孔子曰 君子周而不比.

(1)은 鄭胤永(1833~1898)[17]의 「北譜序」(1881)이고, (2)는 저자 및 작성연대 미상의 「北譜序」[18]이다. 이 글들의 이해를 돕기 위해, 또 본고의 『북보』 내용 이해를 돕기 위해서는 우선 소북파의 형성과 전개, 그 당파적 특성 등을 먼저 알아보는 것이 필요하다.

소북파는 간략히 정의하자면, 광해군 때 大北派의 과도하고도 비인륜적인 여러 정치 행태들에 대해 비판을 제기하고 저항함으로써 피해를 입거나 隱居한 양심적 인사들 및 그 후예들(28姓 69家)로 대북은 광해군 정권의 붕괴와 함께 당파로서 사라졌지만 소북은 조선왕조의 끝까지 그 명맥을 유지하였다.

소북의 성립과 그 주도 인물 및 집단에 대해서는 몇몇 異見들이 존재한다.[19] 19세기 초에 쓰여진 趙雲杓(1776년생, 1804년 진사)의 『破睡錄』(필

16 청주경씨가본 『북보』에는 '二'로 되어 있다고 한다.

17 鄭胤永(1833~1898)의 자는 君祚, 호는 后山이다. 안성에 거주. 1893년 鄕薦으로 의금부 도사에 제수되었으며, 1894년에는 사간원 사간으로 제수되기도 하였다.

18 1983년 소북동일회에서 편찬한 『북보』의 앞에 실린 여러 자료 중에 청주경씨가본 『북보』 앞에 이 서문이 있다고 轉載하였고, 밀양박씨 대호공파 후손분이 소장하고 있는 흥양유씨구장본 『북보』의 앞에도 이 서문이 실려 있다. 후자의 경우 글의 끝에 "崇禎後三甲午 八一居士興陽柳榮茂識"이라고 적혀 있으나 숭정삼갑오인 1774년과 유영무의 생몰년(1788~1871)이 맞지 않고, 내용상으로도 유영무가 이 글의 찬자는 될 수 없다는 남영우씨의 고증(「소북동일회보」제2호. 2011년 9월1일자)이 있었다. 필자도 이 고증에 동의하는 바이다. 단, 이 글과 흥양 유영무는 모종의 연관은 있지 않을까 생각한다.

19 구덕회. 1998. 「宣祖代 후반 정치체제 재편과 정국동향」. 서울대 국사학과 석사학위논문(미간행); 정홍준. 1986. 「북인정권의 성립과 대민정책의 성격」. 고려대 사학과 석사학위논문(미간행); 한명기. 1988. 「광해군대의 대북세력과 정국의 동향」. 『한국사론』 20집) 등을 참조. 宣祖 말~인조반정 때까지 북인의 등장과 분열을 알기 쉽게 정리한 것으로는 이성무. 2007. 『조선시대 당쟁사1』. 아

사본 1책, 버클리대 소장)의 黨論 관련 부분에서 小北 관련 언급을 추출하면 다음과 같이 간략히 정리된다.[20] 모두 소북의 성립 및 분기와 관련되는 것들이다.

① 己丑鄭汝立獄事, 辭連崔永慶, 竟斃死獄中, 蓋因完伯洪汝諄之啓, 而畢竟歸咎於其時推官鄭松江, 東人幷斥之, 而急者爲北, 緩者爲南, 李山海, 北之首也, 柳成龍, 南之首也.
② 南以恭劾洪汝諄又分爲大小北, 主洪者爲大北, 主南者爲小北.
③ 李山海復爲相, 洪汝諄爲兵判, 爭權相鬩, 主汝諄者爲骨北, 主山海者爲肉北, 鄭水竹昌衍、李溟以救鄭桐溪蘊爲淸北, 而又有濁北、中北之目.
④ 北人中柳永慶、李弘老主永昌, 李爾瞻、鄭仁弘等主光海, 及仁祖反正後, 諸北而幷散, 而惟小北獨存.

④부터 보면, 1608년 광해군 즉위년에 일어난 戊申獄을 소북 등장의 결정적 시기로 보는 견해다. 이 옥사는 광해군의 즉위를 둘러싼 北人 내의 갈등이 그 원인이었다. 즉, 급작스런 宣祖의 승하로 광해군이 왕위에 오르자 광해군의 즉위를 저지해왔던 '遺敎七臣' 중 한 사람이며, 당시 영의정이던 柳永慶(1550~1608)이 慶興에 安置되었다가 그해 9월 賜死되고, 그의 羽翼인 崔天健·黃暹 등이 화를 입은 옥사가 무신옥이다. 이후 소북은 이미 죽은 유영경을 정신적 지도자로 추앙하며 결속되어 '鬼神之黨'이라는 嘲笑를 입기도 하였다. ②는 1599년(宣祖 32) 北人의 少壯派인 南以恭(1565~1640)·金藎國(1572~1657) 등이 같은 북인인 洪汝諄(1547~1609)의 大司憲 임명을 반대하면서 홍여순파의 大北과 남이공파의 小北이 생긴 언급

름다운 날. 이 있고, 한명기. 2000. 『광해군』. 역사비평사. 역시 좋은 참고가 된다.

20 이 책에는 또, '소론소북', '노론소북'이 있다고 언급하기도 하였다("小北中有老論小北、少論小北之目, 南泰齊, 老論小北也, 任珽, 少論小北也.") 다시 말해 18세기 후반에는 친소론계 소북과 친노론계 소북이 있다는 말이다. 근자에 발굴 역주된 심환지에게 보낸 정조어찰첩 가운데에도 '소론소북'이란 말이 보이는데 이는 소론과 소북이 아니라 친소론계 소북을 지칭하는 것이다.

이다. 광해군 즉위년에 앞서 소북의 등장 시점으로 보는 견해이기도 하다. ③은 骨北、肉北、淸北 등의 細分을 언급한 것이다.

소북 성립에 대한 학계의 일반적인 견해는 광해군대에 정국운영을 주도했던 大北이 주도한 '晦退辨斥', '殺弟廢母論議' 등에서 1613년 영창대군의 살해와 1615년 인목대비 폐위를 위한 庭請이 소북을 탄생, 결집시킨 결정적인 계기라는 설이다. 주지하다시피 1623년 仁祖反正으로 大北은 완전 몰락하고 小北은 다시 살아났으나 집권한 西人과 南人의 틈바구니에서 면면히 그 명맥을 이어 왔다. 1657년(孝宗 8)에 30여 명의 小北 인사들이 모여 '八約條'[21]를 확정하고, 이어 七學士·疏救七學士補外·八文章·五君子 등을 시대별로 선정 추앙하며, 『北譜』를 편제하여 小北 28姓 69家의 결속을 다졌다.

앞서 인용한 「북보서」 두 편을 보면 소북은 28姓 69家를 중심으로 하면서, '7학사', '8문장', '5군자' 등 특정 시기 특출한 行誼 또는 文學을 보인 이들을 묶어 지칭하였다. 차례로 소개해본다.

① 七學士 : 정윤영의 「북보서」에도 가장 먼저 나오는 바대로 이 칠학사는 소북 1세대이다. 1599년 淸議로써 대북에 저항하다 대신들의 미움을 받아 7~8년간 삭탈관작을 당하였는데 대체로 16세기 후반기~17세기 전반기의 인사들이다. 그 명단은 다음과 같다.

南以恭(文壯, 吏判, 1564~1640), 金藎國(文, 領樞, 1572~1657),

---

21 팔약조(八約條)는 소북인의 생활 지침으로 다음과 같다.
一. 立朝仕君同心(벼슬하면 같은 마음으로 임금을 섬긴다)
二. 老人潛居敎孫(노인이 되면 물러나 자손을 가르친다)
三. 少年閉門讀書(어린사람은 문을 닫고 공부에 열중한다)
四. 爲宰不買田土(벼슬하고 있을 때는 땅이나 밭을 사지 않는다)
五. 嫁娶不計榮枯(혼인은 상대 가문의 영화와 쇠락을 가리지 않는다)
六. 私居勿言公事(사사로운 곳에서 공적인 말을 하지 않는다)
七. 居不移安國坊(권력자들이 주로 사는 안국동으로는 이사하지 않는다)
八. 鄕不下忠淸道(낙향해도 충청 이남으로는 가지 않는다)

李必亨(文, 銓郞, 1572~1617), 朴彛敍(文, 參判, 1561~1621), 宋馹(文, 知樞, 1557~1640), 崔東立(文, 監司, 1557~1611), 朴慶業(初名 承業, 文, 校理, 1560~1626)

② 疏救七學士補外 : 칠학사와 같은 연대에, 칠학사를 구하려고 상소하였다가 지방으로 좌천된 다음의 세 인사가 있다.

李必榮(文, 贊成, 1573년생, 廣州人, 호 晩梅, 칠학사 李必亨의 동생), 李德泂(文, 贊成, 1566~1645, 韓山人, 호 竹泉), 慶暹(文, 參判, 1562~1620, 淸州人, 호 石村).

七學士 및 疏救七學士補外 인물과 집안은 이후 소북파의 핵심이 되었다. 소북의 핵심 구성원과 관련해 또 하나의 중요한 자료가 이른바 '八約條 立案 명단'이다. 이 자료는 1983년 북보 편찬위원의 한 사람인 朴晟九가 제시한 것이라고 한다. 중요한 자료이지만 문제점 역시 많이 있다. 자세히 고찰해본다.

우선 約條 시기 및 장소와 관련해서 "孝廟丁酉九月十日會于貞洞裵司果家"라고 하였으니 1657년(효종 8)에 한양 정동 배사과(이름은 상일)댁에서 8약조를 한 것으로 풀이 된다. 다만, 이 자료의 필사는 1657년 시점이 아니고 효종 승하 이후에 이루어진 것으로 보여진다. 孝廟 또는 孝宗이란 廟號는 왕이 승하한 뒤에 정해지는 것이기 때문이다.

"參奉公時約條中人"(참봉공 때 약조한 분들)이란 기록 아래 총 19姓 26家 34人의 명단이 기재되었다. 이 약조인 중 참봉은 朴瑠와 尹新民이며, 筆頭는 鄭昌胄이다.

鄭昌胄(文 監司 號晩洲 草溪人), 洪瑨(進 庶尹 南陽人), 朴守玄(文 司藝 號草亭 密陽人), 南翧(文 監司 號滄溟 宜寧人), 申濡(文 參判 號竹堂 高靈人), 朴瑠(蔭 參奉 高靈人[22]), 朴純義(文 牧使 密陽人), 姜栢年(文 大提學 號雪峯 晋州人), 申混(文 翰林 號草菴 竹堂弟 高靈人), 李必行(文 應教 天微居士 廣州人), 朴瑍(文 佐郎 號明洲 高靈人), 柳諗(文 參判 全平君 號道溪 全州人), 嚴愽(蔭 敎官 寧越人), 任叔英(文 湖堂 號踈庵 豊川人), 鄭泰齊(文 應教 號菊堂 東萊人), 尹知敬(文 監司 號滄洲 坡平人), 金藎國(文 領中樞 號後瘳 淸風人), 崔天健(文 吏判 號汾陰 全州人), 慶暹(文 副學 號石村 淸州人), 閔馨男(文 贊成 號芝厓 驪興人). 李久源(文 崇政 知敦 號月潭 全州人), 李久澄(文 知中 號柏村 全州人), 鄭欽(蔭 縣 海城君 海州人), 尹民新(蔭 參奉 南原人), 宋承禧[23](文 掌令 號伴菊軒 礪山人), 黃泳(蔭 僉正 昌原人), 成泳(文 吏判 號苔亭 昌寧人), 裴尙一(文 司果 慶州人[24]), 任善伯(進 文 府使 豊川人), 崔東立(文 吏參 號杏園 朔寧人), 金益昌(文 僉知 號松菊堂 慶州人), 反論 李植(文 文衡 吏判 號澤堂 德水人[25]), 反論 姜元禧(蔭 縣監 晋州人), 反論 朴慶業(文 參判 高靈人).[26]

"參奉公時 約條中人"에서 참봉공의 주인공은 누구인지 알 수 없다. 諱字를 쓰지 않은 것으로 보아 이 문건 필사자의 선조일 것이라 여겨지는데 필사자마저 알 수 없어 안타깝다. 약조인 중 參奉인 인사는 朴瑠와 尹民新 등 2인이다. 이 팔약조 문적은 1983년 북보편찬위원의 한 사람인 朴晟九가 제시한 것으로 그의 10대조 참봉 朴瑠가 확실하며, 박류의 손자인 三梧堂 萬

22 振武原從功臣, 甲子适賊之亂, 不有其功, 以職辭之.
23 원본에는 宋永禧로 되어 있다. 誤寫이다.
24 원본에는 星州로 되어 있으나 본관이 慶州(방목에는 達城)이다.
25 "當時文 盡收焚之 是以條約文券 無傳於世"라는 내용이 이식 조에 더 기재되어 있다.
26 "反論三人 今爲西人"(소북의 色論을 달리 한 이 세 사람은 지금은 서인이 되었다.)라는 내용이 더 기재되어 있다.

重(1663년 생원시 합격)의 필적으로 추정된다.

그러나 이 자료는 심각한 문제가 있다. "孝廟丁酉九月十日 貞洞裵司果家"에서 孝廟丁酉는 1657년(孝宗 8)인데 그 이전에 이미 작고한 분이 南翧(1609~1656), 申混(1624~1656), 李必行(1589~1645), 朴瑍(1599~1648), 嚴惇(생몰년 미상), 任叔英(1576~1623), 尹知敬(1584~1634), 金藎國(1572~1657), 崔天健(1538~1617), 慶暹(1562~1620), 李久澄(1568~1648), 鄭欽(1657년 당시 생존 여부 미상), 尹民新(1537~1610), 宋承禧(1538~1592), 黃泳(생존 여부 미상), 成泳(1547~1623), 裵尙益(1581~1631), 任善伯(1596~1656), 崔東立(1557~1611), 李植(1584~1647), 朴慶業(1560~1626) 등 20여명이나 된다. 이것은 1657년에 裵司果宅에서 모였다는 時期에 의문이 생긴다. 우선 裵司果가 누구인지 면밀한 검토가 필요하다. 배사과는 명단 안에 있는 裵尙一("文, 司果"라고 적혀 있다)을 지칭하는 것이 명확해 보이지만 필자는 여기 裵尙一은 裵尙益(1581~1631)의 오류로 추정한다[27](바로 앞에 宋承禧도 宋永禧로 誤寫되었다). 『경주배씨족보』(계명대 소장 14책본)에 배응경의 아들로 紉芷와 尙益(초명 紉蘭)이 있을 뿐 尙一은 없다. 문과방목에도 배상일이란 자는 나오지 않는다. 약조인 명단의 배상일조에는 "年十九而以沉默之故會于此"라고 적혀 있다. 나이가 19세인데 평소 입이 무거우므로 이 모임에 함께 하게 되었다는 것이다. 만약 이 자가 배상익이라면 이 모임은 1599년에 있었던 것이고, 그렇다면 1599년(宣祖 32) 北人의 少壯派인 南以恭(1565~1640)·金藎國(1572~1657) 등이 같은 북인인 洪汝諄(1547~1609)의 大司憲 임명을 반대할 즈음에 마련된 어떤 모임이 아닌가 한다. 즉 이 약조문 명단은 이 때 結社된 소북 모임과 이 때의 의리를 함께 한 자 내지 그 후예

27 문제는 배상익이 司果 벼슬을 지낸 것이 아직 확인되지 않는다. 배상익의 일생은 이상정 찬, 「癡巖裵公行狀」(『大山先生文集』 권51) 참조. 『북보』 가운데는 창녕성씨본과 1983년 소북동일회 편찬본만이 배응경 아래에 紉芷, 尙益, 尙一 세 아들을 기재하고 있을 뿐 밀양박씨본(흥양유씨본), 풍산심씨본 등은 공히 배응경 아래에 尙一만을 기재하고, 그 아들로 다시 幼華와 幼章을 기재하였다. 그렇다면 尙一은 尙益의 다른 이름이거나 誤寫일 것이다.

들이 후속 모임을 이은 것이 混淆된 명단이라고 생각한다. 명단의 이식 조 아래에는 "當時文 盡收焚之 是以條約文券 無傳於世(당시 모임 관련 문건들은 다 거둬 불살랐기 때문에 條約文券도 세상에 전하지 않게 되었다)"라고 기재되었다. 이 조약문권은 '소북 8약조'와 다른 내용이거나 '8약조'를 포함하지만 이 외의 또 다른 약조도 있었을 것으로 필자는 추정한다. '8약조'는 그 내용으로 보건대 무슨 비밀 내지 보안을 요할 문건은 아니라고 보여진다. 八約條人 34명 중 부득이한 사유로 모임에는 불참했으나 모임에 署名만 보낸 분이 朴純義(牧使, 在縣), 鄭欽(海城君, 老), 尹民新(參奉, 有疾), 任善伯(府使, 在縣), 崔東立(吏參, 在直), 金益昌(僉知, 疾) 등 6명이다. 이들의 생존 시기 및 재직 연대로 보아 이들이 불참한 모임은 1657년 모임이 될 수 없다. 그 以前의 어떤 모임이라는 것은 명백하다. 따라서 1657년의 모임(명단)과 八約條 문건은 이것이 팔약조를 확정한 해이고, 이미 광해조 이래 소북 내에서는 여러 의사 결집이 꾸준히 논의되어 왔다고 보는 것이 타당할 것이다.

李植 姜元禧 朴慶業에 대해서는, "색론을 달리하여(反論) 이제 서인이 됐다(今爲西人)"고 했다. 澤堂 李植은 소북의 일원이었으나 仁祖反正 후 서인으로 가서 大提學이 되었고 修正宣祖實錄을 편찬하였다(宣祖實錄은 광해군 때 편찬되어 대북에 편향됐다는 평이 있으며, 修正宣祖實錄은 宣祖實錄의 보완적 성격이 있다고는 하지만 서인에 편향됐다는 평이 있다). 金蓍國(1573~1657)조의 설명에 "아우 시국이 서문을 썼다.(弟蓍國作序)"고 한 것은 八約條 또는 이 모임 관련 序文이 있었다는 뜻이며, 이 서문도 李植이 불태웠다는 文券의 일부로 여겨진다. 서문을 쓴 김시국(명단에는 없음)과 팔약조 문권을 가지고 있던 이식은 팔약조에 관하여 중요한 역할을 하였으리라 여겨진다.

③ 八文章 : 소북 2세대로서 대체로 17세기의 다음 인사들이다. 문학으로 이름을 날린 인물들인만큼 현재 그 문집들이 刊本 또는 寫本으로

대부분 현존하고 있다. '8문장'은 다음과 같다.[28]

沈齊(文, 應教, 1597~1660), 姜栢年(文, 輔國判樞, 1603~1681), 朴守玄(文, 司藝, 1605~1671), 鄭昌胄(文, 副學, 1606~1668), 李休徵(文, 獻納, 1607~1677), 任翰伯(文, 典翰, 1605~1664), 南翧(文, 參判, 1609~1656), 申濡(文, 副學, 1610~1665)

④ 五君子 : 소북 3세대에 해당하는 인물들로 역시 문학 또는 行誼로 이름을 날렸던 인물들이다.

宋瓆(文, 補德, 1676~1741), 尹彙貞(文, 參判, 1676~1754), 嚴慶遂(文, 校理, 1672~1718), 李庭綽(文, 參判, 1678~1758), 嚴慶遐(文, 左承旨, 1678~1739)

嚴慶遂의 사위이자 '오군자' 이후 소북 문단의 핵심 역할을 했던 花川 李壽鳳(1710~1785)[29]('安山 15學士'[30]의 한 사람이기도 하다)은 송질의 『치암집』에 서문을 쓰고 간행을 주선하였다. 이 「恥庵集序」(1767년)[31]를 통해

28 『고령박씨족보』(계명대 소장 10책본)의 朴瑍(1657년 34명의 約條人 중 한 사람이다)조에 보면, 박환이 강백년, 신유, 남선, 박수현, 정창주, 신혼과 친하였는데 世稱 '七文章'이라 하였다는 유사한 기록도 보인다.

29 이수봉의 본관은 함평, 자는 儀叔, 호는 花川으로 소북 오군자의 한 명인 嚴慶遂의 사위이다. 18세기 후반 소북 문단의 핵심적 역할을 했던 인물이나 일본인 藤田亮策이 舊藏하고 있던 『花川集』(필사본 1책)은 현재 행방이 확인되지 않고 있다.

30 李用休·嚴慶膺·李匡煥·朴道孟·趙重普·柳慶鍾·申光洙·姜世晃·李壽鳳·崔仁祐· 柳重臨·許佖·任希聖·安鼎福·蔡濟恭·申宅權. 이상의 출전은 이맹휴의 『연성동유록』(필사본 2책, 표암장서본)으로 강경훈의 박사학위논문에서 재인용한 것이다.

31 公之世, 與嚴孚齋 `稼隱 `尹厓西 `李悔軒爲友 世所稱五君子者也. 讀書, 則探討深奧, 上下評議, 不合不止; 臨事, 則曰是曰非, 竭其兩端, 合而後止. 一人讀一書, 四人如讀其書, 一人行一事, 四人如行己事. 公嘗曰: "朋友主信, 然我之言行文學有可自信, 然後朋友能信之, 朋友之於我, 亦然." 公於四君子, 以信於己者, 而信之於四君子, 以信於四君子者, 而信之於己, 麗澤相益, 久而不衰, 則公與四君子所自修者可知也. 公受氣厚重, 操履貞確, 學究名理, 無不該貫, 與四君子, 通籍有早晚, 班資有崇庳, 然行休進退, 一度於義, 只以無愧於心, 而不肯與世俯仰, 處乎一室, 或值二三在官, 而左右

당시 사람들이 치암 송질과 그 벗 네 사람을 '오군자'라고 지칭했던 사실을 알 수 있는데, 이러한 사실은 鄭胤永(1833~1898)의 「北譜序」에서도 확인할 수 있다. 이들은 모여 독서하며 심오한 것을 탐구하기도 하고 시비에 대해 논의를 나누어 다섯 사람이 마치 한 사람인 것처럼 의견을 같이 했는데, '오군자'의 사귐이 남달랐다는 것을 알 수 있다. 이들은 현종 말~숙종 초에 나서 영조 연간에 활동했다. '칠학사', '팔문장'도 다 그러하지만 '오군자'는 특히 혼인을 통해 겹겹으로 인척관계를 맺고 있다. 송질의 아들인 송제우는 이정작의 딸과 혼인하였고, 송질의 딸은 이정집(이정작의 兄)의 아들인 이승점과 혼인했다. 또 이정집은 엄경수, 엄경하 형제의 누이와 혼인했다. '오군자'는 그들의 世居地였던 楊根과 利川, 그리고 인근의 楊州와 驪州, 漢陽을 오가며 사귀었다. 특히 용문산은 '오군자'의 사귐에 있어서 매우 중요한 공간이었다(1716년 윤삼월 '오군자'를 비롯한 12명 유람). 송질은 「酬彦吉, 兼簡季長敬裕」[32]에서 五君子를 '각자가 태어난 해로부터 한 쌍의 새와 같으니 / 어찌 기이한 재주를 四夔와 견주겠나(各從生歲如雙鳥 豈有奇才比四夔)'라고 표현했으며, '雲林同結社'로 지칭하기도 했다. 송질의 가계는 5대조 宋承禧(1538~1592, 號 伴菊軒, 34인의 約條人 명단에 포함)부터 증조부 宋時吉(1597~1656)에 이르기까지 3대가 모두 文科에 급제했다. 비록 조부 宋搏(1619~1682)과 부친 宋廷澤(1644~1692)은 문과에 급제하지 못했지만,

---

圖史, 簾几翛然, 忽似山房讀書之會, 而傍觀不識爲有官人, 諸家艱窶甚, 糲飦藜羹, 常不繼, 然一唱一酬, 歗詠自得, 人不見其有窮悴之色, 古所謂 '國爵屛其貴, 家人忘其貧' 者歟! 余少日拜公於筆厓僑舍, 論古今文章. 公曰: "吾於古人詩, 無不好, 然酷好杜少陵詩, 於古人文, 無不讀, 然愛讀歐陽子文. 杜少陵, 忠愛根性, 自發言語, 曾見少陵之詩, 有艶體一作 如「閑情賦」者乎? 歐陽子, 溫粹浩博, 不違典則, 曾見歐陽之文, 有優戱一篇 如「毛穎傳」者乎? 吾以爲少陵之詩, 君子之詩也; 歐陽之文, 君子之文也." 公於古人文章, 知其所擇可知也. 公之爲詩, 氣格雄渾, 聲韻雋永平婉, 不求新奇而工到語眞, 自成大家. 治文不如治詩之專, 而雅馴贍暢, 久讀益有味, 大抵得之於杜少陵歐陽子者爲多. 公嘗爲北關從事, 人有挽其行者. 曰: "幕府, 非賢者所宜處. 子年老, 北地遼遠, 何去爲?" 公曰: "闕析, 非吾敢辭也. 吾聞北地高山大海多可觀, 一出, 快吾心目, 不亦可乎?" 厓西 `稼隱, 與公意同, 公遂策馬出關, 登摩天 `摩雲嶺, 上萬歲樓 `臨海亭, 歷覽山海之勝, 放意豪詠, 飄飄有遺世獨立之想, 公每以爲北關諸詠多得意之篇, 厓西 `稼隱, 輒諷誦不已, 乃以公之言爲是云. 嗚呼! 世風屢變, 友道不古, 平居披情, 素許管鮑者, 臨小利害, 動相睽乖, 筆苑雅集, 風流亦衰, 則益知公之世不可及, 而公之文章之爲尤可貴也. 歲丁亥仲秋咸平李壽鳳書.

32 「酬彦吉兼簡季長敬裕」(『치암집』 권4)

송질 본인은 53세의 늦은 나이로 문과에 급제했다.[33] 조선후기 소북계 문인의 문집 가운데 조선시대에 간행된 것은 몇 종[34]에 불과한데, 그 가운데 하나가 바로 송질의 『恥庵集』이다. 『치암집』은 1767년 경 李壽鳳(1710~1785)이 최성대의 『杜機詩集』과 함께 편차·교정하여 印出한 것으로 추정된다. 송질과 최성대의 문집 간행 작업에는 여러 명의 소북계 후배 문인들이 동참한 것으로 확인된다.[35] 시문집이 간행까지 되었다는 점에서 이 두 시인이 소북계 후배 문인들에게는 18세기 前半의 대표적 시인으로 인식되었음을 짐작할 수 있다. '5군자'의 뒤로는 杜機 崔成大(1691~1761), 卮齋 任珽(1694~1750)이 시로 이름이 높았다. 소북파는 문학 성향이 유난히도 강하다. 결과적으로 이 당파 내에는 학자의 명성을 가진 이가 거의 나오지 않았다. 학자로는 외암 이식, 후산 정윤영 정도가 있을 뿐이었다.

한편 소북가들은 대부분 近畿 및 忠淸 지역에 세거하였다. 이른바 '三楊·三城·七州'가 그것이다. 三楊은 楊州·楊智·楊根, 三城은 水城(水原)·蓮城(安山)·寧城(天安), 七州는 廣州·伊州(伊川)·坡州·忠州·淸州·公州·洪州(洪城)이다. 앞서 본 '소북 8約條'의 其七(居不移安國坊)과 其八(鄕不下忠淸道)은 거주지와 관련한 독특한 특성을 알려주는 것이자 이들의 정치적 성향(出處觀)도 잘 보여준다고 하겠다.

소북은 일부 노론과 친분 있는 가문도 없는 것은 아니었으나 전반적으론 소론 또는 남인과 밀접했다. 당연히 連婚도 많이 이어졌다.

---

33 송질로부터 송질의 아들 濟魯, 손자 樂, 증손 復純까지 4대가 내리 문과에 급제하였다.

34 조선후기(17~18세기) 소북 문인 중 강백년의 『설봉집』, 정창주의 『만주집』, 신유의 『죽당집』, 신혼의 『초암집』, 任相元(1638~1697)의 『恬軒集』(1760년대 刊 목활자본 35권10책), 宋瓆(1676~1741)의 『恥庵集』, 崔成大(1691~1762)의 『杜機詩集』(1760년대 刊 芸閣活字本, 5권3책), 任希聖(1712~1783)의 『在澗集』(1813년 刊 목활자본 6권3책) 등이 조선시대에 간행되었고, 申景濬(1712~1781)의 『여암집』(목활자본 13권5책)은 1910년에야 간행되었다. 소북계 문인의 문집 간본은 대부분 인출된 부수도 아주 적었다.

35 두 종의 문집 앞에 모두 이수봉의 서문이 실려 있다. 서문이 쓰인 연도는 「치암집서」가 1767년이고 「두기시집서」는 명기되어 있지 않다. 다만 이수봉이 수찬 벼슬로 쓴 것으로 보아 1760년대는 분명한 것으로 보인다. 申宅權(1722~1801)의 시 「貞陵藥師殿遇李承宣壽鳳儀叔, 以恥庵集繕寫事, 諸人大會, 拈恥集中靑蓮庵韻, 以次各賦」(『樗庵漫稿』 第二冊, 규장각소장)를 통해 이들의 문집 편차, 간행에 소북 후배 문인들이 많이 참가한 것을 알 수 있다.

3. 『북보』의 이본과 특성

이제 본격적으로 『북보』의 이본 및 그 특징적 양상들을 살펴본다. 앞서 언급했던 것처럼 당파보의 편찬 시기는 그 서문 및 필사기 등이 중요하다. 이를 통해 편찬 시기가 구체화될 수 있겠지만 아쉽게도 서문 및 필사기가 있는 자료는 극히 드물다. 현재까지 필자가 내린 잠정적인 결론은 18세기에 始原的 성격의 당파보들이 등장했고(앞서 본 1781년 필사 『儒紳近系(文蔭近系)』는 '始原的 성격의 南譜'라 할 수 있고, 이제 볼 김복휴 필사 『북인보』는 '始原的 성격의 北譜'이다. 확립형의 당파보(『북보』, 『남보』, 『잠영보』, 『잠보』)는 19세기 중후반에 완성되었다. 아울러 이들 당파를 모두 아우른 종합보도 이 시기에 등장했다.

다음은 필자가 현재까지 조사한 『北譜(諸家譜)』의 異本[36] 현황이다.

표제	冊數	段數	소장처	비고
北人譜	1	13	단국대 연민문고 (청풍김씨가본)	26姓50家. 후추 김신국의 5대손 金復休(1724~1790)[37] 舊藏本. 현재까지 발견된 북보 중 가장 이른 시기의 것임(1770년 이전 필사).
北譜	1	11	개인	금요고서방 오프라인 경매(19회, 2006년5월)에 나왔던 것임(참고사진 3장만 열람).
北譜	1	12	서울역사박물관	25姓[38] 총51장인데 끝에 평강채씨 부분 낙장.
北譜	1	16	밀양박씨 대호공파 후손[39]	목차에 '五十九家譜'라고 內題되어 있음.

36 몇몇 이본에 대한 정보 및 자료 제공에는 강경훈, 남영우, 박형원, 심현탁 선생 등 소북동일회 회원분들의 도움이 있었다. 이 자리를 빌어 감사의 말씀을 전한다.

北譜[40]	1	16	홍양유씨가 舊藏/現 밀양박씨가장 (天安居)	서문 있음(청주경씨가 북보에 있다는 동일한 서문임).
諸家譜略	1	13	의령남씨가 (南榮祐藏)	본문 필사 끝부분에 '二十八姓六十五家[41] 戊寅(1878)陰二月二十一日重刊'이라 적혀 있고, 표지에 큰 글씨로 '諸家譜略', 작은 글씨로 '北譜冊卷之單' '己卯(1879)陰十二月卄八日重題라'고 적혀 있음. 追記를 제외한 원 필사는 1860년 전후로 보임.
諸家譜略	1	12	풍산심씨가 (利川居)	114장. 사위를 대부분 기재하지 않았으나 풍산심씨가 인물이 사위인 경우에는 특별히 追記하였음.
北譜 (諸家譜)	4	12	양평居 창녕성씨가 (성익영)	成益永이 사위 尹起晉에게 필사시킨 것으로 윤기진의 1877년(당시 24세) 필사기 있음.[42]
北譜			미발견	1881년 가을 이전 필사본. 利原縣監 李敬儀가 임소에 가지고 온 것을 유배죄인 초계 정윤영이 겨울에 3책으로 필사.
諸家譜	2	16	계명대	28姓68家[43]
諸家譜	3	14	고려대 신암문고	零本 1책(地). 南氏, 任氏, 柳氏, 朴氏 수록.
北譜	2		밀양박씨 밀창부원군 후손	미열람(소장자 미공개)
北譜			청주경씨가	서문 있음. 미열람 1983년 소북동일회본 제작시 참조.
北譜			전주유씨가	미열람. 1983년 소북동일회본 제작시 참조.
北譜			풍천임씨가	미열람. 1983년 소북동일회본 제작시 참조.
北譜			전주이씨 효령대군파	미열람. 1983년 소북동일회본 제작시 참조.
北譜	3	13	초계정씨가 (정병섭)	零本 2책(天/人). 28姓 69家[44] 忠北居 鄭昞燮(송죽당 정문익 11대손) 필사. '竹峴' 印.

北譜	3	12	성균관대 존경각	28姓.[45] 이이화 편 '조선당쟁관계자료집' 17(여강출판사)에 영인. 필체 좋음. 타본에 비해 인물의 號가 많이 적혀 있다. 필사 시기는 1890년대. 南譜가 참조되고 있음.
諸家譜略	2	13	성균관대 존경각	28姓. 2권2책.[46] 筆寫 글씨 및 종이가 좋음. 1880년대에 필사되었다. 남종삼조에 '丙寅(1866)戮甲戌(1874)伸'이란 기록이 보이는 등으로 추정컨대 1880년대에 필사되었다.
諸家譜	6	12	성균관대 존경각	零本 4책(윤씨, 홍씨, 엄씨, 심씨, 강씨, 신씨, 조씨, 노씨, 황씨, 남씨, 최씨, 성씨, 허씨, 경씨, 구씨 누락). "隆熙四年(1910)壹月五日謄書于禮山郡二南面南倉精舍"라는 필사기가 있다.
北譜	1	13	국회도서관	118장. 28姓65家. 필사시기는 1900년 이후이다.
北譜	2		국사편찬위원회	昭和15년(1940) 조선사편수회에서 경기도 利川郡 白沙面에 거주하는 任世淳 藏本을 謄寫한 것임.[47] 문과, 무과, 음직을 나타내는 色色의 圈이 제대로 반영되어 있지 못함.
諸家譜	3	19	초계정씨가	1970년 전후 초계정씨가에서 家藏 『북보』를 보완해 만든 것.
北譜	2	10	小北同一會 공동편찬	1983년 3월 刊(건곤 2책). 유원희 筆寫. 전주이씨 효령대군파(이강년)본을 기본으로 여러 본들을 참조하면서 현재의 후손까지 추가 補入한 것임.

37 그의 시집으로 『書巢遺蹟』(필사본 1책, 영남대 동빈문고), 문집 및 일기로『書巢遺稿』(필사본 1책, 고려대), 『己百齋日記』, 『瀛州鵬舍錄』 등이 전하고 있다. 영남대본은 서지목록에 金宗烋 著로 잘못 기재되어 있다.

38 이(李)유(柳: **흥양유씨 없음**)남(南)임(任)박(朴: **순천박씨, 울산박씨 없음**)민(閔)정(鄭)윤(尹: **칠원윤씨 없음**)홍(洪)김(金)송(宋)강(姜)엄(嚴)심(沈)성(成)경(慶)황(黃)최(崔: **화순최씨 없음**)허(許)신(申)조(趙: **양주조씨 없음**)노(盧)구(具)권(權)채(蔡).

39 본서는 밀양박씨 대호공파 초정 박수현(대호공 박노의 3남)의 3남인 朴緻의 후손이 소장하고 있고, 앞의 흥양유씨 구장본은 박수허(대호공 박노의 4남) 또는 박수충(대호공 박노의 5남)가에서 소장한 것이다. 밀양박씨가본이 흥양유씨 구장본보다 약간 시기가 앞서는 것으로 보인다. 친연성이 매우 높다는 데서 동일 저본을 기준본으로 필사된 듯하다. 특색 몇 가지는 다음과 같다. 우선 가문 배열순이 이씨 다음에 의령남씨, 풍천임씨순으로 되어 있고, 김씨는 중간 이하로 배치되었다. 순천박씨, 울산박씨, 양주조씨, 성산배씨(본서에 성주배씨 배응경가만 기록하고 있는데 이는 실은 경주 또는 달성배씨이다. 따라서 실질적으로 성산배씨가 누락되었다)가 누락되었다. 화순최씨에 최영경계는 싣지 않음. 이 두 본은 원래 필사와 追記가 명확히 필체 구분이 되지 않으나 원

본고에서는 현존본 중 시기가 가장 이른 단국대 연민문고본(청풍김씨 김복휴 구장본)과 19세기 후반 창녕성씨가본을 중심으로 소개한다.

청풍김씨가본은 『북보』의 초기 형태를 보여주는 소중한 자료다.[48] (사진

래 필사는 1850년대이고, 추기는 1890년대까지 된 것으로 추정된다.

40 표지가 탈락되고 없어 표제를 알 수 없지만 본서는 밀양박씨 대호공파본 북보와 친연성이 매우 높다는 점을 고려해서 임의로 북보라고 붙였다.

41 李氏(璿源-5家, 全州 廣州 延安 咸平 全義 星州 固城 韓山 龍仁 原州 安城), 金氏(淸風 光山 慶州 安山 彦陽), 朴氏(密陽 高靈), 柳氏(全州 文化 晋州 興陽), 南氏(宜寧), 任氏(豊川), 嚴氏(寧越), 尹氏(坡平 南原 咸安 漆原), 鄭氏(海州 河東 東萊 草溪), 閔氏(驪興), 洪氏(南陽-2家), 姜氏(晋州), 具氏(綾城), 宋氏(礪山 恩津 鎭川), 崔氏(全州 朔寧 江華 和順 慶州 江陵), 申氏(高靈), 沈氏(靑松 豊山), 許氏(陽川), 盧氏(豊川), 趙氏(白川 楊州), 成氏(昌寧), 黃氏(昌原-2家), 慶氏(淸州), 權氏(安東), 蔡氏(平康), 吳氏(寶城), 愼氏(居昌), 裵氏(星州)

42 윤기진에 대해서는 김영진 「허필의 연객시고」(2003) 참조.

43 상책: 李氏(宗室-6家, 全州, 廣州, 延安, 咸平, 全義, 韓山, 星州, 龍仁, 光州, 德水, 陽城, 固城, 原州, 安城), 金氏(淸風, 慶州, 彦陽, 光山, 安山), 尹氏(坡平, 南原, 咸安, 漆原), 鄭氏(海州, 河東, 東萊, 草溪), 閔氏(驪興), 洪氏(南陽-2家), 嚴氏(寧越), 沈氏(靑松, 豊山), 姜氏(晋州), 申氏(高靈), 趙氏(白川, 楊州), 盧氏(豊川), 黃氏(昌原-2家), 權氏(安東)
하책: 南氏(宜寧), 任氏(豊川), 柳氏(全州, 文化, 晋州, 興陽), 朴氏(密陽, 高靈, 順天, 蔚山), 宋氏(礪山, 恩津, 鎭川), 崔氏(全州, 朔寧, 江華, 江陵, 和順, 慶州), 成氏(昌寧), 許氏(陽川), 慶氏(淸州), 具氏(綾城), 蔡氏(平康), 吳氏(寶城), 裵氏(星山, 慶州), 愼氏(居昌)

44 璿派를 1家로 치고, 누락된(일실된 地冊에 수록되었을 것임) 6개姓(임씨, 류씨, 박씨, 송씨, 최씨, 성씨)과 4家(덕수이, 양성이, 고성이, 언양김)를 합쳐 추산한 것임.
天冊---李: 璿派(효령파, 효령재파, 효령삼파, 경녕군파, 덕천군파, 임영군파, 광평군파, 광평재파) 完山 廣州 延安 咸平 全義 韓山 星州 龍仁 原州 安城, 金: 淸風 慶州(2家) 光山 安山, 閔: 驪興, 嚴: 寧越, 沈: 靑松 豊山, 慶: 淸州
人冊---鄭: 草溪 海州 河東 東萊, 南: 宜寧, 尹: 坡平 南原 咸安 漆原, 洪: 南陽 南陽, 姜: 晋州, 申: 高靈, 趙: 白川 楊州, 盧: 豊川, 黃: 昌原 昌原, 許: 陽川, 具: 綾城, 吳: 寶城, 權: 安東, 蔡: 平康, 裵: 星山 達城, 愼: 居昌

45 冊1: 李氏, 柳氏, 金氏.
冊2: 金氏, 朴氏(순천박씨 없음), 南氏, 任氏, 嚴氏, 尹氏, 鄭氏, 閔氏.
冊3: 洪氏, 姜氏, 沈氏, 宋氏, 趙氏, 崔氏(화순최씨에 최영경 없음), 申氏, 許氏, 盧氏, 成氏, 黃氏, 慶氏, 權氏, 具氏, 蔡氏, 吳氏, 愼氏, 裵氏(달성배씨 없음).

46 卷1: 李氏(선원 4파, 전주), 金氏, 朴氏(순천, 울산 없음), 柳氏(흥양 없음), 南氏.
卷2: 任氏, 嚴氏, 閔氏, 尹氏, 鄭氏, 洪氏, 姜氏, 宋氏, 崔氏, 盧氏, 具氏, 沈氏, 申氏, 許氏, 趙氏, 成氏, 黃氏, 慶氏, 權氏, 蔡氏, 吳氏, 愼氏, 裵氏(달성 없음).

47 乾冊---李: 璿派(효령대군파, 경녕군파, 덕천군파, 임영대군파, 광평대군파二) 全州 廣州 延安 咸平 全義 韓山 星州 龍仁 德水 陽城 原州 固城 安城, 金: 淸風 慶州(二) 彦陽 光山 安山, 尹: 坡平 南原 漆原, 鄭: 海州 河東 東萊 草溪, 閔: 驪興, 洪: 南陽(唐姓) 南陽(土姓), 沈: 靑松 豊山, 申: 高靈, 趙: 白川 楊州, 盧: 豊川, 黃: 昌原(二), 權: 安東.
坤冊---南: 宜寧, 任: 豊川, 柳: 全州 文化 晋州 興陽, 朴: 密陽 高靈 順天 務安 蔚山, 姜: 晋州, 嚴: 寧越, 宋: 礪山 恩津 鎭川, 崔: 全州 朔寧 江華 江陵 和順 慶州, 成: 昌寧, 許: 陽川, 慶: 淸州, 具: 綾城, 蔡: 平康, 吳: 寶城, 裵: 星山 慶州, 愼: 居昌

48 이 자료에 대한 보다 구체적인 정보는 단국대 연민문고 해제의 김영진 해제를 참조하기 바람.

2) 필사본 1책의 이 책은 '北人譜'라는 원표제를 가지고 있고, 후에 연민 이가원이 입수한 뒤에 표지를 덧대고 '北譜'라고 다시 제첨('洌陽外史籤')하였다. 본문 첫 장에 '李氏家源', '青某煮酒之館'이란 이가원의 소장인 2과가 찍혀 있고, 이가원의 자료가 단국대로 기증된 뒤 찍은 '淵民紀念館藏圖書記'인이 더 있다.

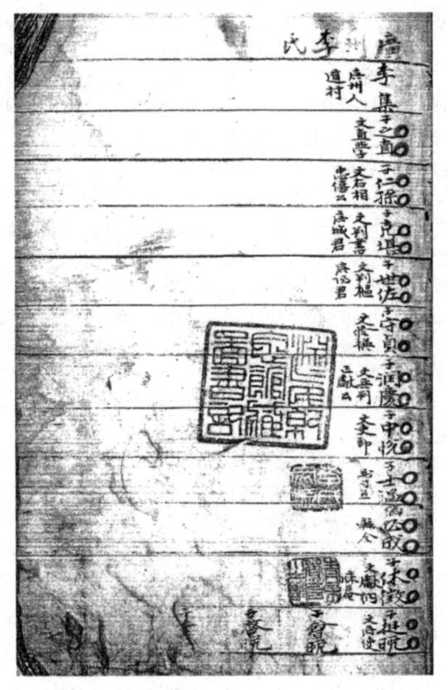

(2-1. 단국대 연민문고 소장 『북인보』 첫면)

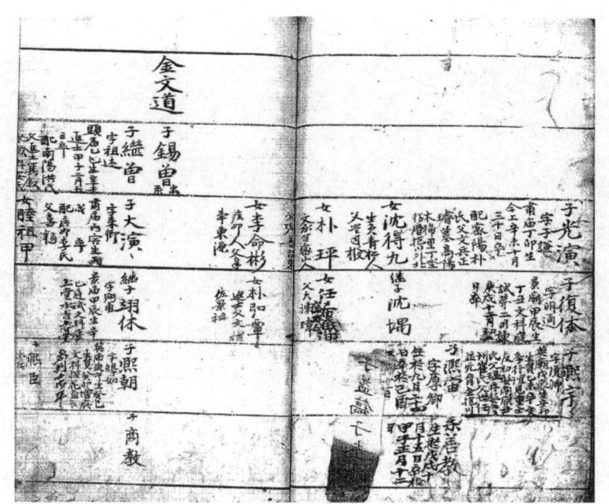

(2-2. 단국대 연민문고 소장 『북인보』 청풍김씨 부분)

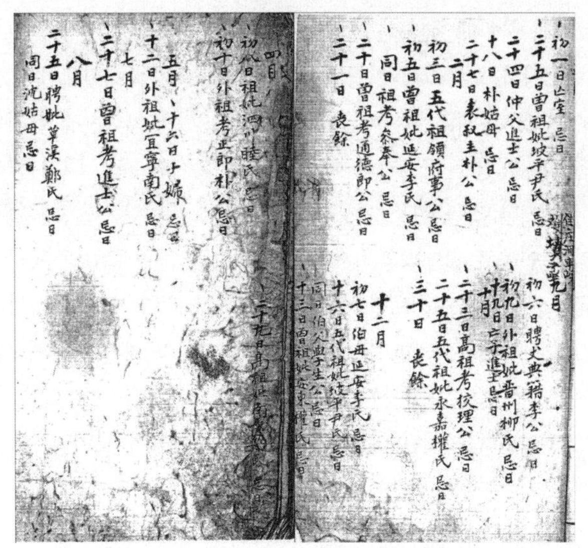

(2-3. 단국대 연민문고 소장 『북인보』 끝장 김복휴 필사 집안 忌日)

앞에 90장까지는 매 장에 13단의 줄을 그어 다음과 같이 26姓50家[49]의 인물 계보를 기재하였다.

> 廣州李氏, 全州李氏, 延安李氏, 全義李氏, 咸平李氏, 韓山李氏, 龍仁李氏, 星州李氏, 全州柳氏, 文化柳氏, 晋州柳氏, 密陽朴氏, 高靈朴氏, 宜寧南氏, 豊川任氏, 坡平尹氏, 南原尹氏, 咸安尹氏, 礪山宋氏, 恩津宋氏, 驪興閔氏, 全州崔氏, 江陵崔氏, 江華崔氏, 慶州崔氏, 首陽鄭氏, 河東鄭氏, 東萊鄭氏, 草溪鄭氏, 南陽洪氏, 寧越嚴氏, 晉州姜氏, 高靈申氏, 豊川盧氏, 昌寧成氏, 昌原黃氏, 淸州慶氏, 陽川許氏, 豊山沈氏, 靑松沈氏, 安東權氏, 綾城具氏, 慶州金氏, 金海金氏, 彦陽金氏, 安山金氏, 平康蔡氏, 白川趙氏, 楊州趙氏, 寶城吳氏

90장 이하에는 매 장 6단으로 청풍김씨가의 계보가 12장에 걸쳐 필사되어 있다. 90장까지의 필체와 동일한, 기품이 느껴지는 필체이다. 金大猷 - 金汝明 - 金藎國 형제로 이어지는 계보이다. 90장까지와는 달리 사위까지 모두 기재된 詳細譜인데 끝표지의 여백 종이에 본서의 편자 내지 필사자의 것으로 보이는 매달 집안 인물 제사일을 기재하여 두었다. 필자가 고증한 결과 이 메모의 주인공은 金藎國의 5세손 金復休(1724~1790)의 것임이 확인되었다. 이런 정황을 고려해보면 본서는 김복휴가 각각 별도로 작성한 북인보와 청풍김씨세보[50]를 合綴한 뒤 그 여백지에 집안의 제사일을 메모한 것으로 정리가 된다. 책 전체는 김복휴 본인으로 추정되는 한 사람의 유려한 필체로 필사되었고, 계보의 아랫단에는 다른 필체의 追記들이 보인다. 이는 김복휴 死後 그 후손이 추기한 부분이다. 김복휴 본인의 조에도 그 이름 옆에 "字明

49 전주이씨(璿源家)는 여러 파가 있어서 家의 숫자는 기준을 어떻게 정하느냐에 따라 다소 달라질 수 있다.

50 김재로 등 편, 1750년, 목판본 4책본(계명대 도서관 외 소장)이 참조되었을 것이다.

通 景廟甲辰生 丁丑(1757) 文科庭試第二"까지는 본인의 친필이고 이하 "司諫 庚戌十二月初一日卒"은 필체가 달라 그 후손이 追記한 것임을 알 수 있다. 대략 1763년 전후까지 김복휴 본인의 기재이고, 1770년대 이후는 加筆 또는 追筆이 이루어졌다.[51] 이제 본서의 특징 몇 가지를 추려본다.

① 이 본을 19세기 중후반 거의 定本化 된 『북보』와 비교해보면, 愼氏와 裵氏 두 姓이 누락되었고, 덕수이씨, 光州이씨, 양성이씨, 고성이씨, 원주이씨, 안성이씨, 광산김씨, 칠원윤씨, 흥양유씨, 순천박씨, 울산박씨, 진천송씨, 삭녕최씨, 화순최씨 등 14家 以上이 수록되지 않았다. 수록되지 않은 가문은 1599년 남이공 김신국의 대북파 공격 때에 동조한 자들로부터 1657년 34인의 約條人 명단 등에 이르기까지의 중심 인물들이 아닌 가문들로 보인다. 화순최씨의 경우 가문의 중심 인물 수우당 최영경(1529~1590)이 大北의 일원이었기에 소북의 유영경 계열과는 대립 관계에 있었기에 싣지 않았다.[52] 삭녕최씨 가문의 경우 최동립의 후손이 西人으로 전향했기 때문에, 흥양유씨의 경우 그 가문의 대표 인물인 유몽인이 伸冤된 게 1794년이라 아직 가문이 미미했기에 18세기말에 형성되어 있던 소북 명가의 반열에는 오르지 못한 것으로 보인다. 특이한 것은 기묘명현인 십청헌 김세필의 후손(김익창이 34인 약조인에 이름이 올라 있다)이 김해김씨로 분류되어 있다. 후대의 『북보』는 모두 경주김씨로 귀속하고 있다.

② 이 본은 현존 『북보』 중 유일하게 전주이씨 璿源派를 맨앞에 두지 않고 廣州李氏를 맨앞에 두었다. 광주이씨가의 위상 및 그 선조 동고 이준경을 높이 친 것이 아닌가 한다(이건창은 『당의통략』에서 동서분당의 실질적 시작이 동고 이준경과 율곡 이이에서 비롯되었다고 언급한 바 있다). 이씨

---

51 예컨대 밀양박씨 草亭 朴守玄의 5세손 朴長燮의 경우 김복휴의 필체로 이름과 그 옆의 '進'(1762년 진사)을 썼으나 후에 '進'자 위에 '文'(1770년 문과)을 가필했다. 여산송씨 伴菊軒 宋承禧의 7세손 宋欒의 경우 이름 옆에 '生'(1762년 생원)이라 쓰여 있다. 墨點이 원래 있고 그 위에 문과 표시인 朱圈이 다시 쳐졌다.(그는 1768년 정시문과에 급제했다)

52 이런 점이 앞서 정윤영의 『북보』 서문에 언급한대로 근자의 북보가 수록의 폭이 너무 넓어져 폐단이 없지 않다고 한 것의 例가 될 것이다.

의 뒤에 김씨를 바로 두지 않고 한참 뒤로 돌린 것은 소북 김가의 가장 높은 위상은 바로 자신의 청풍김씨가인데 그것은 마치 부록처럼 맨 뒤로 돌렸기 때문에 이씨 다음에 둘 의미가 없어서라고 보인다. 이씨 뒤에는 유씨, 박씨 순으로 배치되었다. 소북 내 차지하는 전주유씨 춘호 유영경과 퇴우 박승종의 위상 순서라고 보인다.

③ 후대의 『북보』들과 달리 각 가문의 始祖는 맨앞부터 시작하지 않고 조선 개국 이후의 中始祖부터 시작하고 있다. 장인이나 사위는 기재하지 않았다. 文科의 경우 朱圈을, 蔭職의 경우 黃圈을, 武科의 경우 靑圈을 쳤다. 김복휴 이후에 추기된 부분에는 文武科 및 小科에 色 없이 먹(墨)으로만 圈點을 쳤다.

④ 庶는 기재하지 않았다. 예외가 두 경우인데 박승종의 從曾祖 孝元의 庶子 希賢(文科)과 그 子와 孫 安期(文科)와 其良(文科)이다. 또 하나는 영월엄씨 嚴惺의 자손 碩耉와 綸(庶, 文科)인데 엄석구의 경우 '庶', '進' 표시가 모두 누락되었다.

⑤ 전주최씨 부분에는 필체도 다른 細筆로 다른 가문의 기재 방식보다는 상세하게 기록이 되어 있다. 아마도 김복휴 이후에 누군가의 추필로 보이는데 청풍김씨와 인척가라든가 특별한 연분이 있어서 그런 것으로 보인다. 천주교(邪學)와 관련해서 의령남씨조에는 追記이긴 해도 남상교-남종삼이 기재되어 있는 반면에, 진주강씨 강이천(강세황의 손자)의 경우는 먹으로 塗抹해버렸다. 마지막에 위치한 양주조씨와 보성오씨의 경우 앞과는 필체가 다소 다르다. 김복휴 본인이 追記한 것인지, 김복휴 死後의 추기인지 후고를 요한다.

이어 살펴볼 것은 양평에 세거한 창녕성씨가에 전하는 『북보』(필사본 4책)[53]이다.(사진 3) 이 본은 제4책의 끝에 다음과 같은 필사기가 있어 의미가 크다.

53 현재 원본의 소재는 미상이다. 제1책의 표제에는 '北譜'로, 나머지 책들은 '제가보'로 표제되었던 듯 하다.

"이번 가을 손(윤기진이 사위인 본인을 이렇게 표현한 것임-필자주)의 글씨로써 北譜를 필사하니 대개 장인어른의 명이었다. 그러나 나의 졸렬한 글씨로 成氏 집안의 대대로 전할 책으로 삼고자하니 부끄러움을 용납할 길이 없다. 때는 정축년(1877) 음력 10월 하순 파평 윤기진은 쓰다. 이 때 내 나이 24세이고 '北譜'라는 표지 글씨도 썼다.(今秋以客筆謄譜, 盖以聘翁命也. 然以余不似之筆, 欲爲成門傳家之物, 不容所愧者也. 時丁丑陽月下澣坡山尹起晉識, 時年二十有四, 譜題筆)."

"광서 3년 정축(1877) 10월에 필사하다. 그 이듬해 무인(1778) 4월에 표지 장정을 하다(光緖三年丁丑十月謄書 厥明年戊寅四月粧冊始)"

위의 필사기로 말미암아 이 본은 성씨 집의 사위 윤기진(1854~1902이후, 자는 升如, 호는 蘇山, 승지)이 24세 때 직접 필사한 것임을 알 수 있다. 윤기진은 조선의 역사를 概述한 『大東紀年』(1903년 上海 刊)의 찬자로 알려져 있는 인물이다. 취송 이희사를 비롯한 소북파 대표 시인 5명의 시를 뽑은 『五大家詩』(고려대 소장 필사본 1책)의 選編者로도 최근 알려졌다.[54]

창녕성씨가본 『북보』는 19세기 후반 『북보』의 정형화된 모습을 보여주

54 김영진. 2004. 「허필의 연객시고」. 『문헌과해석』 24호, 『오대가시』는 1996년 윤서석 씨(중앙대 식품영양학과 명예교수)가 고려대에 기증한 200여종의 책 가운데 포함되어 있는데 윤기진의 장서인이 찍혀 있다. 윤서석 씨는 윤기진의 從孫女다. 駙馬감으로 거론되자 이를 의도적으로 피하는 등 여러 奇行을 남긴 滄州 尹知敬(1584~1634, 官 참판)의 후손이다. 윤지경의 장인 朴彛敍(참판) 및 아들 鏶(참판)의 장인인 金藎國(판서)은 바로 광해군 연간에 行誼로 일컬어진 소북 '7학사'의 일원들이다. 鏶의 세 아들 중 둘째인 深(1633~1692, 判書, 글씨도 유명)은 아들 다섯을 두었는데 앞서의 윤기진은 바로 둘째 彙駿(숙부 源에게 入系)의 7대손이다. 막내 아들은 바로 소북 '5군자'의 한 명인 厓西 尹彙貞(1676~1754, 참판)이다. 윤서석 씨는 애서의 8대손인 夏鏞의 따님이다. 이러한 가문적 배경으로 인해 윤서석 씨가 기증한 책 가운데는 『오대가시』 외에도 任叔英의 『疎庵集』, 任相元의 『恬軒集』, 宋瓆의 『耻庵集』, 朴齊家의 『貞蕤閣詩集』, 任天常의 『任氏家言』, 李羲師의 『醉松詩』 등 소북 주요 문인들의 시문집이 여러 종 포함되어 있다.

면서 동시기 다른 『북보』들에 비해 개별 인물에 대해 보다 상세한 정보를 담고 있는 독특성도 가지고 있다.(사진 3)

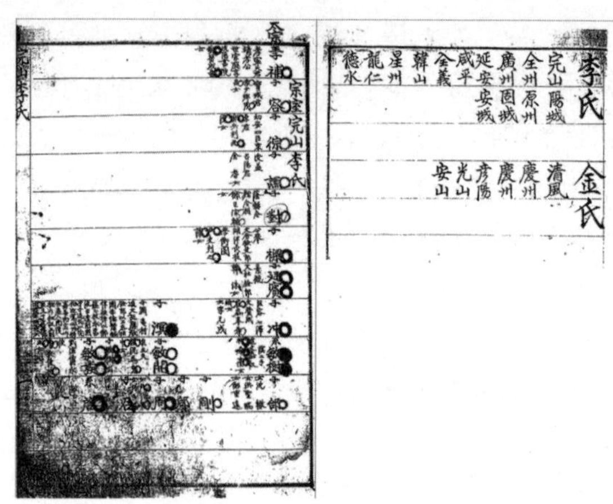

(3-1. 창녕성씨가본 『북보』 제1책 목록 및 첫면)

(3-2. 창녕성씨가본 『북보』 제4책 끝 필사기)

이제 19세기 黨派譜로서의 성격이 훨씬 강해진 이 『북보』의 형식상, 내용상의 특징을 살펴본다.

一. 청풍김씨본과 마찬가지로 姓氏別·本貫別로 編次되어 있다. 28姓 68家를 수록하고 있다.[55] 종실완산이씨와 전주이씨가 분리되어 있고, 다른 본에 있는 光州李氏[56]와 咸安尹氏[57]가 빠져있다. 다른 본엔 없는 무안박씨가 추가되었다. 家門 별로 수록된 인원의 수가 훨씬 확대되었다.

一. 문(대과 소과), 무, 음직에 대해서 이름 우측에 赤色, 青色, 黃色의 동그라미(圈)를 침.

---

55 다음과 같다.
李氏: 完山 全州 廣州 延安 咸平 全義 韓山 星州 龍仁 德水 陽城 原州 固城 安城
金氏: 清風 慶州 慶州 彦陽 光山 安山(이상 제1책)
尹氏: 坡平 南原 漆原
鄭氏: 海州 河東 東萊 草溪
閔氏: 驪興
洪氏: 南陽 南陽
嚴氏: 寧越
沈氏: 青松 豊山
姜氏: 晋州
申氏: 高靈
趙氏: 白川 楊州
盧氏: 豊川
黃氏: 昌原 昌原
權氏: 安東(이상 제2책)
南氏: 宜寧
任氏: 豊川
柳氏: 全州 文化 晋州 興陽(이상 제3책)
朴氏: 密陽 高靈 順天 務安 蔚山
宋氏: 礪山 恩津 鎭川
崔氏: 全州 朔寧 江華 江陵 和順 慶州
成氏: 昌寧
許氏: 陽川
慶氏: 清州
具氏: 綾城
蔡氏: 平康
吳氏: 寶城
裵氏: 星山 達城
愼氏: 居昌(이상 제4책)

56 계명대본 등에 있다. 기축옥사(1589)에 禍를 입은 李潑 李洁(사위는 嚴惺) 형제가 핵심이다.

57 단국대(청풍김씨본), 계명대본 등에 있다. 판서 朴鼎賢의 사위인 尹熲과 그 두 아들 壽斗(문과, 정랑), 壽益(문과, 좌랑)이 핵심이다.

一. 청풍김씨가본 『북보』에 비해 처가 및 사위의 기록이 매우 충실하다. 다만 아내(즉 장인)에 대한 기록은 대부분 初娶만 기록하였다(재취까지 기록한 경우도 종종 있음).

一. 본서는 1877년 윤기진이 친필로 필사한 것이다. 이 이후의 기록은 타인의 追記로 필체가 다르다. 예컨대 청풍김씨 金宅休 후손조에 金鎭達은 1870년생으로 1892년 문과를 했는데 그런 사항이 다 기재되어 있어 追記의 例이다. 필사자 윤기진 아래조의 追筆, 초계정씨 정윤영 아들 3인도 追記의 예이다. 집안마다 追記는 상당히 많다.

一. 小北의 형성에 가장 결정적인 배경인 광해군대의 不義에 대한 저항과 그 피해, 희생에 대한 양상을 상세히 기록하고 있는데 『북보』의 가장 중요한 의미는 바로 여기에 있다. 또 ‘七學士’, ‘求七學士補外’, ‘八文章’에 해당하는 이는 언급을 하였다.[58] 예컨대, 광주이씨 李必亨조엔 “七學士, 宣祖己亥(1599)疏論洪汝諄”이라 쓰여 있고, 전주이씨 임영대군파의 李德溫조의 “進, 文, 承旨, 光海戊申(1608)削, 反正復”, 연안이씨 李弘老조의 “昏朝賜死, 反正後伸”, 파평윤씨 尹知敬조의 “不參廢母收議, 請斬爾瞻輩”, 해주정씨 鄭孝俊조의 “參請斬爾瞻疏”, 하동정씨 鄭光績조의 “昏朝上疏歸田, 反正後李相公元翼啓請褒贈”, 동래정씨 鄭良弼조 “疏斥爾瞻”, 초계정씨 鄭時望조 “以掌儀疏斥爾瞻”, 초계정씨 鄭文翼조 “丙辰(1616)求南以恭, 癸亥(1623)敍”, 남양홍씨 洪湜조 “光海朝竄卒”, 영월엄씨 嚴惺조의 “昏朝以翰林請削偉卿等籍, 被罪, 後伸”, 창원황씨 黃有中조 “戊申(1608)削, 復”, 黃瀗조 “昏朝疏斥爾瞻, 錮”, 전주유씨 柳永慶조 “昏朝禍, 反正復” 아들 悅 등 4형제 및 조카 惺 “壬子(1612년 김직재 옥사-필자주)禍”, 柳穉조 “與弟秬同參館學討偉卿疏” 진주유씨 柳汝諧조 “斥爾瞻廢錮”, 밀양박씨 朴承宗조 “癸亥自決, 哲宗朝伸復” 그 차남 朴自凝조 “焚偉卿疏, 不參收議庭請, 反正後 禁錮”), 朴安孝 安悌 兄弟조 “以儒生參討偉卿疏”, 순천박씨 朴而章조 “戊申(1608)啓論洪汝諄”, 진천송씨 宋圖南조 “以儒生

58 다만 영조 연간 명명되기 시작한 ‘五君子’에 대한 별도의 명기는 없다.

參請斬偉卿疏[59]", 삭녕최씨 崔東式조 "昏朝癸丑(1613)抗言歸田", 강릉최씨 崔基鏻조 "昏朝痛哭去太學", 경주최씨 崔夢尹조 "昏朝退休", 창녕성씨 成俊耉조 "昏朝被謫", 成信耉조 "昏朝與朴自凝焚偉卿疏, 廢擧", 양천허씨 許穡조 "參儒疏, 請斬偉卿", 청주경씨 慶暹조 "求七學士補外" 그 동생 選조 "昏朝參請斬偉卿疏", 보성오씨 吳行遠조 "昏朝抗疏" 등이 그것이다. 광해조 때의 저항 외에 특기된 사적들은 별로 없다. 풍천임씨 任瑋조의 "某年(사도세자가 죽은 임오화변-필자)以春坊舊僚, 在洪州任, 却食卒"[60], 任珹조의 "某年以春坊盡分", 밀양박씨 朴篪조 "正廟朝命七代孫進士孝永奉祀"(문과 장원한 인물로 임진왜란 때 26세의 나이로 李鎰의 종사관이 되어 尙州에서 戰死) 등이 주목할 만하다. 소북 당파 인물의 자긍을 전할 만한 사적이다.

一. 대가 끊긴 경우 '外孫奉祀' 및 '庶子奉祀'의 양상을 기입하였다. 예컨대, 청풍김씨 金英國(사위 申起漢 외손봉사) 金蓋國(사위 閔洺 외손봉사), 여흥민씨 閔宣哲(사위 鄭太和 외손봉사), 廣州李氏 李基恢(庶奉祀), 의령남씨 南淵(庶子嶸奉祀), 南九老(庶子奉祀), 전주유씨 柳廷翰(庶子源奉祀), 청주경씨 慶聖會(庶子奉祀), 풍천임씨 任希著(無後, 庶弟希緖奉祀), 전주유씨 柳近(庶子奉祀), 문화유씨 柳和中(庶子奉祀), 밀양박씨 朴長浩(庶子奉祀), 창녕성씨 成俊耉(庶子奉祀), 成槃(庶子奉祀)

一. '庶'의 기재: 당파보 및 명가종합보에는 서얼은 기재하지 않는 게 일반적인데, 소북파는 문학 지향이 워낙 강해서 그런지 『북보』에는 이름 있는 서얼 문사들을 상당수 기재했다. 실제 조선후기 이름 있는 서얼 문사 중에는 小北 출신이 절대적으로 많다.[61] 특히 창녕성씨본 『북보』는 『북보』 이본

59 이어 "丁卯(1627)亂, 以永柔令殉節, 安州立祠"가 더 기록되어 있다.

60 정조어찰첩에도 1798년 임위에 대한 贈職 얘기 나옴. 소북에 대한 시각 흥미로움.

61 창녕성씨가본 『북보』에는 문과를 한 庶子가 누락된 것이 있다. 계명대본과 초계정씨(정병섭)본에는 공히 들어 있다. 즉, 해주정씨 鄭檟의 庶子 重協-緝寧(문과, 현감)-運躋(문과)이다. 또한 남원윤씨 尹民新(1537~1610)은 34명 約條人 명단에 있는 인물인데, 다섯 아들이 모두 문과에 급제한 것으로도 유명하다. 『북보』에는 3남 길의 직계만 올라있으나, 장남 昫의 5대손 野淵 尹昌垕(1713~1790이후) 역시 서얼 문사로 이름이 있었다. 박옹 이명오의 장인이기도 하다.(규장각 소장. 『야연만록』. 김영진 해제 참조)

가운데 서얼 문사의 記載가 가장 충실하다. 이런 이본이 더 보이지 않는다는 데서 혹 필사자인 윤기진의 취향과 정보가 반영된 것은 아닐까 추정해본다. 예는 다음과 같다.

전주이씨 효령대군파 李必達-庶夢翼(1638년생, 1678년 진사, 1684년 문과)-集-[62]
영월엄씨 嚴惺-庶碩耉(進士)-庶綸(文科)
의령남씨 南啓夏-庶溟嗣(進士)-曾孫 圭(主簿) 玉(文科, 縣監) 重(文科, 察訪)
풍천임씨 任珽-庶希澤(縣監)-得常(進, 監牧)-百淵(文, 承旨)-錫準(進士)
전주유씨 柳淰-庶以免-逅(進, 縣監, 醉雪翁)
문화유씨 柳希聃-庶益立(文, 削)[63]
밀양박씨 朴坪-庶齊家(生, 縣令, 貞蕤·楚亭)-長稟(縣監) 長馣(縣監)
밀양박씨 朴孝元-庶希賢(蔭, 文, 僉樞)-安期(螺山, 文, 縣監, 有文學[64]) -其良(進, 文, 縣監)
창녕성씨 成俊耉-庶子奉祀 蔭大中(成大中을 말함)派
보성오씨 吳熽-庶運昌(蔭)--明(進, 參)[65]

한 가지 특이한 점은 창녕성씨본 『북보』에만 務安朴氏가 등재되어 있는데[66], 거기 올라있는 朴星瑞(蔭, 部令)[67]-道郁(進, 文, 縣令)-敬行(仁則, 矩

---

62 이필달의 후손 기재는 『북보』 이본간 차이가 있다. 추후 『북보』 이본을 계열화할 수 있는 증거 자료가 된다.
63 정조 순조 연간에 규장각 검서관으로 큰 역할을 했던 柳得恭-本學本藝 父子 역시 柳希聃의 嫡子인 鼎立의 후예로서 유득공의 증조부 柳三益이 서자였다.
64 일본통신사행에 수행하여 일본에 칠정산을 전해주는 등 문학, 천문학 등에 조예가 깊었다.
65 창녕성씨본은 제4책 112장의 뒷면이 복사가 안 되었는데 본서의 원본 소장처를 몰라 확인이 안 된다. 성균관대본 『북보』에 의거해 補入하였다.

軒, 進, 文, 重壯, 通政)[68]-明運(통덕랑)-善性(蔭, 主簿)은 양반가가 아니라 中人 집안 출신이다. 흥미로운 것은 『남보』에도 이 가문이 수록되어 있다는 점이다.

창녕성씨본 『북보』에는 드문 경우지만 '承嫡'도 표시해주었다. '승적'이란 본디 庶子인데 집안에서 국가[禮曹]에 嫡子로 인정해달라는 문서를 올려 이를 승인받은 경우를 말한다. 李慶裕-(承嫡)起築(參靖社勳)-萬林-東潤-常五-鈺[69], 南以恭(子 斗北 承嫡 奉祀)

一. '逆'의 표시: 광주이씨 李士星조에 장인 許筠을 누락, 광주이씨 李秉謙 李秉益 형제의 아래에 각각 子邪學伏法이라 적혀있다(이들은 남상교의 사위로 1866년 병인박해 때 伏法되었다. 성균관대본 『제가보』에는 아들의 이름이 명기되었고 장인도 남상교로 적혀 있다). 광주이씨 李奎會의 사위로 南鍾三이 기재되었으나 먹으로 뭉갬. 의령남씨 남선의 3남 益熏의 高孫이 履祐인데 그 子孫인 尙敎와 鍾三은 병인박해(1866) 때 伏誅되었다. 창녕성씨가본 『북보』엔 이 둘의 이름을 기재하고 墨圈을 침으로써 '逆'을 표시하였다(계명대본, 홍양유씨구장본 등은 履祐(=履素) 외엔 아예 記載를 하지 않았다)[70]. 해주정씨 鄭運維 사위 李家煥에 墨圈, 문화유씨 柳翰中("進, 文, 正言, 丙子(1756)獄 正法")[71]에 墨圈, 문화유씨 柳希奮조 "癸亥(1623)以光海外戚禍",

---

66 朴大有(蔭, 正郎)의 사위가 十省堂 嚴昕(그 후손은 소북의 핵심가이다)이란 점 외엔 소북 당색과 별 관련이 없다.

67 조선왕조실록에 기사가 보임.

68 박경행에 대한 구체적인 정보는 강명관. 1990. 「白華子 洪愼猷의 시에 대하여」. 『한국한문학연구』 13집. 한국한문학연구회. 주9)를 참조. 박경행(1710~1770이후) 1742년 문과정시 병과. 문과방목에 中人으로 표기되어 있다. 1744년 3월 정시 장원 陸六(영조실록 20년 3월 을미조). 1748년 일본통신사에 제술관으로 참여했다. 1770년 최익남 옥사에 연루되어 남옥과 이봉환은 고문으로 사망하고 박경행은 단천으로 유배되었다.

69 김영진. 2002. 「李鈺 硏究(1)-가계와 교유, 명청소품 閱讀을 중심으로」. 『한문교육연구』 18집. 한국한문교육학회.

70 서울역사박물관본, 성대본, 밀양박씨본 『북보』 특기할 만함. 남응중도 逆으로 표시하였음(창녕성씨본은 미기재).

71 『북보』 여타본들엔 그 부친 文翰까지만 기재하고 있고(의도적인 듯), 풍산심씨본에만 유택중으로 기재되었는데 逆으로의 塗抹 표시는 없다. 유한중의 매제는 許霮(許佖 조카)이다.

그 조카 中立 "癸亥誅", 유희분 조카 孝立 "戊辰(1628)誅", 鼎立("戊辰 安置"), 斗立("戊辰誅"), 유희분 동생 希安 "戊辰 孝立獄 安置" 유희분을 제외한 자들은 모두 墨圈. 홍양유씨 유몽인조 "詩案死, 復"(1794년 官爵이 回復되었기에 墨圈이 쳐지지 않음), 양천허씨 許晟 "文, 玉, 承旨, 庚子(1840)誅"(이름을 먹으로 塗抹)

一. 『남보』에는 "퇴계문하", "한강문하", "미수문하" "우담문하" 등 학통의 표시가 다양하고 많이 되어 있으나, 앞서 언급한대로 小北에서는 학자가 별로 나오지 않았다. 『북보』에는 유일하게 연안이씨 畏菴 李栻(1659 ~1729, 이식 조에 "利川에 願學祠"가 있다고 기록) 관련 기사가 보인다. 이식은 우담 정시한(1625~1707)의 高弟로 숙종 때 學行으로 천거되어 50세 이후 고성군수, 세자익위사 익위 등을 지낸 인물이다.[72] 『북보』에는 그의 門下만을 특기하고 있다. 예컨대, 동래 鄭最能, 창원 黃格, 풍천 任贇, 문화 柳聖潤, 강화 崔慶基조 등에 "畏菴門人"이라 기재되어 있다.

一. 처가 및 사위의 기재를 통해 소북의 連婚 관계가 소론, 남인 등과도 종종 맺어지고 있음을 확인할 수 있다.[73] 예컨대 파평 윤광우 사위 이귀휴(남인), 윤방 장인 변치명(소론), 해주 정철조 매제 이가환(남인), 남이공 사위 이원진(남인[74]), 영월 嚴璹 장인 홍인호(남인), 의령 남수명 사위 이인복(남인), 남이간 사돈 이징대(정운, 승운, 익운의 부친, 남인), 남서명 장인 이창진(남인), 남암로 장인 최광벽(남인), 남태온 사위 홍명한(남인[75]), 임정 사위 신성(아들이 신대우, 소론), 임희문 사위 여춘영(소론), 임희약 장인 李是銓(남인), 전주 유성지 장인 이인복(남인), 고령 신선온 장인 민점(남인), 박도문 장인 유매(남인), 박동혁 장인 이관휴(남인), 여산 송정규 장인 이석규(남인), 은진 송시렴 장인 남하행(남인), 전주 최항제 장인 이원정(남인),

---

72 장동우. 2006. 「외암선생일기」 해제(『연세대학교 중앙도서관 소장 고서해제VI』. 평민사) 참조.

73 선조 및 광해군 연간엔 연혼관계가 동인과 서인으로 명확히 구별되지 않는 경우도 종종 있다. 예컨대, 여산 송시길 집안의 혼맥.

74 여주이씨 이 집안은 북인에서 남인으로 전향한 것으로 알려져 있다.

75 『남보』 뿐 아니라 소론보인 『잠보』에도 등재되어 있다.

성후석 사위 盧序(남인), 허규 사위 이병휴(남인), 허필 장인 김이만(남인), 순천 박홍구의 장인 이민환(남인), 박홍구의 손자 박성주 장인 조하망(소론) 박홍구의 증손 박홍원 장인 권두추(남인) 등이 그것이다. 이렇게 소론, 남인가와의 연혼 관계가 많이 보인다고 해서 당색이 混淆되는 것은 아니다. 진주강씨, 진주유씨, 고령신씨, 문화유씨가[76] 등의 예에서 보듯 한 가문 내에서도 소북가와 남인가는 명확히 『북보』와 『남보』에 별개로 실려 있다.[77]

아울러 고령박씨 朴慶業('7학사'의 한 사람)의 5대손 朴師鎭 朴敬鎭(현감)조엔 "幷今爲西人"으로, 강릉 崔文湜(文, 參判, 최기벽의 아들) 및 崔英弼(進士, 최정립 5대손, 사위는 嚴燾)조에는 각각 "今西人"이라고 기재하여 이제는 당파를 달리하고 있음을 明記하고 있다.

4. 맺음말

앞 장에서 『북보』의 이본 20여 종을 소개하고, 청풍김씨 구장본(현 단국대 연민문고 소장)과 창녕성씨가본을 위주로 구체적인 양상을 설명하였다. 20여 종이 넘는 『북보』의 상세한 이본 대비 고찰은 이후 연구 과제로 남긴다. 다만 여기서 간략히 정리해보면 다음과 같다.

(1) 1770년 이전 청풍 김복휴의 『북인보』가 현존 最古本이다. 26姓50家를 수록하였으며 科擧 및 官職만이 기록되고, 장인 및 사위의 기재는 없는 등 소략한 양상을 보였다. 전주이씨 선원파보다 광주이씨를 앞에 세운 점도 독특하다.

---

76 문화 柳興奎조 "出爲磻溪後, 文, 玉, 承旨" 반계 유형원 후손가로 양자로 갔다. 유형원가는 『남보』에 기재되어 있다.

77 남양홍씨 홍언필 홍섬 가문이 『북보』와 『남보』에 동시 수록된 정도이다.

(2) 2단계는 1850~60년대본 『북보』로 서울역사박물관(以下本들 보다 초기 형태이다), 밀양박씨 대호공파본, 밀양박씨 대호공파 소장 흥양유씨본, 의령남씨본 등이 이에 해당한다. 흥양유씨, 화순최씨, 양주조씨 등이 새로 추가되는 모습을 보이면서, 아직 순천박씨, 울산박씨, 달성배씨(이때까지 실제 수록된 것은 경주 또는 달성 배씨임) 등은 편입되지 않았다. 어쨌건 수록 성씨와 가문은 확대되어 28姓에 가까워졌다. 여전히 사위 등의 기재는 부실하다. 이 즈음부터 소북가에서는 대대적인 『북보』 轉寫 작업이 시작되었다고 보인다.

(3) 3단계는 1870~90년대본 『북보』로, 이제 최종 확립된 양상을 보인다. 창녕성씨본, 초계정씨본, 성대 2권2책본, 계명대본, 성대 3책본 등이 이에 해당한다. 창녕성씨본은 확립형이면서도 문예가 뛰어난 庶子를 대거 싣고 있다든가, 타본에 없는 무안박씨가와 화순최씨 중 최영경을 싣는 등 다소 독특한 면모도 가지고 있다. 수록 가문이 확장되어 28姓69家가 정해졌으며, 수록 인물의 폭 또한 넓어졌다. 장인 및 사위까지 전부 수록하였다.[78]

수록 가문의 범위, 편차된 성씨의 순서 차이(이 순서는 곧 소북 내부에서의 정치적 위상과 밀접한 관련이 있다) 등 향후 이본 고찰에서 면밀히 해야 할 것이 많다. 아울러 『남보』 등과의 대비 고찰도 필요할 것이다(1890년대 필사된 성대본 『북보』에는 『남보』가 여러 차례 인용 기재되면서 참조되고 있다). 조선시대에 당파의 변경은 흔한 일은 아니지만 간혹 있는 사례들을 통해 그 의미를 도출할 수 있고, 또 小北派처럼 가문별로는 남인 또는 소론과 유난히 친한 경우가 많아 주목을 요한다. 그리고 한 인물을 두고 자당파로 끌어들이기 또는 빼버리기(逆賊의 경우)도 놓치지 말아야 할 부분들이다. 북보는 이처럼 黨人의 주요 가계를 쉽게 열람할 수 있는 장점이 있고, 그 가계를 일목요연히 요약 정리했다는 점에서 당쟁사 연구에 매우 중요한 자료로 평가되지만 또 다른 한 축으로 조선후기 소북파의 문학 연구에도 유용한 기

78 이는 당파보로서는 『북보』가 유일할 것으로 보인다.

능을 한다. 앞서 본 '팔문장', '34인의 約條人 명단', '오군자' 등등을 이어 1755년 을해년 英祖에게 峻少를 배척하고 '대탕평'에 동참하겠다는 다짐 상소를 한 20여 명의 소북 인물들[79]을 포함해 유수한 문학을 남겼으면서 아직 제대로 평가되지 못한 숱한 문인들의 문학세계에 대한 조명에도 그 소북으로서의 家系와 정치 문화 성향의 파악은 중요한 문제일 것이다.[80] 후고를 기약한다.

79 이건창. 『당의통략』 참조.

80 소북 문학 연구는 이제 시작 단계다. 강세황, 최성대 정도가 개별적으로 학계에 알려졌었을 뿐 '소북'이란 당파에 속한 집안이란 것조차 잘 알려지지 못했다(최근 허필, 송질, 임천상 등이 조명됨). 근래에 들어 소북파 문인 연구를 위한 자료 번역으로 후추 김신국, 죽창 강주, 사천 심제 등이 간행되었고, 초정 박수현의 문집, 임상원·임천상의 필기 잡록 『쇄편』이 번역 중에 있다. 소북 문인들은 詩會 및 집안 잔치 뿐만 아니라 유명 글들의 선집 및 필사, 선배 문집의 교정 및 간행 작업에 집체성을 띈 경우가 많다. 이에 대한 면밀한 자료 정리와 그 의미 도출도 필요하다.

한국족보의 특성과 동아시아에서의 위상

장서각소장 왕실보첩류의 종류와 현황 | 성 봉 현

장서각소장 왕실보첩류의 종류와 현황

—

성 봉 현

1. 머리말

조선왕실은 건국 초부터 『璿源錄』이란 왕실족보를 간행하였던 것으로 보인다.[01] 이와 같은 『선원록』은 태종 12년(1412)에

> 『璿源錄』·『宗親錄』·『類附錄』을 만들었다. 임금이 일찍이 하윤河崙 등과 의논하고, 이때에 이르러 李叔蕃·黃喜·李膺을 불러 그들에게 비밀히 말하였다. "李元桂와 李和는 태조의 庶兄弟이다. 만약 혼동하여 『선원록』에 올리면 後嗣는 어찌하겠는가? 마땅히 다시 族譜를 만들어 이를 기록하게 하라." 곧 三錄으로 나누어 祖系를 서술한 것은 '璿源'이라 하고, '宗子'를 서술한 것은 '宗親'이라 하고, 宗女와 庶孼을 서술한 것은 '類附'라 하여, 하나는 王府에 간직하고, 하나는 東宮에 간직하게 하였다.[02]

---

01 이러한 사실은 『태종실록』의 태종 9년(1409) 윤4월 13일(을묘)의 기사에 "건원릉(健元陵)에 비를 세웠다. 비문(碑文)은 이러하였다. "(전략) 신(臣)이 삼가 『선원록(璿源錄)』을 살펴보니, 이씨(李氏)는 전주(全州)의 망(望姓)이었다."라하여 권근이 건원릉의 비문을 찬하면서 『선원록』을 참고하였다고 한 사실에서 알 수 있다.

02 『태종실록』. 태종12년. 10월 26일(무인).

라하여 三錄의 체제로 바뀌었다. 왕실의 조계를 서술한 것은 '선원록'이라 하고, '종자'를 서술한 것은 '종친록'이라 하고, 종녀와 서얼을 서술한 것은 '유부록'이라 하였다. 이러한 기본적인 왕실보첩 외에도 왕실에서는 『御牒』·『八高祖圖』·『璿源系譜記略』·『加現錄』·『王妃世譜』·『璿源續譜』 등 다양한 보첩을 간행하였다.

왕실보첩은 왕실구성원을 중심으로하는 조선사회의 핵심 지배층을 연구하는데 필요한 기본 자료의 하나이다. 그리고 왕실구성원과 혼인관계를 통한 상층 지배신분층의 인적네트워크를 알 수 있다는 점에서 조선사회를 이해하는데 중요하다. 또한 사가족보와 편찬방식이 다르다는 점에서 족보사적으로도 중요하다.

장서각에는 譜閣의 奉藏 자료와 舊宗簿寺 庫舍所藏, 敦寧院所藏本, 北漢山城利來本 등을 합한 다량의 왕실보첩류를 소장하고 있다.03 현재 장서각에 소장된 왕실보첩류는 약 822종 5,280책에 이른다.04 이러한 장서각소장 왕실보첩류에 대해서는 그간 체계적인 연구가 부족하였다. 이에 한국학중앙연구원에서는 학술진흥재단의 지원을 얻어 『장서각소장 왕실보첩류 목록 및 해제』을 실시하였고,05 장서각 한국학자료센터 사업의 일환으로 『왕실족보의 전산화』 사업도 실시하였으며06, 『敦寧譜牒』(대왕편·왕비편)과 『列聖王妃世譜』 등을 영인 간행하였다.07

---

03 「藏書閣의 歷史」. 『藏書閣의 歷史와 資料的 特性』.(1996. 한국학중앙연구원)

04 장서각은 규장각과 더불어 우리나라 대표적인 왕실보첩의 수장처이다. 규장각은 327종 3,574책을 소장하고 있고, 장서각은 828종 5,250책을 소장하고 있으며, 국립중앙도서관이 112종의 왕실 보첩류를 소장하고 있다. 각 대학도서관에도 수종의 보첩류를 소장하고 있다.(『조선왕실 보첩류의 DB구축 및 왕실구성원 연구』. 2006년도 기초연구과제지원사업(인문사회분야) 「연구결과보고서」.)

05 한국학중앙연구원 장서각에서는 2006년 7월부터 2년간 한국학술진흥재단의 지원을 받아 "조선왕실 보첩류의 DB구축 및 왕실구성원연구"라는 과제를 수행하여 그 결과물로 『장서각소장 왕실보첩류 목록 및 해제』(민속원. 2010)와 『장서각 소장 왕실보첩자료와 왕실구성원』(민속원. 2010)으로 출간되었다.

06 「장서각」. 『한국학자료센터』.(http://royal.kostma.net).

07 『敦寧譜牒』(大王篇). 2006. 한국학중앙연구원장서각.
『敦寧譜牒』(王妃篇). 2007. 한국학중앙연구원장서각.
『列聖王妃世譜』. 2008. 한국학중앙연구원장서각.

본고에서는 그간의 연구성과를 바탕으로 간단히 장서각 소장 왕실족보의 종류와 그 현황에 대하여 간단히 소개하도록 하겠다.08

2. 『璿源錄』類

1) 『璿源錄』

『선원록』은 조선의 왕실보첩류 가운데 가장 오래된 족보로 건국 초부터 편찬되었던 것으로 생각된다.09 조선왕실에서 건국 후 바로 『선원록』을 편찬하게 된 것은 고려 말 왕실에서 『선원록』을 편찬하였던 전통을 이은 것이다.10 조선 건국 후에 편찬된 『선원록』이 크게 변화한 시기는 1412년(태종 12)이다. 태종은 왕실의 조계를 서술한 것은 '선원록'이라 하고, '宗子'를 서술한 것은 『종친록』이라 하고, 宗女와 庶孼을 서술한 것은 『유부록』이라 하여 왕실보첩을 삼록체제로 구분하여 편찬하였다. 이처럼 태종이 고려시대와 달리 왕실보첩을 3록체제로 분류하게 된 것은 "李元桂와 李和는 태조의 庶兄弟이다. 만약 혼동하여 『선원록』에 올리면 後嗣는 어찌하겠는가? 마땅히 다시 族譜를 만들어 이를 기록하게 하라."11에서처럼 왕실의 계통을 분명히 하기 위한 것이었다.

---

08 필자는 학술진흥재단에서 지원한 장서각의 "조선왕실 보첩류의 DB 구축 및 왕실구성원 연구"에 참여하였다. 그리고 장서각 한국학자료센터의 왕실족보 사업에도 참여한 바가 있다. 본고는 『장서각소장 왕실보첩류 목록 및 해제』을 바탕으로 작성되었다.

09 주1)과 같음.

10 고려왕실에서는 "임익任翊은 등과登科하여 충렬조忠烈朝에 거듭 옮겨 대사성大司成이 되었다.…(중략)…일찍이 교지敎旨를 받들어 『선원록璿源錄』을 찬撰하였으며 또 원元의 『세조사적世祖事跡』을 찬撰하였다(「列傳」.『高麗史』. 8권. 任懿任翊傳)"에서 알 수 있는 것처럼 『선원록』을 편찬하였음을 알 수 있다.

11 주2)와 같은 인용문.

이후 『선원록』은 1428년(세종 10)에

> 10년에 1번 『선원록』 개수, 3년마다 종실보첩을 수정한다.[12]

라하여 10년에 한 번씩 중수하였고, 宗室譜牒은 3년마다 수정하게 하였다. 여기서 종실보첩은 태종 12년에 『선원록』에서 분리되어 宗子를 수록하는 『종친록』과 宗女와 서얼을 수록하는 『유부록』을 가리키는 것으로 보인다.[13] 즉 1428년 부터는 『선원록』은 10년에 한번씩 중수하고, 『종친록』록 『유부록』은 매 3년마다 수정을 하였다. 이때 『선원록』의 수록 대상은 내·외 6대손까지로 한정되었다.

선초에 편간된 『선원록』은 임란으로 모두 유실되어 1604년(선조 37)에 선조의 명으로 龜川君 睟 등에 의하여 다시 만들어 졌다.[14] 이후 1681(숙종 7)에 왕실 내외의 자손을 순서와 계통에 따라 정밀하게 수정한 『선원록』 51책이 완성되었다.[15] 이렇게 완성된 『선원록』에는 당시 『종친록』과 『유부록』이 있음에도 본종과 외파를 합하여 수록하였다.[16] 수록의 방식은 한면을 6단으로 나누어 왕을 기준으로 6대손을 기록하되 본종은 각 종파의 마지막 부분에 추가로 3대를 더 실었다.[17] 즉 『선원록』에는 宗姓은 9대손까지, 외파는 6대손까지 수록하였다. 이후 선원록은 영조대까지 3년에 한번씩 당대 선원록을 작성하였으나 10년마다 하게 되어 있는 중수는 하지 않았고, 정조대 이후로는 당대선원록 조차 작성하지 않았다. 결국 『선원록』은 1681년

---

12 『세종실록』 세종 10년 10월 24일.

13 실제로 『종친록』과 『유부록』은 매 식년마다 수정하였다. 이하 『종친록』과 『유부록』참조.

14 甲午。丁內憂。執制以禮 亂後璿錄散亡。甲辰(1604)。命選宗英爲郎釐正之。公實與焉。訖。陞秩以奬(『愼獨齋先生遺稿』 제8권 「墓碣銘」 龜川君 墓碣銘)

15 『숙종실록』. 숙종 7년 8월 3일(계미).

16 1681년에 간행된 『선원록』 51책은 선초 『선원록』 본래의 모습을 충실히 반영한 듯하다. 특히 『종친록』과 『유부록』이 분리 되지 않은 점이나, 첩의 경우에 신분과 이름을 기록한 것이라든지 딸의 경우에도 출생 년과 이름을 기록한 것 등이 그러한 짐작을 가능케 한다. 이러한 편찬 방식은 당시 17세기 족보 편찬의 관행과 너무 다른 것이다.

17 홍순민. 1992. 「璿源錄 解題」. 『朝鮮王朝璿源錄』. 民昌文化社.

(숙종 7) 본이 최종본이다.

『선원록』은 기타 왕실족보나 사가족보와 다르게 여성정보가 비교적 풍부하여 유용하다.

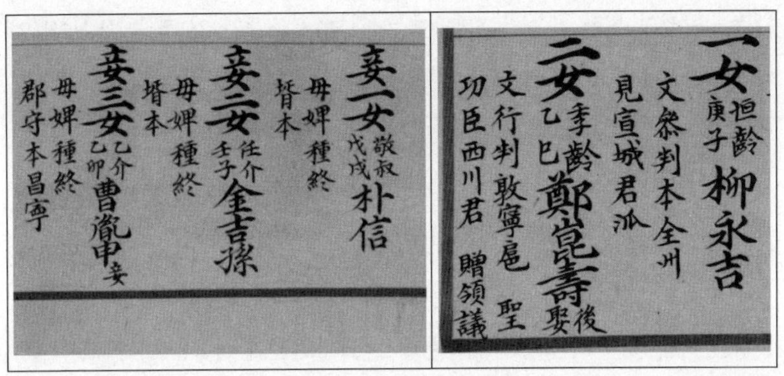
一女 恒齡 庚子 柳永吉
文叅判本全州
見宣城君泒
二女 季齡 乙巳 鄭崑壽 後娶
文行判敦寧 聖
功臣西川君 贈領議

妾一女 敬叔 戊戌 朴信
母婢種終
壻本
妾二女 任介 壬子 金吉孫
母婢種終
壻本
妾三女 乙介 乙卯 曹徹中 妾
母婢種終
郡守本昌寧

사가족보나 다른 왕실족보에는 전혀 기록이 되지 않은 여성의 이름과 출생년이 기록되어 있다. 또한 妾女인 경우에는 母의 신분과 성명이 기록되어 있는 점 등이 자료적 가치를 높이고 있다. 딸이 후취로 혼인한 사실, 첩녀가 다시 양반의 첩으로 시집간 사실이 기록된 유일한 족보이다. 초취와 후취가 있을 경우 자녀의 母가 누구인지 기록하였는데, 이점도 사가족보와는 다른 점이다. 이런 점에서 『선원록』은 조선전기 '가족'의 실제 모습을 재구성할 수 있는 자료이다.

장서각이 소장한 『선원록』은 2종이나 1종은 낙질본이다. 완질본 『선원록』은 1681년(숙종 7)에 이정청에서 주관하여 간행된 필사본으로 50권 51책(k2-1047)[18]이다.

18 이하 가로 안의 (k2-○○○○)은 장서각 청구기호이다.

2) 『宗親錄』

『종친록』은 태종이 1412년(태종 12)에 왕실족보를 『선원록』, 『종친록』, 『유부록』으로 세분하여 작성하도록 하면서 시작되었다.[19] 『종친록』은 종친 중 姓孫, 즉 왕의 男系 자손이 수록되며, 이때 嫡庶 모두가 기재되는 왕실족보이다. 현재 남아 있는 『종친록』에는 大君과 君의 자손들이 기재되어 있다.[20] 『종친록』은 각 왕대별로 2부를 작성하여, 하나는 王府에 보관하고, 다른 하나는 東宮에 간직하였다.

『종친록』의 형태는 『세종대왕종친록』의 예에서 보면 세종의 남계 손을 1대에 한행씩 내려가며 기록하는 방식이다. 전기사항은 출생년, 봉작명, 配의 본관과 父名 및 父의 관직 등 간략하게 기록하였다. 첩자인 경우에는 성명, 출생년, 종반직을 기록하고 세주 형태로 모의 신분과 이름을 기록하였다.

장서각에 소장된 『종친록』은 대부분 임진왜란으로 전주 사고를 제외한 선원록 봉안처가 소실되어 1603년(선조 36) 전주 사고의 선원록을 저본으로 필사한 것이다. 현재 장서각에는 표 1)에서 보는 바와 같이 『恭靖大王宗親錄』(K2-1105) 등 모두 9종 9책이 소장되어 있다.

3) 『類附錄』

『類附錄』은 1421년(태종 12)년에 체제를 갖춘 선원록의 하나로 宗女와 庶孽의 자손을 수록한 왕실보첩이다. 『유부록』 역시 2부를 작성하여 하나는 王府에 간직하고, 하나는 東宮에 간직하였다.

수록대상으로 왕의 공주·옹주 자손을 5대손까지 수록하였다. 공주의 경우에 출생모후를 기록하고, 공주의 자손들을 한단씩 내려가며 기록하는 방식

19 『태종실록』. 태종 12년 10월 26일(무인).
20 원창애. 2007. 「조선 후기 선원보첩류의 편찬체제와 그 성격」. 『장서각』 17. 43쪽.

으로 5대손까지 수록하였다. 『世宗大王類附錄』에서 수록자가 男인 경우에 名, 生年, 母의 姓氏, 본인관직, 배우자의 성과 본관, 배우자 부의 성명과 관직 등을 기록하였다. 수록자가 女(딸)인 경우는 名, 生年, 母의 姓氏, 배우자의 성명과 관직 등을 기록하였다. 유부록에서 주목되는 내용은 일반족보에서는 생략된 딸(女)의 名과 생년이 수록되어 있다. 그리고 수록 대상자가 첩의 소생인 경우에는 모(母)의 명(名)과 신분이 良女 혹은 婢인지를 기록하였다. 이처럼 조선전기 『유부록』에 딸의 성명, 출생년, 모의 신분과 성명이 기록되어 있는 것은 사가족보 등에서는 찾아 볼 수 없는 유용한 정보이다.

장서각에는 표 2)에서 알 수 있는 것처럼 『恭靖大王類附錄』 등 약 11종 26책이 소장되어 있다. 장서각 소장 『類附錄』 가운데 간사년이 가장 빠른 것은 1587년(선조 20;k2-1517・k2-1518) 본이고, 대부분은 17세기에 필사된 것이다.

4) 『宗親錄類附錄合本』

앞서 언급한 바와 같이 1412년(태종 12)에 『선원록』에서 『宗親錄』과 『類附錄』이 분리되어 간행되었다. 그러나 표 1)・2)에서처럼 『선원록』에서 각 왕대의 『종친록』과 『유부록』이 나뉘어 별책으로 간행되기도 하였지만, 많은 경우에 『종친록』과 『유부록』을 한책으로 묶어서 간행하기도 하였다. 즉 표 3)에서처럼 각 왕대의 종친록과 유부록을 합본하여 1책으로 간행한 것이 장서각에는 10종 10책이 소장되어 있다. 이 가운데 『睿宗大王宗親錄類附錄(合)』・『仁祖大王宗親錄類附錄(合)』은 동서 2부씩인데, 1부는 초본이고 다른 일부는 정서 본으로 보인다. 초본인 『인조대왕종친록유부록』(k2-1530)에는 매 면의 변란 부위에 관인이 찍었다. 『종친록유부록』 합책본도 간사년으로 보아 임진왜란으로 전주 사고를 제외한 선원록 봉안처가 모두 소실되어 1603년(선조 36) 전주사고의 선원록을 저본으로 필사한 것으로 보인다.

그후 다시 병자호란으로 종부시와 강화에 보관되어 오던 선원록의 원본과 중초본이 소실되어 1639년(인조 17) 태백산 사고본을 등사하여 적상산성과 종부시에 보관하였다. 장서각 소장본은 적상산성에 소장되어 있었던 본이다. 합책된 각 왕대의 『종친록유부록』은 1639년 『中宗大王宗親錄類附錄』(k2-1531)은 22장이지만 대체로 4장에서 2장의 분량에 불과하고, 순서는 종친록을 앞에 유부록을 뒤에 수록하였다.[21]

5) 『當代璿源錄』

『當代璿源錄』은 재위 국왕 자녀들의 변화를 식년마다 수록한 보첩이다. 따라서 대부분의 『당대선원록』은 1책에 1장에 그치고 있다. 『선원록』은 1428년(세종 10) 부터는 10년에 한 번씩 증수하고, 매 3년마다 수정되었다. 따라서 3년마다 수정을 위해 작성된 선원록이 『當代璿源錄』인 셈이다. 수록방식은 1면을 6단으로 나누고 극행의 우측에 2행으로 '當代璿源錄 主上殿下'라 기록하고, 그 좌측에 자녀의 차서와 이름(名), 생년, 모후를 기록하였다. 배우자가 있을 경우에는 배우자의 본관, 부의 이름(名)과 관직을 기록하였다.

장서각에는 표 4)에서처럼 『당대선원록』 약 21종을 소장하고 있다. 『당대선원록』 가운데 시기가 가장 빠른 것은 1693년(肅宗 19) 『當代璿源錄』이고, 이후 1760년(英祖 36) 『庚辰璿源錄』까지 소장하고 있다. 『선원록』은 1681년(숙종 7)본 이후 새로이 간행되지는 않았으나, 『선원록』을 수정하기 위한 『당대선원록』은 1760년(영조 36) 까지 계속 간행되었다.

---

21 각왕대의 『○○대왕종친록유부록』 합책본의 표지서명은 『○○대왕종친록유부록』이며, 『종친록』이 앞에 『유부록』이 뒤에 나뉘어 수록되어 있다. 이러한 합책본이 장서각의 『한국본도서목록』에는 각왕대의 『○○대왕종친록』으로 서명이 기록되어 있어 착각할 수 있다.

3. 『加現錄』

『加現錄』은 선원록에 누락된 왕의 친족을 추가로 기재하는 보첩을 말한다. 『가현록』에는 『宗親加現錄』·『類附加現錄』·『璿源加現錄』·『璿源加現十代錄』 등이 있다. 장서각에는 임란으로 소실된 선원록을 1603년(선조 36) 다시 등사한 이후 매 식년마다 작성된 가현록이 소장되어 있다. 그런데 장서각소장 『加現錄』은 서명에 식년표시만 되어 있어 정확한 간행시기를 알 수 없는 것이 많다. 그리고 『가현록』은 표지서명과 권수제가 일치하지 않는 경우도 많다.

장서각에 소장된 『가현록』은 같은 식년의 것이 여러본 소장되어 있다. 이는 정서본 『가현록』이 대체로 2~3부가 남아 있는 경우이고, 또 정서본을 작성하기 위해 종부시에서 작성한 초본도 남아 있다.[22]

『가현록』은 선원록을 작성한 후에 새로 선원세계단자를 제출한 이들을 대상으로 하기 때문에 선원록과 책명이 같을 수밖에 없다. 1681년(숙종 7) 『선원록』이 수정 개수되기 이전에서부터 『선원록』에서 『종친록』·『유부록』으로 구분되어 있었기 때문에 가현록 역시 『종친가현록』·『유부가현록』이라 하고, 『선원록』으로 개칭된 이후에는 『선원가현록』이라 하였다.[23] 장서각소장 『가현록』은 약 180종이다.

1) 『璿源加現錄』

『선원가현록』은 1681년(숙종 7) 『종친록』·『유부록』을 수정하여 합본한

22 「조선왕실 보첩류의 DB구축 및 왕실구성원 연구」. 『연구결과보고서』. 2006년도 기초연구과제지원사업(인문사회분야).

23 위와 같은 책.

『선원록』에 누락된 국왕의 내외자손을 수록한 보첩이다. 이제까지 『종친가현록』과 『유부가현록』으로 분리되어 작성하였던 것을 통합하여 『선원가현록』이라 한 것이다. 그러나 『종친가현록』 중심이고, 『유부가현록』은 첨부하는 형식이다. 즉 각 대군과 군의 후손 가운데 새로 파악된 종자와 첩소생 들을 수록하되, 女系(딸)의 후손들은 수록하지 않았다. 『선원가현록』은 1681년(숙종 7) 『선원록』이 간행되고 난 이후에 누락된 국왕의 자손들을 수록한 것이기 때문에 표 5)에서 알 수 있는 것처럼 가장 빠른 것이 1684(숙종 10)년에 간행한 『甲子式年璿源加現錄(k2-1243)』이다.

『선원가현록』의 수록방식은 1면 6단에 『선원록』과 같이 왕의 성손은 9대손까지 외손은 6대손까지 수록하였다. 이것은 조선후기 족보가 본손(本孫;姓孫) 중심으로 수록하고 외손은 몇 대로 제한하는 편찬 체제에 영향을 받은 것으로 보인다. 조선초기 『선원록』은 왕의 6대손까지 수록하였으나, 1681년(숙종 7)에 간행된 『선원록』은 성손을 9대손까지 수록하였다. 따라서 『선원가현록』 역시 예전에 수록되지 않았던 7~9대손이 가현되어 종친 가현 인원이 급증하면서 책 수도 대체로 4권 4책으로 늘어났다. 장서각에는 『선원가현록』이 표 5)처럼 약 105종을 소장하고 있는데 가장 빠른 시기의 것이 1684(肅宗 10) 『甲子式年璿源加現錄』(k2-1243)이고, 목록상 간인 년을 확인 할 수 있는 것 가운데 가장 늦은 시기의 것은 1861(哲宗 12) 『辛酉式年璿源加現錄』(k2-1509)이다.

2) 『宗親加現錄』

『종친가현록』은 『종친록』에서 누락된 각 대군·군 소생의 아들만을 수록한 보첩이다. 수록방식은 국왕과 왕비명을 기록하고 왕자의 차서, 적서, 명(名), 생년(年甲), 작호, 처부의 성명, 본관, 관직 등을 기록한 다음에 그 소생들을 수록 하였다. 『종친가현록』은 첩의 소생인 경우에는 모의 신분과

명을 기록하기도 하였다. 이러한 『宗親加現錄』의 수록내용은 『선원록』의 등재인물 수록방식과 유사하다. 장서각에는 표 6)처럼 약 16종의 『종친가현록』이 소장되어 있는데, 표지서명은 '某式年宗親錄'으로 되어 있으나, 권수제는 '某式年宗親加現錄'이다.[24] 장서각의 『宗親加現錄』 중에서는 1639(인조 17) 『己卯式年宗親加現錄』(k2-1305)이 가장 빠르고, 목록상 간사년이 확인된 것 가운데서는 1678년(숙종 4) 『戊午式年宗親加現錄』(k2-1499)이 가장 늦은 본이다.

3) 『類附加現錄』

『類附加現錄』은 宗女와 庶孼을 수록한 왕실족보로 대군·군의 첩자손과 공주·옹주의 자손들 가운데 새로 파악된 인물을 수록하였다. 수록대상은 대군·군의 첩자손과 공주·옹주 자손을 5대손까지 수록하였다. 장서각에는 표 7)에서 처럼 약 14종의 『유부가현록』이 소장되어 있는데, 표지서명은 '某式年類附錄'으로 되어 있으나, 권수제는 '某式年類附加現錄'이다.[25] 장서각의 『유부가현록』은 1639(仁祖 17;k2-1304)본이 가장 빠르고, 1678년(肅宗 4;k2-1497)본인 『戊午式年類附加現錄』이 가장 늦은 본이다.

---

24 『某式年宗親加現錄』의 표지서명은 '某式年宗親錄'으로 되어 있어 『종친록』과 혼돈을 일으킬 수 있다. 그러나 『종친록』은 그 서명이 『○○대왕종친록』으로 되어 있고, 『종친가현록』은 표지서명이 『某式年宗親錄』으로 되어 있어 차이가 있다. 그리고 『某式年宗親錄』의 권수제가 '某式年宗親加現錄'으로 되어 있어, 이것이 『모식년종친가현록』임을 알 수 있다.

25 『某式年類附加現錄』의 표지서명은 '某式年類附錄'으로 되어 있어 『유부록』과 혼돈을 일으킬 수 있다. 그러나 『유부록』은 그 서명이 『○○대왕유부록』으로 되어 있고, 『유부가현록』은 표지서명이 『某式年類附錄』으로 되어 있어 차이가 있다. 그리고 『某式年類附錄』의 권수제가 '某式年類附加現錄'으로 되어 있어, 이것이 『모식년유부가현록』임을 알 수 있다.

4)『宗親錄類附加現錄合本』

장서각에는『宗親錄類附錄合本』이 있듯이『宗親錄類附加現錄合本』있다. 본 서의 표지서명은 '某式年宗親錄類附錄合本'으로 되어 있으나, 권수제는 '某式年宗親加現錄'으로 되어 있다. 즉 '종친가현록'과 '유부가현록'을 합본하여 간행한 것이다. 앞 부분에 '종친가현록'을 수록하고, 뒤에 '유부가현록'을 수록하였다. 수록방식은 각왕과 왕비를 기록하고, 그 다음에 대군·군의 자손 가운데 누락된 적자와 첩자 순으로 남계만을 수록하였다. 첩의 소생인 경우에는 그 母의 신분과 성명도 수록하였다.[26]

장서각에는『종친록유부가현록합본』이 14종 소장하고 있는데, 간사년 확인된 본 가운데 1612년(광해4;k2-1466)본이 가장 빠르고, 1750년(영조26;k2-1266)본이 제일 늦은 본이다.

5)『璿源加現十代錄』

『선원가현십대록』은 1681년(숙종 7)에 『선원록』이 작성되자, 이에 수록되지 못한 국왕의 9대 이하 자손을 13대까지 수록한 것이다. 즉『선원록』에 남계는 9대손까지, 여계는 6대손까지만 수록하였으므로, 10대 이하 자손을 수록한 것이다. 보첩의 명칭도『璿源加現十代錄』혹은『璿源十代加現錄』이라 하였다.

『선원가현십대록』의 기재 방식은 첫째 칸에 대군·군의 이름을 기재하고, 둘째 칸에 9대손의 이름을 기재하고, 세 째 칸 이후에 10대손에서부터 13대

26 본『宗親錄類附加現錄合本』은 표지서명이『모식년종친록유부록합일권』으로 되어 있어『宗親錄類附錄合一卷』본과 혼동할 수 있다. 두본의 차이점은『宗親錄類附錄合一卷』의 표지서명은『○○大王宗親錄類附錄合一卷』인데 반하여,『宗親錄類附加現錄合本』은 표지서명이『모식년종친록유부록합일권』으로 되어 있다.

까지 수록하였다. 『선원가현십대록』은 『선원록』에 수록되지 못한 남계 9대손 이하를 파악하기 위한 보첩이었으므로 당연히 아들만 수록하였다. 아들의 경우에도 이름만 기록하고 전기사항은 기록하지 않았다.

장서각에는 『선원가현십대록』 약 31종 49책을 소장하고 있다.[27] 장서각 소장 『선원가현십대록』은 1618년(光海10;k2-1503)본인 『戊午式年宗親十代加現錄』이 가장 빠른 시기의 것이고, 1873(高宗10; k2-1284)본인 『癸酉式年宗親十代加現錄』 가장 늦은 본이다.[28]

4. 『璿源系譜記略』

1679년(숙종 5) 2월 낭원군 이간은 璿源寶系를 상고하고 또 公私의 문서를 모아 비교 종합하여, 訛傳된 것은 바로잡고 쓸데없는 것은 깎아 버리고, 서로 어긋나는 것은 변통시켜 정리가 井然하게 된 『璿源寶略』 1冊을 숙종에게 올렸다.[29] 숙종은 이 책이 상세하고 朝宗流派도 알기 쉽다고 하여, 창성군 泌과 회원군 倫에게 교정하여 간인할 것을 명령하였다. 다음해인 1680년 정월에 간본에 틀린 부분이 많아 이간의 주관 하에 종부시에 교정청을 두고, 1681년 9월에 전후 교정을 마치고 『선원계보기략』이라하여 간행하였다.[30]

『선원계보기략』은 1679년(숙종 5)에 최초로 간행된 후 1900년까지 약

---

27 『장서각소장 왕실보첩류 목록 및 해제』. 2010. 민속원. 353-354쪽.

28 본 『선원십대가현록』의 경우에도 표지서명은 '某式年璿源十代錄'이나, 권수제는 '某式年璿源十代加現錄'으로 되어 있다.

29 『송자대전』 149권. 『선원계보기략』 「발」(1684(숙종10) 송시열찬)

30 『선원계보기략』 총서(k2-1036). 그러나 『실록』이나 『승정원일기』 등에는 계속적으로 『선원보략』으로 지칭되고 있음을 알 수 있다.

220년 동안 104회 개간되었으며, 간행되지는 않은 경우까지 포함하면 수정 회수는 약 120회에 달한다.[31] 『선원계보기략』의 분량도 1책에서 1700년(숙종 26)에는 2책, 1720년(숙종 46)에는 4책, 1735년(영조 11)에는 7책, 1760년(영조 36) 이후에는 8책으로 점차 확대되었다.

장서각에 소장된 『선원계보기략』은 약 126종인데, 이 가운데 완질본은 표 10)처럼 47종[32]이고, 여기에 규장각에만 소장된 유일본 17종[33]을 더하면 약 64종이 현전한다.[34] 그런데 『선원계보기략』은 간행시기에 따라 수록된 자손록이 다르다. 이를 장서각소장 『선원계보기략』 완질본을 가지고 검토하면 다음과 같다.

1679년본 부터 1759년(영조 35)본 이전에 간인된 『선원계보기략』의 譜圖(系譜)에는 태조・정종, 태종, 세종・예종, 성종 자손록이 생략되었고, 중종・명종 자손록에서부터 간행시 재위왕의 자손록까지 수록되었다. 1760년(영조 36)본부터는 이전 본에서 생략되었던 태조・정종, 태종, 세종・예종, 성종 자손록이 새로 『선원계보기략』에 수록되었고, 이어서 간행시 재위국왕의 자손록까지 수록되었다. 1779년(정조 3)본부터는 진종과 사도세자

---

31 홍순민. 앞의 논문. 29쪽. 『선원계보기략』의 간행 회수는 연구자들에 따라 조금 다르다. 홍우희는 「총서」의 기록에 의하면 숙종 5년(1678) 초간본에 이어 110회 간행되었다고 하였다(홍우희. 2007. 「『璿源系譜記略』 「跋文」연구. 『장서각』 17. 100쪽). 윤인현은 숙종 5년(1679)에 시간된 이후 1932년 이왕직에서 마지막 간행을 하기까지 250년 동안 114회가 간행되었다고 하였다.(尹仁鉉. 1992. 『『璿源系譜記略』의 板本硏究』. 중앙대학교 대학원 박사학위논문(미간행). 23쪽). 원창애는 1679년(숙종 5)부터 1908년(순종 2)까지 115회 수정보간되었다고 하였다.(원창애. 앞의 논문. 60쪽) 이는 각 연구자가 참고한 자료나 마지막 간행 시점을 보는 시각의 차이이다.

32 장서각에는 47종의 완질본 『선원계보기략』을 소장하고 있다. 이 가운데 철종년간 간행된 『선원계보기략』은 총서와 보첩 내용의 연대가 일치 하지 않는다. 따라서 철종년간에 간행된 『선원계보기략』은 완전한 것이라 할 수 없다.

33 규장각 소장 『선원계보기략』은 홍순민의 논문에 부표인 『선원계보기략』 「중교보간연표」에 기록된 규장각 소장본에서 장서각 소장본을 제외한 숫자이다.(홍순민. 1990. 「조선후기『선원계보기략』 改刊 추이」. 『奎章閣』 13. 서울대학교 도서관. 36-38쪽)

34 『선원계보기략』은 장서각과 규장각에 대량으로 소장되어 있다. 그러나 장서각소장 완질본과 규장각소장 완질본을 합하여도 약 100종의 『선원계보기략』 가운데 64종 만 확인된다. 그런데 『선원계보기략』은 간인후 종실과 신하들에게도 반사되었다. 따라서 현재 우리나라 주요 고서 수장 도서관 등에도 『선원계보기략』이 소장되어 있다. 이러한 각 기관의 조사 종합하여야 하지만 거기에 미치지 못하였다.

자손록이 『선원계보기략』에 수록되었고, 1892년(고종 29)본부터는 도조·환조 자손록도 수록되기에 이르렀다.

『선원계보기략』에 수록된 왕친의 범위도 그 시기에 따라 약간의 변화가 있었다. 1679년(숙종 5)에는 중종의 왕자와 姓孫은 四代까지, 공주·옹주 등 외손은 1대까지만 기록하였다. 그러나 선조자손은 숙종의 근친이기 때문에 내외구분하지 않고 제한없이 수록하였다.[35] 1719년(숙종 45)에는 제한없이 수록하였던 선조의 자손을 성손은 10대까지, 외손은 7대까지만 수록하였다. 1760년(영조 36)에는 『선원계보기략』 보도에서 제외되었던 중종조 이전의 열성조 자손록을 붙이게 되면서 수록 대상이 내손은 4대로 축소되었고, 외손의 경우도 선조조 이후로는 4대로 축소되었으나, 실제 『선원계보기략』에 수록된 외손은 3대로 축소되었다.[36]

『선원계보기략』에서 자녀의 수록은 先男後女로 하였고, 공주를 제 왕자의 위에 기록하였는데, 이러한 자녀의 수록방식은 조선후기 1908년(융희 2)본까지 일관되게 지켜진 원칙이다.[37]

『선원계보기략』의 체제는 이간이 올린 『선원계보략』은 凡例, 四王以上世系, 列聖繼序圖, 譜圖上下로 되어 있다. 1681년 『선원계보기략』이 보간되면서 체제는 범례, 璿源先系, 譜圖, 跋文의 순서로 되었다. 1783년(정조 7)부터는 서문, 총서, 범례, 선계, 계서지도, 세계, 팔고조도, 도보(자손록), 발문 등의 체제로 되었다.

1679년본 이후 『선원계보기략』의 범례는 개간될 마다 새로 추가된 조목을 구보의 범례 뒤에 첩록하여 수록하는 방식으로 간행되었다. 이간의 『선원보략』의 범례는 14조목이고, 『선원보략』을 1679년(숙종 5)에 교정하여 간인한 『선원계보기략』의 범례는 7조목이었다. 이후 『선원계보기략』의 범례

35 원창애. 앞에 논문. 55쪽.

36 원창애. 앞의 논문. 60-61쪽.

37 『선원보략』 숙종 5년본(1679) 범례와 『선원계보기략』 숙종 5년본(1679) 범례. 그리고 공주를 제 왕자의 위에 수록하였다는 것은 정궁소생과 후궁소생을 구분한 것이다. 이는 사가족보에서 적서를 구분하는 것과 형식적으로는 같은 경우라 할 수 있다.

는 1679본(숙종 5;k2-966)에서부터 1779년(정조 3;k2- 993A)까지 점차 확대되어 103조목에 이르게 되었고, 1795년(정조 19)본 부터는 정조가 舊本에 실었던 범례를 모두 삭제하고 범례와 總敍를 다시 짓도록 하여 書法은 범례에서 찾아보고 補刊 사실은 총서에서 찾아볼 수 있게 하여 10조목으로 고정하였다.[38]

다른 왕실보첩이 필사본인데 비하여 『선원계보기략』은 목판본으로 간인되었다. 1679년(숙종 5)에 간인된 이후 120여 차례나 개간되었는데, 이때 간인방식은 앞에 판각한 책판을 이어서 첨록하여 간인하였다.

5. 『敦寧譜牒』

『돈령보첩』은 성종대부터 작성되었을 것으로 여겨지나, 임진왜란으로 모두 소실되어 1649년(효종 즉위년) 다시 작성되었다.[39] 『돈령보첩』의 재작성 동기는 족친위의 모록을 막고, 왕실 친족의 예우를 위한 것이었다.[40]

『돈령보첩』은 대왕편과 왕후편으로 구성되어 있다. 『돈령보첩』의 작성은 매 식년(간지에 子·卯·午·酉가 들어가는 해)마다 2부씩 작성되었는데, 이를 正案과 次案이라 하였다. 돈령부에서는 3년마다 『돈령보첩』을 작성하기 위해서 족보청을 설치하고 돈령단자를 받아 정리하였다.

『돈령보첩』에 기재되는 내용은 등재 인물의 차서, 이름, 직역 등을 간략히 기재되었다. 차서와 직역은 이들이 돈녕직의 대상인지, 족친위의 대상인

38 성봉현. 2010. 「『선원계보기략』의 자손록과 범례를 통해본 변화」. 장서각발표문.
39 원창애. 2009. 「조선후기 『돈령보첩』의 연구」. 『조선시대사학보』 48. 88쪽.
40 원창애. 위의 논문. 124쪽.

지 파악하는 근거가 되었다. 『돈녕보첩』은 왕실의 혈통을 기록하기 위한 보첩이 아니라 돈녕부의 공문서적 성격을 가지므로 다른 왕실 보첩과 달리 대상자 위주로 수록되어 있다. 따라서 다른 선원보첩류에 비해 수록 인원이 적고, 차서도 출생 순으로 정리되지 않은 경우가 많다.

『돈령보첩』의 수록대상은 왕친, 왕후, 세자빈의 친족이다. 이들 중 왕친은 『돈령보첩』 대왕 편에 수록하고, 왕후·세자빈의 친족은 『돈령보첩』 왕후 편에 수록하였다. 1681년 이후 부터는 『돈령보첩』의 수록대상 범위가 宗姓은 9대손, 異姓 6대손까지 수록하였다.

왕후편에 수록 대상자는 왕후의 同姓은 8촌(왕후의 先代로 4대, 下代 4대)이고 異姓은 5촌(왕후의 선대 3대, 하대 3대)이내며, 세자빈 同姓은 6촌(세자빈의 선대 3대, 하대 3대)이고 異姓은 3촌(세자빈의 선대 2대, 하대 2대) 이내의 촌수이다. 왕비편에서는 각 왕비의 본가의 계보뿐만 아니라 외증조계·조모부계·외조모부계의 계보도 함께 수록하였다.

장서각에 소장된 『돈령보첩』은 표 11)처럼 1649년(효종 즉위년)에 작성된 보첩으로부터 고종대 작성된 것까지 약 46종이 남이 있다. 이 가운데 대왕편과 왕비편이 모두 갖추어진 완질본은 38건이며, 완질본 가운데 正案과 次案(中案) 2부 모두 있는 것은 33건이다. 나머지 5건은 대왕·왕후편이 각 1부씩인 경우 1건, 왕후편이 1부만 있는 경우 1건, 대왕편 1부가 결본인 경우 3건이다.[41] 완질본은 1649년(효종 즉위년)에 작성된 것부터 1756년(영조 32)에 이르는 시기의 것과 1870년(고종 7)에 작성된 보첩이다. 1756년 이후에도 『돈령보첩』은 계속 작성되었을 것으로 여겨지나, 현재 장서각에는 고종 연간에 작성된 『돈령보첩』 일부가 소장되어 있을 뿐이며, 정조·순조·헌종·철종대의 『돈령보첩』은 전혀 없다. 다만 1909년(융

41 『장서각종합목록』에는 장서각에 소장된 『돈령보첩』의 대왕편과 왕비편이 따로 도서번호 부여 되어 있다. 그리고 원본의 책수가 많은 대왕편은 착종현상이 심하다. 이러한 『돈령보첩』에 대해서는 학술진흥재단에 지원한 『조선왕실 보첩류의 DB구축 및 왕실구성원 연구』에서 확인하여 별도의 임시번호를 부여하여 목록을 작성하였다. 본고에서는 이렇게 임시번호를 부여하여 출간된 『장서각소장 왕실보첩류 목록 및 해제』을 참고하였다.

희 3) 4월 1일 북한산성 행궁에 소장된 전적을 조사한 목록인 『北漢冊目錄』(규 26740)을 통해서 정조대 이후에도 『돈령보첩』이 작성되었다는 사실을 확인 할 수 있을 뿐이다.[42]

6. 『御牒』

장서각에는 표 12)처럼 『國朝譜牒』 9종, 『譜牒』 2종, 『御牒』 2종, 『朝鮮國譜』 1종 등 14종을 소장하고 있다. 이들 왕실보첩은 서명은 다르나 『어첩』류에 속한다.[43]

『어첩』류 가운데 가장 오래 된 것은 『조선국보』이다. 『조선국보』의 필사시기는 동 보첩의 문말에 "主上殿下 妃金氏光城府院君萬基女 一女 早卒"로 되어 있는 것으로 보아 1680년(숙종 6)경으로 추정된다.[44] 수록방식은 전주이씨 시조에서 17대 陽茂까지의 명(名)과 관직을 기록하였다. 그 다음으로 목조에서 숙종까지 국왕과 왕비을 기록한 다음 자녀들을 선남후녀 형식으로 기록하였다. 왕자들의 차서도 출생순에 따라 수록하였다. 이러한 형식은 사가족보의 家牒이나 家乘과 유사한 기록방식이다.

『國朝御牒』의 편간은 『선원계보기략』의 수정 때문이었다. 1679년(숙종 5) 2월에 李偘이 올린 『선원보략』을 근간으로 그해 11월에 『선원계보기략』이 간행되었다. 『선원계보기략』 간행을 위해서 『선원보략』의 내용을 수정하

42 본 『돈령보첩』에 대한 서술은 『조선왕실 보첩류의 DB구축 및 왕실구성원 연구』, 「연구결과보고서」(2006년도 기초연구과제지원사업(인문사회분야))의 내용을 요약 정리한 것이다.

43 본 『어첩』에 대한 서술은 원창애의 「조선 후기 선원보첩류의 편찬체제와 그 성격」(『장서각』 17. 49-52쪽.)과 김일환외 2인. 2010. 『장서각소장 왕실보첩류 목록 및 해제』. 민속원을 참고하여 작성하였다.

44 『朝鮮國譜』. 문말 참조.

였는데, 이때 각왕과 왕비의 묘호와 시호, 왕과 왕비의 사적을 교정하여야 하였다. 그런데 교정을 위해선 축판과 실록 그리고 어첩을 대조하여야만 하였다. 그러나 11월에 간행된 『선원계보기략』은 열성세계의 왕과 왕비의 휘호와 사적에 여전히 오류가 있어, 이를 바로잡기 위해서는 어첩의 수정이 불가피하였다. 그래서 어첩의 수정을 위한 교정청이 설치되었으며, 어첩의 교정이 1681년(숙종 7) 8월초에 끝나 『국조어첩』으로 수정 간행되었다.

『국조어첩』의 수록방식도 전의이씨 시조에서부터 17세 將軍 陽茂까지 간략히 諱와 官만쓰고 配位가 확인되면 처의 씨명과 처부의 名을 표기하였다. 이어 穆祖에서부터 어첩을 간행할 당시의 재위 국왕까지 수록하되, 국왕에 대해서는 官·業績·生沒·尊號·妃·陵·子女 등을 간략히 기록하였다. 王妃에 대하여서는 繼妃까지 尊號·本貫, 父의 官職姓名, 生沒年代 등을 자세히 기록하였다. 자녀는 大君, 公主, 君, 翁主의 순으로 수록하되 연령별로 기록하였다. 그러나 왕위를 계승한 왕자를 적장자로 보아서 출생 차서를 무시하고 맨 앞에 기재하였다.

이러한 『국조어첩』의 체제는 1783년(정조 7)에 변화가 있었다. 정조의 명에 의하여 『열성팔고조도』를 어첩의 뒷부분에 붙이게 되었다. 정조는 圖와 譜는 모두 보첩이므로 『열성팔고조도』를 『국조어첩』과 『선원계보기략』에 붙이게 하였다. 즉 조선전기에는 왕실의 가첩 형식이었던 어첩이 후기에는 가승적 요소가 가미되고, 『열성팔고조도』를 붙임으로써 종통과 왕의 출자를 명백하게 밝히는 보첩이 되었다.[45]

『국조보첩』은 현종 연간에 왕실의 계보를 정리한 책이다. 『국조보첩』은 영조때를 시작으로 헌종·고종 그리고 이왕직에 의해 1931년에도 편찬되어 현전하고 있다. 영조때 만들어진 보첩에는 시조부터 孝章世子까지를 수록하고 있으며, 헌종때 편찬된 『국조보첩』은 시조에서 헌종까지의 내용을 담고 있다. 『국조보첩』은 전주이씨의 시조와 그들의 배우자를 비롯하여 조선 개

---

45 원창애. 2007.「조선 후기 선원보첩류이 편찬체제와 그 성격」.『장서각』17. 49-53쪽.

국 이후 역대 왕과 왕비의 묘호, 시호, 존호, 휘호, 탄강과 승하, 능침, 왕자와 왕녀 등을 세계에 따라 순서대로 기록하였다. 부록에는 태조 이래 역대 왕의 『팔고조도』를 수록하였다.

『譜牒』(k2-962)은 1714년(숙종 40)에 필사한 보첩으로 추정된다. 효종에서 현종·숙종의 자녀 이름과 봉군명을 수록하였다. 『보첩』(k2- 963)은 1720년(숙종 46)에 필사된 것으로 추정된다. 효종에서 현종·숙종의 자녀 이름, 봉군명, 부마와 그 자손의 이름, 관명, 繼後 사항을 무자식년(1705)·신묘식년(1711)·갑오식년(1714)·정유식년(1717)·경자식년(1720)마다 기록한 것이다.

『어첩』(k2-1063)·(k2-1064)은 1902년에서 1906년 사이에 宗正院에서 필사한 것이다. 『어첩』(k2-1063)·(k2-1064)은 다른 『어첩』류와 차이가 있다. 다른 『어첩』은 전주이씨 시조 이한에서부터 시작하지만, 본 『어첩』은 태조부터 시작한다. 같은 시기에 필사된 『국조보첩』(k2-914)과 비교할 때 정조의 생부인 장헌세자도 누락되어 있다. 『어첩』(k2-1063)·(k2-1064)의 체제는 태조부터 왕위를 계승한 繼序에 따라 정리되어 있고, 왕대별로 장을 달리하여 기재하였다. 이와 같은 『어첩』(k2-1063)·(k2-1064)은 미완의 책으로 추정된다.[46]

7. 『列聖王妃世譜』

선초에 韓繼禧과 閔沖 등이 왕의 명으로 『왕비세보』를 찬술하였으나 전해지

46 어첩의 개별 자료에 대한 설명은 『장서각소장 왕실보첩류 목록 및 해제』(김일환외 2인. 2010. 민속원)을 참고하여 작성하였다.

지 않고, 1681년(숙종 7)에 『왕비세보』 3권이 처음으로 종부시에서 작성되었다.[47] 이 때 찬술된 『列聖王妃世譜』는 왕비의 선대를 직계만을 중심으로 수록한 족보로 8권 3책이다(k2-1693). 그런데 『열성왕비세보』가 왕비의 친족을 관할하는 돈령부에서 작성되지 않고 종부시에서 작성된 것은 처음 『열성왕비세보』의 작성이 종부시에서 편간하는 『선원계보기략』·『종친록』·『유부록』의 수정 작업을 통해 간행되었기 때문이다.[48] 이후 『열성왕비세보』는 1735년(영조 11)에 개수되기 시작하여 1757년(영조 33)부터는 정례화 되어 모두 약 55회가 개수되었다.[49]

『열성왕비세보』의 편찬체제는 왕비의 성씨와 본관, 부, 모, 조부, 증조, 고조 등으로 거슬러 올라가면서 전기사항을 기록하였다. 수록인물에 대한 전기사항에는 성명·직함·생졸·향년·장지·등과년·처(봉작명, 본관, 성씨, 처부직함, 이름) 등을 기록하였다. 왕비를 여러 번 배출한 성관은 보첩의 앞 부분에 나오는 왕비편에서 성관 계통을 상세히 밝히고 나중에 기재되는 왕비편에서는 단지 근파만 기재하였다. 『열성왕비세보』에는 왕비의 부모 즉 국구·부부인의 碑誌를 기록하여 왕비의 부계와 모계의 선대를 상세히 알 수 있도록 하였다. 이러한 『열성왕비세보』의 편찬체제는 조선후기 사대부가에서 일반적으로 많이 간행하였던 외보와 비슷하다.[50] 차이점은 사가의 외보는 대체로 시조에서부터 배위까지의 한단씩 내려가며 일직선상의 祖을 기술한 반면에, 『열성왕비세보는』 왕비로부터 일직선상의 祖을 거슬러 올라가면서 전기사항을 기술한 것이다.[51]

장서각소장 『열성왕비세보』는 표 13)에서처럼 약 14종이고, 1681년

---

47 『숙종실록』. 숙종 7년 8월 3일(계미).

48 원창애. 2008. 「조선후기 『列聖王妃世譜』의 편찬 과정과 내용」.『열성왕비세보』. 한국학중앙연구원. 2쪽.

49 원창애. 위의 논문. 10쪽.

50 본 『열성왕비세보』에 대한 설명은 원창애(원창애. 2008. 「조선후기 『열성왕비세보』의 편찬 과정과 내용」. 『열성왕비세보』 영인본. 한국학중앙연구원)을 요약하였다.

51 선초에 『왕비세보』가 있었다는 실록기사로 보아 私家에서 작성하였던 외가의 족보 즉 『外譜』도 왕실의 『열서왕비세보』의 영향을 받아 간행되었던 것으로 보인다.

(숙종7) 『列聖王妃世譜』(k2-1693)에 작성된 것이 가장 빠르고, 융희년간(1907-1909)에 작성된 『皇后陛下尹氏譜牒』(k2-1708)이 가장 늦게 간행된 본이다.

8. 『列聖八高祖圖』

『列聖八高祖圖』는 역대 왕의 팔고조도와 왕비의 팔고조도을 합한 것이다. 작성방식은 왕의 팔고조도의 경우에는 왕을 중심으로, 왕의 부와 모, 그리고 다시 왕의 부父의 부와 모, 왕의 母의 부와 모를 기록하는 방식으로 아래에서부터 트리 형식으로 高祖代까지 작성하는 족도이다. 따라서 전체의 반은 여성이며, 전체 31명이 기록되나 왕과 동성인 직계 선조는 부·조·증조·고조 이렇게 4명이고, 나머지 27명은 넓게 보면 왕의 외가인 타성이다. 이와 같은 왕실의 『팔고조』가 작성되기 시작한 것은 고려시대의 팔조호구식의 영향을 받아 조선초기에서부터 작성되었을 것으로 보인다.52

선초의 왕실 팔고조는 선원보각에 보관되었다. 왕실에서 본격적으로 『열성팔고조도』가 작성되기 시작한 것은 1683년(숙종 9)에 雲興君 이영이 숙종에게 자신이 찬한 『열성팔고조도』을 올리면서 부터였으나, 이때에도 본격적으로 간행되지는 못하였다. 그리고 운흥군 이영의 아들 이정업은 『열성왕비팔고조도』을 찬하였다. 1734년(영조 10)에 原溪守 이엽이 영조에게 『열성팔고조도』와 『열성왕비팔고조도』는 국가의 중요한 보물이므로 사가에 두지 말고 가져다가 간행하여 『선원계보기략』에 붙이기를 청하였다. 이에 영조는 1734년(영조 10)에 왕의 팔고조도을 작성하는 체제를 정하고, 『열성팔고조

52 성봉현. 2004. 「고성이씨 『선세외가족보』와 『팔고조도』 검토」. 『고문서연구』 24.

도』를 작성하여 보각에 보관하기에 이르렀다. 이후 정조대에는 팔고조도 역시 보첩이라는 정조의 해석에 따라 『선원계보기략』과 『국조어첩』에 붙여 간행되었다.[53]

이와 같은 『열성팔고조』는 왕과 왕비을 중심으로 한 내외 양계 조상의 혈통을 밝혀서 혈통 유래를 밝힌다는 측면에서 왕실에서 중요시 여겨진 보첩의 일종이다.[54] 장서각에는 표 14)처럼 『열성팔고조도』 약 31종을 소장하고 있는데, 대체로 두가지 계통으로 작성 되었다. 하나는 『主上殿下八高祖圖』처럼 1인의 왕과 왕비의 '팔고조도'만을 작성한 것이고, 다른 하나는 『열성팔고조도』로 역대 국왕과 그 왕비의 팔고조도를 작성한 경우다. 장서각 소장본 가운데 1735년(영조 11)에 작성된 『列聖八高祖圖』(K2-1066)가 가장 이른시기의 것이고, 1904년(광무 8)에 작성된 『皇帝陛下八高祖圖』(K2-1104)가 가장 늦은 본이다. 『열성팔고조도』의 장정은 다른 보첩이 線裝인데인데 반하여 折帖이다.[55]

9. 『璿源續譜』

『선원속보』는 각 왕의 왕자를 派祖로 삼은 파보를 모아 놓은 것으로 私家族譜의 대동보와 같은 것이다. 『선원속보』는 철종이 왕실권위를 회복하고

---

53 원창애. 2007. 「조선후기 선원보첩류의 편찬체제와 그 성격」. 『장서각』 17. 52쪽.

54 김일환. 2007. 「朝鮮後期 王室 『八高祖圖』의 성립과정」. 『장서각』 17.

55 사가에서도 조선후기 팔고조도가 활발히 작성되었다. 왕실에서 팔고조도가 작성된 것으로 시기가 분명한 것은 1683년(숙종 9)이고, 사가에서 작성한 팔고조도 가운데 고성이씨 「팔고조도」는 이명규가 1746년에 작성한 것은 현재 파악된 사가 팔고조도 가운데는 작성시기가 가장 빠른 것이 아닌가 한다. 따라서 왕실팔고조도 작성이 사가에 영향을 준 것으로 보이나, 사가의 팔고조도 작성 사례를 더 많이 파악하여야 만 구체적인 파악이 가능할 것으로 보인다.

자 하는 목적으로 시작한 것을 대원군이 1867년(고종 4)에 「선원속보서」라는 선원선계와 선원세계를 합한 태조이하의 왕자 81파와 추존된 四王의 자손 20파의 파보를 『선원속보』라 하여 간행하였다. 『선원속보』는 초간이후 30년 만인 1900년(광무 4)에 110파로 증보되었다.

선원속보의 구성은 대체로 사가족보와 같은 형태이나, 몇 가지 점에서 차이가 있다. 즉 취(娶)의 경우에 배우자만을 기록하고, 사가족보에서 수록하는 배우자의 4조나 현조 등은 기록하지 않았다. 간지는 崇禎이전은 황명년호皇明年號로 기록하고, 이후는 列聖朝歷年으로 기록하였다. 통상 사가족보에서는 외손을 수록하는 경우가 많은데 『선원속보』에는 "浩穰之弊"를 막는 명분으로 전혀 기록하지 않았다.[56] 장서각에는 표 15)처럼 약 93종에 434책을 소장하고 있다.

10. 기타 왕실보첩

장서각에는 앞서 설명한 왕실보첩 외에도 『先系增補』, 『선보집략언해』, 『璿源先系錄』, 『璿源先系錄』, 『璿源世系』, 『璿源世系及八高祖圖』, 『仁宗大王璿源錄』, 『仁宗大王璿源錄』, 『顯宗大王璿源錄』, 『恭靖大王七代以下子孫錄』 등이 소장되어 있다.

56 김일환. 2010. 「조선 말기 璿源續譜 발간경위와 정치적 의미」. 『순천향 인문과학논총』 27.

11. 맺음말 - 왕실보첩의 특징 -

장서각에 소장된 왕실보첩류는 약 822종에 5280책에 이르고, 왕실보첩의 종류는『璿源錄』,『宗親錄』,『類附錄』,『宗親錄類附錄合本』,『當代璿源錄』,『璿源加現錄』,『宗親加現錄』,『類附加現錄』,『宗親錄類附加現錄合本』,『璿源加現十代錄』,『璿源系譜記略』,『敦寧譜牒』,『御牒』,『列聖王妃世譜』,『列聖八高祖圖』,『璿源續譜』 등이 있다.

이와 같은 왕실보첩류는 왕실을 매개로 조선사회를 주도하였던 인물들의 연계망을 파악할수 있다. 따라서 조선사회의 상층 지배집단에 대한 이해를 심화 시킬 수 있는 자료이다.

사가족보는 시조에서부터 족보의 간행 시점까지의 모든 자손들 수록하는 世譜이다. 그러나 왕실보첩류는『선원속보』을 제외하면, 왕과 왕비의 일정한 범위의 인척만을 수록하는 왕친보이다. 사가족보에서는 시조이하 모든 자손들을 대체로 서얼 등을 구별하기는 하지만, 하나의 족보에 수록한다. 그러나 왕실족보에서는 "祖系를 서술한 것은 '璿源錄'이라 하고, '宗子(대군·군의 자손)'를 서술한 것은 '宗親錄'이라 하고, 宗女(공주와 옹주의 자손)와 庶孼을 서술한 것은 '類附錄'이라 하여 각개의 별보로 작성하였다.

왕실보첩에 수록된 인물의 전기사항은 사가족보에 비하여 매우 소략하다.[57] 이는 왕실보첩이 국왕과 수록자의 인척관계 친소를 확인하고, 그를 예우하기 위한 것이기 때문으로 보인다.

왕실보첩 가운데『선원록』이나『유부록』에는 사가족보나 다른 왕실족보

57 사가족보에서는 수록자 개인의 전기사항이 자세하다. 특히 조선전기에 비하여 조선후기로 갈수록 대체로 상세하게 기록하는 일반적인 경향이다. 사가족보의 전기사항은 각 가문다마 차이는 있지만 조선후기에는 대체로 수록자의 이름(名), 자(字), 호(號), 생졸년(生卒年명), 과환(科宦), 봉호(封號), 시호(諡號), 묘의 소재지, 출계와 입양, 저술, 배우자의 관련사항(생졸년 및 본관, 부, 조부, 증조의 벼슬과 성명, 외조의 성명과 본관 및 벼슬) 등 기록한다.

에는 전혀 기록이 되지 않은 여성의 이름과 출생년이 기록되어 있다. 또한 妾女인 경우에는 모의 신분과 성명이 기록되어 있다. 특히 딸이 후취로 혼인한 사실, 첩녀가 다시 양반의 첩으로 시집간 사실이 기록된 유일한 족보이다. 초취와 후취가 있을 경우 자녀의 母가 누구인지 기록하였다. 이런 점에서 왕실보첩은 조선전기 여성사연구의 중요한 자료이고, 아울러 조선전기 '가족'을 재구성할 수 있는 자료이다.

왕실보첩은 사가족보의 전범이 된 것으로 보인다. 특히 조선후기 사가에서 유행하였던 외보나 팔고조도 등은 왕실의 『열성왕비세보』나 『열성팔고조도』 등의 왕실보첩에서 유래된 것이 아닌가 한다.

왕실보첩은 대부분 필사본으로 유일본이라 할 수 있다. 다만 왕실보첩류 가운데 『선원계보기략』은 목판본으로 간인되었고, 『선원속보』는 필서체철활자본이다. 사가족보는 대체로 16세기에서 17세기 족보들은 필사본이 많으나, 18세기 이후 족보들은 목판본이거나 목활자본이 대부분이다.

사가족보가 문중 중심의 사찬이었던 반하여 왕실족보는 종부시 등에서 편찬한 관찬이다. 이는 왕실족보의 수록 내용의 왕과 왕비를 중심으로하는 친인척의 기록이라는 점에서 사가족보다 훨씬 더 신뢰 할 수 있는 자료라 할 수 있다.

표 1) 宗親錄

순번	서명		간사년	판본	권책	장수(張)	동서부수	청구기호	기타
1	恭靖大王宗親錄	宗簿寺		筆寫本	1권1책			k2-1105	
2	明宗大王宗親錄	宗簿寺	1639(인조15)	筆寫本	1책	1		k2-1109	
3	明宗大王宗親錄	宗簿寺		筆寫本	1책			k2-1110	
4	成宗大王宗親錄	宗簿寺	1639(인조15)	筆寫本	1책	21		k2-1209	
5	世祖大王宗親錄	宗簿寺		筆寫本	1책	11		k2-1210	
6	世宗大王宗親錄	宗簿寺		筆寫本	1책	37		k2-1211	
7	元宗大王宗親錄	宗簿寺		筆寫本	1책	1		k2-1216	
8	太祖大王宗親錄	宗簿寺	1635(인조17)	筆寫本	1책	13	2	k2-1228	
9	太宗大王宗親錄	宗簿寺		筆寫本	1책	54		k2-1230	

표 2) 類附錄

순번	서명		간사년	판본	권책	장수(張)	동서부수	청구기호	기타
1	恭靖大王類附錄	宗簿寺	1587(선조20)	筆寫本	5권 5책			k2-1517	
2	恭靖大王類附錄	宗簿寺	1587(선조21)	筆寫本	2책			k2-1518	
3	成宗大王類附錄	宗簿寺		筆寫本	2권 2책			k2-1522	
4	成宗大王類附錄	宗簿寺		筆寫本	1권 1책			k2-1523	
5	世祖大王類附錄	宗簿寺		筆寫本	1책	51		k2-1524	
6	世宗大王類附錄	宗簿寺		筆寫本	1권 1책			k2-1525	

7	世宗大王類附錄	宗簿寺		筆寫本	4권 4책			k2-1526	
8	太祖大王類附錄	宗簿寺	1639 (인조17)	筆寫本	2책			k2-1532	
9	太宗大王類附錄	宗簿寺	1639 (인조17)	筆寫本	1권 1책			k2-1533	
10	太宗大王類附錄	宗簿寺	1639 (인조17)	筆寫本	6책			k2-1534	
11	太宗大王類附錄	宗簿寺	1639 (인조17)	筆寫本	1권 1책			k2-1535	

표 3) 宗親錄類附錄合本

순번	서명		간사년	판본	권책	장수(張)	동서부수	청구기호	기타
1	文宗大王宗親錄類附錄(合)	宗簿寺		筆寫本	1책	4		k2-1111	
2	德宗大王宗親錄類附錄(合)	宗簿寺		筆寫本	1책	4		k2-1108	
3	德宗大王宗親錄類附錄(合)	宗簿寺		筆寫本	1책	4		k2-1519	
4	文宗大王宗親錄類附錄(合)	宗簿寺		筆寫本	1책	4		k2-1520	
5	宣祖大王宗親錄類附錄(合)	宗簿寺		筆寫本	1권 1책	3		k2-1521	
6	睿宗大王宗親錄類附錄(合)	宗簿寺	1639 (인조17)	筆寫本	1책	2	2	k2-1527	
7	仁祖大王宗親錄類附錄(合)	宗簿寺	1659 (효종10)- 1660 (현종1)	筆寫本	1책	2	2	k2-1529	
8	中宗大王宗親錄類附錄(合)	宗簿寺	1639 (인조17)	筆寫本	1책	22		k2-1531	
9	顯宗大王宗親錄類附錄(合)	宗簿寺	1675 (숙종1)	筆寫本	1책	2		k2-1536	
10	孝宗大王宗親錄類附錄(合)	宗簿寺	1663 (현종4)- 1675 (숙종1)	筆寫本	1책	2		k2-1537	

표 4) 當代璿源錄

순번	서명		간사년	판본	권책	장수(張)	동서부수	청구기호	기타
1	當代璿源錄	宗簿寺	1693 (肅宗 19)	筆寫本	1책	1		k2-919	
2	當代璿源錄	宗簿寺	1696 (肅宗 22)	筆寫本	1책	1	4	k2-921	
3	當代璿源錄	宗簿寺	1699 (肅宗 25)	筆寫本	2책	1	2	k2-922	
4	當代璿源錄	宗簿寺	1702 (肅宗 28)	筆寫本	1책	1	2	k2-923	
5	當代璿源錄	宗簿寺	1705 (肅宗 31)	筆寫本	1책	1	2	k2-920	
6	當代璿源錄	宗簿寺	1707 (肅宗 33)	筆寫本	2책	1		k2-929	
7	當代璿源錄	宗簿寺	1708 (肅宗 34)	筆寫本	2책	1	2	k2-924	
8	當代璿源錄	宗簿寺	1713 (肅宗 39)	筆寫本	1책	1	2	k2-925	
9	當代璿源錄	宗簿寺	1726 (英祖 2)	筆寫本	1책	1	1	k2-930	
10	當代璿源錄	宗簿寺	1729 (英祖 5)	筆寫本	2책	1	1	k2-932	
11	當代璿源錄	宗簿寺	1732 (英祖 8)	筆寫本	1책	1	1	k2-934	
12	當代璿源錄	宗簿寺	1735 (英祖 11)	筆寫本	1책	1	1	k2-936	
13	當代璿源錄	宗簿寺	1738 (英祖 14)	筆寫本	1책	1	1	k2-938	
14	當代璿源錄	宗簿寺	1741 (英祖 17)	筆寫本	1책	1	1	k2-940	
15	當代璿源錄	宗簿寺	1744 (英祖 20)	筆寫本	1책	1	1	k2-942	

16	當代璿源錄	宗簿寺	1747 (英祖 23)	筆寫本	1책	1	2	k2-944	
17	當代璿源錄	宗簿寺	1750 (英祖 26)	筆寫本	1책	1	2	k2-947	
18	當代璿源錄	宗簿寺	1753 (英祖 29)	筆寫本	1책	1	2	k2-949	
19	當代璿源錄	宗簿寺	1756 (英祖 32)	筆寫本	1책	1	3	k2-950	
20	庚辰璿源錄	宗簿寺	1760 (英祖 36)	筆寫本	1책	5	2	k2-907	
21	當代璿源錄	宗簿寺	숙종년간	筆寫本	2책	1		k2-918	

표 5) 璿源加現錄

순번	서명	발행부서	발행년도	판본	권책	장수	매수	청구기호	비고
1	甲子式年璿源加現錄	宗簿寺	1684 (肅宗 10)	筆寫本	1冊			k2-1243	
2	甲子式年璿源加現錄	宗簿寺	1684 (肅宗 10)	筆寫本	2冊			k2-1235	
3	甲子式年璿源加現錄	宗簿寺	1684 (肅宗 10)	筆寫本	4권 4책			k2-1237	
4	甲子式年璿源加現錄	宗簿寺	1684 (肅宗 10) 1744 (英祖 20)	筆寫本	4冊			k2-1236	권1은 1684년 (숙종 10) 본, 권2~4는 1744년 (영조 20) 본
5	丁卯式年璿源加現錄	宗簿寺	1687 (肅宗 13)	筆寫本	4卷 4冊		2部	k2-1246	
6	庚午式年璿源加現錄	宗簿寺	1690 (肅宗 16)	筆寫本	4卷 4冊		2部	k2-1257	

7	庚午式年璿源加現錄	宗簿寺	1690 (肅宗 16)	筆寫本	1冊	57張		k2-1265	
8	丙子式年璿源加現錄	宗簿寺	1696 (肅宗 22)	筆寫本	4卷 4冊		2部	k2-1290	
9	丙子式年璿源加現錄	宗簿寺	1696 (肅宗 22) 1756 (英祖 32)	筆寫本	3卷 3冊			k2-1292	권1~2는 1696년 (숙종22) 본, 권3은 1756년 (영조32) 본
10	己卯式年璿源加現錄	宗簿寺	1699 (肅宗 25)	筆寫本	4卷 4冊		2部	k2-1298	
11	乙酉式年璿源加現錄	宗簿寺	1705 (肅宗 31)	筆寫本	4卷 4冊		2部	k2-1325	
12	戊子式年璿源加現錄	宗簿寺	1708 (肅宗 34)	筆寫本	4卷 4冊		3部	k2-1338	
13	辛卯式年璿源加現錄	宗簿寺	1711 (肅宗 37)	筆寫本	4卷 4冊			k2-1351	
14	甲午式年璿源加現錄	宗簿寺	1714 (肅宗 40)	筆寫本	2冊			k2-1368	
15	甲午式年璿源加現錄	宗簿寺	1714 (肅宗 40)	筆寫本	3卷 3冊			k2-1369	
16	甲午式年璿源加現錄	宗簿寺	1714 (肅宗 40)	筆寫本	4卷 4冊		2部	k2-1363	
17	壬午式年璿源加現錄	宗簿寺	1717 (肅宗 28)	筆寫本	4卷 4冊			k2-1314	
18	丁酉式年璿源加現錄	宗簿寺	1717 (肅宗 43)	筆寫本	4卷 4冊		2部	k2-1379	
19	丁酉式年璿源加現錄	宗簿寺	1717 (肅宗 43)	筆寫本	1冊			k2-1381	
20	癸卯式年璿源加現錄	宗簿寺	1723 (景宗 3)	筆寫本	4卷 4冊		2部	k2-1409	
21	丙午式年璿源加現錄	宗簿寺	1726 (英祖 2)	筆寫本	2卷 2冊			k2-1427	

22	丙午式年璿源加現錄	宗簿寺	1726 (英祖 2)	筆寫本	4卷 4冊		2部	k2-1425	
23	己酉式年璿源加現錄	宗簿寺	1729 (英祖 5)	筆寫本	4卷 4冊		2部	k2-1440	
24	壬子式年璿源加現錄	宗簿寺	1732 (英祖 8)	筆寫本	4卷 4冊		4部	k2-1461	
25	乙卯式年璿源加現錄	宗簿寺	1735 (英祖 11)	筆寫本	4卷 4冊		3部	k2-1470	同書3부 (2-1477, 2-1476의 권1,2-1479의권2)
26	乙卯式年璿源加現錄	宗簿寺	1735 (英祖 11)	筆寫本	1冊	23張		k2-1476	
27	戊午式年璿源加現錄	宗簿寺	1738 (英祖 14)	筆寫本	4卷 4冊			k2-1485	
28	戊午式年璿源加現錄	宗簿寺	1738 (英祖 13)	筆寫本	4卷 4冊			k2-1493	
29	戊午式年璿源加現錄	宗簿寺	1738 (英祖 14)	筆寫本	4卷 4冊			k2-1486	
30	辛酉式年璿源加現錄	宗簿寺	1741 (英祖 17)	筆寫本	1冊	39張		k2-1507	
31	辛酉式年璿源加現錄	宗簿寺	1741 (英祖 17)	筆寫本	4卷 4冊		2部	k2-1508	
32	甲子式年璿源加現錄	宗簿寺	1744 (英祖 20) 1804 (純祖 4)	筆寫本	4책			k2-1242	권1~2는1744년(영조20)본, 권3은1804년(순조4)본
33	甲子式年璿源加現錄	宗簿寺	1744 (英祖 20)	筆寫本	4卷 1冊			k2-1239	
34	甲子式年璿源加現錄	宗簿寺	1744 (英祖 20)	筆寫本	1冊			k2-1241	
35	丁卯式年璿源加現錄	宗簿寺	1747 (英祖 23)	筆寫本	4卷 4冊			k2-1250	
36	丁卯式年璿源加現錄	宗簿寺	1747 (英祖 23)	筆寫本	4卷 4冊			k2-1247	

37	庚午式年璿源加現錄	宗簿寺	1750 (英祖 26)	筆寫本	4卷 4冊		2部	k2-1259	
38	庚午式年璿源加現錄	宗簿寺	1750 (英祖 26)	筆寫本	1冊 (권2,3)			k2-1264	
39	癸酉式年璿源加現錄	宗簿寺	1753 (英祖 29)	筆寫本	4卷 4冊		2部	k2-1274	
40	癸酉式年璿源加現錄	宗簿寺	1753 (英祖 29)	筆寫本	4卷 4冊			k2-1270	
41	丙子式年璿源加現錄	宗簿寺	1756 (英祖 32) 1816 (純祖 16)	筆寫本	3卷 3冊			k2-1289	권1은 1756년 (영조32) 본, 권2는 1816년 (순조16) 본, 권4는 1756년 (영조32) 본
42	丙子式年璿源加現錄	宗簿寺	1756 (英祖 32)	筆寫本	4卷 4冊			k2-1287	
43	庚辰式年璿源加現錄	宗簿寺	1760 (英祖 36)	筆寫本	14卷 14冊		2部	k2-1307	
44	庚辰式年璿源加現錄	宗簿寺	1760 (英祖 36)	筆寫本	15卷 15冊		2部	k2-1309	
45	乙酉戊子兩式年璿源加現錄	宗簿寺	1768 (英祖 44)	筆寫本	4卷 4冊		3部	k2-1335	
46	辛卯式年璿源加現錄	宗簿寺	1771 (英祖 47)	筆寫本	4卷 4冊		3部	k2-1352	
47	甲午式年璿源加現錄	宗簿寺	1774 (英祖 50)	筆寫本	4卷 4冊		3部	k2-1366	

48	丁酉式年璿源加現錄	宗簿寺	1777 (正祖 1)	筆寫本	3冊			k2-1378	
49	丁酉式年璿源加現錄	宗簿寺	1777 (正祖 1)	筆寫本	4卷 4冊		2部	k2-1382	
50	庚子式年璿源加現錄	宗簿寺	1780 (正祖 4)	筆寫本	1冊			k2-1399	
51	庚子式年璿源加現錄	宗簿寺	1780 (正祖 4)	筆寫本	1冊			k2-1394	
52	庚子式年璿源加現錄	宗簿寺	1780 (正祖 4)	筆寫本	4卷 4冊			k2-1395	
53	癸卯式年璿源加現錄	宗簿寺	1783 (正祖 7)	筆寫本	4卷 4冊		5部	k2-1411	
54	丙午式年璿源加現錄	宗簿寺	1786 (正祖 10)	筆寫本	4卷 4冊		3部	k2-1429	
55	壬子式年璿源加現錄	宗簿寺	1792 (正祖 16)	筆寫本	4卷 4冊		2部	k2-1459	
56	乙卯式年璿源加現錄	宗簿寺	1795 (正祖 19)	筆寫本	4卷 4冊		3部	k2-1471	同書 3부 (2-1472, 2-1479의 권4)
57	乙卯式年璿源加現錄	宗簿寺	1795 (正祖 19)	筆寫本	2冊			k2-1479	
58	戊午式年璿源加現錄	宗簿寺	1798 (正祖 22)	筆寫本	4卷 4冊		2部	k2-1488	
59	戊午式年璿源加現錄	宗簿寺	1798 (正祖 22)	筆寫本	4卷 4冊		2部	k2-1487	
60	戊午式年璿源加現錄	宗簿寺	1798 (正祖 22)	筆寫本	3卷 3冊			k2-1490	
61	辛酉式年加現錄	宗簿寺	1801 (純祖 1)	筆寫本	1冊	30張		k2-1504	서명은 '辛酉式年加現錄'이나 권수제는 '辛酉式年璿源加現錄'이다.

62	辛酉式年加現錄	宗簿寺	1801 (純祖 1)	筆寫本	1冊			k2-1505	서명은'辛酉式年加現錄'이나 권수제는 '辛酉式年璿源加現錄'이다.
63	辛酉式年璿源加現錄	宗簿寺	1801 (純祖 1)	筆寫本	4卷 4冊			k2-1506	
64	甲子式年璿源加現錄	宗簿寺	1804 (純祖 4)	筆寫本	4卷 4冊			k2-1240	
65	甲子式年璿源加現錄	宗簿寺	1804 (純祖 4)	筆寫本	1권 1책			K2-1234	
66	庚午式年璿源加現錄	宗簿寺	1810 (純祖 10)	筆寫本	4卷 4冊		3部	k2-1261	
67	癸酉式年璿源加現錄	宗簿寺	1813 (純祖 13)	筆寫本	2卷 2冊			k2-1276	
68	癸酉式年璿源加現錄	宗簿寺	1813 (純祖 13)	筆寫本	4卷 4冊		2部	k2-1272	
69	丙子式年璿源加現錄	宗簿寺	1816 (純祖 16)	筆寫本	4卷 4冊		2部	k2-1285	
70	己卯式年璿源加現錄	宗簿寺	1819 (純祖 19)	筆寫本	2卷 2冊			k2-1296	
71	己卯式年璿源加現錄	宗簿寺	1819 (純祖 19)	筆寫本	4卷 4冊			k2-1302	
72	乙酉式年璿源加現錄	宗簿寺	1825 (純祖 25)	筆寫本	4卷 4冊		3部	k2-1329	
73	戊子式年璿源加現錄	宗簿寺	1828 (純祖 28)	筆寫本	4卷 4冊		3部	k2-1339	
74	辛卯式年璿源加現錄	宗簿寺	1831 (純祖 31)	筆寫本	4卷 4冊		4部	k2-1354	
75	甲午式年璿源加現錄	宗簿寺	1834 (純祖 34)	筆寫本	4卷 4冊		3部	k2-1365	
76	甲午式年璿源加現錄	宗簿寺	1834 (純祖 34)	筆寫本	2卷 2冊			k2-1373	
77	丁酉式年璿源加現錄	宗簿寺	1837 (憲宗 3)	筆寫本	2冊			k2-1385	

78	丁酉式年璿源加現錄	宗簿寺	1837 (憲宗 3)	筆寫本	4卷 4冊		2部	k2-1384	
79	丁酉式年璿源加現錄	宗簿寺	1837 (憲宗 3)	筆寫本	1冊			k2-1386	
80	丁酉式年璿源加現錄	宗簿寺	1837 (憲宗 3)	筆寫本	2卷 2冊			k2-1387	
81	癸卯式年璿源加現錄	宗簿寺	1843 (憲宗 9)	筆寫本	4卷 4冊		3部	k2-1407	
82	丙午式年璿源加現錄	宗簿寺	1846 (憲宗 12)	筆寫本	4卷 4冊		3部	k2-1424	
83	壬子式年璿源加現錄	宗簿寺	1852 (哲宗 3)	筆寫本	4卷 4冊		4部	k2-1455	
84	乙卯式年璿源加現錄	宗簿寺	1855 (哲宗 6)	筆寫本	4卷 4冊		4部	k2-1473	
85	辛酉式年璿源加現錄	宗簿寺	1861 (哲宗 12)	筆寫本	4卷 4冊			k2-1509	
86	壬午式年璿源加現錄	宗簿寺	1717 (肅宗 28)	筆寫本	4卷 4冊		2部	k2-1310	
87	庚子式年璿源加現錄	宗簿寺		筆寫本	1冊			k2-1400	
88		宗簿寺		筆寫本	4卷 4冊		2部	k2-1300	
89	己卯式年璿源加現錄	宗簿寺		筆寫本	4卷 4冊		2部	k2-1295	
90	丁卯式年璿源加現錄	宗簿寺		筆寫本	1冊 (권3)			k2-1253	
91	戊午式年璿源加現錄	宗簿寺		筆寫本	4卷 4冊			k2-1491	
92	壬午式年璿源加現錄	宗簿寺		筆寫本	3卷 3冊			k2-1316	
93	壬午式年璿源加現錄	宗簿寺		筆寫本	4卷 4冊			k2-1317	
94	壬午式年璿源加現錄	宗簿寺		筆寫本	4卷 4冊		3部	k2-1312	

95	癸酉式年璿源加現錄	宗簿寺		筆寫本	1冊	11張	4部	k2-1277	
96	己酉式年璿源加現錄	宗簿寺		筆寫本	4卷4冊		3部	k2-1444	
97	己酉式年璿源加現錄	宗簿寺		筆寫本	4卷4冊			k2-1445	
98	甲子式年璿源加現錄	宗簿寺		筆寫本	4책			k2-1238	권1은1744년(영조20)본, 권2~4는 1684년(숙종10)본
99	庚子式年璿源加現錄	宗簿寺		筆寫本	4卷4冊		2部	k2-1268	
100	庚子式年璿源加現錄	宗簿寺		筆寫本	2卷2冊			k2-1401	
101	壬子式年璿源加現錄	宗簿寺		筆寫本	4卷4冊			k2-1464	
102	己酉式年璿源加現錄	宗簿寺		筆寫本	4卷4冊			k2-1443	
103	己酉式年璿源加現錄	宗簿寺		筆寫本	4卷4冊			k2-1442	
104	庚子式年璿源加現錄	宗簿寺		筆寫本	4卷4冊		2部	k2-1397	
105	己酉式年十代加現錄	宗簿寺		筆寫本	4卷4冊			k2-1450	

표 6) 宗親加現錄

순번	서명	발행부서	발행년도	판본	권책	장수	매수	청구기호	비고
1	己卯式年宗親加現錄	宗簿寺	1639(仁祖17)	筆寫本	1冊	23張	2部	k2-1305	표지서명은 '己卯式年宗親錄'이나 권수제는 '己卯式年宗親加現錄'이다. 이하도 같다.

2	壬午式年宗親加現錄	宗簿寺	1642 (仁祖 20)	筆寫本	1卷 1冊	14張	2部	k2-1323	표지서명은 '壬午式年宗親錄'이나 권수제는 '壬午式年宗親加現錄'이다.
3	乙酉式年宗親加現錄	宗簿寺	1645 (仁祖 23)	筆寫本	1冊	14張	2部	k2-1333	표지서명은 '乙酉式年宗親錄'이나 권수제는 '乙酉式年宗親加現錄'이다.
4	戊子式年宗親加現錄	宗簿寺	1648 (仁祖 26)	筆寫本	1冊	20張		k2-1350	표지서명은 '戊子式年宗親錄'이나 권수제는 '戊子式年宗親加現錄'이다.
5	辛卯式年宗親加現錄	宗簿寺	1651 (孝宗 2)	筆寫本	1冊	19張		k2-1362	표지서명은 '辛卯式年宗親錄'이나 권수제는 '辛卯式年宗親加現錄'이다.
6	甲午式年宗親加現錄	宗簿寺	1654 (孝宗 5)	筆寫本	1冊	19張	2部	k2-1376	
7	甲午式年宗親加現錄	宗簿寺	1654 (孝宗 5)	筆寫本	1冊	19張		k2-1377	표지서명은 '甲午式年宗親錄'이나 권수제는 '甲午式年宗親加現錄'이다.
8	丁酉式年宗親加現錄	宗簿寺	1657 (孝宗 8)	筆寫本	1冊	17張		k2-1392	표지서명은 '丁酉式年宗親錄'이나 권수제는 '丁酉式年宗親加現錄'이다.

9	丁酉式年宗親加現錄	宗簿寺	1657 (孝宗 8)	筆寫本	1冊	17張		k2-1393	표지서명은 '庚子式年宗親錄'이나 권수제는 '庚子式年宗親加現錄'이다.
10	庚子式年宗親加現錄	宗簿寺	1660 (顯宗 1)	筆寫本	1冊	22張	2部	k2-1404	표지서명은 '丁酉式年宗親錄'이나 권수제는 '丁酉式年宗親加現錄'이다.
11	癸卯式年宗親加現錄	宗簿寺	1663 (顯宗 4)	筆寫本	1冊	21張	2部	k2-1421	표지서명은 '癸卯式年宗親錄'이나 권수제는 '癸卯式年宗親加現錄'이다.
12	丙午式年宗親加現錄	宗簿寺	1666 (顯宗 7)	筆寫本	1冊	29張	2部	k2-1436	표지서명은 '丙午式年宗親錄'이나 권수제는 '丙午式年宗親加現錄'이다.
13	己酉式年宗親加現錄	宗簿寺	1669 (顯宗 10)	筆寫本	1冊	29張		k2-1452	표지서명은 '己酉式年宗親錄'이나 권수제는 '己酉式年宗親加現錄'이다.
14	壬子式年宗親加現錄	宗簿寺	1672 (顯宗 13)	筆寫本	1冊	30張		k2-1467	표지서명은 '壬子式年宗親錄'이나 권수제는 '壬子式年宗親加現錄'이다.

15	乙卯式年宗親加現錄	宗簿寺	1675 (肅宗 1)	筆寫本	1冊	25張		k2-1483	표지서명은 ‘乙卯式年宗親錄’이나 권수제는 ‘乙卯式年宗親加現錄’이다.
16	戊午式年宗親加現錄	宗簿寺	1678 (肅宗 4)	筆寫本	1冊	20張		k2-1499	표지서명은 ‘戊午式年宗親錄’이나 권수제는 ‘戊午式年宗親加現錄’이다.

표 7) 類附加現錄

순번	서명	발행부서	발행년도	판본	권책	장수	매수	청구기호	비고
1	己卯式年類附加現錄	宗簿寺	1639 (仁祖 17)	筆寫本	1冊	20張		k2-1304	표지서명은 ‘己卯式年類附錄’이나 권수제는 ‘己卯式年類附加現錄’이다.
2	壬午式年類附加現錄	宗簿寺	1642 (仁祖 20)	筆寫本	1冊	17張	2部	k2-1321	표지서명은 ‘壬午式年類附錄’이나 권수제는 ‘壬午式年類附加現錄’이다.
3	乙酉式年類附加現錄	宗簿寺	1645 (仁祖 23)	筆寫本	1冊	11張	2部	k2-1331	표지서명은 ‘乙酉式年類附錄’이나 권수제는 ‘乙酉式年類附加現錄’이다.
4	戊子式年類附加現錄	宗簿寺	1648 (仁祖 26)	筆寫本	1冊	21張	2部	k2-1348	표지서명은 ‘戊子式年類附錄’이나 권수제는 ‘戊子式年類附加現錄’이다.
5	辛卯式年類附加現錄	宗簿寺	1651 (孝宗 2)	筆寫本	1冊	15張		k2-1361	

6	甲午式年類附加現錄	宗簿寺	1654(孝宗5)	筆寫本	1冊	16張		k2-1375	
7	丁酉式年類附加現錄	宗簿寺	1657(孝宗8)	筆寫本	1冊	16張		k2-1391	
8	癸卯式年類附加現錄	宗簿寺	1663(顯宗4)	筆寫本	1冊	27張		k2-1420	표지서명은 '癸卯式年類附錄'이나 권수제는 '癸卯式年類附加現錄'이다.
9	丙午式年類附加現錄	宗簿寺	1666(顯宗7)	筆寫本	1冊	53張		k2-1435	표지서명은 '丙午式年類附錄'이나 권수제는 '丙午式年類附加現錄'이다.
10	己酉式年類附加現錄	宗簿寺	1669(顯宗10)	筆寫本	1冊	43張		k2-1451	표지서명은 '己酉式年類附錄'이나 권수제는 '己酉式年類附加現錄'이다.
11	壬子式年類附加現錄	宗簿寺	1672(顯宗13)	筆寫本	1冊	41張		k2-1466	표지서명은 '壬子式年類附錄'이나 권수제는 '壬子式年類附加現錄'이다.
12	乙卯式年類附加現錄	宗簿寺	1675(肅宗1)	筆寫本	1冊	29張		k2-1481	표지서명은 '乙卯式年類附錄'이나 권수제는 '乙卯式年類附加現錄'이다.
13	戊午式年類附加現錄	宗簿寺	1678(肅宗4)	筆寫本	1冊	28張	2部	k2-1497	표지서명은 '戊午式年類附錄'이나 권수제는 '戊午式年類附加現錄'이다.
14	庚子式年類附加現錄	宗簿寺		筆寫本	1冊	20張	2部	k2-1402	표지서명은 '庚子式年類附錄'이나 권수제는 '庚子式年類附加現錄'이다.

표 8) 宗親錄類附加現錄合本

순번	서명	발행 부서	발행 년도	판본	권책	장수	매수	청구기호	비고
1	壬子式年宗親加現錄	宗簿寺	1612 (光海 4)	筆寫本	1冊	26張	2部	k2-1468	표지서명은 '壬子式年宗親錄類附錄'이나 권수제는 '壬子式年宗親加現錄'이다
2	乙卯式年宗親加現錄	宗簿寺	1615 (光海 7)	筆寫本	1冊	26張	2部	k2-1482	표지서명은 '乙卯式年宗親錄類附錄'이나 권수제는 '乙卯式年宗親加現錄'이다
3	甲子式年宗親加現錄	宗簿寺	1624 (仁祖 2)	筆寫本	1책	60		k2-1245	표지서명은 '甲子式年宗親錄・類附錄'이나 권수제는 '甲子式年宗親加現錄'이다.
4	丙子式年宗親加現錄	宗簿寺	1636 (仁祖 14)	筆寫本	1冊	24張		k2-1293	표지서명은 '丙子式年宗親錄・類附錄'이나 권수제는 '丙子式年宗親加現錄'이다.
5	丙午式年宗親加現錄	宗簿寺	1666 (顯宗 7)	筆寫本	1冊	20張	2部	k2-1438	표지서명은 '丙午式年宗親錄類附錄'이나 권수제는 '丙午式年宗親加現錄'이다.
6	辛酉式年宗親加現錄	宗簿寺	1681 (肅宗 7)	筆寫本	1冊	19張		k2-1515	표지서명은 '辛酉式年宗親錄類附錄'이나 권수제는 '辛酉式年宗親加現錄'이다.

7	庚午式年宗親錄類附錄	宗簿寺	1750 (英祖 26)	筆寫本	2卷 1冊		2部	k2-1266	표지서명은 '庚午式年宗親錄類附錄'이나 권수제는 '庚午式年宗親加現錄'이다.
8	丁卯式年宗親加現錄	宗簿寺		筆寫本	1책	32		k2-1255	표지서명은 '丁卯式年宗親錄類附錄'이나 권수제는 '丁卯式年宗親加現錄'이다.
9	戊午式年宗親加現錄	宗簿寺		筆寫本	1冊	20張	3部	k2-1500	표지서명은 '戊午式年宗親錄'이나 권수제는 '戊午式年宗親加現錄'이다.
10	己酉式年宗親加現錄	宗簿寺		筆寫本	1冊	23張	2部	k2-1453	k2-1453,1454가 내용은 동일한데 서명은 상이함.
11	丁卯式年宗親加現錄	宗簿寺		筆寫本	1책	30		k2-1256	표지서명은 '丁卯式年宗親錄類附錄'이나 권수제는 '丁卯式年宗親加現錄'이다.
12	癸酉式年宗親加現錄	宗簿寺		筆寫本	2卷 1冊			k2-1282	표지서명은 '癸酉式年宗親錄類附錄'이나 권수제는 '癸酉式年宗親加現錄'이다.
13	己酉式年宗親加現錄	宗簿寺		筆寫本	1冊	23張		k2-1454	표지서명은 '己酉式年宗親錄類附錄'이나 권수제는 '己酉式年宗親加現錄'이다.

14	癸酉式年宗親加現錄	宗簿寺		筆寫本	1冊	23張		k2-1281	표지서명은 '癸酉式年宗親錄類附錄'이나 권수제는 '癸酉式年宗親加現錄'이다

표 9) 璿源十代加現錄

순번	서명	발행부서	발행년도	판본	권책	장수	매수	청구기호	비고
1	戊午式年宗親十代加現錄	宗簿寺	1618 (光海 10)	筆寫本	1冊	44張		k2-1503	
2	丙子式年宗親十代加現錄	宗簿寺	1696 (肅宗 22)	筆寫本	1冊	59張		k2-1294	표지서명은 '丙子式年十代加現錄'이나 권수제는 '丙子式年宗親十代加現錄'이다.
3	庚子式年十代加現錄	宗簿寺	1720 (肅宗 45)	筆寫本	2卷 2冊			k2-1406	
4	癸酉式年十代璿源加現錄	宗簿寺	1753 (英祖 29)	筆寫本	3冊			k2-1280	1,2책과 3책은 서로 다른 책임. 3책은 2-1275의3책과 동본임. 표지서명은 '癸酉式年十代璿源加現錄'이나 권수제는 '癸酉式年十代加現錄'이다.
5	辛卯式年璿源十代加現錄	宗簿寺	1771 (英祖 47)	筆寫本	1冊	24張		k2-1360	
6	癸卯式年璿源十代加現錄	宗簿寺	1773 (正祖 7)	筆寫本	2卷 2冊			k2-1419	

7	甲午式年璿源十代加現錄	宗簿寺	1774 (英祖50)	筆寫本	1冊			k2-1374	
8	丁酉式年璿源十代加現錄	宗簿寺	1777 (正祖1) 1837 (憲宗3)	筆寫本	2冊			k2-1390	권1은1777년 (정조1)본, 권2는1837년 (헌종3)본 표지서명과 권수제는 '丁酉式年璿源加現十代錄'이다.
9	丁酉式年璿源十代加現錄	宗簿寺	1777 (正祖1)	筆寫本	2冊			k2-1389	제1책은丁酉式年璿源十代加現錄 (2-1390)에빠진권2, 제2책은丁酉式年璿源加現錄(2-1382)의권2
10	丙午式年璿源加現十代錄	宗簿寺	1786 (正祖10)	筆寫本	2卷 2冊			k2-1433	표지서명은 '丙午式年璿源十代錄'이나 권수제는 '丙午式年璿源加現十代錄'이다.
11	甲子式年十代加現錄	宗簿寺	1804 (純祖4)	筆寫本	2卷 2冊			k2-1244	
12	癸酉式年宗親十代加現錄	宗簿寺	1813 (純祖13)	筆寫本	1冊	19張		k2-1283	표지서명은 '癸酉式年十代錄'이나 권수제는 '癸酉式年宗親十代加現錄'이다.
13	己卯式年璿源十代加現錄	宗簿寺	1819 (純祖19)	筆寫本	1冊	30張		k2-1303	표지서명은 '己卯式年十代加現錄'이다.

14	乙酉式年璿源十代加現錄	宗簿寺	1825(純祖25)	筆寫本	2卷 2冊			k2-1330	서명은 '乙酉式年璿源十代錄'이나 권수제는 '乙酉式年璿源十代加現錄'이다.
15	戊子式年璿源加現十代錄	宗簿寺	1828(純祖28)	筆寫本	2冊			k2-1346	표지서명은 '戊子式年璿源十代錄'이나 권수제는 '戊子式年璿源加現十代錄'이다.
16	戊子式年璿源加現十代錄	宗簿寺	1828(純祖28)	筆寫本	1冊			k2-1347	표지서명은 '戊子式年璿源十代錄'이나 권수제는 '戊子式年璿源加現十代錄'이다.
17	辛卯式年璿源加現十代錄	宗簿寺	1831(純祖31)	筆寫本	2卷 2冊			k2-1359	
18	癸卯式年璿源加現十代錄	宗簿寺	1843(憲宗9)	筆寫本	1冊			k2-1418	
19	癸卯式年璿源加現十代錄	宗簿寺	1843(憲宗9)	筆寫本	2冊			k2-1417	1책은 계유식년선원가현십대록1책(권1), 1책은 계유식년선원가현록1책(권4)으로 2-1407과 同書이다.
20	丙午式年璿源十代加現錄	宗簿寺	1846(憲宗12)	筆寫本	2卷 2冊			k2-1434	
21	壬子式年璿源加現十代錄	宗簿寺	1852(哲宗3)	筆寫本	2卷 2冊			k2-1465	
22	戊午式年璿源加現十代錄	宗簿寺	1858(哲宗9)	筆寫本	2卷 2冊			k2-1495	

23	戊午式年十代加現錄	宗簿寺	1858 (哲宗 9)	筆寫本	2卷 2冊			k2-1496	
24	辛酉式年十代加現錄	宗簿寺	1861 (哲宗 12)	筆寫本	1冊			k2-1514	
25	丁卯式年璿源十代加現錄	宗簿寺	1867 (高宗 4)	筆寫本	2卷 2冊			k2-1254	표지서명은 '丁卯式年璿源十代錄'이나 권수제는 '丁卯式年璿源十代加現錄'이다.
26	癸酉式年宗親十代加現錄	宗簿寺	1873 (高宗 10)	筆寫本	1冊	32張		k2-1284	
27	己酉式年璿源加現十代錄	宗簿寺		筆寫本	2卷 2冊			k2-1448	
28	乙卯式年璿源加現十代錄	宗簿寺		筆寫本	1冊			k2-1480	
29	壬午式年璿源十代加現錄	宗簿寺		筆寫本	1冊	23張		k2-1319	
30	壬午式年璿源十代錄	宗簿寺		筆寫本	2卷 1冊			k2-1320	표지서명은 '壬午式年璿源十代錄'이나 권수제는 '壬午式年十代加現錄'이다.
31	己酉式年十代加現錄	宗簿寺		筆寫本	2卷 2冊			k2-1449	

표 10) 장서각소장 완질본 『선원계보기략』
(『조선왕실 보첩류의 DB구축 및 왕실구성원 연구』 결과보고서에서 재인용)

번호	연대	도서번호	책수	비고
1	숙종 5(1679)	2-966	1	
2	숙종 7(1681)	2-972A-1	1	
3	숙종 26(1700)	2-971A, 2-970	2	
4	숙종 28(1702)	2-967A	2	
5	숙종 39(1713)	2-971B	2	
6	숙종 46(1720)	2-980B	4	
7	경종 3(1723)	2-973A, 2-973B	4	
8	영조 1(1725)	2-978B	4	
9	영조 7(1731)	2-980A	4	
10	영조 11(1735)	2-982	7	
11	영조 12(1736)	2-987C	7	
12	영조 15(1739)	2-984	7	
13	영조 20(1744)	2-987G	7	
14	영조 23(1747)	2-987F	7	
15	영조 24(1748)	2-987B	7	
16	영조 28(1752)	2-987D	7	
17	영조 29(1753)	2-987E	7	
18	영조 31(1755)	2-987I	7	
19	영조 32(1756)	2-987H	7	
20	영조 34(1758)	2-987P	7	
21	영조 35(1759)	2-987A	7	
22	영조 36(1760)	2-986A	8	
23	영조 40(1764)	2-1028A	8	
24	영조 47(1771)	2-990A	8	
25	영조 48(1772)	2-990D	8	
26	영조 52(1776)	2-990E	8	
27	정조 3(1779)	2-993A, 2-994A	8	
28	정조 19(1795)	2-993B	8	

29	순조 1(1801)	2-998C	8	
30	순조 2(1802)	2-998A	8	
31	순조 4(1804)	2-999	8	
32	순조 5(1805)	2-1000A	8	
33	헌종 3(1837)	2-1005	8	
34	헌종 7(1841)	2-1006	8	
35	헌종 9(1843)	2-1020A	8	
36	헌종 10(1844)	2-1007B	8	
37	헌종 12(1846)	2-1016D	8	
38	철종 2(1851)	2-1009A	8	
39	철종 4(1853) 2월	2-1027H	8	
40	철종 4(1853) 10월	2-1009B	8	
41	철종 9(1858)		8	
42	철종 12(1861)	2-1017B	8	
43	철종 14(1863)	2-1013A	8	
44	고종 1(1864)	2-1013E	8	
45	고종 29(1892)	2-1023	8	
46	광무 4(1900)	2-1027J	8	
47	융희 2(1908)	2-1036	8	

표 11) 『敦寧譜牒』 완질본 46종(원창애, 「조선후기 『돈령보첩』연구, 89쪽에서 재인용)

순번	式年	年代	冊數			部數	비고
			대왕편	왕후편	총책수		
1	己丑	1649(효종 0)	1	1	2	1	
2	壬辰	1652(효종 3)	1	1	2	1	대왕편만 2부
3	甲午	1654(효종 5)	1	1	2	2	
4	丁酉	1657(효종 8)	1	1	2	2	
5	庚子	1660(현종 1)	1	1	2	2	
6	癸卯	1663(현종 4)	1	1	2	2	

7	丙午	1666(현종 7)	1	1	2	2	
8	己酉	1669(현종 10)	1	1	2	2	
9	壬子	1672(현종 13)	1	1	2	2	
10	乙卯	1675(숙종 1)	1	1	2	2	
11	戊午	1678(숙종 4)	1	1	2	2	
12	辛酉	1681(숙종 7)	2	1	3	2	
13	甲子	1684(숙종 10)	2	1	3	2	
14	丁卯	1687(숙종 13)	2	1	3	2	
15	庚午	1690(숙종 16)	2	1	3	2	
16	癸酉	1693(숙종 19)	2	1	3	2	
17	丙子	1696(숙종 22)	2	1	3	2	
18	己卯	1699(숙종 25)	2	1	3	2	
19	壬午	1702(숙종 28)	2	1	3	2	
20	乙酉	1705(숙종 31)	2	1	3	2	
21	戊子	1708(숙종 34)	3	1	4	2	
22	辛卯	1711(숙종 37)	3	1	4	2	
23	甲午	1714(숙종 40)	3	1	4	2	
24	丁酉	1717(숙종 43)	3	1	4	2	대왕편 1부 결본(2冊存)
25	庚子	1720(경종 0)	6	2	8	2	대왕편 1부 결본(5冊存)
26	癸卯	1723(경종 3)	6	2	8	2	
27	丙午	1726(영조 2)	6	2	8	2	
28	己酉	1729(영조 5)	6	2	8	2	대왕편 1부 결본(5冊存)
29	壬子	1732(영조 8)	6	2	8	2	
30	乙卯	1735(영조 11)	7	2	9	2	
31	戊午	1738(영조 14)	7	2	9	2	
32	辛酉	1741(영조 17)	7	2	9	2	
33	甲子	1744(영조 20)	7	2	9	2	
34	丁卯	1747(영조 23)	7	2	9	2	
35	庚午	1750(영조 26)	7	2	9	2	

36	癸酉	1753(영조 29)	7	2	9	2	
37	丙子	1756(영조 32)	8	3	11	2	
38		1816년 (순조16)이후					세자빈보첩 1책 K2-1689
39	庚午	1870년 (고종 7)	8	4	12	1	왕후편 K2-1688
40		1882년 (고종19)이후					세자빈보첩 1책 K2-1690, K2-1691, K2-1692
41	己酉	1909년 (융희 3)		4			왕후편 K2-1687
42		정조년간		1			仁淑 元嬪
43		?		1			敦寧譜牒抄
44		1908년 (융희 2)		1			K2-4738, 敦寧譜牒初草(권4)
45	丁酉	연대 미상	. 1				K2-1551(3-1), 결본, 권1(태조~정종)
46		연대 미상	5				K2-1606, 결본, 권1~권4, 권7(全秩8冊)

표 12) 『御牒』

순번	서명		간사년	판본	권책	장수(張)	청구기호	기타
1	國朝譜牒	宗簿寺	1728-1738 (영조초)	筆寫本	1책	28	k2-909	
2	國朝譜牒	宗簿寺	1764-1776 (영조년간)	筆寫本	1책	36	k2-910	
3	國朝譜牒	宗簿寺	1777-1800 (정조년간)	筆寫本	1책	72	k2-911	
4	國朝譜牒	宗簿寺	1835-1849 (헌종년간)	筆寫本	1책	51	k2-912	
5	國朝譜牒	宗簿寺	1864(고종1)	筆寫本	1책	105	k2-913	

6	國朝譜牒	宗簿寺	1905(광무9)	筆寫本	1책	87	k2-914	표지서명은 '國朝御牒이나 권수제는 '國朝譜牒이다.
7	國朝譜牒	宗簿寺	1933	筆寫本	1책	112	k2-915	표지서명은 '國朝御牒이나 권수제는 '國朝譜牒이다.
8	國朝譜牒	宗簿寺	1933	筆寫本	1책	63	k2-916	
9	國朝譜牒	宗簿寺	1908년이후	筆寫本	1책	106	k2-917	표지서명은 '國朝御牒이나 권수제는 '國朝譜牒이다.
10	譜牒	宗簿寺	1720 (숙종46)	筆寫本	1책	1	k2-962	
11	譜牒	宗簿寺	1720 (숙종46)	筆寫本	1책	1	k2-963	
12	御牒	宗簿寺	1902-1906 (광무2-6)	筆寫本	1책	5	k2-1063	
13	御牒	宗簿寺	1902 (광무6)	筆寫本	1책	31	k2-1064	
14	朝鮮國譜	宗簿寺	1679 (숙종5)	筆寫本	1첩	11折	k2-1077	표지서명은 '譜牒이나 권수제는'朝鮮國譜이다.

표 13) 『列聖王妃世譜』

순번	서명		간사년	판본	권책	장수(張)	동서부수	청구기호	기타
1	列聖王妃世譜	宗簿寺	1681 (숙종7)	筆寫本	8권 3책			k2-1693	
2	列聖王妃世譜	宗簿寺	1805 (순조4)	筆寫本	10권 4책			k2-1694	
3	列聖王妃世譜	宗簿寺	1827 (순조27)	筆寫本	1책			k2-1695	
4	列聖王妃世譜	宗簿寺	1892 (고종29)	筆寫本	12권 12책			k2-1696	
5	列聖王妃世譜	宗簿寺	1864 (고종1)	筆寫本	2책			k2-1697	

6	列聖皇后妃世譜	宗簿寺	1908 (융희2)	筆寫本	4권 4책			k2-1698	
7	列聖皇后王妃世譜	宗簿寺	1900 (광무4)	筆寫本	5권 1책			k2-1699	
8	列聖皇后王妃世譜	宗簿寺	1933	筆寫本	5권 5책			k2-1700	
9	列聖皇后王妃世譜	宗簿寺	1904 (광무8)	筆寫本	1책	14		k2-1701	
10	王妃世譜	宗簿寺	1844 (헌종10)	筆寫本	1책			k2-1702	
11	王妃世譜	宗簿寺	1892 (고종29)	筆寫本	1책	11		k2-1703	
12	皇后世譜	宗簿寺	1900 (광무4)	筆寫本	1책			k2-1704	
13	皇后世譜	宗簿寺	1900 (광무4)	筆寫本	1책			k2-1705	
14	皇后陛下尹氏譜牒	宗簿寺	1907 (융희1) - 1909 (융희3)	筆寫本	1책			k2-1708	

표 14)『열성팔고조도』

순번	서명		간사년	판본	권책	장수(張)	동서부수	청구기호	기타
1	璿源八高祖圖	奎章閣	1908 (융희2)	筆寫本	2책 (불분권)			K2-1061	
2	純宗大王八高祖圖	편자미상	1850-1863 (철종년간)	筆寫本	1帖	2折		K2-1062	
3	列聖八高祖圖	宗簿寺	1776 (영조52)	筆寫本	1帖	13折		K2-1065	
4	列聖八高祖圖	宗簿寺	1735 (영조11)	筆寫本	1帖	13折		K2-1066	
5	列聖八高祖圖	宗簿寺	1777-1800 (정조년간)	筆寫本	1帖	13折		K2-1067	
6	元宗大王八高祖圖	편자미상	1755 (영조31)	筆寫本	1帖	2折		K2-1068	

7	翼宗大王八高祖圖	宗簿寺	1858 (철종9)	筆寫本	1帖	1折		K2-1074	
8	主上殿下八高祖圖	宗簿寺	1753 (영조29)	筆寫本	1帖	1折		K2-1078	
9	主上殿下八高祖圖	宗簿寺	1725-1776 (영조년간)	筆寫本	1帖	1折		K2-1079	
10	主上殿下八高祖圖	宗簿寺	1756 (영조32)	筆寫本	1帖	1折		K2-1080	
11	主上殿下八高祖圖	宗簿寺	1772 (영조48)	筆寫本	1帖	2折		K2-1081	
12	主上殿下八高祖圖	편자미상	1835-1849 (헌종년간)	筆寫本	1帖	1折		K2-1082	
13	主上殿下八高祖圖	宗簿寺	1864 (고종1)	筆寫本	1帖	1折		K2-1083	
14	主上殿下八高祖圖	宗簿寺	1892 (고종20)	筆寫本	1帖	1折		K2-1084	
15	哲宗大王八高祖圖	편자미상	1864-1895 (고종년간)	筆寫本	1帖	1折		K2-1087	
16	八高祖圖	宗簿寺	1779 (정조3)	筆寫本	1帖	2折		K2-1088	
17	八高祖圖	宗簿寺	1823 (순조23)	筆寫本	1帖	2折		K2-1089	
18	八高祖圖	편자미상	1835-1849 (헌종년간)	筆寫本	3帖			K2-1090	
19	八高祖圖	宗簿寺	1858 (철종5)-1892 (고종29)	筆寫本	1帖	6折		K2-1091	
20	八高祖圖	宗正院	1904 (광무8)	筆寫本	1帖	21折		K2-1092	
21	八高祖圖	宗簿寺	1897-1906 (광무년간)	筆寫本	1帖	22折		K2-1093	

22	八高祖圖	奎章閣	1907 (순종 즉위년)	筆寫本	1帖	3折		K2-1095	
23	八高祖圖	李王職	1933	筆寫本	1帖	4折		K2-1097	
24	八高祖圖	편자미상	1755 (영조31)	筆寫本	1帖	3折		K2-1099	
25	八高祖圖	宗簿寺	1755 (영조31)	筆寫本	1帖	2折		K2-1100	
26	憲宗大王八高祖圖	宗簿寺	1864 (고종1)	筆寫本	1帖	1折		K2-1101	
27	皇帝陛下八高祖圖	宗正院	1900 (광무4)	筆寫本	1帖	2折		K2-1103	
28	皇帝陛下八高祖圖	宗正院	1904 (광무8)	筆寫本	1帖	2折		K2-1104	
29	列聖八高祖圖	宗簿寺		筆寫本	1책	8張		K2-4731	
30	八高祖圖	宗正院	1900 (광무4)	筆寫本	1帖	18折		K2-4735	
31	八高祖圖	宗簿寺	1864- 1906 (고종년간)	筆寫本	1帖	19折		K2-4736	

표 15) 「璿源續譜」
(『조선왕실 보첩류의 DB구축 및 왕실구성원 연구』 결과보고서에서 재인용)

순번	자손록	간사년	권	책	장수	동서 부수	청구 번호	기타
1	덕종대왕자손록 월산대군파, 예조대왕자손록 인성대군파	1900	1	1		4	k2-1173	
2	도조대왕자손록 완성대군파	1900		1	60		k2-1166	
3	도조대왕자손록 완원대군파	1900	3	3		4	k2-1168	
4	도조대왕자손록 완창대군파	1900	13	13		4	k2-1169	
5	도조대왕자손록 완천대군파	1900		1	23	4	k2-1170	
6	목조대왕자손록 안원군파	1900	8	8		2	k2-1157	
7	목조대왕자손록 안창대군파	1900	3	3		2	k2-1122	
8	목조대왕자손록 안천대군파	1900	6	6		2	k2-1158	
9	목조대왕자손록 안풍대군파	1900	8	8		2	k2-1160	

10	목조대왕자손록 안흥대군파	1900	3	3		2	k2-1161	
11	선조자손록(임해,의안 등파)		9	4			k2-1113	
12	성종대왕자손록 견성군파	1900		1	108	4	k2-1134	
13	성종대왕자손록 경명군파	1900	1	1		4	k2-1136	
14	성종대왕자손록 무산군파	1900	3	3		4	k2-1117	
15	성종대왕자손록 봉안군파	1900		1	62	4	k2-1121	
16	성종대왕자손록 안양군파	1900	1	1		4	k2-1156	
17	성종대왕자손록 양원군파	1900	2	2		4	k2-1162	
18	성종대왕자손록 영산군파	1900	2	2		4	k2-1115	
19	성종대왕자손록 완원군파	1900	5	5		3	k2-1167	
20	성종대왕자손록 운천군파	1900	2	2		4	k2-1172	
21	성종대왕자손록 이성군파	1900		1	90	4	k2-1179	
22	성종대왕자손록 익양대군파	1900	4	4		4	k2-1182	
23	성종대왕자손록 전성군파	1900		1	75	4	k2-1187	
24	성종대왕자손록 회산군파	1900	2	2		4	k2-1133	
25	성종대왕자손록 회산군파	1900	2	1		4	k2-1202	미인수 도서?
26	세조대왕자손록 창원군파	1900		1	32	4	k2-1125	
27	세조대왕자손록 창원군파	1900		1	32	4	k2-1192	미인수 도서?
28	세종대왕자손록 계양군파	1900	2	2	4	4	k2-1114	
29	세종대왕자손록 금성대군파	1900	2	2		4	k2-1138	
30	세종대왕자손록 담양군파	1900	6	6		4	k2-1141	
31	세종대왕자손록 덕원군파	1900	5	5		4	k2-1143	
32	세종대왕자손록 밀서군파	1900	5	5		4	k2-1119	
33	세종대왕자손록 수춘군파	1900	4	4		4	k2-1155	
34	세종대왕자손록 안평대군파	1900	19	19		4	k2-1116	
35	세종대왕자손록 안평대군파, 임영대군파		19	19		4	k2-1159	미인수 도서?
36	세종대왕자손록영풍군파, 영해군파	1900	3	3		4	k2-1164	
37	세종대왕자손록 의창군파	1900		1	103	4	k2-1177	
38	세종대왕자손록 익현군파	1900	1	1		4	k2-1183	

39	세종대왕자손록 평원대군파, 영응대군파	1900	4	4		4	k2-1193	
40	세종대왕자손록 한남군파	1900	2	2		4	k2-1194	
41	세종대왕자손록 화의군파	1900	3	3		4	k2-1130	
42	익조대왕자손록 함녕군파	1900		1	57	2	k2-1195	
43	익조대왕자손록 함릉군파	1900	2	2		2	k2-1127	
44	익조대왕자손록 함릉군파	1900	2	2		2	k2-1128	
45	익조대왕자손록 함릉군파	1900	2	2		2	k2-1196	미인수 도서?
46	익조대왕자손록 함성군파	1900	2	2		4	k2-1197	
47	익조대왕자손록 함양군파	1900	6	6		4	k2-1198	
48	익조대왕자손록 함창군파	1900		1	28	2	k2-1199	
49	익조대왕자손록 함천군파	1900		1	26	2	k2-1200	
50	정종대왕자손록 덕천군파	1900	21	21		4	k2-1144	
51	정종대왕자손록 도평군파	1900	2	2		4	k2-1146	
52	정종대왕자손록 무림군파	1900	4	4		4	k2-1118	
53	정종대왕자손록 무림군파	1900	4	4		4	k2-1147	
54	정종대왕자손록 석보군파	1900	3	3		4	k2-1151	
55	정종대왕자손록 선성군파	1900	6	6		4	k2-1152	
56	정종대왕자손록 수도군파	1900	5	5		4	k2-1154	
57	정종대왕자손록 순평군파	1900	3	3		4	k2-1140	
58	정종대왕자손록 의평군파	1900	6	6		4	k2-1178	
59	정종대왕자손록 임성군파	1900		1	85	4	k2-1184	
60	정종대왕자손록임언군파	1900	3	3		4	k2-1185	
61	정종대왕자손록 장천군파	1900	3	3		4	k2-1186	
62	정종대왕자손록 정석군파	1900	3	3		4	k2-1188	
63	정종대왕자손록 종의군파	1900		1	100	4	k2-1189	
64	정종대왕자손록 진남군파	1900	3	3		4	k2-1123	
65	정종대왕자손록 진남군파	1900	3	3		4	k2-1190	미인수 도서?
66	중종대왕자손록 금원군파	1900		1	40	4	k2-1139	
67	중종대왕자손록 복성군파	1900	1	1			k2-1150	

68	중종대왕자손록 봉성군파	1900		1	33		k2-1120	
69	중종대왕자손록 영양군파	1900		1	40	4	k2-1163	
70	중종대왕자손록 해안군파	1900	3	2			k2-1129	
71	중종자손록 덕양군파	1900	5	5		4	k2-1142	
72	중종자손록 덕흥대원군파	1900	5	5		2	k2-1145	
73	태조고항제자손록 무안대군파	1900	14	14			k2-1149	
74	태조고황제자손록 무안대군파	1900	15	15		4	k2-1148	
75	태조고황제자손록 宜安大君派	1900		1	128	4	k2-1176	
76	태조고황제자손록 익안대군파	1900	9	9		4	k2-1181	
77	태조고황제자손록 진안군파	1900	6	6		4	k2-1124	
78	태조고황제자손록 진안군파	1900	6	6		4	k2-1191	미인수 도서?
79	태조고황제자손록 회안대군파, 덕안대군파	1900	12	12		4	k2-1203	
80	태종대옹자손록 성령군파	1900	1	1		4	k2-1153	미인수 도서
81	태종대왕자손록 경령군파	1900	14	14		4	k2-1135	
82	태종대왕자손록 근령군파	1900	6	6		4	k2-1137	
83	태종대왕자손록 성령군파	1900		1	25	4	k2-1126	
84	태종대왕자손록 온령군파	1900	4	4		4	k2-1165	
85	태종대왕자손록 익령군파	1900	3	3		4	k2-1180	
86	태종대왕자손록 혜령군파	1900	2	1		4	k2-1201	
87	태종대왕자손록 효령대군파	1900	44	44		4	k2-1131	
88	태종대왕자손록 후령군파	1900		1	70	4	k2-1132	
89	태종대왕자손록 후령군파	1900		1	71	4	k2-1204	
90	태종대왕자손록 희령군파	1900	3	3		4	k2-1205	
91	환조대왕자손록 완풍군파	1900	40	40		4	k2-1171	
92	환조대왕자손록 의안대군파	1900	8	8			k2-1174	
93	환조대왕자손록 의안대군파	1900	17	17		4	k2-1175	
				434			실소장량	
				467			목록상	

표 16) 기타 璿源譜類

순번	서명		간사년	판본	권책	장수(張)	동서부수	청구기호	기타
1	先系增補	宗簿寺		筆寫本	2권2책			k2-964	
2	선보집략언해	宗簿寺	1891(고종29)	筆寫本	1책	130		k2-965	
3	璿源先系錄	宗簿寺	1683(숙종9)이전	筆寫本	1책	2		k2-1053	
4	璿源先系錄	宗簿寺		筆寫本	1책	2		k2-1054	
5	璿源世系	宗簿寺	1863	筆寫本	1책	53		k2-1055	
6	璿源世系	宗簿寺	1900(광무4)	筆寫本	1책	62		k2-1056	
7	璿源世系	宗簿寺	1907-1910년간	筆寫本	1책	64	2	k2-1057	
8	璿源世系	宗簿寺	1908(융희2)	筆寫本	1책			k2-1059	
9	璿源世系及八高祖圖	宗簿寺	1932	筆寫本	1책	49		k2-1060	
10	仁宗大王璿源錄	宗簿寺		筆寫本	1권1책			k2-1075	
11	仁宗大王璿源錄	宗簿寺		筆寫本	1책	1		k2-1076	
12	顯宗大王璿源錄	宗簿寺		筆寫本	1책	2		k2-1102	
13	恭靖大王七代以下子孫錄	宗簿寺	1670(현종11)-1680(숙종7)이전	筆寫本	2책			k2-1106	
14	璿源世系	宗簿寺	1906(광무10)	筆寫本	1帖38折			k2-4721	

한국족보의 특성과 동아시아에서의 위상

조선후기 족보의 인쇄문화사적 접근 | 옥 영 정

조선후기 족보의 인쇄문화사적 접근

옥 영 정

1. 서언

족보는 동족을 구성하는 개인에 대한 신상정보를 일정한 형식틀 안에 기술함으로써 전체적으로 유기적인 관계가 명확히 드러날 수 있도록 구조화시킨 기록물이다. 즉 개개인에 대한 기록을 단순 열거하면서도 체계적인 동족역사서로 완성되며, 이를 통해 개인에 대한 인적 정보, 개인 상호간의 혈연관계 등을 파악할 수 있게 한다. 또한 족보는 이러한 족보 본연의 기능과 함께 대내적으로 종법적 질서를 유지하고 결속을 강화시키는 기능을 수행하였다. 뿐만 아니라 대외적으로 동족집단의 위상을 선전하는 효과도 있었으므로 족보의 간행은 전통사회에서 매우 중요한 의미와 상징성을 지니고 있었다. 이러한 족보에 대한 일관된 인식과 함께 그 구조적 효율성으로 인해 족보는 현대에 이르기까지 일정한 구조를 유지하면서 단절 없이 간행될 수 있었다. 전통사회의 간행물로서 한 가지 주제로 구성체제나 형식의 변함이 거의 없이 지금도 간행되고 있는 몇 안되는 자료 중의 하나가 바로 족보인 것이다.

이 연구는 이와 같이 다양한 기능과 역할을 지닌 족보를 통하여 조선시대 인쇄문화의 일면을 살펴보는 데 목적이 있다. 이를 위하여 족보의 간행을 위한 인쇄방식의 변화를 우선 파악하여 그 의미를 알아볼 것이다. 초기에 간행된 목활자본 족보의 간행시점과 인쇄방식의 전체적인 흐름은 족보연구를 인쇄문화적으로 접근하는 데 기본적인 자료를 제공할 수 있을것이다. 그리고 족보의 인쇄문화적 접근에 필요한 사항으로 인쇄도구로서 족보 책판과 활자에 대하여 현전하는 자료를 중심으로 구체적으로 알아보고자 한다. 전통방식의 인쇄에 관한 연구의 한 방법으로서 초기 목활자본 족보의 인쇄 특징이나 인쇄도구로서 목판과 활자 등을 사례를 들어 설명하도록 하겠다.

2. 족보 간행방식의 변화와 인쇄문화사적 의미

1) 족보 간행방식 변화의 배경

전통시대 서책의 간행은 그 방식이 목판인쇄와 목활자인쇄로 대별되며, 이 둘은 상호 보완적인 관계를 형성하였다. 목판은 판목의 확보와 판각의 보관에 어려움이 있었고, 무엇보다 제작경비와 시간이 많이 소요된다는 단점이 있었지만 필요할 때마다 수시로 책을 인출할 수 있다는 장점이 있었다. 이에 반해 활자는 목판에 비해 비용이 저렴하고 다양한 서책을 인출할 수 있었지만 한 번 인쇄한 뒤에는 활판에서 해체하여 보관하기 때문에 다시 인쇄하기 위해서는 또다시 조판해야 하는 번거로움이 있었다. 더군다나 활자 중에 금속활자는 비용이 많이 들 뿐만 아니라 대부분 국가에서 주조·관리하면서 국가 운영을 위한 주요 전적을 편찬하는데 사용되었으므로 민간에서는 사용이 어려웠다. 목활자는 17세기 이후 활용이 활발해졌는데, 임진왜란 이후 물자부족으로 인한 경비의 절감이라는 문제로 인한 필연적인 선택이었다. 즉 금속활자에 비해 제작 비용이 적게 들고, 재료의 취용이 용이하며, 활자 제작에 드는 시간도 짧았다. 비록 목판에 비해 인쇄할 수 있는 분량은 많지 않으나 대량 인출의 목적을 어느 정도 달성할 수 있었고, 또 활자를 이용한 방식이므로 다양한 종류의 전적을 인쇄할 수 있었기 때문이다. 따라서 족보의 간행 역시 이러한 서책 인쇄의 환경 변화와 맥락을 같이 하여 목판인쇄에서 목활자인쇄로 바뀌어 가는 양상을 보였다.

족보간행은 현전하는 최초의 족보인 『안동권씨족보』(成化譜, 1476)를 비롯하여 17C까지의 초기 족보들은 대부분 목판으로 인쇄되었다. 이러한 사실은 현전하는 인본 자료를 살펴보더라도 뚜렷하게 확인된다. 조선의 인쇄사에서 볼 때 조선전기에 이미 많은 활자들이 제조되었고, 후기에 들어서면서는 목판보다는 활자가 상용화되는 추세를 보이는 데 반해 족보의 경우 초기 족보들이 활자가 아닌 목판으로 인쇄된다는 점은 다소 모순적으로 보인다. 그러나 족보의 경우 문집이나 다른 책들과는 달리 이 시기에 초간본으로 제작되는 경우가 많았기 때문에 족보에 수록할 사람 수가 많지 않았다. 따라서 경비가 활자에 비해 많이 들지 않았다. 뿐만 아니라 족보의 책판 자체와 그 책판의 인본이 갖는 의미를 활자와 활자 인본보다 중요시하는 문화적 특징으로 인해 족보는 다른 종류의 서책에 비해 활자인쇄가 보다 늦은 18세기부터 증가추세를 보인다.

18세기 이후로 목활자에 의한 족보 인쇄의 증가는 수록할 인명과 내용이 많아지면서[01] 비용이 증가하였을 뿐만 아니라 목활자의 제작주체가 다양화되면서 인쇄환경이 개선되었기 때문으로 보인다. 또 족보 간행의 빈도가 높아지면서 족보의 목판과 목활자, 그리고 그 인본에 대한 인식의 변화도 이어지지 않았을까 생각된다. 이에 더하여 僞譜의 성행도[02] 결과적으로 목활자 족보의 증가를 야기하는 하나의 원인이 되었다.

---

01 박희진 · 차명수. 2003.「조선후기와 일제시대의 인구변동」.『경제사학』35. pp.3-27.
02 송찬식. 1999.「족보의 간행」.『한국사시민강좌』24. pp.50-66.

2) 초기 목활자본 족보와 지방 인쇄문화의 발달

조선후기 목활자 족보의 간행은 전체 인쇄문화사에서 목활자인쇄의 활성화를 촉진시키는 데 중요한 역할을 담당하였다. 인쇄문화사에서 족보 인쇄가 차지하는 위상, 또는 다른 서책류의 인쇄방식에 끼친 영향력을 보다 명확히 확인하기 위해서는 처음부터 족보인쇄를 위하여 제작한 활자의 활용사례를 확인해보는 것이 효과적일 것이다. 그러나 대부분의 목활자와 인본족보의 관계에 이러한 사례를 적용할 수 있는 경우를 확인하기는 매우 어렵다. 그 대안으로 인쇄 상태가 양호하여 특정 활자의 제작 초기에 인출된 것으로 보이는 족보가 있다면, 이 활자를 해당 족보를 위해 제작된 것으로 상정해 볼 수도 있지 않을까 생각된다. 그리고 이 활자의 활용 사례를 조사함으로써 그 영향관계를 확인해 볼 수 있을 것이다. 이를 위해서는 우리나라 목활자본 족보의 전체적인 규모나 간행 시기, 간행 장소에 대한 구체적인 데이터를 구축할 필요가 있다. 그러나 아직까지 이에 대한 연구가 부족하므로 본고에서는 목활자본이 비교적 많이 남아 있는 湖南과 湖西地方에서 조선후기에 간행된 목활자본 족보를 살펴보고, 이 가운데 목활자본 족보가 차지하는 비중과 주요 목활자본에 대하여 그 특징을 살펴봄으로써 족보간행이 인쇄문화사에 끼친 영향을 파악해보고자 한다. 특히 주요 목활자는 활자의 특징이 뚜렷하여 기존에 그 목활자의 명칭이 부여된 것을 위주로 살펴보고자 한다.[03]

조선후기에 목활자로 간행한 족보 가운데 간행시기를 확인할 수 있는 것으로 17세기 말부터 19세기 초의 것을 정리하면 다음의 표와 같다.[04]

---

03 활자의 명칭은 필자의 기존 연구에서 부여한 것이다. 목활자의 인본이 다양하고, 또한 목활자의 특성상 동일한 글자를 찾기가 매우 어려워서 그 인본을 유형화하거나 기준을 잡기에 어려움이 있다. 특히 서로 다른 두 종류 이상의 목활자를 혼합하여 사용하거나, 마모되거나, 補字를 많이 사용하여 구분하기 힘든 경우가 많다. 따라서 명확하게 구분되는 목활자로서, 대체로 동일한 간행처와 인쇄자에 의해서 2종 이상의 印本이 나타나는 것을 대상으로 유형을 구분하여 명칭이 부여되었다.

[표] 간행시기를 확인할 수 있는 목활자본 족보(17C말~19C 초)05

	서명	판사항	책수	간행년	간행년도 추정	비고
1	慶州李氏族譜. 卷1-9	木活字本	9책	1684	表紙: 肅宗朝甲子(1684)譜	국도
2	咸悅南宮氏族譜	木活字本	2책	1691	跋: 歲辛未(1691)…南宮俑	국도
3	天安全氏族譜	木活字本	3책	1704	甲申八月日活字印出	
4	慶州鄭氏族譜	木活字本	3책	1738	上之十四年戊午正月日 松沙活字印出	松沙筆書 體木活字
5	江陽李氏族譜. 卷1-8	木活字本	8책	1754	序: 崇禎紀元後三甲戌 (1754)…李壽鳳	국도
6	咸平李氏族譜. 編1-10	木活字本	5책	1758	序: 上之三十四年戊寅 (1758)…李裕身	국도
7	宜寧南氏族譜. 首, 卷1-8	木活字本	9책	1758	崇禎紀元後三戊寅 (1758)益山郡印	茂朱印書 體木活字
8	青海李氏族譜	木活字本	1책	1762	序:…崇禎三壬午(1762) 仲夏下澣十二世孫慶泰	고대

04 이 표는 刊記가 있는 전적을 대상으로 한 것이며, 국내 주요 고서 소장처의 목록을 토대로 삼고 다음의 자료와 글을 참조하여 작성하였다. 아울러 고서에 대한 구체적인 정보는 다음의 인터넷 사이트 검색을 통해 확인하였다.
尹炳泰. 1972. 『韓國書誌年表』. 한국도서관협회.
한국역사정보통합시스템 : koreanhistory.or.kr
국립중앙도서관 한국고전적종합목록시스템 : nl.go.kr
서울대학교 규장각 : e-kyujanggak.snu.ac.kr
한국학중앙연구원 장서각 디지털아카이브 : yoksa.aks.ac.kr

05 호남지방 목활자본 연구에 따르면 인본 중에 族譜와 文集이 차지하는 비중은 매우 크며(전체의 74.6%), 그 중 족보는 조사된 호남지방 목활자본의 절반 이상을 차지할 정도로 많은 비중을 차지하고 있다. 많은 종 수를 차지하고 있는 族譜의 각 시기별 印行상황에 의하면 주요한 印行시기가 1920년대와 1930년대인 것을 알 수 있다. 전체 족보 印行의 약 58%가 이 시기에 이루어지고 지역별로는 羅州, 南原, 長城, 全州, 務安, 咸平 등지에서 비교적 많이 印行된 사실을 알 수 있다. 특히 시대별 분석에서 가장 많은 종수를 보였던 1920년대, 1930년대 호남지방 목활자 출판물 378종의 약 54%를 족보가 차지하고 있음을 확인할 수 있으며, 이는 곧 호남지방 목활자본의 전체적 경향에 그대로 반영되는 것으로 주로 영향을 미치는 요인이 族譜印行에 의한 것임을 알 수 있다.(옥영정. 2002. 「호남지방 목활자본 연구」. 성균관 대학교 박사학위논문(미간행)

9	草溪鄭氏族譜. 卷1	木活字本	1冊	1763	跋: 歲在黑羊(癸未, 1763)...〔鄭〕大姬謹跋 刊記: 慶尙右道草溪北面杓冊城産玉田齊宮新增刊行	국도
10	金海金氏族譜	木活字本	5冊	1765	崇禎紀元後三乙酉(1765)...尹鳳五, 後孫宇鐸	경상대
11	慶州裵氏大族譜. 卷1-10	木活字本	10冊	1765	刊記: 乾隆三十年乙酉(1765)三月初一日慶尙道漆谷松林寺刊	국도
12	草溪鄭氏族譜	木活字本	1책	1765	新增別序…鄭熙慶識, 崇禎紀元後三乙酉孟夏一十五世孫…熙慶篆書	규장각
13	金海金氏族譜 : 上洛君派. 1-5	木活字本	5책	1766	跋: 崇禎紀元後3丙戌(1766)...〔金〕壽海 序: 崇禎3丙戌(1766)...尹鳳五 ; 〔金〕宇澤	국도
14	昌寧曺氏族譜 : 令同正公派. 卷1-11	木活字本	10책	1767	癸酉序: 上之十九年歲在昭陽作噩崔錫鼎 刊記(推定):(事實)...自恭愍癸巳(1353)至今丁亥(1767)爲四百十五年.	국도
15	海州吳氏族譜. 卷1-2	木活字本	2책	1767	跋: 丁亥(1767)...〔吳〕重昌謹跋: 〔吳〕轍謹跋 序: 崇禎紀元後三丁亥(1767)...〔吳〕泰來謹序	국도
16	天安全氏世譜	木活字本	5책	1769	금산, 身安寺	국도
17	金海金氏族譜	木活字本	8책	1771	重刊原序: 崇禎紀元後三辛卯(1771)...顯相	국도
18	昌原孔氏族譜	木活字本	1책	1771	新序…崇禎三辛卯(1771)…宋德相序	규장각
19	原州元氏族譜	木活字本	2책	1774	崇禎紀元後三甲午(1774)孟冬 原州沙堤開刊	계명대

20	晋陽姜氏族譜. 篇1-4	木活字本	4책	1775	重修跋: 崇禎三甲乙未(1775)…後裔孫〔姜〕장	국도
21	全義李氏族譜. 卷1-10	木活字本	10책	1776	〔刊寫者未詳〕, 〔英祖年間(1724- 1776)〕	규장각
22	鎭川林氏族譜全篇 : 莊烈公派	木活字本	1책	1783	譜役有司目錄: 都有司〔任〕雜 등 6명 跋: 崇禎紀元後三壬寅(1782)…李定炫 序: 崇禎紀元後三癸卯(1783)…黃景源	국도
23	寶城宣氏族譜	木活字本	1책	1786	刊記: 崇禎後3丙午四月下澣開興寺刊印 序: 崇禎紀元後3丙午(1786)…〔宣〕震喆	국도
24	長澤高氏族譜. 1-4	木活字本	4책	1791	崇禎紀元後三庚戌(1790)三月日修正辛亥(1791)刊于昌平毅烈公齋閣	昌平筆書體木活字
25	道康金氏族譜. 卷1-4	木活字本	4책	1792	序: 上之十六年壬子(1792)…後孫 光億	
26	河東鄭氏族譜 : 縣監公, 府使公派	木活字本	3책	1794	跋: 崇禎戊戌後百三十七年甲寅(1794) …鄭在萬	
27	公州李氏世譜	木活字本	7책	1798	공주, 麻谷寺	
28	忠州崔氏族譜. 卷1-3	木活字本	3책	1800	序: 聖上二十四年庚申(1800)…應呂	국도
29	錦城羅氏族譜	木活字本	5책	1800	崇禎後三庚申(1800)八月日 刊行	계명대
30	扶寧金氏族譜. 1-2	木活字本	2책	1801	序: 崇禎後三辛酉(1801)…宋煥箕	국도
31	延安車氏世譜	木活字本	10책	1802	昇平鰲川書院活印	계명대
32	竹山安氏族譜. 卷1-2	木活字本	2책	1802	手書刻跋: 崇禎後三壬戌(1801)…安壽麟 純祖 2(1802)識	국도

33	永山金氏族譜	木活字本	4책	1803	刊記: 崇楨後一百六什年癸亥 (1803)	국도
34	平澤林氏族譜. 1-5	木活字本	5책	1804	重刊序: 崇禎紀元後三甲子 (1804)...後孫 晉遠	국도
35	義興芮氏族譜	木活字本	2책	1804	識: 崇禎後三甲子 (1804)...十八代孫 在文	국도
36	濟州高氏再修族譜	木活字本	1책	1804	序: 崇禎後三甲子 (1804)...宋煥箕	국도
37	義興芮氏族譜	木活字本	2책	1804	〔刊寫地未詳〕: 義興芮氏族譜所, 純祖4(1804)序	국도
38	紆州黃氏族譜	木活字本	3책	1804	序 : 崇禎後三甲子 (1804)...宋煥箕	全州 지겟다리획 印書體字
39	全州崔氏族譜 : 4派. 1-12	木活字本	12 책	1805	全州 : 全州崔氏譜所, 純祖 5(1805)	全州 지겟다리획 印書體字
40	忠州池氏族譜. 首, 卷1-5	木活字本	6책	1805	乙丑(1805)季夏天安竹 林菴開刊	국도
41	忠州池氏族譜. 卷1-2	木活字本	2책	1805	識: 崇禎三甲子乙丑 (1805)...〔池〕德裕	국도
42	南平文氏族譜. 1-13	木活字本	13 책	1808	刊記: 歲戊辰(1808) 季夏綾州雙峰寺重刊	국도
43	利川徐氏族譜	木活字本	7책	1809	刊記: 崇楨紀元候四周甲己巳 (1809)季春始印役于南 平熟石松齋訖功于是年仲 夏庚辰	국도
44	萬頃盧氏族譜	木活字本	3책	1809	跋文 "今焉了役嘉哉其功...崇 楨紀元後四己巳(1809)"	국도
45	蔚山金氏族譜. 卷1-16	木活字本	4책	1809	刊記: 聖上九年(1809) 八月日長城筆岩書院印	국도

위 표에서 인쇄사적으로 의미 있는 족보는 『天安全氏族譜』, 『慶州鄭氏族譜』, 『宜寧南氏族譜』, 『長澤高氏族譜』, 『紆州黃氏族譜』, 『全州崔氏族譜』, 『原州元氏族譜』 등을 들 수 있다.

『天安全氏族譜』는 1674년에 목판본으로 간행한 이후로 30년이 지난 1704년에는 목활자본으로 간행되어, 목판본에서 목활자인본으로 바뀌는 초창기 족보의 모습을 보여 준다는 데 의미가 있다. 그리고 1738년에 간행된 목활자본 『慶州鄭氏族譜』와도 매우 비슷한 판형과 형태적 특징을 지닌다. 즉 판심의 어미와 계선의 틈새가 없고 변란의 귀퉁이가 붙어 있는 목판본의 판식을 보이고 있지만, 활자를 사용한 인출기록이 분명하고, 글자의 배열에 비뚤어진 것이 있으며, 글자의 묵색에 농도의 차이가 나타난다.

『慶州鄭氏族譜』는 상,중,하 3권 3책으로 구성되었으며, 권말에 "上之十四年戊午正月日 松沙活字印出"의 印記가 있고 그 인출연대와 사용된 활자의 연원을 확인할 수 있어서 '松沙 筆書體 木活字'라는 활자명을 지니고 있는 족보이다. 松沙는 현재 전라북도 高敞郡 茂長面의 옛 이름으로 1914년 高敞郡에 합쳐지기 전까지 茂長縣으로 알려졌다. 茂長縣은 태종 17년(1417)에 茂松, 長沙를 합하여 이름을 정하였다.06 松沙는 이 두 고을의 끝 글자를 뽑아서 별칭으로 정해진 것으로 茂長縣의 地誌인 『松沙誌』가 1915년에 간행된 바 있다.07 활자의 서체는 필서체이며 松沙의 활자로 인쇄하였거나 松沙에서 활자로 인쇄하였다는 기록이 명확하므로 '松沙 筆書體 木活字'라는 명칭을 가지게 되었다.08

1758년 益山郡에서 간행된 『宜寧南氏族譜』는 후기의 인출본으로 補字가 약간 섞여 있으며 본문의 각 장마다 판심에 上下內向一葉花紋魚尾가 상·중·하 3쌍이 있어 모두 6개의 어미가 있는 것이 특이하다. 이 족보에 쓰인

---

06 『新增東國輿地勝覽』 卷36 第20張 茂長縣 建置沿革, "茂松縣本百濟 松彌知縣 新羅改茂松爲武靈郡領縣 高麗仍之 長沙縣本百濟上老縣 新羅改長沙爲武靈郡領縣 高麗仍之 後置監務兼任茂松 本朝太宗十七年合兩縣 改今名仍置鎭以兵馬使兼縣事 世宗五年 改兵馬使爲僉節制使 後改縣監".

07 姜健秀 編. 1915. 『松沙誌』. 高敞: 姜健秀方.

08 옥영정. 2002. 상게논문.

활자는 茂朱 印書體 木活字로 1710년에 茂朱府에서 간행된 『玄洲集』 15권 5책의 간행에도 쓰인 활자이다. 활자의 모양은 금속활자인 校書館印書體字를 닮은 것으로 자형의 폭이 좁고 조밀한 것이 특징이다.

1791년에 昌平(潭陽) 長澤高氏家의 毅烈公齋閣[09]에서 간행된 『長澤高氏族譜』는 활자의 자형이 납작하고 왼쪽으로 약간 기울어진 형태로, 인쇄상태가 깨끗하고 활자의 배열이 가지런하여 활자제작 초기에 인출된 것임을 알 수 있다. 같은 목활자로 간행된 것으로 1802년 順天의 鰲川書院에서 간행된 『延安車氏世譜』도 있다. 『長澤高氏族譜』에 비해서 인쇄상태가 약간 흐리고 일부분 補字가 있는 것도 확인할 수 있다.

『原州元氏族譜』는 비교적 그 전래가 드문 강원도 원주지역의 목활자본 족보로서 1774년 간행된 책이다.[10] 후손 元弘耉의 跋文이 있고, "崇禎紀元後三甲午(1774)孟冬 原州沙堤開刊"이란 간기가 있으며, 다시 錢穀有司 元尙周를 포함하여 書寫 元鳳儀, 印出 元景卨, 草譜修正有司 元景春, 譜役主管有司 元一亨 등의 名錄이 들어 있어서 인쇄와 관련된 인물과 그 역할도 확인할 수 있다.

한편 비교적 후기 인본이 많은 호서지역 목활자 족보류는 호서지방 목활자인본 총 195종 가운데 106종을 차지하고 있어 과반수의 비중을 차지한다.[11] 또 이 족보류 가운데 19종은 19세기 이전에, 나머지는 20세기 이후에 간행되었다.

20세기 이후, 특히 1910년에서 1930년까지 많은 족보가 간행되는 것은 타지역인 호남이나 영남과도 비슷한 경향으로, 갑오경장 이후 신분제 폐지, 개인에 의한 출판인쇄의 확대 등을 주요 원인으로 꼽을 수 있다. 다음

---

09 의열공은 임진왜란때 의병장 고경명(충열공, 1533~1592)의 아들 고인후(1561~1592)의 시호이다. 담양에서 창의한 고경명은 6,000여명의 의병을 이끌고 금산에서 전투를 벌이다 그의 아들 고종후(효열공), 고인후와 함께 전사하였다.

10 장인진. 2008. 「原州元氏族譜 해제」. 계명대 동산도서관 디지털해제자료; 최경훈. 2009. 「조선시대 원주지역의 인쇄문화 연구」. 『조선시대 지방감영의 인쇄출판활동』. 조선왕실 주조 금속활자 복원사업 학술대회 논문집. p.216.

11 옥영정. 2010. 「호서지방 목활자본의 현황과 목활자 유형연구」. 『서지학보』 36.

표는 간행기록이 명확한 목활자본으로 19세기까지 호서지역에서 간행된 것을 나타낸 것이다.

[표] 호서지방에서 간행된 목활자본(17~19C)

번호	서명	저, 편자	간행연도	간행처	전존수량	주제분류
1	大師徽國文公年譜附錄	黃간(宋) 編	1683	예산	1책	전기류
2	天安全氏世譜	天安全氏譜所編	1769	금산, 身安寺	5권5책	계보류
3	靑川子稿	任敬周(朝鮮)著	1794	옥천, 靑山官	3권1책	별집류
4	公州李氏世譜	李大永(朝鮮)〔等編〕	1798	공주, 麻谷寺	7권7책	계보류
5	平山申氏族譜		1804	충주		계보류
6	忠州池氏族譜	忠州池氏族譜所	1805	충주, 忠州池氏族譜所	2권2책	계보류
7	忠州池氏年標事蹟		1805	천안, 竹林菴	1책	전기류
8	養浩堂先生實記	禹浣	1806	괴산	4권 2책	전기류
9	癡堂遺稿	延最績(저) 延東煥	1811	괴산, 淸安 芳溪 (辛未季春淸安芳溪開刊)	71장	별집류
10	木川縣誌(大麓誌)	安鼎福(朝鮮)編	1817	천안, 목천	2권2책	지리류
11	忠州魚氏族譜	魚在洙等	1819	충주, 忠州魚氏族譜所	50장	계보류
12	雪汀集	이환	1820	청주, 신항서원	6권3책	별집류
13	槐山郡三綱錄	尹鑑烈	1826	괴산	1책	잡사류
14	慶州裵氏大族譜	裵以龍	1827	영동, 九湖齋	14권14책	계보류
15	天安全氏世譜	天安全氏譜所編	1831	천안, 儉溪書社	9권10책	계보류
16	南塘先生年譜		1843	홍성, 서부면 양곡리 陽谷祠(남당선생 사당)	3권2책	전기류

17	河東鄭氏世譜	鄭履默	1845	청주	零本 5책	계보류
18	貞簡公子孫譜		1849	충주, 梅谷		계보류
19	寧城誌	李心純	1852	천안	2권1책	지리류
20	八松先生年譜,附錄	尹舜擧	1854	논산	2권1책	전기류
21	石谷封事	宋尙敏(저)	1854	옥천, 龍門祠	103장	조령류 주의류
22	牙山李氏族譜		1858	아산	4권4책	계보류
23	公山誌	金應根	1859	공주	6권2책	지리류
24	魯城闕里誌	孔敏洙	1859	논산,魯城(己未冬闕里刊)	2권1책	지리류
25	沃川全氏世譜	全鍾鳴...〔等編〕	1859	옥천, 安內面 龍湖私第	2권2책	계보류
26	華陽誌	宋周相	1861	괴산	6권3책	지리류
27	天安全氏世譜	天安全氏譜所編	1863	금산, 廣業齋	18권18책	계보류
28	全義李氏派譜		1872	진천, 碑立洞 (전의이씨세거지)	2권2책	계보류
29	公州李氏世譜	李文淑	1877	공주, 貞洞	10권10책	계보류
30	忠州朴氏譜乘		1880	공주	2권1책	계보류
31	忠州朴氏世譜	忠州朴氏世譜所	1880	공주(道洞齋舍) : 忠州朴氏世譜所	7권7책	계보류
32	綾城朱氏族譜 : 文節公諱稅派	洪州譜所 編	1882	홍성, 洪州譜所編	16권16책	계보류
33	中和齋先生實紀	姜來鎬(著)	1885	논산, 葛山丙舍(恩津)	1책 (46장)	전기류
34	華泉集	李采(著)	1886	충주, 忠州牧	14권7책	별집류
35	恩津宋氏族譜		1887	대전, 회덕, 寬洞丙舍	3권3책	계보류

36	三隱合稿	田愚	1890	논산, 은진, 墨花齋	4권2책	별집류
37	恩津宋氏族譜		1894	대전, 회덕 古堯洞丙舍	3권3책	계보류
38	文正公言行錄 (尤菴先生言行錄)		1897	옥천, 農隱齋	1책	전기류
39	沃川陸氏三修族譜	陸相億...[等編]	1899	옥천, 元興太平齋	6권6책	계보류
40	石城文行錄	安洪壽	1899	부여, 석성	1책	전기류
41	竹山朴氏五忠傳		1899	청양, 遺衣閣	1책	전기류
42	雪汀先生朝天日記, 附錄	李忔	1899	청주, 百雲洞	3권2책	지리류
43	石城三綱錄		1899	부여, 석성	6권1책	잡사류

호서지방에서 간행된 18세기 족보에는 1769년 금산 身安寺에서 간행된 『天安全氏世譜』와 1798년 공주 麻谷寺에서 간행된 『公州李氏世譜』가 있다. 특히 1863년 錦山 廣業齋에서 간행한 18책의 『天安全氏世譜』는 '錦山 廣業齋印書體木活字'라는 명칭이 부여되었다. 이 활자는 글자모양이 정방형으로, 활자의 크기가 큰 편에 속한다. 권말에 '歲在壬戌季春開刊于錦山廣業齋'의 간기가 있으며, 有司分定記에 충청도 有司 全默容의 이름도 보인다. 錦山 廣業齋는 천안전씨가의 건물로, 1863년에 『天安全氏世譜』와 『天安全氏世譜文獻事蹟』가 간행된 곳이다.

확인된 간행처로 볼 때 18세기에는 신안사와 마곡사 등 사찰이 보이고, 19세기에 들어서서 문중의 譜所, 재실, 서원, 사우 등이 보인다. 그러나 이는 간행기록이 있는 목활자본만을 대상으로 한 것이므로 이로써 간행처의 변화 추이를 단정 짓기는 어렵다.

19세기의 목활자본은 총 39종으로 충주, 천안, 괴산, 청주, 영동, 홍성, 옥천, 아산, 공주, 논산, 금산, 진천, 대전, 부여, 청양 등의 지역에서 간행이 이루어졌다. 이들 지역 중 충주, 괴산, 논산, 공주, 청주 등은 3종 이상이 간행되었다. 주제별로 살펴보았을 때, 계보류, 전기류, 지리류 등이 골고루 분포되어 있으며, 그 외에 별집류, 잡사류, 조령주의류 서적이 한 건 이상씩 존재한다. 간행장소는 문중의 譜所가 본격적으로 등장하여 족보를 간행하기 시작하였다는 점이 주목된다. 이는 이전 18세기에 족보 간행이 주로 사찰에서 이루어진 것과 대별된다. 그 외에 간행장소는 서원, 사우, 재실, 丙舍, 書社 등이 있다.12

3. 실물로 남은 족보목판과 족보 인출에 사용된 활자

1) 족보인쇄에 쓰인 목판

족보는 목활자 인쇄가 보편화되는 18세기 이전, 즉 17세기까지는 주로 목판으로 간행되는 경향을 보인다. 이는 인쇄술의 발달과도 관련이 있겠으나 다른 측면에서 족보가 선대에 대한 기록이었으므로 기록 행위 또는 기록물 자체 또한 매우 중요한 의미를 가지고 있었기 때문이다. 따라서 인본뿐만 아니라 목판 자체도 중요한 의미를 가지고 있었으며, 별도의 보각을 설치하는 등 소중하게 보관하였던 것이다.

그러나 족보 목판본은 앞서 언급한 대로 경제적인 여건과 사업규모의 방대함으로 인해 제작된 건수가 많지 않고, 또 점차 목활자 인쇄로 인쇄방식이 바뀌었기 때문에 그 목판 또한 많이 남아 있지 않다. 다음은 현전하는

12 참고로 필자의 기존 연구(옥영정, 전게 논문)에 의하면, 호서지방의 경우 20세기에는 153종이 간행되었는데, 1900-1910년대 4종, 1910-1920년대 25종, 1920-1930년대 73종, 1930-1940년대에 50종이 간행되어, 호서지방 목활자 간행상황은 20세기, 특히 1920- 1930년에 집중되어 있음을 알 수 있었다. 이러한 현상은 호남지역도 비슷하여 1920년대와 30년대 정점에 이르렀다가 1940년대 이후 급격히 감소하는 경향을 보인다. 이는 당시 인쇄술의 보급과 관련이 있는 것으로, 1920년대와 30년대는 3.1운동 이후 출판물규제의 완화에 의해 목활자본 간행을 비롯한 출판활동이 갑자기 늘어났다가, 1940년대 이후 신식인쇄술이 보편화되어 목활자 인쇄기술이 점차 쇠퇴되어 감소하는 모습을 보여주는 것이라 하겠다.

족보류 목판을 한국국학진흥원 소장 목판을 중심으로 정리한 것이다.

[표] 현전하는 족보 목판 현황[13]

번호	판종명	편저자	간기	장/권수	구소장처	내용(장수)	현소장처
1	眞城李氏族譜		1600	10/3	도산서원	서(2)·권1~3(8)	한국국학진흥원
2	安東權氏世譜		1919	1/	안동권씨 급사중공파 후암공종중	卷29(1)	한국국학진흥원
3	安東權氏族譜			812/34	안동권씨 대종회	서(4)·권1~34(796)·任員(2)·廟記(2.5)·범례(1.5)·便考(1.5)·墓碣(0.5)·碑陰(1.5)·總錄(0.5)·原系(1)·跋(1)	한국국학진흥원
4	載寧李氏族譜	李 栽	1716	3/	재령이씨 영해파종중	서(3)	한국국학진흥원
5	豊山金氏世譜	金重夏	1853	103/3	풍산김씨 유경당종택	서(1)·범례(0.5·)발(1.5)·제1~제3圖(100)·별록(1)	한국국학진흥원
6	江陵劉氏世譜			15/	강릉유씨 동은공문중	범례(1)·서발(7)·山圖(3)·기타(4)	한국국학진흥원
7	琴氏譜			116/3	봉화금씨 추원재운영위원회	서문(2)·범례(2)·권1~ 3(109)·跋(13)	한국국학진흥원
8	德山尹氏世譜			5/	파평윤씨 덕산군파		한국국학진흥원
9	星山呂氏世譜			86/16	성산여씨 원정공파종중	목록(1.5)·세계(3)·刊行委員名(1)·권1~16(81.5)	한국국학진흥원
10	星州李氏族譜			4/	성산이씨 한주종택	권1(2)·권2(1)·권3(1)	한국국학진흥원
11	冶爐宋氏族譜	宋應八	1861	91/5	야성송씨 충숙공파종중(백세각)	서(1)·목록(1)·범례(0.5)·碣文(0.5)·세계도(1)·권1~5(86)·廢板(1)	한국국학진흥원

12	禮安金氏世譜			75/3	의성김씨 평장사공파 삼대종택	서(1)·권1~3(72)·기타(2)	한국국학진흥원
13	禮安金氏族譜			11/3	의성김씨 평장사공파 삼대종택	서(4.5)·凡例(2)·遺錄附(3)·권3(0.5)·기타(1)	한국국학진흥원
14	全州柳氏族譜			3/	전주류씨 수곡파 동암종택	권14(1)·권15(1)·기타(1)	한국국학진흥원
15	東萊鄭氏族譜			231	동래정씨 양졸재 문중		한국국학진흥원
16	星川李氏世譜			1/			족보박물관
17	南原梁氏大族譜			1/		제2편(27,28)	족보박물관
18	豊陽曹氏族譜			*14	풍양조씨 문중		풍양조씨 보각 남장재

조사된 목판은 총 18종으로 국학진흥원 소장이 15종으로 가장 많고, 족보박물관 2종, 풍양조씨 보각 남장재 1종이다. 제작연대는 1600년(『진성이씨족보』)에서 1919년(『안동권씨세보』)에까지 비교적 넓게 분포하고 있다. 특히 『진성이씨족보』는 우리나라 족보의 초기형태를 보여준다는 점에서 중요한 가치가 있다.

『眞城李氏族譜』는 1600년 도산서원에서 간행된 眞城李氏家 최초의 족보로 『安東權氏族譜』(1476), 『文化柳氏族譜』(1565), 『江陵金氏族譜』(1565)와 함께 우리나라 족보의 초기 형태를 보여주는 몇 안되는 족보 중 하나로

---

13 이 표는 '옥영정. 「한국국학진흥원 소장 족보, 동몽류, 지지, 일기류 등 책판의 성격과 가치」. 『대동문화연구』. 70집 (2010.6)' 에서 한국국학진흥원 소장 족보류 책판 현황표를 참고하여 추가한 것이다. 이 표에 한국국학진흥원의 『동래정씨족보』가 누락되어 이번에 추가하였고, 타 소장처로 족보박물관 2종과 풍양조씨 보각의 1종을 추가하였다.

14 정승모. 2010. 『한국의 족보』. 이화여자대학교출판부. p.120. 본 서의 사진에는 상당수의 판이 확인되지만 정확한 수를 확인할 수 없어 이 표에서는 그 수를 기록하지 않았다.

매우 중요한 의미를 갖는다. 이 족보의 간행은 이황과 그의 형 섬, 이황의 아들 준과 준의 셋째 아들 영도 등 여러 대 후손의 노력이 있었으나 결정적으로 이황의 제자로 도산서원을 운영하고 있던 月川 趙穆의 영향이 컸다. 조목은 1599년 봄에 『退溪先生文集』의 간행을 주도하였고, 이로 인해 확보된 인력과 기술력을 『진성이씨족보』 간행에 적극 지원하였다.[15] 『진성이씨족보』는 4종으로 현재 계명대 도서관, 서울역사박물관[16]과 성암고서박물관, 안동국학진흥원[17]에 각 1종씩 소장되어 있다. 『진성이씨족보』와 『퇴계선생문집』의 경우처럼 문집 등 주도적인 간행이 있은 후 확보된 인력과 기술력을 바탕으로 거의 동시에 유관한 출판물이 간행되는 경우를 간혹 확인할 수 있다.[18] 이는 인쇄문화사의 관점에서 볼 때 사회·경제적인 측면을 고려한 특별한 간행 배경을 지니는 것으로 보다 깊이 다루어 볼 필요가 있다.

『安東權氏世譜』와 『安東權氏族譜』는 1476년 우리나라에 남아 있는 最古의 족보인 『安東權氏族譜』[19](成化譜)를 간행한 안동권씨 가문에서 제작된 족보책판이다.

『載寧李氏族譜』는 葛菴 李玄逸의 아들인 密菴 李栽(1657~1730)가 族譜重修序를 썼다. 1714년에 편찬되어 '甲子譜'로도 칭해지고, 1716년 병신년에 간행되었으므로 '丙申舊譜'라 칭해지기도 한다.[20]

『豊山金氏世譜』는 풍산 김씨 幽敬堂 金義貞(1495~1547)의 종택에 소장되었던 『豊山金氏族譜』의 목판으로, 1853에 제작되어 현재 권1, 권2의 상·중·하, 별록에 해당하는 103장이 남아 있다. 『冶爐宋氏族譜』는 宋應八

15 보다 상세한 간행경위는 옥영정, 상게논문에 서술되어 있다.

16 경상북도 안동 周村의 진성이씨종가에서 서울역사박물관에 기증한 것이다. 김문택. 2004. 「16~17세기 안동의 진성이씨 문중 연구」. 한국학중앙연구원 한국학대학원 박사학위논문(미간행).

17 재령이씨 영해파종가(충효당)에서 국학진흥원에 수탁한 것이다.

18 반드시 동시에 간행된 것이 아니라도 동일한 편저자이거나 간행을 주도한 인물에 의해서 이루어진 책에 대한 연구도 필요하다.

19 현재 규장각(청구번호 古귀9291 Se61av.1-3)에 소장되어 있다. 이 족보는 1919년 안동의 안동권씨 陵洞齋舍에서 목판본으로 중간되었다.

20 현재 재령이씨족보의 근간으로 알려진 『庚戌譜』는 1850년에 大同譜 형식으로 간행되었다. 이후 1902년에 총 13권의 족보가 확정되었으나, 그 가운데 9권만 印刊되었다.

등이 편찬하여 1861년 간행된 것으로, 목판은 서와 권1~5에 해당하는 91장이 남아 있다.

2) 족보 인쇄에 사용된 활자

[표] 현전하는 족보 인쇄에 사용된 활자

번호	활자명칭	제작연도	활자체	족보 인본	기타 인본	소장처
1	국립중앙도서관 소장 목활자(지겟다리획 인서체자)	1804 이전	인서체	『紆州黃氏族譜』(초간(1804), 3간(1856), 4간(1891)) 『전주최씨족보』(1805), 『전주이씨족보』(1850), 『潭陽鞠氏世譜』(1853) 등	『종저보』, 『계원필경집』, 『덕촌선생문집』, 『烏山世稿』	국립중앙도서관
2	安東 臨河林氏 木活字		정리자체(필서체 혼입)	『潭陽田氏派譜』		유탁일
3	山淸 華溪 靑松沈氏 木活字	일제강점기	필서체(자본-沈相福, 각수-金命坤)	『金海金氏族譜』	『志山集』, 『鵝湖集』, 『病窩集』, 『耻堂集』, 『稿梓壽帖』, 『竹圃遺稿』, 『毅齋文集』	진주박물관(沈載蘊)
4	山淸 元溪 安東權氏 木活字	20C초	필서체(자본-沈相福(추정), 각수-權宇容)	『金寧金氏族譜』	『而堂先生文集』, 『有齋集』, 『萬齋集』, 『果齋集』, 『訥菴集』, 『月州集』[21]	權載熙(인쇄기술자)
5	晋州 金谷 晋陽河氏 木活字		필서체(자본-沈相福(추정))	『晉陽鄭氏族譜』(卷之十二) 『居昌章氏舊譜』	『景賢祠誌』4책 『老栢軒文集』附錄 『晦亭遺稿』 『艮嵒文集』附錄	부산시립박물관

6	安東 豊山 坡平尹氏 木活字	19C 말~ 1902	필서체	『坡平尹氏世譜』		계명대 도서관
7	원광대목활자		필서체	『珍原朴氏族譜』 『光山金氏族譜』	『南平文氏宗案』	원광대 박물관
8	필서체철활자	1805 이전	필서체	『東萊鄭氏派譜』		국립중앙 박물관

위 표는 유탁일 선생의 영남지방 목활자 조사 자료[22]와 국립진주박물관[23]과 청주고인쇄박물관[24]의 특별전 도록에 수록된 남권희 선생의 글 등을 참고하고 필자가 실사한 내용을 바탕으로 작성한 것으로, 족보의 인출이 확인되는 활자 8건(목활자 7종, 금속활자 1종)에 대한 목록이다.

표로 확인된 활자의 제작 또는 사용 연도는 18세기 초에서 20세기 초까지에 해당한다. 이 시기 우리나라 인쇄문화는 구조적인 측면에서 상업출판이 하나의 키워드로 자리매김하고 있었으며, 이는 갑오경장을 즈음한 19세기 말부터 가속화 되어가고 있었다. 또 인쇄방식에 있어서도 비용과 제작시기가 단축되는 서양식 신식인쇄방식(연활자, 석인)이 도입되면서 목판과 금속활자의 사용은 그 빈도가 급격히 줄어들었다. 이에 반해 신식인쇄기술이 보급되었음에도 불구하고 전통적인 목활자인쇄는 1920년대에 들어 더욱 활성화되었다. 특히 족보의 경우 1920~30년 사이에 가장 활발하게 인출되었다.[25] 그 이유는 이 시기의 정치, 경제, 사회적인 여러 가지 상황에 따른 것

---

21 유탁일 선생은 이 인본에 대해 소장자 권재희 씨의 진술에 따른 것으로 자신이 직접 확인한 것은 아니라고 하였다.

22 柳鐸一. 1979.「嶺南地方 現存木活字와 그 印刷用具」.『규장각』3. 서울대학교 규장각.

23 국립진주박물관 편. 2004.『심재온 기증유물 특별전-목활자로 보는 옛 인쇄문화』. 국립진주박물관.

24 남권희. 2003.「한국 고활자 특별전의 전시자료에 대한 개관」.『한국 고활자 특별전』. 청주고인쇄박물관에서는 각각의 활자와 활자판의 형태와 크기를 비교한 내용도 확인할 수 있다.

25 일제강점기 전국적으로 인행된 족보의 연대별 판종 분류를 살펴보면 국립중앙도서관소장의 족보 중에 1911년부터 1945년까지 목활자본은 818종, 신연활자본은 1,219종, 목판본 4종, 석인본 402종, 기타 15종, 총 2,458종이 조사되었다.(李貞和, "日帝時代 刊行 族譜의 硏究-國立中央圖書館 所藏 朴氏族譜를 중심으로", 碩士學位論文, 成均館大學校大學院, 2000. p.28.) 전체적인 경향으로 볼 때, 목활자본은 1915~1940, 신연활자본은 1915~43년, 석인본은 1924~1942년까지

으로 분석된다. 즉 구한말 일제시기를 거치면서 노비제 철폐 등 신분제의 붕괴가 있었고 이는 일반 양민의 신분상승의 욕구로 이어졌으며, 아울러 일제치하에서 문중의 정체성을 확립을 위한 구체적 실천 방안과 맞물려 족보의 인행을 크게 증가시켰다. 게다가 이 시기 목활자 인출 족보가 많은 또 다른 이유의 하나는 족보라는 특수한 주제에 어울리는 전통적인 방법을 고수하려는 경향과 이미 제작되어 있는 목활자의 활용에 따른 것으로 볼 수 있다.[26]

위 표는 현전하는 실물 목활자 가운데 족보인출 간본이 확인된 목활자에 한정하였으므로 그 건수는 소략하지만 이러한 우리 인쇄문화의 분위기를 살필 수 있는 구체적인 실마리를 제공하는 자료이다.

국립중앙도서관 소장 목활자는 『紆州黃氏族譜』(초간(1804), 3간(1856), 4간(1891)) 『전주최씨족보』(1805), 『전주이씨족보』(1850), 『潭陽鞠氏世譜』(1853) 등의 족보와 『종저보』, 『계원필경집』, 『덕촌선생문집』등 많은 문집의 인출에 사용된 활자로, 자형은 독특한 지겟다리획과 각 글자의 왼쪽으로 길게 삐치는 획을 더 길게 쓰고 있는 특징이 있어서 비교적 쉽게 구분되어진다. 이 활자는 1804년 『우주황씨족보』초간본을 시작으로 『烏山世稿』가 간행된 1923년까지 사용되어, 현재까지 남아 있는, 활자로 족보인출에 사용된 가장 오래된 활자이고 그 인본 또한 매우 많이 남아 있다. 이 활자에 대해서는 선행연구[27]에 의해서 그 印本이 조사되었고 활자의 字形과 書體的 특징이 연구되어진 바 있지만 이번 연구를 통해서 현전하는 가장 이른 시기의 인본이 1804년에 간행한 『紆州黃氏族譜』인 사실도 확인하였다. 또한 남아 있던 活字實物과 印刷器具에 대해서도 일제강점기[28]에 조사되어

현저하게 인행 건수가 집중되어 있다. 그리고 1940년을 기점으로 모든 판종이 급격하게 줄어드는데, 이는 현대식 인쇄방식의 보급의 영향으로 인한 것으로 보인다.

26 옥영정. 상게논문.

27 尹炳泰. 1974. 「倣聚珍板式印書體完營木活字印本의 一例: 種藷譜를 中心으로」. 『동대문도서관보』 제3호. pp.43-49; 尹炳泰. 1992. 『조선후기의 활자와 책』. 범우사. pp. 439-453; 千惠鳳. 1993. 『한국목활자본』. 범우사. pp.103-109.

28 青木修正. 1942. 「本館所藏 朝鮮古活字及印刷道具一式」. 『文獻報國』 第8卷 第4號. 卷首 圖版.

알려져 있다. 그 활자와 인쇄용구를 국립중앙도서관에서 입수, 보관해오고 있으며 보물 제865호로 지정되어 있는데 모두 19개 활자상자에 큰활자 90여 자, 중간활자 20,000여 자, 작은활자 1,200여 자와 각종 도구, 낱장인쇄물 9종이 포함되었다.[29]

安東臨河林氏木活字는 제작연도는 알 수 없으나 1972년 유탁일 선생이 경북 안동군 임하면 고곡동 임찬일 씨 댁에서 발견한 활자이다. 당시 『潭陽田氏派譜』가 식자된 상태였고, 서체는 인서체인 정리자체와 필서체가 혼용되었으며, 마멸이 심한 상태여서 다른 많은 책이 간행되었을 것으로 보인다고 하였다. 임찬일 씨는 이 활자를 1934년에 인접 郡內의 吉安面 조씨에게서 구입하였고, 조씨 또한 타인으로 구입하였다고 한다. 임찬일 씨는 해방 후 자신이 面議員에 출마할 때 선거운동 전단을 인쇄하는 데 사용하기도 했다고 한다.[30] 정리자체는 매우 정제되고 가독성이 좋은 활자로, 정조대에 만들어져 이후 순종대에 이르기까지 왕실의 진찬관련 의궤를 제작할 때도 사용되었고, 이 외에도 관아 주도의 서책간행에서 주로 사용되었다. 이 시기 민간에서 이 서체를 모방하게 된 것은 관아에서 간행한 간본을 바탕으로 자본을 삼았기 때문으로 보인다. 이 활자가 임찬일 씨의 면의원 선거전단 인쇄에 사용되었다는 사실은 다소 생견하지만 이 또한 우리 인쇄문화에서 시사하는 바가 있어 보인다. 즉 신식활자인출이 이미 인쇄환경의 보편적인 현상으로 자리잡은 상황에서 전통적인 인쇄방식의 처한 환경과 그리고 사라져가는 모습을 보여주는 한 사례가 될 수 있기 때문이다.

山淸 華溪 靑松沈氏木活字는 일제시기에 제작된 활자로 자본의 筆寫者가 확인된 유일한 목활자이다. 즉 이 활자는 청송심씨 沈相福(1876~ 1951)이 자본을 쓰고, 경북 청송 백곡에 사는 각수 金命坤이 각자한 것이다. 심상복은 글씨를 잘 썼고, 당시 저명한 淵齋 宋秉璿의 문인으로 문집 『耻堂集』

29 文化財管理局 編. 1998.『動産文化財指定報告書('86指定篇)』. 文化公報部文化財管理局. pp. 83-87.
30 유탁일. 전게 논문

(4책)을 남길 만큼 재주 있는 선비였다고 한다. 이 활자는 『金海金氏族譜』를 간행하는 데 사용되었고, 이 외에도 유탁일 선생은 『金寧金氏族譜』간행에 사용된 山淸 元溪 安東權氏木活字와 『晉陽鄭氏族譜』(卷之十二), 『居昌章氏舊譜』간행에 사용된 晋州 金谷 晋陽河氏木活字 역시 심상복의 글씨로 추정된다고 하였다. 족보 외에도 심상복의 글씨를 자본으로 제작된 활자는 위 표에서 보듯이 많은 서책의 간행에 사용되어 영남지역에서는 당시 중요한 역할을 차지하였다. 심상복이 남의 문집 등재본을 써 주는 서사인으로 출판에 일부 관계하다가 인쇄업자로 들어서서 그의 아들 沈柱燮과 인쇄업을 직업으로 하게 되었으며, 이들 부자는 文才를 갖추어 타 인쇄업자들보다 일거리가 많아서 충남 공주까지 가서 『志山集』을 간행해 줄 정도로 유명했다고 한다.[31] 심상복의 사례는 문재를 갖춘 선비가 인쇄를 직업으로 삼고 있다는 점에서 인쇄주체의 신분적 변화를 보여주는데, 이 또한 이 시대의 특징이라는 점에서 인쇄사적으로 주목해야 할 부분이다.

安東 豊山 坡平尹氏木活字는 인서체자의 느낌이 나는 필서체자로 『坡平尹氏世譜』를 간행하는 데 사용되었다. 이 활자에는 금속활자 12개 혼입되어 있는데, 이에 대해 유탁일 선생은 금속활자를 사용하던 서울 관변 인쇄기술자들이 영리를 목적으로 한 민간인쇄로 전향된 사실을 암시해 주며, 이러한 사실은 활자 이동 연구에 도움이 될 수 있다고 평하였다.[32] 선생의 견해를 따른다면, 이 또한 시대상이 인쇄문화에 반영된 결과로 볼 수 있을 것이다. 이는 인쇄 시스템의 변화, 인쇄기술과 인쇄도구의 이동과 관련하여 생각해 볼 수 있다. 즉 우리나라 출판 시스템은 17,8세기부터 민간출판활동이 활성화되기 시작하였으나 여전히 관변중심을 완전히 탈피하지는 못하였으며, 특히 상업적 목적의 인쇄활동은 미약하였다. 그러나 19세기 말부터 민간의 인쇄산업이 성행하면서 관변중심의 인쇄는 급격히 쇠퇴하게 되는데, 이러한

31 유탁일. 전게 논문
32 유탁일. 전게 논문

상황에서 국가기관에 소속된 인쇄기술자와 인쇄도구가 민간으로 이입되는 모습을 이 사례를 통해 확인해볼 수 있다.

이상의 목활자 외에 '필서체철활자'로 칭해지는 금속활자 1종 역시 족보인본이 확인되고 있다. 이 활자는 순조조 말~고종조 사이에 사용되었는데, 『璿源續譜』, 『各大君派譜』 등의 왕실족보에서부터 『東萊鄭氏派譜』와 같은 민간의 족보, 문집, 일용잡서에 이르기까지 많은 서책 인출에 사용되었다. 이 활자의 인본으로 윤병태 선생은 가장 빠른 시기의 것을 1805년에 간행된 『白村先生遺事』을 들고 있으며, 1920년대까지 신식활자와 비슷하게 만들어진 목활자와 혼용하여 사용된 것도 있다. 이 활자의 주조에 대한 기록은 없고, 철종 10년(1859)에 『東萊鄭氏派譜』의 印役實錄을 보면 活字主人 白琦煥이 鄭基會 宅에 활자를 가지고 와서 족보를 찍을 때 주인으로서 擇字人 몫을 했음이 명기되어 있다.[33]

이상의 활자 외에 인본실물은 확인되지 않으나 정황상 족보 인출에 이용되었을 것으로 보이는 활자 가운데 가장 대표적인 활자가 榮州伊山申氏木活字(경북대 도서관소장)이다. 이 활자는 19C 말에 제작되어 『濟西集』외에 다수의 책[34]의 인출에 사용되었으나 족보인본은 확인되지 않고 있다. 또 성암

---

33 印譜後錄 冊白紙價…
都有司 … 粧潢工錢…
領議政 鄭元容 … 冊匠食價…
活字板工錢 … 印板工匠 活字主人 白琦煥 刻手匠 文學周
密墨價 … 擇字人 白琦煥 印出匠 鄭泰壽
濃錯紙代錢 … 金聖壽 金泰弘
工匠點心次 … 均字匠 高漢鎭
分類工錢 … 粧潢工匠 趙完壁 李御錫 金遇孫 金振聲 金完石

등과 같이 자세한 기록이 있다. 이는 활자 소유주가 이곳저곳으로 활자를 가지고 다니며 비용을 받고 책을 찍어주었음을 의미하는 것이다. 선행의 연구에서 활자가 만들어진 장소에 대하여 교서관과 민간이라 의견이 다르지만 활자로 찍은 책이 많기 때문에 보다 상세한 조사가 필요하다. 활자의 재료가 무쇠이고 주조가 거칠어 字樣과 字畫이 고르지 않으며, 특히 小字가 조잡하다. 또 後印本들은 목활자의 混用이 많아져서 不精한 편이나, 민간에서 요구되는 책을 인쇄하여 널리 보급하였으므로 인쇄문화사에서 크게 평가된다. 이 활자는 宮內府의 奎章閣이 장서와 함께 활자 등을 총독부 取調局으로 인계할 때 같이 넘어간 것으로 당시의 수량은 대자가 9,149자이고 소자가 7,107자 이었다.

고서박물관에는 조선후기 인쇄업자가 사용했던 활자로 큰활자 33,000여 자, 작은활자 40,000여 자가 남아 있는데, 그 인본은 확인되지 않았으나 이 또한 족보의 인출에 사용되었을 가능성이 매우 높다.

또한 최근에 경상북도 구미시(舊, 善山郡) 長川面 五老里라는 농촌마을에서 1908~1940년에 인쇄를 하고 주로 1920~30년대에 집중적으로 출판한 목활자도 확인되어 알려지기도 하였다.[35] '李鳳榮木活字' 또는 '善山字'로 명명된 이 활자는 현재 그 인쇄도구가 남아 있지 않지만 인쇄장소를 확인할 수 있다. 또 족보용 조판만 남아 있는 경우도 있는데, 청주고인쇄박물관과 국립중앙박물관에는 활자는 없고 족보 조판용 판틀만 남아 있다.

이상과 같이 족보의 인쇄에 사용된 것으로 확인된 활자들은, 18세기~20세기 초, 신식인쇄술이 점차 확대, 정착되는 상황에서도 인쇄도구로써 지식의 보급이라는 본연의 소명을 충실히 다하였다. 그리고 위 사례들은 그 오랜 소명을 새로운 시대와 그 시스템으로 넘기는 과정의 구체적인 모습을 생생히 보여 주는 자료로서 의미를 지닌다.

---

34 『濟西集』10책. 『靖窩集』5책. 『松澗集』1책. 『美村集』2책. 『澹溪集』2책. 『岌友集』2책. 『悔咎集』2책. 『法川集』2책. 『廬峯集』2책. 『栢竹堂實記』2책.

35 이 자료는 이 목활자로 인쇄한 서책을 확인하고 인쇄소를 직접 답사한 경북 구미시의 이택용선생의 제보와 그의 논문(이택용. 2008. 「朝鮮後期 地方의 民間木活字 '善山字' 및 印刷所에 對한 考察」. 『선주논총』 제11집)을 통해서 확인할 수 있었다. 좋은 자료를 제공해주신 이택용 선생께 지면을 빌어 감사드린다.

4. 결언

이 글은 우리나라 인쇄문화사에서 족보가 차지하는 비중을 재고해보기 위해서 작성되었다. 이를 위해 16~17세기의 목판본에서 18~20세기의 목활자본으로 족보의 인출 방식이 바뀌는 배경과 그 실제를 인본과 현전하는 인쇄도구를 통해서 규명하고자 하였다.

우리나라 출판 시스템은 17,8세기부터 민간출판활동이 활성화되기 시작하였으나 여전히 중앙기구나 관아중심을 완전히 탈피하지는 못하였으며, 특히 상업적 목적의 인쇄활동은 미약하였다. 그러나 19세기 말부터 족보를 중심으로 하는 본격적인 인쇄산업이 성행하면서 중앙기구중심의 인쇄는 급격히 쇠퇴하게 되는데, 이러한 상황에서 국가기관에 소속된 인쇄기술자와 인쇄도구가 민간으로 이입되는 모습을 엿볼 수 있다. 목판인쇄에서 활자인쇄로 변화하는 족보 인쇄 방식의 구체적인 모습을 통해서 인쇄 시스템의 변화, 인쇄기술과 인쇄도구의 이동과 관련하여 유추해 볼 수 있는 몇 가지 가능성을 생각할 수 있게 된 것이다. 또한 족보의 인쇄에 사용된 것으로 확인된 19세기 말~20세기 초의 목활자는 격변기의 시대상을 인쇄문화로 보여주는 거울이 될 수 있을 것이다.

인쇄문화사적 연구는 특정 인물이 아니라 전체에서 사상적인 영향력이 큰 영역이 무엇인지, 뿐만 아니라 그 당시 국가전체의 사상적인 수요가 무엇인지 등 사회사, 사상사 전체 차원에서 규명하는 것이 가능하다는 점에서 주목된다. 족보는 그 경향을 분석하는 대상으로서 인쇄문화사적 연구 방법을 적용할 수 있는 좋은 재료임에 틀림이 없어 보인다.

그러나 이러한 연구방법이 조선후기 인쇄문화사 연구에서 적용된 것은 아직까지 초기 단계에 불과하다. 따라서 이 연구도 '접근'이라는 다소 조심스러운 제목을 달고 시작하였다. 일찍이 선학자들이 족보의 간행 현황과 그 사상적 맥락에 대한 연구 성과를 제시한 바가 있다. 최근에는 문중별, 지역별로 조선시대에 간행된 족보에 대한 연구 성과가 제시되고 있지만 형태서지학의 범주나 간행기록의 분석을 넘어 족보가 갖는 사상적 경향이나 인쇄문화사적 의의에 대한 분석은 아직까지 미흡한 실정이다. 특히 발행소, 발행지, 인쇄자 등 대부분 著者와 깊은 관련이 있는 내용을 좀 더 구체적으로 살펴볼 필요가 있다.

시대나 방식에 따라 그 배경이 드러나는 조선후기 간행의 족보를 통해 인쇄문화의 경향을 살펴보고, 조선후기 족보간행의 인쇄문화적 흐름과 특징에 대해 보다 깊이 있는 접근이 이루어지기를 기대한다.

한국족보의 특성과 동아시아에서의 위상

계보자료를 통해서 본 조선시대 중인의 사회적 지위 | 송 만 오

계보자료를 통해서 본 조선시대 중인의 사회적 지위

—

송 만 오

I

본고에서 필자는 조선시대 중인들의 사회적 지위를, 그들이 남긴 계보자료를 통하여 검토하여 보고자 한다.[01] 이를 통하여 중인에 대한 우리들의 지식도 넓히고 또 그 기회에 조선사회의 모습을 이해하는 데 도움이 될 만한 정보도 얻고자 하는 바람이다. 주지하는 바와 같이 조선시대의 중인에 관해서는 아직도 궁금한 점이 많은 편인데 본고가 그 궁금증을 푸는 데 자그마한 도움이 될 수 있었으면 좋겠다.

그런데 본고에 들어가기에 앞서 몇 가지 점을 분명히 해 둘 필요가 있을 것 같다. 그것은 조선사회나 혹은 조선의 계층구조에 대한 기존 인식이 문제점을 안고 있으며 따라서 그러한 인식을 벗어날 필요가 있다는 사실이다. 물론 그러한 생각은 어디까지나 필자의 개인적인 판단에 불과한 것이요 그러한 판단이 과연 타당한 것이냐 아니냐 하는 점에 대해서는 앞으로 많은

---

01 계보자료라는 말은 족보를 포함하여 무릇 중인의 집안을 이해하는 데 도움이 될 만한 모든 기록을 포괄하는 의미로 사용한 것이다. 처음에는 계보자료라는 말 대신 계보자료의 대표라고 할 수 있는 족보라는 용어를 사용할까도 생각했다. 하지만 그것은 논리적으로 있을 수 없는 일이었다. 중인의 세계에서 족보라는 형태의 가계기록이 본격적으로 등장한 것은 18세기 말 혹은 19세기 중엽에 이르러서의 일이었기 때문이다. 그 이전, 그러니까 조선 초기부터 18세기 이전을 살던 중인들의 모습은 어쩔 수 없이 족보 외의 다른 기록들, 예를 들자면 중인 스스로나 혹은 제 3자가 중인 집안에 대해 언급한 것을 참고하지 않을 수 없는 상황이었다. 이러한 기록들을 계보자료라고 통칭하였는데 어떻게 보면 가계기록이라는 표현이 더 낫겠다는 생각도 든다. 하지만 일단은 그냥 계보자료라는 단어를 쓰도록 하겠다.

검증을 받아야 하겠지만, 그러나 필자의 그러한 생각이 사람들로부터 지지를 받지 못한다면 필자가 본고에서 말하고자 하는 내용들은 조선의 중인이나 혹은 조선의 사회를 이해하는 데 전혀 도움을 주지 못할 것이기 때문이다. 그러기에 필자가 바라보는 조선의 모습을 먼저 설명하는 것이 필요하지 않을까 한다.

필자가 말하고자 하는 첫 번째의 사항은 조선시대 사회 계층구조에 관한 문제는 무엇보다도 상식적인 입장에서 접근하여야 한다는 점이다. 흔히 조선 초기에는 특권층인 양반층이나 중인층이 없었으며 그러한 계층이 생겨나는 것은 16세기나 혹은 17세기에 들어와서의 일이라고 주장하고 있는데[02] 이는 상식적으로 수긍하기 어려운 설명이라고 생각된다. 평등사회를 자부하는 오늘날의 사회에서도 특권을 가진 자들이 하나의 계층을 형성하고 있으며 그러한 사람에게는 모종의 특권이, 합법적 혹은 관례적으로 주어지고 있는 점을 감안한다면 지금보다 훨씬 전근대적인 조선 초기의 사회에서 특권층이 없었다는 설명은 논리적이지 못하기 때문이다.

물론 조선시대의 특권층과 오늘날의 특권층 사이에는 차이가 있다.[03] 특권층으로서 누릴 수 있는 특권의 성격도 다르고 특권층으로 나아가게 된 원인도 다르다. 뿐만 아니라 특권층의 신분[04]이 세습적이었느냐 아니었느냐 하

02 조선 초기에는 중인층이 없었다는 주장의 근거는 중인이라는 단어가 사용된 것이 인조대 이후부터요 또 그 때부터 잡과를 세습하는 계층이 등장하였다는 이유를 들고 있다. 그러한 주장은 물론 중인 스스로의 말이기도 하다. 하지만 필자의 생각은 다르다. 조선 초기에도 분명 잡과를 세습하는 사람들이 있었다고 생각된다. 다만 그러한 사람의 수가 인조대 이후보다는 적었을 것으로 보고 있다. 또 설령 조선 초기에는 잡과를 세습하는 자들이 없었다고 하더라도 그것이 곧 조선 초기에는 중인층이 없었다는 설명의 근거는 될 수 없다. 조선 초기에도 분명 잡과 합격을 희망하는 사람이 있었을 것이요 그러면 그들을 중심으로 중인층이 형성되었다고 보아야 한다. 그리고 그들 중에는, 그 수가 조선후기보다 적었을지 모르지만 분명 先代의 직을 세습하는 자들도 분명 있었으리라 짐작된다.

03 조선 초기 특권층의 모습은 八議를 통하여 짐작할 수 있다. 팔의란 議親, 議故, 議賢, 議能, 議功, 議貴, 議勤, 議賓에 속한 자에게 형사상의 특권이 주는 것을 뜻한다. 팔의는 원래 중국 唐代에 제정된 것인데 조선에서도 그 제도를 이어 받은 것이다. 조선 초기 팔의에 대한 구체적 내용은 신명호. 1996.「조선 초기 八議와 형사상의 특권」.『淸溪史學』12에서 다룬 바가 있다.

04 여기서 잠깐 신분이라는 용어에 대한 언급을 해 주는 것이 좋을 듯싶다. 지난 2011년 8월 5일 대구 계명대학교에서 본 논문을 발표하는 자리에서 몇 몇 분들이 필자가 신분이라는 용어를 잘

는 점도 역시 같지 않다. 주지하는 바와 같이 오늘날 사회의 특권층들은 적어도 공식적으로 말한다면 그 지위가 세습되지 않는 것이 원칙인데 만약 조선 초기의 특권층도 그러하였다면 조선 초기는 오늘날과 하등 다를 바가 없는 사회요, 그러면 조선 초기는 절대로 전근대적인 사회라고 볼 수가 없다. 조선 초기의 특권층이 세습적이었다는 점은 너무도 당연한 일이다. 그리고 특권층이 형성되어 있었다면 특권층으로 진출하는 데 실패한 자들을 중심으로 그 하위 계층인 중인층도 자연스럽게 형성되어 있었다고 보아야 한다.

그런데 조선시대의 특권층과 관련하여 또 반드시 유념할 사항이 있다. 그것은 특권층이라고 하더라도 그의 자손들 모두가 특권층으로서의 지위를 이어받은 것은 아니라는 사실이다. 그것은 조선시대만이 아니라 그 이전 시대라 하더라도 결코 있을 수 없는 일이다. 특권층에 속한 자들이라고 하더라도 얼마든지 여러 가지의 이유, 예컨대 疾病, 政爭 등과 같은 이유로 인하여 그 지위를 상실하는 자들이 있었다. 그리고 그 반대의 현상, 즉 원래는 특권층이 아니었으나 특권층으로서의 신분 상승을 획득하는 자들도 없지 않았다. 이른바 Member Change의 현상은 언제나 있었는데, 그 점은 오

못 이해하고 있는 것이 아니냐 하는 지적을 한 바가 있다. 즉 그들은 신분이라는 단어는 반드시 世傳性과 연관 지어 생각하여야 하며, 따라서 조선 초기에 중인신분이 있었다고 말하기 위해서는 조선 초기에 중인의 지위를 세습했던 집안이 반드시 확인되어야만 한다는 점을 지적한 바 있다. 필자도 이 점은 동의한다. 그러나 솔직히 말해 현재 우리에게 제공된 사료만으로는 조선 초기 중인의 세전성 여부를 확인할 도리가 없는 실정이다. 그렇다고 조선 초기 중인들에게 세전현상이 없었다고는 결코 생각하지 않는다. 분명 있었다고 확신한다. 다만 유념할 점이 있다. 비록 신분제 사회라 하더라도 모든 사람들의 신분이 예외 없이 다 세전되는 것이 아니라는 사실이다. 그들 중에는 先代의 직을 세습하는 자들도 있었겠지만 그렇지 않은 중인들도 있었던 것이다. 그리고 모든 신분이 세습되어야만 신분사회로 볼 수 있다는 것은 봉건제도 하에서의 일이요, 또 어디까지나 원칙에서의 이야기라는 점을 인정해야 한다. 만약 모든 계층의 사람들이 하나도 예외 없이 선대의 직을 세습하는 사회만이 신분사회라고 한다면 조선 초기는 말할 것도 없거니와 조선후기나 그 어느 시대도 신분사회라고 부를 수 없다. 조선 초기의 양반 중에서 政爭 등 여러 가지의 이유로 인해 그 지위를 지키지 못하고 하층 신분으로 몰락하는 자들도 있었고 중인 중에서도 역시 상승의 신분으로 올라가는 자도 있었을 것이다. 하지만 그러한 현상은 일반적이 아니라 예외적인 것이었다고 필자는 생각하고 있다. 그리고 그러한 예외는 조선 초기, 구체적으로 말한다면 건국 후 政局이 안정되어 가는 얼마 동안의 기간에는 조선후기에 비해 더 자주 있었으며 조선후기로 올수록 줄어든 것으로 이해하고 있다. 조선 후기에 이르러 중인층의 세전성과 폐쇄성이 더욱 강화되고 중인이라는 단어가 생겨나게 된 것으로 이러한 시각에서 바라보아야 하지 않을까 한다.

늘날과 마찬가지이다. 하지만 조선 초기의 사회가 만약 오늘날의 사회처럼 누구나 자유롭게 그리고 원하고 또 노력만 열심히 하면 그의 혈연적 배경이 어떠하였던 간에 관계없이 특권층으로 나아갈 수 있는 구조였다면[05], 역시 조선 초기는 결코 전근대사회가 아닌 것이다.

필자가 강조하고자 하는 두 번째의 사항은 조선사회는 그 초기부터 말기까지 철저하게 유교사회였다는 사실이다. 물론 조선사회에 조금이라도 관심을 둔 사람이라면 그리고 조선 사회의 성격을 어느 정도 이해하고 있는 사람이라면 모두들 조선이 유교사회라는 점을 인정한다. 하지만 조선사회의 변동과 조선의 내재적 발전을 특히 강조하려는 자들을 보면 조선이 유교사회라는 점을 무시하고 유교가 아닌 다른 새로운 사상들이 그 사회를 지배한 것처럼 말하고 있는 듯하다. 그래서 조선이 유교사회였다는 점을 다시 한 번 강조하고자 하는 것이다.

조선이 철저한 유교사회였다는 사실은 무엇보다도 조선사회를 주도하였던 핵심 지배층의 사람들이 대부분 문과출신자라는 사실만으로도 입증할 수 있다. 주지하는 바와 같이 문과에서 출제되는 시험문제는 거의 모두가 유교와 관련된 내용이었다. 이는 달리 말하자면 문과에 급제하기 위해서는 어렸을 때부터 수십 년 동안 유교를 공부하지 않을 수 없었고 그 결과 그들의 의식구조는 유교에서 탈피하지를 못하였다는것을 의미한다. 그러한 의식을 가진 자들이 지배하는 한 조선은 유교사회가 아닐 수 없었다. 필자는 지금까지 수십 차례 향촌사회를 답사하면서 전적조사를 진행하였지만 유교와 관련된 것들 외에는 그리 많이 보지 못하였다. 이것이야 말로 조선사회가 유교

---

05 만약 조선 초기의 사회가 이러하였다면 과거 응시생들에게 굳이 四祖를 적게 하지도 않았을 것이다. 사조를 적게 한 이유는 당연히 응시생의 집안을 확인하기 위한 수단이었다고 보아야 한다. 한편 조선시대의 모든 과거에서 응시생의 四祖를 파악한 것은 아니었다. 謁聖試나 宣祖代 이후 정식 문과로 그 성격이 변하는 庭試에서는 오직 父名만 기재하도록 되어 있었다. 그 이유는 위 두 시험의 성격과 관련이 있는 것이었다. 위 시험들은 그 기회를 이용하여 宮闕과 文廟의 모습을 공개한다는 또 다른 목적이 있었기 때문이다. 누구라도 부담 없이 응시하도록 하였던 것이다. 그래서 위 두 시험에서는 試紙도 官에서 제공하였다. 다만 임진왜란 이후가 되면 국가 재정이 어려워짐에 따라 더 이상 관에서 시지를 제공해 주지는 않았던 듯하다.

라는 테두리를 벗어나지 못하고 있었음을 증명해주는 사실이 아닐까 한다.

주지하는 바와 같이 유교사회는 신분 질서를 인정하는 특징을 지니고 있다.[06] 군자와 소인, 남자와 여자, 임금과 신하와 같은 上下秩序는 반드시 있어야 하며 만약 그러한 질서가 흔들리거나 무너지면 국가가 위태로워진다고 보았다. 그래서 국가가 혼란하면 혼란할수록 또는 국가에 어떤 위기에 봉착하면 봉착할수록 그 혼란과 위기를 극복하기 위하여 평소보다 더 적극적으로 유교정신을 강화하였는데 이런 구조를 지닌 조선사회에서 신분질서가 없었다든가 혹은 신분질서가 붕괴되었다고 말하기는 어렵지 않을까 한다. 왕이나 또는 왕과 함께 조선의 정치를 담당하고 있는 자들이 자신들의 통치행위를 포기하지 않는 한 신분질서는 유지할 수밖에 없었던 것이다.

그리고 조선의 중인이나 평민 또는 천민들도 이러한 점을 잘 알고 있었다. 그들 역시도 유교라는 사상적 한계를 극복하지 못하고 있었기 때문이었다. 조선후기의 중인들이 양반으로부터 400여 년 이상 차별과 무시를 당하였음에도 불구하고 과격한 방법으로 그 개선을 시도하려한 적이 없었고 중인이라는 자신의 신분을 인정하지 않을 수 없었던 가장 중요한 이유도, 그리고 그들 스스로도 중인의 서얼 등 그들보다 못한 신분의 사람들을 차별한 것도 다 그들이 지닌 그러한 사상적 한계 때문이었다고 필자는 보고 있다.

다음으로 필자가 지적하고 싶은 부분은 조선사 연구에 대한 우리의 자세이다. 해방 이후 조선사에 대한 연구 경향을 보면 대부분이 변화와 발전 또는 진보라는 시각에서 이루어졌다는 점을 어렵지 않게 확인할 수가 있는데 필자는 이러한 연구동향에 대해 이제는 건전한 고민이 있어야 한다고 생각하고 있다. 너무 지나치게 한 쪽 면만을 확대해석하는 경향이 있는 듯하기 때문이다.

무릇 어느 사회나 어느 시대건 진보와 보수가 常存하고 변화를 추구하는

06 물론 신분이라는 것은 반드시 유교사회여야만이 존재하는 것은 아니다. 위의 특권층에 관한 언급에서도 간접적이나마 설명이 이루어졌지만 신분이란 어느 사회건 있을 수밖에 없기 때문이다. 그러나 유교사회에서는 그 신분이 분명한 정당성을 가지게 되는 것이다.

세력과 전통을 고수하려는 세력의 대립이 있게 마련이다. 그러나 그 두 세력이 어떤 사안, 특히 국가의 질서에 관련하여 정말 중요하다고 판단되는 사안을 두고 대립을 벌일 때면 전통을 고수하려는 세력이 변화를 추구하는 세력보다 언제나 큰 힘을 지니고 있으며 또 전통질서를 지키려는 자들이 자신들의 신념과 원칙을 결코 포기하지 않으려 한다는 점을 우리는 우리의 최근 모습을 통하여 너무도 잘 깨닫고 있다. 그렇다면 오늘보다 훨씬 전근대적이고 또 지식을 가진 사람의 수가 지금보다 비교조차 되지 않을 정도로 적었고 또 정보의 유통도 지금보다는 비교조차 할 수 없을 정도로 답답하였던 조선사회가 어떠하였을지는 더 말할 필요조차 없다고 생각한다. 한마디로 조선사회에서 전통을 지키고 신분제도를 유지하려는 보수 세력의 힘에 비해 신분질서를 부인하고 평등사회를 구현하려는 진보 세력의 힘은 너무도 미약하였던 것이다. 그럼에도 불구하고 오늘날 조선시대를 연구하는 대부분의 학자들은 마치 진보 세력의 힘이 보수 세력의 힘을 능가했던 것처럼 묘사하고 그 결과 조선후기에 이르러 중인을 포함한 대부분의 하층민들의 신분이 상승한 것처럼 말하고 있는 것이다. 그러나 그러한 설명은 비록 우리들의 기분을 좋게 만들지는 몰라도 사실과 부합하는 설명은 아니며 한국사에 대한 올바른 해석은 아니라고 본다.

더욱이 조선은, 방금 위에서도 언급하였듯이 유교를 國是로 채택한 사회였다. 유교로 무장한 자들을 관리로 선발하였고 그들에게 국가 통치행위에 참여할 수 있는 기회를 주었고 여타의 사상이나 또는 여타의 사상을 지닌 자가 진출하는 것을 용납하지 않았다. 그러한 사회에서 신분질서를 부정하는 행위는 곧 국시를 부정하는 것이 되고 마는데 그것은 불가능한 이야기이다. 국가 권력을 이길 수는 없기 때문이다. 다시 말해서 조선이 유교라는 사상을 포기하지 않는 한 신분의 질서는 유지될 수밖에 없었다는 사실을 우리는 반드시 인정하여야 하지 않을까 한다.

신분이라는 것은 상대적이라는 점도 인정하여야 한다. 즉 남이 나를 인정해 주어야 나의 신분이 상승하는 것이다. 조선후기 신분제 變動論을 주장하는 분들은 으레, 조선후기의 하층민들이 戶籍이나 族譜를 僞造하거나 혹은 納粟帖이나 空名帖을 구매함으로써 양반으로 신분 상승의 꿈을 이루었다고 말하고 있는데 필자의 생각은 다르다. 돈으로 관직을 사고 서류를 위조한 행위가 효과를 발휘하기 위해서는 그렇게 양반으로 진출한 자들을 기존 양반들이 자신들과 동등한 부류로 인정해주고 또 서로 통혼도 하여야 하는데 과연 기존 양반들이 관직을 사고 서류를 위조해서 양반으로 둔갑한 자들을 과연 인정해 주었을까 하는 생각이 드는 것이다. 물론 그러한 위조 사실을 숨기거나 또는 그 위조 사실을 전혀 눈치 챌 수 없는 전혀 새로운 곳에 가서 살면 되지 않았겠느냐 하고 반문할 수도 있을 것이다. 하지만 學緣, 地緣, 血緣으로 얽힌 조선사회에서 과연 자신의 출신을 숨긴다는 일이 과연 가능했을까를 유념할 필요가 있다.

유념하여야 할 사항은 또 있다. 상위 신분이 하위 신분의 사람의 도전을 쉽게 용납하지 않으며 또 상위신분들은 자신에게 주어진 특권을 결코 스스로가 포기하려는 법이 없다는 사실이다.07 이것이 보통의 특권층이 지니고 있는 생각들이다. 이러한 점을 감안하면 조선의 양반들이 중인층의 상승을 인정하고 그래서 자신의 특권을 중인층에게도 양보하는 일은 불가능하였다는 점을 쉽게 납득할 수 있을 것이다.

특권층들은 하층민들이 자신들의 특권을 부인하고 또 빼앗아가려는 행동에 대해서도 결코 용납하지 않는 모습을 보인다고 필자는 생각하고 있다. 물론 하층민의 그러한 행동은 그들의 의식이 그러한 행동을 실천으로 옮길 수 있을 정도로 깨우쳐 있어야 가능한 일이겠지만 그러한 전제를 무시하고

---

07 이러한 현상과 관련하여 조선후기 실학자의 행동을 떠 올릴 필요가 있다. 많은 실학자들이 자신들의 저서에서 양반 중심의 조선사회의 모순을 지적하고 토지제도나 신분제도 또는 문과제도의 개선을 주장하고 있지만 자신들의 주장을 몸소 실천에 옮기기 위하여 자신들의 특권을 부정하고 또 자신들의 토지를 농민들에게 나누어주고 또 자기의 자식이나 손자들이 문과에 응시하는 것을 적극적으로 막으려 하지는 않았다고 생각된다. 실학자들 대부분이 당대의 양반으로서 자신들의 특권을 누렸고 또 자손들도 유학을 공부하였고 양반으로서의 모습을 견지하였던 것이다.

하층민의 도전이 있었다고 가정할 때 특권층이 어떤 행동을 보일지는 너무도 분명하다. 자신들의 특권을 지키려고 더욱 더 노력할 것이라는 점이다. 그리고 하층민이 성장하면 할수록 특권층은 하층민이 성장한 만큼 저 멀리 달아나려는 경향을 보이게 된다.

다음으로 필자는 또 신분이란 양면적인 특성을 지니고 있다는 점을 말하고자 한다. 일방적으로 특권만 누리는 계층은 없으며 또 일방적으로 차별만 받는 계층은 있을 수 없다는 말이다. 흔히들 조선시대의 중인이라고 하면 차별만 받은 것처럼 말하고 있는데 그것은 있을 수 없는 일이다. 중인들이 비록 양반으로부터야 차별을 받았겠지만 양인 또는 천민들에게 있어 그 위상은 대단한 것이었다. 향촌사회에서 중간계층인 아전들이 백성들 위에 군림하며 막강한 세를 과시하였다는 점은 거의 상식적으로 알려진 사실이 아닌가. 따라서 중인도 어떤 의미에서 보면 특권층이 될 수 있었다고 보아야 한다.[08]

필자는 또 조선사회를 대립과 갈등구조로만 파악하려는 우리 학계의 태도도 경계하고자 한다.[09] 양반과 평민 혹은 양반과 중인의 관계가, 오늘날 대부분의 연구자들의 설명하는 것처럼 그렇게 대결적인 관계에만 놓였는지 더 깊은 관심을 갖고 살펴보아야 한다는 말이다. 다들 마찬가지이겠지만 필자는 조선의 民畵나 또는 風俗畵 중에서 양반과 하층민들이 서로 칼과 창을 들고 죽고 죽이는 모습을 그린 그림을 본 적이 없다. 양반출신 서화가들은 말할 것도 없거니와 김홍도, 신윤복 등 중인출신 화가들, 그러니까 양반으로 차별을 받았다고 하는 중인의 그림에서도 그 점은 마찬가지였다. 만약 어두운 그림을 그릴 수 없는 사회구조였다면 조선은 그만큼 엄격한 통제가

---

08 그러나 중인이 누릴 수 있었던 특권과 양반들이 누릴 수 있었던 특권이 같았다는 말은 아니다. 분명 서로 차이가 있었을 것이다.

09 조선사회의 지배층과 피지배층의 관계를 대립과 갈등 구조로 파악하면서 지배층은 악의 집단으로, 피지배층은 선의 집단으로 파악하려는 태도는 이제 그만 종식되어야 한다고 생각된다. 그러한 주장은 또 스스로 커다란 모순점을 지니고 있다. 조선후기에 이르면 하층민이 대거 양반으로 성장하였다고 하는데 그 말은 곧 하층민이 대거 악의 집단으로 진출하였다는 의미가 되기 때문이다.

이루어진 사회요, 그렇지 않다면 중인에 눈에 비친 조선사회가 그렇게 어두운 것만은 아니었다는 이야기가 되는 셈이다. 솔직히 말해서 필자는 조선사회가 500년이라는 장수를 누리게 된 가장 중요한 이유 중의 하나가 바로 각 신분 사이의 관계가 투쟁적이 아니라 상호 의존적인 관계에 있었기 때문이라고 생각하고 있다.

다음으로 필자는 조선사회를 바라보는 기본적인 시각을 되짚어볼 필요가 있다는 점도 강조하고 싶다. 몇 몇 특이한 예를 마치 으레 있었던 일처럼 해석하는 일이 종종 있다고 판단되기 때문이다. 조선의 문과 중 式年試를 보면 가뭄이나 흉년 또는 전쟁 또는 慶科의 설행으로 말미암아 식년 한 해 전에 끝내야 할 초시를 식년에 와서 마친다든가 또는 식년에 이르러 치러야 할 覆試와 殿試를 식년 이듬해나 그 이듬해로 퇴행한 예가 십 수 차례 있었는데 이러한 모습을 두고 "식년시는 식년에 치르지 않았다"라고 말하는 것은 결코 온당치 못하다고 생각한다.[10]

중인의 문제도 마찬가지이다. 중인 중에 문과에 급제하거나 혹은 여타의 방법으로 신분상승을 꾀하는 자들도 분명 있었을 것이고 또 그들 중에는 실제 출세도 하고 상층 신분으로 진출한 자가 없지 않았을 것이다. 그러나 중요한 점은 그러한 자가 과연 몇 명이나 되었는지 그리고 그러한 일이 과연 일반적인 현상이었는지를 생각해보아야 할 필요가 있다. 그러한 일이 보편적인 현상이 아니었다면 그 몇 가지 예를 근거로 중인과 양반은 차별이 없었다라고 말할 수는 없지 않을까 한다.

마지막으로 필자가 강조하고 싶은 점은 조선사회에서 유교질서라고 하는 원칙을 붕괴시킬만한 도전은 안과 밖에 어디에서도 없었다는 사실이다. 필자가 이 점을 깨닫게 된 것은 조선시대 중인의 개화운동을 검토하는 과정에

10 試紙의 문제도 그렇다고 말할 수 있다. 조선의 문과에서 왕의 親臨試로 진행되는 謁聖試나 庭試에서는 시지를 국가에서 제공하도록 되어 있었다. 하지만 실제 그러한 일은 많지 않았으며 대부분은 개인적으로 시험지를 준비한 것으로 보인다. 과거를 볼 때 시험지는 개인이 준비하도록 되어 있었다고 한 학계의 설명은 바로 보편적인 모습을 두고 한 말이다.

서였지만 조선의 문과를 연구하면서 더욱 확신을 갖게 되었다. 문과의 경우를 보았을 때 조선 초기부터 말기까지 원칙이라고 할 수 있는 기준은 벗어난 일이 없었기 때문이다. 식년시나 증광시의 정식 선발인원이 정원을 초과한 예가 500 여 년 동안 단 한 번도 없었고 식년시나 증광시의 시험절차가 초시 복시 전시의 세 단계 이하로 진행된 때가 단 한 번도 없었던 것이다.

물론 그렇다고 조선사회가 언제나 원칙만을 고수한 것은 아니었다. 때로는 변화를 추구하였다. 여기서 그 변화의 모습을 구체적으로 설명하기는 어렵지만 한 가지 분명한 사실은 있다. 그러한 변화는 어디까지나 원칙에서 크게 벗어나지 않는 선에서만 있었던 다시 말해서 융통성이 있는 변화였을 뿐이었다는 사실이다. 이른바 權度, 즉 臨機應變이었던 셈이다. 원칙을 근본적으로 벗어나는 변화는 조선의 지배층 스스로도 원치 않았고 만약 누군가 그러한 변화를 추구하고자 한다면 양반 지배층들이 그것을 용서하지 않았다. 그래서 조선의 질서는 그 말기까지 강한 에너지를 지닌 채 유지될 수 있었다고 필자는 보고 있다.[11]

II

조선시대의 중인이라고 하면 으레 雜科 혹은 取才를 통하여 관계에 들어간 자들을 지칭하였다. 구체적으로 말한다면 譯官, 醫官, 陰陽官, 律官, 算員,

11 필자는 지금까지 조금은 지루하리만큼 조선사회의 기본 구조에 대한 필자 나름대로의 입장을 소개해 왔다. 아울러 조선사회에 대한 기존 해석에 적지 않은 문제가 있다는 점도 지적하였다. 물론 그 지적은 앞서도 언급하였듯이 어디까지나 필자 개인적인 판단에 불과하다. 따라서 그것이 얼마만큼 올바른 것이냐 하는 문제는 앞으로 좀 더 많은 논의가 있어야 하겠지만 필자는 그간 중인의 개화운동이나 향촌사회의 양반 생활, 일제하의 청년회 활동, 조선의 문과제도 등의 문제를 검토하면서 필자의 위와 같은 생각이 결코 잘못되지 않았다는 생각을 더욱 굳히게 되었다.

畫員, 寫字官 등이 중인의 범주에 해당될 것이다. 그리고 조선이 신분제 사회였다는 점을 감안하면 그러한 자들의 일정 범위 내의 가족들, 예를 들어 잡과 출신의 아들이나 혹은 아버지와 같은 주변 사람들도 당연히 중인으로 분류되었다고 보아야 한다. 그리고 잡과나 취재는 조선 건국 직후부터 실시되었으므로 조선 초기부터 중인이 있었다는 점은 의심의 여지가 있을 수 없다.[12]

조선 초기의 중인의 시회적인 신분이 양반층에 비해 낮았다는 점을 말해주는 자료들은 더러 있다. 그 한 예를 『조선왕조실록』, 세조 10년 8월 6일(丁亥)의 기록에서 찾아볼 수 있다. 즉 이날 세조가 나이 어린 문신들을 선발하여 天文, 地理, 陰陽, 律呂, 醫藥, 卜筮, 詩史의 분야에 종사시킬 계획을 마련하고자 하자 監察 金宗直이,

> "이번에 전하께서 文臣으로 하여금 天文, 地理, 陰陽, 律呂, 醫藥, 卜筮, 詩史의 七學을 서로 나누어 익히라는 지시를 내리셨습니다. 그러나 위 일곱 가지의 學 가운데 詩史는 원래부터 儒者의 일입니다만 나머지 雜學이야 어찌 儒子들이 힘써 익힐 學問이라고 할 수 있겠습니까. 당연히 그렇지 않습니다. 또 雜學은 각각 業으로 삼는 자들이 있습니다. 만약 잡학에 종사하는 자들 중 精通한 자는 勸奬하고 그렇지 못한 자는 懲戒하는 法을 세우고 그들에게 또 敎養을 더한다면 천문 지리 등의 잡학에 종사하는 자들 모두 자기의 분야에 精通하게 될 것입니다. 그러니 반드시 문신 중에서 잡학에 능력 있는 인물을 고를 필요는 없다고 생각합니다."[13]

---

12 중인이라는 단어를 폭 넓게 해석하면 거기에는 더 많은 부류의 사람들이 포함되었다. 잡과 및 취재 출신은 물론이요 樂人, 將校, 胥吏, 鄕吏, 庶孼 등 이른바 양반과 평민 사이에 위치해 있던 모든 사람들을 총칭하게 된다. 이른 바 middle class를 지칭하는 셈이 되는 것이다. 그런데 조선시대에는 잡과 및 취재 출신자와 나머지 사람들을 서로 구분하여 前者는 中人이라고 부른 반면 後者는 中路라고 불렀다고 한다. 이러한 점을 감안하여 본고에서 사용하는 중인은 잡과 및 취재출신자만을 지칭한다는 점을 밝혀 둔다.

13 원문은 다음과 같다. "察金宗直等輪對 宗直啓曰 今以文臣分肄天文地理陰陽律呂醫藥卜筮詩史七學

라는 청을 올리고 있음이 확인되고 있다. 그러니까 문신들로 하여금 잡학에 종사토록 하려는 세조의 결정에 대하여 김종직이 "잡학은 잡학을 業으로 삼고 있는 중인에게 맡겨야 합니다."라고 하면서 반대의사를 편 것이었는데, 사실 김종직의 위 말은 문신들이 잡학을 멀리 하였다는 점과 함께 조선 초기에도 잡학에 전문적으로 종사하는 자들이 있었다는 사실을 말해주는 귀중한 자료라고 할 수가 있다.

그렇다면 문신들은 왜 잡학과 거리를 두고자 하였던 것일까. 주지하는 바와 같이 잡학으로 분류되었던 의학이나 역학 또는 천문학 등도 모두 국가 통치에 절대적으로 필요한 일이었으며 또 잡과에 합격하면 관직 진출의 기회도 주어졌다. 한마디로 명분이 있었던 셈이다. 그럼에도 불구하고 문신들은 잡학을 멀리한 이유가 궁금하지 않을 수 없는데, 조선이 유교사회였다는 점을 감안하면 그 이유를 짐작하는 일이 그리 어렵지는 않다. 유교의 입장에서 보았을 때 선비라면 당연히 先賢의 가르침을 배우고 또 마음을 수양하는 일에만 종사하는 것이 도리요, 그 밖의 일은 결코 종사해서는 안 되는 것으로 간주되었는데, 잡학은 그러한 것과는 거리가 있었던 것이다. 다시 말해서 문신들이 잡학을 멀리한 이유는 잡학을 천시한 직업관이 반영된 결과라고 여겨지는 것이다.[14]

따라서 분위기가 이러하였다면 잡학에는 당연히 신분이 낮은 자들이 종사하게 되었다. 예를 들어 『조선왕조실록』 세종 16년 6월 25일(庚午)을 보면,

---

然詩史本儒者事耳 其餘雜學 豈儒者所當力學者哉 且雜學各有業者 若嚴立勸懲之法 更加敎養 則自然咸精 其能不必文臣然後可也"

14 조선사회에서 商工人이 賤視된 이유도 이 유교사상과 관련이 있다고 생각하고 있다. 商行爲는 기본적으로 이익을 추구하기 마련인데 그러기 위해서는 德과는 거리를 두어야만 하였다. 즉 "德者本也 財者末也"였던 것이다. 그래서 당연한 이야기가 되겠지만 조선시대 대부분의 양반들은 상행위에 종사하지 않았다. 이 점은 조선후기의 영조 22년(1746) 譯官合格者로서 嘉善大夫와 折衝將軍의 品階를 지니고 司譯院 敎誨를 지냈으며 『寬我堂遺稿』라는 이름의 文集을 남긴 金世禧가 당시의 신분제도를 비판하면서 "國俗畵地以局人矣 地高者 知亦以高 知卑者 知亦以卑 勢固肰也 而地高者 雖窮寒無賴 濱塡邱壑 有自介然閉知 不肯與於工商之事 是以國之一切工作 擧出於下之不學無識之人 人旣無識 何能妙其用而精其工哉 此貨之所以不美者也"(김세희. 1746. 『寬我堂遺稿』. 「鐘街記」. pp.36-37)라고 말한 데서도 충분히 짐작할 수 있다.

女眞 文字를 이해하는 자가 불과 한 두 사람 뿐에 지나지 않습니다. 이 때문에 여진학이 장차 廢絶할 위기에 놓였습니다. 이러한 문제를 해결하기 위한 조처를 있어야 할 것입니다. 侍朝人 및 함길도에 거주하는 여진인 자제 중에서 여진 문자를 이해하는 자 네 다섯 사람을 잘 선발한 후 이들을 司譯院에 소속시켜 訓導로 삼으시고 겸하여 通事로 임명하도록 하시기 바랍니다.[15]

라는 내용이 보이듯 통사, 즉 역관에 시조인이나 여진인처럼 신분이 낮은 자들이 임명되었음이 확인되고 있다. 그리고 이러한 현상은 다른 잡학 그러니까 의학이나 산학 등에 있어서도 마찬가지였으리라 짐작되는데, 이러한 상황 속에서 잡학과 문신들과의 거리는 멀어지게 되었다고 생각된다.[16]

조선 초기 잡학종사자들의 사회적 지위가 낮았다는 사실은 조선 초기에 발간된 족보자료를 통해서도 확인할 수가 있다. 예를 들어 행된 것으로 현존하는 족보 중 우리나라 최초의 것으로 알려진 成宗 7년(1476)에 刊『安東權氏成化譜』(이하 『성화보』로 略함)나 또는 위 『성화보』 보다 90년 뒤인 明宗 20년(1565)에 출간된 『文化柳氏嘉靖譜』(이하 『가정보』로 略함)에 잡과출신자들이 나오지 않기 때문이다. 주지하는 바와 같이 위 족보들은 각각 안동권씨나 문화유씨 중에서 이른바 현달한 양반들을 중심으로 간행이 되었는데 이러한 족보에 잡과 출신자들이 기재되지 않는다는 사실은 그들이 안동권씨나 문화유씨를 내세우는 데 전혀 도움이 되지 못한다는 판단 때문이 아니었을까 하는 것이다.

물론 『성화보』나 『가정보』의 편찬자 측에서 잡과 출신을 제외시킨 이유

---

15 "禮曹啓 解女眞文字者 不過一二人 將爲廢絶 侍朝人及咸吉道女眞子弟中解女眞文字者 選揀四五人 屬於司譯院 定爲訓導 兼差通事之任"(『조선왕조실록』 세종 16년 6월 25일(庚午).

16 이러한 점은 『조선왕조실록』, 태조 7년 9월 18일(庚寅)에 나오는 "古者 羲和世官 醫不三世 不服其藥 頭自今書雲典醫 傳世其官 以精其業"이라는 기록을 통하여 짐작할 수가 있다.

가 그들을 차별해서가 아니라 그들과의 혈연관계를 확인할 수 없었기 때문에 어쩔 수 없는 일이었을 수도 있다. 주지하는 바와 같이 족보 수록의 기준은 그가 양반이냐 양반이 아니냐 하는 데에 있었던 것이 아니라 서로 같은 조상의 후손이냐 아니냐 하는 데에 있었기 때문이다. 그래서 같은 조상의 후손임이 계보 상으로 확실한 사람이라면 그 누구라도 그의 직업 또는 사회적 지위의 여하에 관계없이(물론 천역에 종사라는 사람은 예외가 되겠지만) 자기 씨족에 들어갈 권리가 있었고 따라서 천첩자손도 얼마든지 들어갈 수가 있었기 때문이다.[17] 그러나 그렇다면 문제는 더 심각해진다. 그것은 저들 잡학종사자들이 비록 안동권씨나 문화유씨라는 본관과 성씨를 사용했다 하더라도 『성화보』나 『가정보』를 편찬한 측으로부터 같은 씨족이라는 점을 전혀 인정받지 못하였다는 사실을 의미하기 때문이다.

혹자는 『성화보』에 잡과나 취재 출신자들이 보이지 않은 까닭을 『성화보』가 세상에 나오기 전에는 안동권씨 내에 잡학이나 취재 출신자가 없었기 때문이라고 생각할 수도 있을 것이다. 하지만 그것은 불가능한 이야기이다. 『성화보』가 발간된 때는 조선이 건국된 지로부터 78년이 지난 때요, 조선이 건국된 후부터 그때까지 잡과나 취재가 수 십 차례 이상 실시되었다. 그리고 실제 안동권씨로서 잡과에 합격한 자가 있다. 연산 4년(1498)의 漢學合格者인 權根連이 바로 그 주인공이다.[18] 권근연의 생년은 밝혀져 있지 않아 그가 몇 살 때 잡과에 합격하였는지는 확인할 수 없지만 『성화보』를 편찬할 당시에 이미 어느 정도 성장한 나이였으리라는 점은 어렵지 않게 추측할 수 있다. 그리고 雜科榜目을 보면 권근연의 아버지인 權頤의 이름도 분명 나와 있다. 따라서 만약 『성화보』 편찬자 측에서 권근연이나 권이를 확인하려고만 했다면 그것은 얼마든지 가능한 일이었다고 보아야 한다. 그럼에도 불구하고 이들 부자의 이름은 『성화보』에는 나오지 않는 것이다. 그것은 결국

---

17 송준호. 1987.「한국에 있어서의 가계기록의 역사와 그 해석」.『조선사회사 연구』. 일조각. pp.37-38.

18 이성무최진옥김희복 편. 1990.『조선시대 잡과합격자 총람』. 한국학중앙연구원. p.384.

권근연이나 권이의 가계를 『성화보』를 편찬한 측에서는 안동권씨의 가닥으로 인정하지 않았음을 의미한다고 여겨진다.

이점은 『가정보』도 마찬가지이다.[19] 조선이 건국된 지로부터 위 『가정보』가 나오는 명종 20년(1565)까지 173년 동안 적어도 70회 이상의 잡과와 그 이상 횟수의 취재가 실시되었을 것이요, 그리고 그 시험들을 통해 적지 않은 수의 문화유씨나 또는 문화유씨의 외손들이 배출되었을 것이 분명한데도 불구하고[20] 그 누구도 위 『가정보』에 이름을 올리지 못한 것이다. 그것은 그만큼 안동권씨 혹은 문화유씨의 잡과나 취재출신자들을 『성화보』 또는 『가정보』의 편찬을 주도한 측에서 자신들과 같은 씨족의 일원으로 생각하지 않았기 때문이라고 판단된다. 그리고 그것은 그들 잡과 중인들이 양반들과 동등한 입장에 서 있지 못하였다는 점을 말해주는 증거가 아닐까 한다.

더욱이 『성화보』나 『가정보』에는 문과나 무과급제자는 물론이요 생원과 진사시 합격자를 모두 표기하였고 또 護軍 또는 參軍 등 이른바 하위직으로 여겨질 법한 직책들도 모두 기재하고 있다. 그리고 위 두 족보는 단순히 혈연관계를 밝히기 위한 것이요 조선후기 족보처럼 신분을 과시하기 위한 족보는 아니었다.[21] 혈연관계만 확인된다면 안동권씨나 문화유씨의 外孫도 모두 포함시켰는데[22] 그럼에도 불구하고 위 두 족보에 잡과나 취재합격자가 단 한 사람도 나오지 않는다는 점은 그런 잡과합격자들은 자신들과 같은 씨

---

19 『가정보』의 내용과 그 사료적 가치에 대한 자세한 설명은 Edward. W. Wagner저. 이훈상·손숙경 공역. 2007. 「조선전기에 출간된 두 족보 안동권씨성화보와 문화유씨가정보」. 『조선사회의 성취와 귀속』. 일조각. pp.227-244를 참고하기 바란다.

20 문화유씨로서 취재에 합격한 인물이 얼마나 되는지는 전혀 알 방법이 없다. 그리고 잡과합격자의 경우에는 연산 4년(1498) 이후의 것만 전하고 있는데, 연산 4년부터 『가정보』가 편찬되던 명종 20년(1565)까지 문화유씨 잡과합격자로는 柳潾, 柳秀漢, 柳宗璧, 柳宗翼, 柳彭祖 등 다섯 사람이 확인된다.(이성무·최진옥·김희복 편. 위의 책. pp.470-474).

21 『가정보』의 내용과 그 사료적 가치에 대한 자세한 설명도 Edward. W. Wagner저. 이훈상·손숙경 공역. 2007의 위 논문을 참고하기 바란다.

22 주지하는 바와 같이 족보에 이름을 올리느냐 올리지 못하느냐의 기준은 그 주인공이 양반이야 양반이 아니냐 하는 데에 있었던 것이 아니라 같은 조상의 후손이냐 아니냐 하는 데에 있었다. 같은 조상의 후손임이 계보상으로 확실한 사람이라면 그 누구라도, 그의 직업 또는 사회적 지위의 여하에 관계없이(물론 천역에 종사하는 사람은 예외가 되었지만) 자기 씨족의 족보에 들어갈 권리가 있었다. 그것을 거절한다는 것은 있을 수도 없는 일이었지만 또 있지도 않았다.

족의 구성원으로 생각하지 않았기 때문이라고 밖에는 달리 해석할 도리가 없다.[23]

한편 『성화보』나 『가정보』에 잡과나 취재 출신자가 나오지 않는 이유가 그들이 서얼이었기 때문이었을 가능성도 있다. 예를 들어 『성원록』 pp.726-780을 보면 두 개의 안동권씨 중인 가계가 등장하며 그 중 한 가닥의 先代가 『성화보』의 그것과 비슷한 면이 있는데 먼저 그들의 계보를 적어보면 "權幸-仁杏-丹-均漢-彭-先盖-廉-利興-就宜-通義-均硐-景輔-休-正中-伯宗-專-自謹"으로 되어 있다.

그런데 『성화보』에는 전의 아들 중에 자근은 없고 다만 自愼만이 나온다.[24] 그리고 자신은 端宗의 復位運動을 펼치다가 그것이 발각되어 一族 모두와 함께 화를 당한 인물이다.[25] 자근이 만약 서얼이 아니라 자신의 정식 형제였더라면 그 역시 화를 피할 수는 없었을 것인데 따라서 자근이 화를 당하지 않은 이유는 그것은 그의 신분이 서얼이었기 때문이라고 생각할 수도 있다. 하지만 그렇게 단순한 문제가 아니다. 나중에 편찬된 족보를 보면 서얼 가닥은 포함시키지만 서얼이 중인으로 진출한 경우에는 철저하게 제외시켰다는 점을 감안하면 중인에 대한 차별은 분명 있었다고 보아야 하기 때문이다.

아무튼 조선 초기에도 잡학을 세습하는 중인이 있었고 그들은 양반으로부터 차별을 받았다는 것이 필자의 주장인데 이러한 사실은 중인 스스로도 인정한 바가 있다. 哲宗 2년(1851) 이른 바 중인통청운동을 추진하던 중인들이

---

23 『성화보』에 잡과합격자가 수록되었지만 우리가 미처 확인하지 못하는 것이라고 할 수도 있다.현재 우리에게 알려진 잡과합격자의 명단은 1498년 이후의 것이요, 그 이전의 것은 전혀 확인할 수 없기 때문이다. 그러나 그럴 가능성은 극히 희박하다. 문과나 무과 또는 생원진사시 합격자도 모두 넣고 있다는 점으로 미루어 본다면 만약 잡과합격자도 수록하려고만 했다면 그것은 얼마든지 가능한 일이었으리라 짐작된다.

24 『氏族源流』. pp.465-669에 실린 안동권씨 가계도에도 자신의 이름만 나온다.

25 당연히 자신은 후사를 두지 못한다. 한편 『조선왕조실록』에 의하면 자신의 아버지 전은 文宗妃, 즉 端宗의 어머니인 顯德王后의 아버지, 그러니까 자근과 현덕왕후는 남매간이다.

> 신들은 諸學을 世襲하였기 때문에 지위는 비록 卑微하였습니다. 그러나 관직에 진출하는 데 있어서는 국초부터 사족과 구별되고 제한을 받은 것은 아니었습니다. 재주가 있으면 그 재주에 따라 일반관직에 등용되었습니다. 大典通編에는 醫·譯·律·曆 등에 정통한 사람은 京外의 顯官에 除授한다고 되어 있습니다. 법전을 두루 살펴보아도 중인을 枳塞시킨다는 문구는 하나도 없습니다. 인조 때부터 醫譯들이 대대로 업을 계승하여 중인이라는 칭호가 생겨난 것입니다.[26]

라고 하면서 조선 초기에도, 비록 관계에서는 차별이 없었지만 사회적 지위만은 士族에 비해 비미하였다고 인정하였던 것이다.

III

중인의 사회적 지위는 임진왜란 이후인 16세기에 이르러서도 나아지지 않았다고 필자는 생각하고 있다. 그리고 그것은 어쩌면 너무도 당연한 일이 아니었을까 한다. 조선정부가 조선 초기에 정립한 통치이념과 직업관의 근간을 이루었던 유교를 포기하지 않는 한 그리고 통치의 핵심 요원들의 사고가 유교라는 테두리를 벗어나지 않는 한 그리고 사회의 주도계층인 양반들의 의식에 어떤 변화가 생기기 않는 한 그것은 기대할 수 없는 일이었다.

더욱이 조선은 건국 후 50여 년 정도의 정치적 혼란기를 지난 후로부터

---

26 한영우. 1980. 「상원과방 수록 중인통청운동 자료」. 「조선후기 중인에 대하여-哲宗朝 중인통청운동자료를 중심으로」. 『한국학보』 45. pp.251-262에 수록된 것을 참고하였다.

壬辰倭亂을 겪기 전까지 근 150년 동안은 혼란한 시기가 아니었고 오히려 안정된 시기였다. 그렇기 때문에 그 사이에 조선의 정치와 경제 그리고 사회 제도의 기틀이 마련될 수 있었고 또 禮樂과 과학 기술도 그 유래가 없을 정도로 번성하고 또 발전하였다. 비록 士禍가 있었지만 그것은 지배층 내부에서의 권력 다툼이었다. 그것으로 인해 국가 발전의 역동력이 후퇴한 것도 아니요 또 사회의 기본 질서를 바꿀만한, 다시 말해서 신분제도의 근간을 뒤 흔들만한 결과를 초래할 일은 아니었다. 여전히 유교를 공부하고 그 유교 사상으로 무장한 자들이 문과에 급제한 후 지배층의 핵심 자리로 나아갔다. 그러한 상황 속에서 중인에 대한 정부의 정책에 어떤 변화가 있기를 기대하기는 어렵지 않을까 한다.

물론 조선 초기 150년 동안에도 중인 중에서 문과에 급제하여 정치적으로 성공한 자들도 없지 않았다. 문과의 문호는 중인에게도 얼마든지 개방되어 있었으므로 그것은 가능한 일이었다. 하지만 실제 그렇게 해서 출세한 중인의 수가 그렇게 많지는 않았을 것이라고 추측된다.[27] 그리고 그렇게 문과에 급제하고 관직에 진출한 중인이라고 하더라도 반드시 사회적으로 성공했다고는 볼 수가 없다. 이 점은 조선 초기 중인출신 문과급제자의 후손들이 번창하지 못하였다든가 그래서 그 문과출신자의 이름이 해당 姓氏의 대동보나 또는 주요 계파에서 발간한 족보가 아니라 겨우 중인들의 가계를 정리해 둔 『姓源錄』에만 등장하고 있다는 사실로도 짐작할 수 있는 사실이기도 하다.

壬辰倭亂이라는 未曾有의 사건도 중인의 사회적 지위에 영향을 끼치지 못하였다고 생각하고 있다. 통설에 따르면 조선의 신분제도는 임진왜란을 기점으로 흔들리기 시작하였으며 그에 따라 중인이 지위에도 변화가 있었던 것처럼 말하고 있는데 필자는 이러한 견해에 동의하지 않고 있다. 무엇보다

---

27 중인문과급제자의 수가 얼마나 되는지 확인은 불가능하다. 그러나 지금까지 확인된 중인출신 문과급제자 중에 이른 바 고관을 지낸 인물은 거의 없었던 것 같다.

도 임진왜란 이전과 이후의 조선 통치 시스템에 근본적인 변화가 없었다고 보기 때문이다. 정부 정책의 기본 방향도 임진왜란 전과 거의 다름이 없었고 중앙정부의 핵심 요직의 대부분 역시 조선 초기와 마찬가지로 유교로 무장한 문과급제자들이 장악하고 있었던 것이다.

더욱이 조선정부는 임진왜란의 후유증을 치유하고 사회의 안정을 꾀하는 방법으로 양반층을 달래는 것을 택하였다고 필자는 보고 본다. 이 점은 비정기 문과의 실시 횟수가 임진왜란을 이후부터 크게 증가하였다는 점이나 또 임진왜란 이후가 되면 이전과는 다른 형태의 문과시험이 등장하고 또 외방별시를 더 자주 실시하였다는 점으로도[28] 입증할 수 있는 대목이다. 그만큼 양반을 위주로 한 통치체제는 더욱 강화되었던 것이다.

여기서 우리는 조선의 문과가 어떤 성격을 지닌 것이었느냐는 점을 깊이 있게 생각해볼 필요가 있다. 물론 문과의 일차적인 목적은 주지하는 바와 같이 국가의 棟樑이 될 만한 능력 있는 인재를 공개경쟁을 통하여 선발하자는 데 있었다. 그러나 문과에 그런 인재선발의 목적만 있었던 것은 결코 아니었다. 그보다 더 중요한 이유가 있었다. 그것은 바로 양반이라는 존재는 이 나라의 주인이며 그래서 왕 또는 왕실과 양반은 서로 남남이 아니라는 사실을 보여주기 위한 수단으로 활용되었다는 사실이다.[29] 문과를 활용하여 왕은 양반층을 회유하고 그들을 정부편으로 끌어들이려고 하였는데[30] 이 점

---

28 조선시대에 실시된 외방별시는 모두 60회였는데 이 가운데 53회가 임진왜란 이후에 실시되었다. 한편 외방별시는 外方別科와 그 성격이 서로 달랐다. 외방별시와 외방별과의 차이는 급제를 주었느냐 혹은 직부전시의 자격을 주었느냐 하는 점이었는데 외방별시나 외방별과에 대해서는 나중에 따로 글을 발표할 예정으로 있다. 참고로 정조 16년(1792) 도산서원에서 치러진 시험을 안동별시 혹은 도산별시로 부르는 경우가 있는데 이는 잘못이다. 위 시험에서는 급제가 아니라 직부전시 자격을 주었으므로 안동별과 혹은 도산별과라고 불러야 옳다.

29 물론 문과에는 일반 양인 이상의 신분이면 누구나 응시할 수 있었다. 하지만 조정에서 문과를 개설하면서 염두에 둔 사람들은 양인이 아니었다. 언제나 양반들이었다. 그리고 왕의 이러한 조처는 유교에서 강조하는 宰相政治의 실현이라는 점과 관련이 있었다고 생각된다.

30 혹시 문과가 어떻게 양반을 달래기 위한 수단으로 활용될 수 있었느냐 하고 점이 궁금하겠지만 그 해답은 간단하다. 양반층의 입장에서 보면 문과는 이른 바 출세를 하고 또 자신의 포부를 펼 수 있는 유일한 기회였기 때문이다. 따라서 왕이 문과를 개설하는 것은 왕이 양반층에게 출세의 기회를 제공해 주는, 달리 말하여 은총을 베푸는 셈이 된다. 따라서 왕은 자신이 베푸는 은혜를 온 나라 양반들이 골고루 누리게 하기 위하여 거의 모든 문과, 식년시는 말할 것도 없거니와 증

은 별시의 거의 대부분이 궁중의 경사를 양반층과 함께 기뻐한다는 의미에서 마련한 慶科요 또 양반을 달래기 위한 慰撫의 성격을 지녔다는 사실만으로도 짐작할 수 있다.[31]

조선의 문과 종류가 그렇게 다양한 이유도 바로 문과가 지닌 그러한 성격과 관련이 있었다. 元子誕生과 같은 큰 경사가 발생하면 그 규모에 맞게 增廣試를 개설하여 많은 인원을 선발하였고, 경사의 규모가 작다고 판단되면 또 거기에 맞게 증광시보다는 규모가 작은 別試 혹은 庭試를 베풀었다.[32] 그것은 또 유교에서 말하는 格을 맞추는 것이 되기도 하였는데[33] 만약 조선 정부가 중인도 달랠 생각이 있었다면 별시나 정시에서도 잡과를 개설하였을 것이요 선발인원도 크게 늘였을 것이다. 또 문과나 생원진사시에 적용된 恩賜及第나 恩賜合格, 즉 왕의 특권으로 급제나 합격을 주는 제도도 진즉부터 잡과에 적용시켰을 것이다.[34] 하지만 잡과는 조선의 과거제도가 폐지될 때까지 오직 식년시와 증광시에만 개설되었고 그 선발방침이나 인원도 거의 변함이 없었다. 그리고 은사급제도 貞操帶 이후부터, 그것도 문과에 비해 비

광시나 별시 심지어는 외방별시와 정시에서도 철저하게 지역할당제를 실시하였다. 문과에서의 지역할당의 문제는 추후 다른 글을 통하여 상세하게 다룰 예정이다.

31 문과에 이러한 성격이 반영된 것은 조선 초기부터였다. 이 점은 中人出身의 史家인 滄江 金澤榮이 태종의 즉위를 경하하기 위해 개설한 태종 1년(1401)의 辛巳增廣試를 두고 "歷代之史 屢書賜酺 所以與民飾慶喜也 乃太宗於其慶喜者 不能出金錢 以賜酺於民 而徒設科擧 夫科擧者 在得者 爲喜 而在失者 爲戚 何均慶之有哉 選擧者選擧也 何可以慶賀淆之 濫其名器 有同兒戯也哉"라고 말한 대목에서 알 수가 있다.(김택영. 1998. 「韓史綮」. 『김택영전집』 1. 아세아문화사. p.21)

32 그래서 "增廣大漁"니 "別試大漁"니 하는 말들이 있었던 것이다.

33 그렇다고 어떤 원칙 같은 것이 있었던 것은 아니어서 가변적일 때도 많았다. 증광시를 개설할 정도의 큰 경사가 발생하였더라도 당시 나라의 사정이 여의치 못하면 증광시가 아닌 별시나 정시를 마련한 때도 많았다. 다시 말해서 문과 운영에 융통성이 있었던 셈인데 이 융통성이야말로 조선사회를 이해하는 데 절대적으로 필요한 요소라고 할 수 있다. 예를 들어 初場과 中場 그리고 終場으로 치르도록 되어 있는 문과의 복시가 초장과 종장으로만 진행된 때도 있었는데 그만큼 조선사회는 어떤 원칙보다는 그 때 그 때 상황에 맞는 정책을 펼쳤다고 할 수 있다.

34 생원진사시도 주지하는 바와 같이 잡과와 마찬가지로 과거가 폐지될 때까지 식년시와 증광시에서만 개설되었다. 이 점을 두고 혹여 생원진사시에 응시하려는 자를 잡과에 응시하려는 중인처럼 대한 것이 아닌가 하고 반문하는 사람도 있으리라 본다. 그러나 그렇지 않다. 생원진사시 응시자들은 대부분이 양반이었고 이들에게는 문과가 있었기 때문이다. 만약 생원진사시에만 응시할 수 있는 양반과 문과에만 응시할 수 있는 양반이 나뉘어져 있었다면 생원진사시도 문과처럼 다양한 형태로 운영되었으리라 확신하고 있다.

교할 수 없을 정도의 소수의 사람들에게만 그 혜택이 주어졌을 뿐이다.[35] 중인은 그만큼 조정에서 깊은 관심을 둔 계층이 아니었던 것이다.

요컨대 이제까지 언급한 것처럼 중인의 사회적 지위는 임진왜란 이후가 되어도 그 전 시기와 별반 다르지 않았다는 것이 필자의 생각인데 이 점은 숙종 42년(1716)에 발간된 『南陽洪氏丙申譜』(이하 『병신보』로 약함) 내용을 통하여서도 확인할 수가 있었다.[36] 결론부터 말한다면 18세기 초반에 편찬된 위 『병신보』에도 여전히 중인 가닥은 수록되지 않았다. 조선이 건국된 후로부터 『병신보』가 출판된 때까지 남양홍씨 내에서 수많은 잡과와 취재출신자가 있었지만 위 『병신보』의 출판을 담당한 사람들은 그 잡과나 취재 합격자를 비록 같은 남양홍씨지만 족보를 같이 할 수 없는 사람으로 여겼던 것이다. 그리고 이런 모습은 비단 남양홍씨만의 일은 아니었다고 생각된다. 필자가 지금까지 접했던 적지 않은 족보들, 구체적으로 열거하면 17세기 후반에서 18세기 초반에 발간된 여산송씨족보, 창령조씨족보, 대구서씨족보 등에서도 같은 모습을 접했다. 하나같이 중인 가닥은 넣지 않았던 공통점을 보였던 것이다. 주지하는 바와 같이 18세기 이후가 되면 족보는 단순히 혈연관계를 밝히는 단계에서 벗어나 양반들이 자신들의 집안을 들어내기 위한 수단으로 활용하는데, 만약 통설에서 말하는 것처럼 중인들의 사회적 지위가 상승하였다면 위들 족보에서 중인들을 굳이 제외시켰을 필요가 없었을 것이라고 생각된다. 중인에 대해 여전히 그들은 자기 집안을 자랑하는 데 도움이 되지 못한다는 판단이 있었기 때문에 그들 가닥이 실리지 못하였기 때문이라고 보는 것이 타당하지 않을까 싶다.

물론 이렇게 생각할 수도 있다. 중인들의 가계를 수록해주고 싶어도 그

---

35 잡과의 直赴者에 대한 자세한 내용은 이남희. 1999.『조선후기 雜科中人 연구』. 이회. p.51 및 pp.51-76의 설명을 참고하기 바란다.

36 위 『병신보』는 大同譜였고 南陽洪氏의 創始譜의 성격을 지니고 있다. 물론 남양홍씨에서는 이미 150년 전인 端宗 2년(1451)에 족보를 출간한 적이 있었다. 하지만 이 족보가 전하지 않자 위 『병신보』를 창시보로 간주하게 된 것인데 그 족보를 출간하기 위해 만든 목판이 현재 경상남도 유형문화재 341호로 지정되어 있다.

들이 과연 진정한 남양홍씨 혹은 여산송씨냐 하는 점을 확인할 수 없었기 때문에 그것은 불가능한 일이었다고 말이다. 물론 그럴 가능성은 얼마든지 있다. 이미 위에서 언급한 바와 같이 중인이란 조선 초기부터 해당 성씨의 顯達한 계파가 아니요 오히려 현달한 가닥으로부터 같은 씨족으로 인정받지 못했던 자들이요, 그래서 수 백 년 동안 서로 남남으로 살아 온 상황에서 서로의 관계를 입증하고 족보를 함께한다는 일은 도저히 불가능하였을 것이기 때문이다.

하지만 단순히 그렇게만 생각해서는 안 되는 이유가 있다. 만약 중인들이 해당 성씨의 족보에 포함되지 못했던 이유가 단지 혈연관계를 입증하지 못했기 때문이라고만 한다면 예외적인 경우도 더러 있어야 한다고 보는 것이다. 先代와의 관계가 분명하지 못한 가닥을 별파로 수록한 족보가 얼마든지 있다는 사실을 감안하면 더욱 그렇다고 할 수 있다. 중인 중 어느 누구는 수단과 방법을 가리지 않고 자신이 진정한 남양홍씨 혹은 진정한 여산송씨라는 점을 强辯하였을 것이고 그 중에는, 비록 그 수가 많지는 않다고 하더라도 혈연관계의 한계를 극복하고 別派 형식으로라도 족보에 이름을 올리는 자들이 있었으리라 생각된다. 요컨대 17-18세기에 이르러서도 중인들이 해당 성씨의 주요 족보에 이름을 올리지 못한 이유는, 그들이 같은 씨족의 일원이라는 점을 인정받지 못했다는 이유도 있었겠지만 그보다는 또 중인이라는 존재가 해당 성씨를 세상에 알리는 데 도움이 되지 못했다는 측면도 있었다는 점이다. 그만큼 중인들의 사회적 지위는 17-18세기에 들어와서도 나아지지 않고 있었다고 생각된다.

Ⅳ

중인의 지위는 그러나 英正祖代에 이르러 큰 변화를 보이는 것 같다. 그들의 정치 참여가 활발해짐에 그들의 사회적 지위도 역시 이전에 비해 나아졌다고 생각된다. 물론 이러한 변화가 중인 스스로의 노력으로 인해 이루어진 결과는 아니었다. 그보다는 당시의 정치적 환경이 그러한 결과를 가져왔다고 추측되는데 이 점을 정확하게 이해하기 위해서는 먼저 영정조대의 정치 사회적 분위기를 살펴볼 필요가 있다.

영조는 주지하는 바와 같이 출신 배경 때문에 정통성이 부족한 왕이었다. 따라서 그는 재위 기간 내내 그 부족한 정통성을 강화하기 위하여 많은 노력을 기울여야만 했다. 영조가 이전의 어느 왕보다 더 빈번하게 문과를 실시하였고, 이전의 어느 왕보다 많은 급제자를 선발하고 또 이전의 어느 왕보다 恩賜及第者, 즉 直赴殿試者[37]를 남발한 이유도 그리고 이전에는 전례가 없는 형태, 즉 특정 성씨에게만 문호를 개방하는 형태의 시험을 실시한 이유도 모두 자신의 정통성과 지지기반을 굳건히 하고자 하는 목적에서 비롯된 일이었다고 필자는 생각하고 있다.[38] 당시의 기득권세력이 아닌 새

---

37 직부전시자 중에는 은사급제자가 아닌 자들도 있었다. 會試 합격 후 고향으로 내려갔다가 늦게 상경하여 殿試에 미처 참여하지 못한 자이거나 혹은 회시 합격 후 喪을 당하게 된 자들에게도 직부전시 자격이 주어졌다. 그러나 그러한 자들은 많지 않았다. 따라서 직부전시자의 대다수는 은사급제자라고 보면 된다.

38 영조가 영조 47년(1771)에 전라도 全州에 肇慶廟를 건립하도록 한 것도 역시 자신의 정통성을 확보하고자 하는 의미에서 이루어진 일이라고 생각된다. 한편 위 조경묘를 건립한 후 영조는 이 일을 경하하는 의미로서 그리고 여기에 중국 학자의 文集에 잘못 적혀 있던 太祖 李成桂의 宗系를 바로 잡은 경사를 合慶하는 의미의 慶科를 실시하도록 한다. 영조 47년 10월 말에 치른 辛卯庭試가 바로 그 시험이다. 이 시험에서는 20명을 선발하였는데 그러나 급제자 중 全州李氏와 慶州金氏가 단 한 사람도 포함되지 못하자 영조는 "이번 시험을 마련하게 된 배경 중 하나는 조경묘의 건립이다. 이런 시험에 어찌 전주이씨와 경주김씨의 후손이 단 한 사람도 포함되지 못할 수 있단 말인가."라고 하면서 전주이씨와 경주김씨를 뽑기 위한 完慶科, 즉 일종의 後庭試를 별도로 치러 합격자에게 직부전시의 자격을 주게 한다. 완경에서의 "완"은 全州를, "경"은 慶州를 의미한다. 그러니까 완경과는 전주이씨와 경주김씨만을 뽑기 위해 개설한 시험이었던 것이다. 한편 후정시는 원래 정시에서 낙방한 자들을 위로하기 위한 시험이었는데 肅宗 10년(1684) 이후부터는

로운 사람을 많이 뽑으려고 했다고 여겨지는데,[39] 이 과정에서 중인층도 적지 않은 영향을 받았으리라 짐작된다.

영조에 이어 즉위한 정조는 영조가 구축한 안정된 기반 위에서 조선의 제 2의 도약을 위한 정책을 추진하였다. 물론 그렇다고 정조의 정책이 조선 초기에 마련하였던 기본 방침, 유교사회의 구현이라는 점을 포기한 것은 물론 아니었다. 유교라는 전통의 테두리 내에서 조선 사회가 안고 있는 제반 문제를 해결하고자 하였을 뿐이다. 이 과정에서 그는 자신의 통치 행위를 도와줄 수 있는 새로운 계층의 사람들을 등용시켰는데 주지하는 바와 같이 그러한 사람들 중에는 중인출신 인사들이 포함되어 있었으며, 이는 결국 중인들의 정치적 지위에도 긍정적인 영향을 주었을 것으로 믿어진다.

하지만 중인의 정치적인 입지가 나아졌다고 해서 그들의 사회적 지위까지 좋아졌다고 판단해서는 안 된다. 이미 본고의 첫머리에서 지적한 바와 같이 어느 한 계층의 사회적 지위는 다른 계층과의 상대적인 관점에서 평가해야 하기 때문이다. 다시 말해서 중인 스스로 아무리 성장했다고 생각한다 하더라도 양반이 그것을 인정해 주지 않는 한 그것은 진정한 의미의 신분상승은 아니었다고 보아야 한다. 요컨대 정조대라고 하더라도 중인은 여전히 양반으로부터 차별을 받았다는 것이 필자의 판단인데 이 점은 정조대에 출간된 족보에서도 여전히 이전 시기와 마찬가지로 중인 가닥을 포함시키지 않았다는 점으로도 확인할 수 있는 대목이다. 모든 족보들이 모두 과거 출신자들을 하나도 빠뜨리지 않고 수록한다는 방침으로 세우기는 하지만 거기서 말하는 과거에는 잡과가 포함되지 않았던 것이다.

따라서 중인들은 자신들을 대하는 양반층의 태도나 또는 자신들의 사회적 지위에 대하여 이전보다 더 큰 불만을 지녔을 것으로 추측된다. 그렇다

정시 낙방자 중 외방 유생만을 구제하기 위한 시험으로 성격이 바뀐다.

39 영조가 자신이 원하는 바대로의 사람을 뽑는 만큼 당시 노론들의 요구 또한 커지게 되었는데 이는 영조대의 정시가 그 어느 왕대보다도 저 자주 실시되었다는 점으로도 확인할 수 있다. "庭謁不下於漢江"이니 庭謁及第 不渡漢江"이니 또는 "古則 庭謁聖科 鄕士不得多參矣"라는 말이 있듯이 정시는 알성시와 함께 서울에 거주하는 세력가의 자손에게 유리한 시험이었던 것이다.

고 중인들이 그 불만을 겉으로 들추어내고 자신들의 처지를 개선하기 위해 집단으로 어떤 행동을 취한다는 것이 쉽지 않았으리라 여겨진다. 그것은 자칫 전통질서를 부정하는 행위로 비추어질 수 있었기 때문이다. 게다가 조선사회는 정치 사회적 목적을 이루기 위해 사람들이 모임을 결성하는 행위가 용납될 수 있는 구조가 아니었다. 그래서 결국 중인들은 다른 방법으로 자신들의 욕구를 충족시키지 않을 수 없었는데 그것이 바로 정조 年間 이후 활발하게 전개된 詩社 결성 운동이었다고 생각된다. 시사 결성의 일차적 목적은 물론 시와 관련한 의견을 서로 교환하기 위한 모임이었다. 하지만 중인들은 이 기회를 이용하여 자신들의 불만을 토로하는 일이 너무도 많았다고 할 수 있다.

조선후기 중인들의 사회적 지위가 얼마나 낮았고 또 중인들이 양반으로부터 어떤 차별 대우를 받고 있었는지를 정확하게 알아 볼 필요가 있다. 비록 정치적으로 성장하고 있었지만 양반들이 자신들의 그러한 성장을 인정해주지 않는 상황에서 중인들의 불만은 상당한 것이었다. 그리고 이러한 점은 중인 시사에 참여했던 자들의 입을 통해서 확인되고 있는 사실이다. 다음에 소개하고자 하는 金相淳과 鄭芝潤의 이야기도 그러한 예라고 할 수 있다.

김상순은 조선후기의 開化思想家로서 『公報抄略』을 편찬한 金景遂의 父親이었으며, 秋史 金正喜의 제자인 恩誦堂 李尙迪에게는 丈人이 되는 인물이다. 김상순은 또 중국을 9차례나 왕래한 유능한 역관이요, 『同文彙考』의 편찬에도 관여하였으며 두 차례나 왕으로부터 노비와 전답을 下賜받았으며, 두 차례나 三代追榮의 영예를 안았던 사람으로 최종 品階와 職位는 崇祿大夫知中樞府事 司譯院正이었다. 한마디로 김상순은 역관으로서 더 이상 바랄 수 없을 정도의 지위에까지 오른 사람이었는데 그런 그가 생각한 자신의 처지를 한탄하면서 읊은 내용은 다음과 같다.

士大夫들은 그대를 천하게 여겨 친구로 삼으려 하지 않고 市

吏들도 그대를 마치 원수처럼 미워한다. 심지어는 臺隷의 노예들조차도 욕하고 업신여긴다. 이처럼 남들도 모두 그대를 사람으로 대하지 않으며, 그대 또한 떳떳한 사람으로 처신하지 않는다. 항상 두려워하고 불안스러운 모습을 취하며 몸둘 바를 모르는 형용을 하니 이 얼마나 窮厄스럽고 困辱스러운 일인가. 이것이 하늘의 뜻이란 말인가. 아니면 사람의 뜻이란 말인가. 하늘의 뜻이라고 해야 하는가. 하늘의 도는 원래 소리도 없고 냄새도 없으며 至仁至公하다. 그리하여 해와 달이 서로 교차하여, 아침과 저녁이 생기고 四時가 순서를 따라 변하여 萬物이 다 生育한다. 그리고 하늘은 누구를 특히 사랑하고 누구를 특히 미워하는 법이 없는 것이다. 사람의 뜻이라고 한다면, 원래 인간세계의 도리란 聖明한 이가 最上의 지위에 있고 賢良한 人才들이 각각 그 재질에 맞는 지위에 있어, 조정 백관으로부터 저 미천한 匹夫匹婦에 이르기까지 누구하나 그 分에 알맞은 곳을 얻지 못하거나 그 生業에 安業하지 못하는 사람이 없는 법이거늘, 그대의 처지는 어찌도 그리 궁액하고 기박한가.[40]

물론 김상순의 위 표현 속에 과장된 측면이 반드시 없다고만은 볼 수 없을 것이다. 하지만 그의 이야기는 조선후기 사회에서 중인들이 양반으로부터 어떠한 대우를 받고 있었던가를 짐작하는 데는 데에 충분하다고 생각된다. 그리고 이러한 점은 또 鄭芝潤에 대한 金澤榮의 말을 통해서도 확인할 수 있다.[41]

---

40 원문은 다음과 같다. "士夫鄙不與友 市吏疾若仇讐 臺隷仇辱侵侮 人不以人待之 自亦不以人處之 栖栖遑遑 無所容措 是何窮厄 而若是其困辱歟 天乎 人乎 以爲天也 則無聲無臭 至仁至公 日月相磨 朝夕生焉 四時循序 品物咸遂 無彼此愛惡之別者 天之道也 以爲人也 則聖明在上 賢良居位 自朝廷百執事 以至匹夫匹婦之微 莫不獲其所而樂其業"(金相淳.『靜軒集』.「自警文」. pp.18-20.)

41 김택영은 또 張志淵의『逸士遺事』서문에서 "이조는 여말의 폐단을 이어 받아 用人의 길이 극히

> 芝潤의 집안은 대대로 倭語를 專業으로 하여 이어 왔지만 그 자신은 그 업을 계승하지 않았다. 그는 매우 悲憤慷慨하여 狂氣를 부렸다. --- 조선의 신분제도가 엄격하여 象胥之人, 즉 역관들은 士大夫가 될 수 없었으므로 才藝있는 자들도 흔히 落石自棄하여 원대한 학문을 하지 못하고 다만 시로써 회포를 풀뿐이었으니 芝潤같은 사람이 어찌 아깝지 아니한가.[42]

지윤은 정수동의 호이다. 倭語가 世業이라고 하였듯이 그도 역시 역관이었다. 그는 널리 알려진 바와 같이 글에 남다른 소질이 있어 조선후기 閭巷文學運動에도 참여하였고 또 사대부들과도 폭 넓은 교류를 가졌던 인물이다.[43] 그러한 자임에도 불구하고 정수동이 당시의 엄격한 신분질서에 묶여 포부를 제대로 펴지 못하고 있었음을 위의 이야기는 전하고 있다. 요컨대 김상순이나 김택영이 전하는 중인들의 사회적 지위에 대한 말은 비록 그 내용에 약간의 과장된 면이 없지는 않겠으나 당시 중인들이 처한 처지를 잘 말해 주고 있다고 여겨진다. 사실 조선후기 중인의 지위가 어떠하였는지는 "앞으로 영원토록 산다고 해도 결코 이 나라 사람이 되지 않겠다."고 한 玉溪詩社의 일원인 車佐一의 말만 가지고도 그들의 비참했던 처지를 엿볼 수 있을 것이다.[44]

그러나 중인들이 비록 양반으로부터 정당한 대접을 받지 못하고 있었다고 하더라도 그들의 정치적 지위는 점차 상승하고 있었다. 지방관으로 나아

좁았다. 潛纓世族之家의 자손은 비록 용석하여도 淸宦을 세습하고 한준지사는 영재준걸이라도 모두 심굴하고 한산하였다. 또한 신분적으로 중인, 서얼, 상민, 천민을 구별하여 청환에 오르지 못하게 하고 지역적으로는 서북 兩道를 구별하여 앞길을 막았다. 원기가 화기를 범하고 중한이 하늘에 사무쳤다. 이와 같이 하기를 400 여 년에 이르렀으니 나라가 드디어 망하고 말았다"(이기백 편. 1991. 『한국역대논선』. 일조각. p.120에서 재인용)라 고 말한 적이 있는데 여기서도 조선후기 중인들의 처지를 짐작할 수 있다. 특히 김택영이 조선 멸망의 원인을 신분제의 모순에서 찾고 있음은 매우 흥미롭다고 여겨진다.

42 『金澤榮全集』 권 2. 1978. 아세아 문화사. p.192.

43 정옥자. 1980. 「詩社를 통해서 본 朝鮮末期 中人層」. 『한우근박사정년기념사학논총』.

44 "世世生生 不願爲本方之人"(차좌일. 『사명자시집』 부록. p.74)

가는 자들도 많았다. 그리고 이러한 변화는 그들의 의식을 깨우치는 결과를 가져왔다고 생각된다. 그래서 18세기 말부터 19세기 중엽 사이에 이르면 중인의 사회에서도 자신들의 정체성을 찾아 나서는 자들이 크게 늘어난다. 『의역팔세보』와 같이 잡과합격자들의 先代를 정리한 자료들도 만들고[45] 또 『姓源錄』과 같은 중인 綜合譜의 편찬도 이 시기에 이루어졌다. 그리고 일부 중인가계는 또 자신들만의 집안을 수록한 족보를 편찬하기에 이른다.[46] 심지어는 문집도 발간하는 중인들도 있었다. 그것도 비용이 많이 드는 금속활자를 이용하였다. 양반들의 족보나 문집이 거의 대부분 목활자로 간행된 사실과 비교해 볼 때 중인들의 그러한 행동은 분명 과시적인 성격이 강하였다고 볼 수밖에 없다. 양반으로부터 당한 사회적 차별에 대한 저항의 한 단면이 아닌가 하는 것이다. 그러나 이러한 노력들이 있었다고 하더라도 그것이 반드시 중인들의 사회적 지위를 상승시키는 데 도움이 되었다고 단정하기는 어렵다. 다시 한 번 말하지만 양반들이 인정해 주지 않는 한 중인은 여전히 중인일 수밖에 없었기 때문이다.

사회에 대한 불만 그리고 의식의 성장은 중인들로 하여금 이전에는 찾아볼 수 없는 새로운 일을 추진하게 만든 요인으로 작용하였다. 마침내 철종 2년(1851)에 이르러 중인들 스스로 자신의 존재감을 나타낼 수 있는 일을 벌인 것이다. 이른 바 中人通淸運動이 바로 그것이었다. 이 운동은 중인에게도 淸顯職에 나아갈 수 있는 기회를 제공해 달라는 것으로서 예전에는 결코 없던 일이었다. 그만큼 중인의 의식이나 정치적 입지가 예전에 비해 나아진 결과라고 생각할 수 있다. 그러나 이 통청운동 조차도 중인의 사회적 지위를 개선하는 데 별 도움을 주지 못하였다는 것이 필자의 생각이다.

오늘날 중인을 연구하는 많은 분들은 위 중인통청운동의 원인을 중인의

---

45 19세기에 이르러 중인집안에서의 팔세보 편찬에 관한 소중한 정보들은 이남희. 2010. 「조선후기 의과팔세보의 자료적 성격과 의미」. 『조선시대사학보』 52에서 자세히 구할 수 있다.

46 이 시기 중인족보에서 찾아지는 흥미로운 점을 발견할 수 있다. 그것은 그들 중인들도 양반들이 그러하였던 것처럼 자신들의 서얼을 차별하였다는 사실이다. 이 점에 대해서는 김두헌. 2008. 「18~19세기 중인 사회의 嫡庶差別과 共存 - 川寧玄氏 玄啓根 家門의 사례」. 『국학연구』 12 참고.

성장이라는 데에만 맞추고 있는데 필자의 생각은 다르다. 무엇보다도 위 통청운동이 사회적인 신분 상승운동이 아니라 관직진출에 있어 정당한 대접을 받게 하여 달라는 정치적 행위였음을 감안하여야 한다. 혹시 중인들이 사회적 지위상승의 효과도 요구하지 않았겠냐고 생각할 수 있겠으나 그들이 요구한 바는 그게 아니었다. 양반과 중인이라는 명분은 반드시 지키겠다. 그러나 관직은 별개이니 청현직에 나아가는 길을 양반에게만 주지 말고 자신들에게도 나누어 달라는 것이었다. 다시 말해서 통청운동을 전개하면서 중인들이 자신들의 사회적 신분 문제를 거론하지 않았는데 그것은 그들이 신분에 대한 불만이 없어서가 물론 아니었다. 그것은 제도로서 해결될 성질의 것이 아니라 양반층의 의식에 달려 있는 문제라는 점을 누구보다도 잘 알고 있었기 때문이다.

그런가 하면 위 통청운동이 대단한 거사가 결코 아니었다는 점도 알아야 한다. 중인들이 집단으로 모여 이른 바 집회를 열고 정부에 어떤 항의를 하자는 것이 아니라 그저 자신들의 억울함을 적은 상소문에 자신들의 이름을 連名한 후 이를 왕이 궁 밖에 행차할 때 상달하자는 참으로 소박한 계획이었다. 그러나 이러한 행동도 당시 사회 분위기로 보아서는 대단한 일이었고 그래서 중인들은 또 그 성공을 위해 상당 기간 동안 예행연습도 하는 등 나름대로의 노력을 기울였다. 그러나 결과는 실패였다. 상소문은 왕에게 전달조차 되지 못하였던 것이다.

이 통청운동에는 전주이씨가 단 한 사람도 참여하지 않았다는 점도 위 통청운동의 성격을 파악할 때 반드시 유념하여야 할 사항이다.[47] 조선시대 잡과 합격자 중 가장 많은 수를 배출한, 따라서 어찌 보면 중인 내에서 가장 영향력이 큰 집단이 바로 전주이씨였는데 이러한 전주이씨가 참여하지 않은 위 통청운동은 처음부터 그 한계를 지니지 않을 수 없었다고 생각된

47 통청운동에 참여한 중인들을 본관별로 분류하면 다음과 같다.(순위는 조선시대 잡과합격자를 배출했던 여러 씨족 내에서의 순위를 의미한다.

다. 그러나 그 무엇보다도 유념할 사항이 있다. 19세기 중엽에 이르러 중인들이 통청운동을 전개하였다는 것은 역설적으로 그 시기 중인들의 처지가 중인 스스로도 만족할 수 없는 상태였다는 사실이다.

V

필자는 오래 전에 중인과 개화사상과의 관계를 규명하고자 노력한 적이 있었다. 흔히 말하기를 한국의 개화운동은 중인들에 의해 시작되었으며 중인들이 개화사상의 수용에 누구보다도 앞장 선 이유는 그들이 그만큼 사회에 불만을 가졌기 때문이라는 것이었다. 하지만 필자는 도저히 이 말을 수용할 수가 없었다. 중인들이라면 경제적으로 안정적인 자들이었는데 여기에 또 정치 사회적으로도 성장하였다면 그것은 중인들도 이제는 일종의 기득권 세력으로 진출하였다는 의미가 되는데 그러한 자들이 무엇 때문에 사회에 불만을 가졌으며, 전통질서와는 정 반대의 개념이라고 할 수 있는 개화사상을 수용하고자 하였던 것일까가 도저히 이해되지 않았던 것이다. 더욱이 중인들은 자신들의 신분 상승을 위해 수 백 년을 기다려 왔다가 마침내 그것을 쟁취하였다고들 하는데 그런 오랜 기다림 속에서 얻은 그 소중한 것들을

본관·성씨	합격자수	순위	본관·성씨	합격자수	순위	본관·성씨	합격자수	순위
泰安 李	174	8	慶州 崔	372	2	南陽 李	26	67
溫陽 方	18	18	陜川 李	83	23	忠州 池	20	82
安山 李	60	36	南陽 洪	268	3	江陰 李	94	19
仁同 張	55	37	川寧 玄	207	4	牛峰 金	113	13
淸州 韓	183	6	密陽 卞	175	7	慶州 李	153	12
溫陽 鄭	85	22	慶州 金	196	5	雪城 金	18	89

스스로 포기하려 했다는 점이 정말 의아스럽게 여겨졌다.

그 해답을 찾기 위해 필자는 개화사상가로 활동한 인물의 학문적 또는 가문적 배경을 검토하였는데 필자는 의외로 놀라운 사실을 발견할 수 있었다. 그것은 중인들은 19세기 중엽에 이르러서도 결코 사회의 기득권이 아니었다는 사실이었다. 그리고 그들의 불만은 자신들의 신분을 수 백 년 동안 질곡 시킨 유교의 전통 질서였다. 그래서 그 유교를 벗어나기 위해 그들 중 일부 사람들은 그 누구보다도 헌신적으로 개화사상을 수용하려고 했던 것이었다.

그러나 그들의 노력은 한계가 있었다. 그것은 중인들이 결코 전면에 나서지 못하고 김옥균이나 홍영식과 같은 양반을 의지하지 않을 수 없었다는 점만 가지고도 충분히 짐작할 수가 있다. 그만큼 19세기 후반의 조선도 양반 위주의 사회였던 것이다. 만약 그렇지 않았다면, 즉 18세기나 19세기에 이르러 조선의 신분제도가 붕괴되었다면 그래서 평민이나 중인도 얼마든지 양반이 될 수 있는 사회가 되었다면 1884년의 갑신정변 때나 혹은 1894년의 갑오경장에서 신분을 폐지하자는 주장을 나왔을 리가 없다. 그 절박하고 긴박한 순간들을 이미 다 죽어 버린 현상을 없애자고 소비할 사람은 아무도 없을 것이기 때문이다. 그리고 신분제도가 붕괴되었다고 한다면 그래서 이제는 양반, 중인 평민 등의 차별이 없었다면 굳이 족보를 위조하거나 가계를 양반으로 둔갑시키는 일은 하지 않았을 것이다. 양반이 되어야만 인간적으로 대접받는 사회 분위기가 여전하였으므로 수단과 방법을 가리지 않고 비록 허울만이라도 양반이 되고자 하였던 것이다. 그 점은 채만식의 소설 『태평천하』을 통해서도 쉽게 짐작할 수 있다.

하지만 신분이란 허울적인 조처로 결정되는 것이 아니라는 점을 반드시 유념하여야 한다. 사회적인 또는 상대방의 의식에 변화가 있어야만 비로소 가능한 것이다. 그리고 이러한 의식의 변화는, 사회 구성원의 의식을 전반적으로 바꾸어 버릴 수 있는 혁명적인 방법이 아닌 한 갑작스럽게가 아니라서서히 변화하는 것이다. 이는 최근 우리나라 비정규직의 처지만 보아서도 쉽게 확인할 수 있는 대목이기도 하다.

한국족보의 특성과 동아시아에서의 위상

고문서를 통해 본 족보 절판 과정상의 분쟁

| 전 경 목

고문서를 통해 본 족보 절판 과정상의 분쟁

—

전 경 목

1. 서론

널리 알려진 바와 같이 家乘이나 世系는 조선시대 이전에도 있었지만 족보가 본격적으로 편찬·간행된 것은 조선시대이다.01 조선전기에 安東權氏나 文化柳氏와 같은 몇몇 씨족을 중심으로 족보가 간행되기는 하였지만 이는 조선후기의 전형적인 족보, 즉 어느 한 특정한 성씨의 족보라기 보다는 조선전기에 전현직 관리를 배출했던 집안을 모두 망라한 일종의 萬姓譜였다.02 따라서 우리가 일반적으로 말하는 특정한 한 성씨를 중심으로 한 족보는 주로 조선후기에 편찬·간행되고 널리 보급되었다고 할 수 있다.

조선후기에 족보의 편찬과 간행이 활발해지면서 이전에 없었던 현상이 나타나기 시작했는데 그것은 족보의 編刊 과정에서 분쟁이 잦았다는 점이다. 족보의 기재 방식을 놓고 嫡派와 庶派 사이에 분쟁이 항상 있었으며 편간할 때마다 새롭게 추가되는 世系와의 갈등도 적지 않았다. 본고에서는 먼저 조선후기에 족보 편간을 둘러싼 분쟁의 배경에 대해 살펴보고 이어서 편

---

01 씨족의 발달과 족보의 편찬에 대한 선행연구 중 주목할 것들은 다음과 같다.
최재석. 1983.「한국가족제도사연구」. 일지사; 송준호. 1987.『조선사회사연구』. 일조각; 이수건. 2003.『한국의 성씨와 족보』. 서울대학교출판부; 정승모. 2010.『한국의 족보』. 이화여자대학교출판부; 김용선. 1999.「족보 이전의 가계기록」.『한국사시민강좌』 24; 노명호. 1999.「한국사 연구와 족보」.『한국사시민강좌』 24; 송찬식. 1999.「족보의 간행」.『한국사시민강좌』 24; 권기석. 2010.「15~17세기 족보 편찬과 참여계층 연구」. 서울대 박사학위논문.

02 와그너. 2007.「『안동권씨성화보』와『문화유씨가정보』그리고 조선전기 지배엘리트의 동질성」.『조선왕조 사회의 성취와 귀속』. 일조각.

간 과정에서 일어났던 분쟁의 사례에 대해 구체적으로 알아보려고 한다. 아울러 위보의 제작 과정을 보여주는 사례도 소개하려고 한다.

2. 분쟁의 배경

조선후기에 들어서 족보의 편간을 둘러싼 분쟁이 빈번했던 배경에 대해서는 여러 가지 측면에서 언급할 수 있겠지만 무엇보다도 조선시대 門閥 崇尙의 풍조와 깊은 관련이 있다고 할 수 있다.

1) 문벌 숭상의 풍조

조선후기에는 개인을 평가하는 데 그가 갖추고 있는 학식이나 인격 못지않게 소속된 가문을 살펴보는 풍조가 지배적이었다. 예컨대 文武 科擧 시험의 마지막 관문인 殿試에서 석차를 정할 때에는 응시자의 능력과 함께 출신 가문의 지위를 고려하였다. 만일 어느 한 응시자가 성적은 우수하나 출신 가문이 좋지 않으면 壯元에 오를 수가 없었다. 이러한 경향은 과거 시험에만 국한된 것은 아니었다. 과거에 합격하여 관리가 되면 오히려 이러한 점은 더욱 두드러져 개인의 능력보다는 어느 가문 출신이냐에 따라 출세가 좌우되었다. 그 결과 조선후기로 갈수록 문벌 숭상의 풍조가 널리 유행하고 사회의 모든 방면에서 문벌의 영향력이 더욱 증대하였다. 조선후기에 족보의 편찬과 간행이 활발하게 이루어지고 그 과정에서 여러 가지 분쟁이 일어나게 된 이면에는 이와 같이 문벌 숭상의 풍조가 자리하고 있었다. 물론 문벌 숭상의 풍조와 족보 편간은 선후로 영향을 미치는 관계가 아니라 상호간에 영향을 끼치는 관계였다.

이와 같이 문벌 숭상의 풍조가 유행하자 양반은 말할 것도 없고 그 이전에 姓과 本貫을 갖고 있지 않았던 평민과 천민들까지도 점차 성과 본관을 획득하게 되었다. 물론 평민이나 천민이 그것을 사용하게 된 근본적인 원인은 戶籍制度와 관련이 있다. 조선시대에는 3년마다 한 차례 씩 인구를 조사하였다. 이에 따라 각 戶에서는 호주가 중심이 되어 자기 호의 인구를 기록한 호구단자를 작성하여 관에 제출하면 관에서는 이를 근거로 戶籍臺帳을 만들었다. 그런데 호구단자 작성과정에서 양반은 말할 것도 없고 평민이나 천민들까지도 성과 본관을 써넣도록 되어 있었다. 물론 조선초기에는 양반만이 성과 본관을 기재했으나 시간이 흐르면서 자연히 평민이나 천민들까지도 양반을 모방하여 성과 본관을 기입하기 시작하였다. 현재 남아있는 호적대장을 살펴보면 이와 같이 평·천민들이 점차 성과 본관을 취득하게 되는 사례를 얼마든지 찾아볼 수 있다.

유리한 姓貫을 획득하려는 평·천민

그런데 문벌을 숭상하는 풍조 때문에 평·천민들이 성과 본관을 취득하는 과정에서 기왕이면 자신들에게 유리한 성관을 얻으려는 경향이 생겨나기 시작하였다. 이러한 사실은 전라도 求禮縣의 寺洞에 거주하던 절골김씨를 통해 확인할 수 있다. 호구단자에 등재된 절골김씨 金貴賢과 그의 아들 金英國의 본관 변경 사실을 표로 나타내면 다음의 〈표 1〉과 같다.03

03 전경목. 2003. 「조선말기 어느 요호부민가의 신분상승을 위한 노력」. 『호남문화연구』 31. 178~181쪽 참조.

<표 1> 김귀현과 김영국의 본관 변경

시기	1825	1849	1876	1882	1885
호주	金貴賢	金貴賢	金英國	金英國	金英國
본관	金海	慶州	金海	後金海	金寧
변경사유		判下	依譜	미상	미상

위 표를 통해 알 수 있는 바와 같이, 김귀현의 본관이 처음에는 김해였는데 헌종 15년(1849)에 호구단자를 작성하면서 갑자기 경주로 바꾸고 그 변경 사유를 '判下'라고 기재하였다. 당시에 그가 실제로 왕의 재가를 얻었는지에 대해서는 관련 자료가 전하지 않아 그 여부를 확인할 수 없으나 김귀현은 자신의 생을 마칠 때까지 본관을 경주로 고수하였다.

김귀현의 戶를 승계한 김영국(당시의 戶籍名은 金英祚)도 처음에는 본관을 경주라고 하였다. 그러다가 고종 13년(1876)에 다시 김해로 바꾸었는데 그 이유를 '依譜'라고 밝히고 있다. 왕이 재가해 준 본관을 과연 族譜에 근거해서 바꿀 수 있는지 알 수 없으나 그의 아버지가 내내 사용했고 자신도 戶를 계승하여 20여 년 넘게 사용해 오던 본관을 하루아침에 김해로 환원하였던 것이다. 그런데 그로부터 6년이 지난 고종 19년(1882)에 본관을 後金海라 변경하고 다시 3년이 지난 같은 왕 22년(1885)에 金寧으로 재차 바꾸었다. 그리고 그 이후 현재까지 김영국의 후손들은 본관을 김녕으로 사용하고 있다.

절골김씨들이 이와 같이 본관을 변경할 수 있었던 것은 호적대장 작성 실무를 담당하고 있는 籍吏들과 결탁을 하였기 때문에 가능하였을 것이지만 그들이 그렇게까지 한 의도는 과연 무엇일까? 그들은 자신들의 世系와 본관 등을 잘 알지 못해서 벌어진 일이라고 주장한다. 그러나 필자가 추측하기에는 자신들이 살고 있던 구례 지역에서 나름대로 행세하며 살아가기에 조금이라도 유리한 본관을 찾기 위해서 이와 같이 자주 변경했던 것으로 판단된다.

群小 본관의 통합

조선전기에 나타났던 군소의 본관들이 조선후기에는 문벌 숭상의 영향으로 널리 알려진 유명한 본관으로 통합되는 경향이 있었다.04 이와 관련된 탄원서 하나를 살펴보자. 이 탄원서는 전라도 함열현에 살던 益山林氏들이 관찰사에게 제출한 것이다.05

> 道內感悅居幼學林△△等
>
> 右謹言情由段 矣等之先祖三兄弟在麗末 分爲三處 一則兆陽 一則平澤 一則益山 而矣等十四世祖侍中公 卽益山林氏之始祖也 入我朝 矣等十二世祖及傍七世祖 俱捷文科 昭載於國朝榜目及科譜 而皆以益山爲氏 其後帳籍及墓碣誌石等者 俱貫益山矣 不意今者 矣等之族人某輩 以益山姓貫者之數少零替 欲附於平澤姓貫 而今其言曰 本以平澤 誤貫益山 當爲改本云是遣 至於私出平澤族譜是如乎 我 國家大姓氏之同根異貫者何限 而曾未聞恩津宋之爲礪山 金海金之爲慶州也 則今此某等輩之立異 未知何據而何見也 累以此意 呈于法司者多矣 而渠等每每見屈是乎矣…… 今此式年修籍之日 一向執迷 終不歸正是乎所 適値空官無處呼訴 玆敢裹足齊籲于觀風按法之下爲去乎 伏乞嚴明題下 俾雪矣等一祖二本之恥 千萬泣祝之至

위 등장을 제출한 임아무개의 14대 선조 삼형제는 고려 말에 세 곳 즉 경기도의 平澤, 전라도의 益山과 兆陽에 나뉘어 살았는데 이를 계기로 이들은 각기 본관을 달리하게 되었다고 한다. 그의 14대조는 侍中을 지냈으며 후에 益山林氏의 시조가 되었다고 한다. 조선시대에 들어와서 12대조와 傍

---

04 박성호. 2006. 「본관의 소멸과 통합에 관한 연구-밀양박씨 사례를 중심으로」. 『동방학』 12. 한서대 동양고전연구소 참조.

05 서울대학교 규장각. 2001. 『고문서』 23. 78~79쪽.

7대조가 모두 문과에 급제하여 그들의 이름이 國朝榜目과 科譜에 상세히 실려 있는데 이들 모두 본관이 익산으로 기록되어 있었다. 그 후 여러 선조들의 帳籍과 墓碣誌石 등에도 본관이 모두 익산으로 되어 있었다고 한다.

그런데 뜻하지 않게 그의 족인 중의 몇몇이 익산을 본관으로 하는 사람의 수가 적고 또 가세가 한미하다는 이유로 본관을 평택으로 하는 사람들에게 붙으려 했다. 그들은 자신들의 관향이 본래 평택인데 착오로 본관을 익산으로 삼게 되었으니 마땅히 이를 환원해야 한다고 주장하면서 사사로이 평택임씨족보를 印出하기까지 했다. 그러나 大姓氏 중에는 뿌리가 같으나 본관을 달리하는 경우가 많이 있지만 은진송씨가 여산송씨로 본관을 바꾸거나 김해김씨가 경주김씨로 貫鄕을 삼은 사례는 일찍이 들은 바가 없었다. 그는 본관을 바꾸어야 한다고 주장하는 자들이 무엇을 근거로 그러한 주장을 하는지 알 수 없어서 여러 차례 소송을 제기했는데 그때마다 번번이 자신이 승소하고 저들은 패소하였다고 한다.

그럼에도 불구하고 식년을 맞이하여 호적을 작성해서 관에 제출해야 하는데 저들은 오로지 자신의 주장을 고집하면서 끝내 본관을 바로 잡으려 하지 않았다. 때마침 함열현의 수령이 공석 중이어서 호소할 곳이 없자 그는 관찰사가 있는 전주까지 가서 이러한 사정을 아뢰고 한 조상의 후손이 두 개의 본관을 사용하는 일이 없도록 해달라고 요청하였다.

이처럼 조선후기에는 군소의 본관들을 가진 사람들이 大姓貫으로 바꾸는 일이 잦았는데 이것도 문벌 숭상의 풍조와 밀접한 관련이 있었다. 사회 각 부분에서 문벌 숭상의 풍조가 커다란 영향력을 미치고 있었기 때문에 조선 후기인들은 생소한 稀姓이나 僻貫을 사용하는 것이 그만큼 불리하다고 생각하였던 것이다. 따라서 희성이나 벽관을 쓰던 사람들은 어떻게 해서든 성과 본관을 널리 알려진 것으로 바꾸려고 했다.

2) 족보의 증거력 제고

조선후기에는 어느 한 사람의 성과 본관이 뚜렷하고 世系가 아무리 분명하다고 해도 그의 세계가 어느 특정 성씨의 족보에 수록되어 있지 않으면 국가나 사회로부터 온전히 인정받기가 어려웠다. 그래서 어떻게 해서든 자신의 인적 사항이나 세계를 특정한 성씨의 족보에 등재하려고 노력하였다. 이러한 사실은 다음의 단자를 보면 알 수 있다. 이 단자는 1900년에 충청도 온양에 거주하던 李鍾弼이 宗正院에 제출한 것이다.

> 單子
>
> 忠淸道溫陽居鍾弼鳴寃
>
> 恐鑑 伏以生等 卽懷安大君十七世孫也 十三世祖暎信 自全州流散于溫陽 而后孫以愚蠢之致 蟄伏窮鄉 不知宗族之所居 又不知甲乙兩年之修譜 不參璿譜 爲子孫道理 不勝刻骨之痛 生之先世家乘與單子戶籍 昭詳自在 十五代祖思訥追贈敎旨 分明自在 故繼繼文蹟 疊聯仰籲於明辨之下 伏乞明燭後 特下題敎 使此殘弱流漏之宗生 今番入譜之地 千萬泣血懇祝
>
> 宗正院 卿 閤下
>
> 庚子五月 日
>
> (題音) 該派宗孫與有司 詳考可據文蹟 來告向事 二十日 本派宗孫 有司
>
> 舊蹟昭然可據事 入譜喜

이종필의 진술에 의하면 그는 회안대군의 17세손인데 13세조인 李暎信이 관향인 전주로부터 온양으로 이거한 후 그의 후손들은 줄곧 이곳에서 세거하였다고 한다. 그러나 후손들이 愚蠢하여 궁벽진 온양에 칩거하면서 같은 종족들이 어느 곳에 사는지도 모르고 또 甲乙 兩年에 修譜하는 사실조차 몰라서 그의 세계가 전주이씨족보에 수록되지 못했다. 자손으로서 선조들에게 커다란 잘못을 저질렀다고 생각한 이종필은 그의 집안에 대대로 전해오는 문적들을 증거자료로 종정원에 제출하고 이번 족보가 간행될 때 入譜할 수 있도록 해달라고 요청하였다.

그의 집안에 대대로 전해오는 문적이란 先世家乘과 호구단자 및 15대조 李思訥의 추증교지 등이었는데 이들 자료에는 자신들의 세계와 선조들이 역임한 관직 등이 분명하게 기록되어 있었다. 따라서 이종필이 전주이씨라는 확실한 성과 본관을 가지고 있고 또 세계가 분명한 사람이었음에도 불구하고 굳이 탄원서까지 올려 새로 간행되는 족보에 그의 이름이나 세계를 올리려고 한 것은 아무리 세계가 분명하다고 할지라도 족보에 수록되지 않는 한 국가나 사회로부터 언제든지 세계가 분명치 않다는 의혹을 받을 수 있다는 사실을 알고 있었기 때문이다. 또 그러한 의혹을 받는 한 官界로의 진출은 말할 것도 없고 국가나 사회 구성원으로서 역할을 제대로 수행할 수 없다는 사실을 알았기 때문에 이와 같이 탄원서를 제출하였던 것이다.

족보는 청원과 소송에서 중요한 증거자료

조선후기에 족보를 둘러싼 분쟁에서 주목할 만한 점은 족보가 청원이나 소송 등에서 중요한 증거 자료로 활용되었다는 사실이다. 청원이나 소송에서 점차 족보의 증거력이 인정되면서 그 효용성이 크게 제고되었다. 우선 조선후기에 작성된 청원서 하나를 살펴보자.06

北面新村居李聖善

右謹言所志矣段 民本以德泉君十三代嫡孫 生涯無策 昨年正月分 投入於此土 圖命資生是白加尼 不意今者 以民之名下把張騎兵是

06 서울대학교규장각. 2002.『고문서』24. 18~19쪽.

乎則 假令以家譜言之 列聖之受敎 世傳之御牒 昭在於矣民之家是乎則 伏乞細細相考後 以民名橫疤之役 卽爲移錄於本名 生存之地爲只爲

行下向敎是事

城主 處分

甲子七月 日所志

行使(揮筆)(押)

(題音) 璿派後裔 侵漁軍役 聞甚驚駭 斯速査實 移錄於前代 宜當向事 廿七日 該色

위 청원서를 제출한 李聖善은 전주이씨로 德泉君의 13대 嫡孫이었다. 작년 정월에 살 길이 막연하여 이 고을로 들어와 겨우 연명하며 살아가고 있는데 뜻하지 않게 색리가 그를 騎兵으로 差出하였다. 색리가 이성선에게 軍役을 부과한 것은 그가 왕족의 후예인지를 몰랐기 때문이었다. 그래서 그는 列聖朝의 受敎와 世傳하는 御牒을 거론하며 자신이 璿派임을 주장하고 속히 군역에서 빼어달라고 요청하였다. 이때 그는 자신의 집에 소장되어 있던 家譜와 수교 및 어첩 등을 증거 자료로 제출하였으며 수령은 이들 자료를 살펴본 후 담당자에게 원래 이 군역을 지고 있던 사람에게 移錄하도록 지시하였다.

조선후기에 간행된 『儒胥必知』에는 「外邑人頉役所志」라는 청원서가 수록되어 있다.07 『유서필지』는 조선후기에 널리 사용하였던 고문서의 서식들을 모아 편찬한 책이며 「외읍인탈역소지」는 지방에 거주하던 몰락양반에게 어느 날 갑자기 군역이 부과되었을 경우 이를 면제받기 위해 관에 제출하는 청원서이다. 이 「외읍인탈역소지」에서 청원인은 먼저 자신이 판서를 역임한 아무개의 후손으로 집안의 명성을 잇지 못하고 생계를 꾸릴 길이 없어 성주

---

07 전경목 외 번역. 2006. 『유서필지』. 사계절. 208~211쪽.

님의 치하에 옮겨와 살면서 농사를 지어먹는 백성이 되었다고 자신이 '외읍인'이 된 경위를 설명하고 있다. 이어서 그는 뜻밖에 담당 色吏輩가 자신 가문의 世派와 來歷을 몰라보고 감히 업신여겨서 자신의 이름을 軍案에 기록하여 生業을 침탈하는 事端이 날로 더욱 심해지고 있는데 색리배가 이와 같이 무엄하게 업신여긴다면 자신과 같은 殘班은 어떻게 양반 명맥을 유지할 수 있겠느냐 반문하고 자신이 판서의 후손이라는 사실을 증명하기 위해 家乘과 系譜를 증거 자료로 제출하고 있다. 이 탄원서와 증거 자료를 살펴본 수령은 "譜派를 살펴보고 가승을 참조해보니 양반의 명맥이 명백하니 군역을 면제해주라"는 처분을 내리고 있다.[08]

「외읍인탈역소지」가 『유서필지』에 청원서 서식의 한 예로 소개되고 있다는 것은 조선후기에 군역을 담당하던 색리들이 몰락양반에게 군역 부과하는 일이 빈번했다는 사실을 말해준다고 하겠는데 어찌되었든 이러한 청원에서 족보가 세계를 증명하는 자료로 제출되고 관에서는 족보에 기재된 사실을 인정하였다는 것을 보여준다. 대부분의 족보가 비록 私家에서 편간되었지만 관에서도 이를 점차 증거 자료로 받아들였기 때문에 조선후기에는 족보의 효용성이나 활용성이 크게 증대되었다고 할 수 있다.

조선후기에는 소송에서도 족보가 중요한 증거 자료로 활용되었다. 아래의 단자는 경기도 廣州府 中垈面 巨余洞에 살던 金思默이 광주유수에게 제출한 것이다.[09]

---

08 참고로 원문을 소개하면 다음과 같다.
外邑人頉役所志
某面某里幼學姓名單子
恐鑑 伏以民卽故判書某之幾世孫也 家聲莫繼 生計無策 來寓治下 因作食土之民 則可謂維楊之橘 渡淮而爲枳矣 不意該色輩 不知世派與來歷 敢生侮蔑之心 民之姓名 錄於軍案 而侵漁之端 日日益甚矣 近日人心 雖曰不測 而無嚴蔑視殘班 若視(是의 誤字-인용자주)不已 則鄕曲微微之人 安能得保其班脉也哉 民不勝至冤 玆敢懷其家乘與系譜 仰訴於明政之下 伏乞細細洞察其至冤之情 特爲頉給後 民之姓名 永刊於軍案 嚴治該色侮蔑班名之地 千萬祈懇之地
城主閤下 處分
　　年月日 單子
官(押)
(題辭) 見其譜派 叅之家乘 則班脉昭昭 特爲頉給 宜當向事 某日 該色

中坐面巨余洞居幼學金思默單子

恐鑑 伏以 生學蔑見淺 杜門斂踪 年近五十 未嘗與人雌黃矣 今春與梧琴洞居韓善有有柴場相詰事 已有所伏訴 而題音內 韓氏奴子 率待爲敎 而彼韓本無奴子 且其鋒穎太露 不敢嬰觸 故不得率待矣 近竊詳考韓氏家族譜 則韓善有之譸張爲幻 益切憤惋 韓善有言內 稱以十代祖汝聖之墓 而韓氏譜初無墓所與子孫 則善有之稱以先山 而欲奪人之柴場者 一何無據乎 玆以韓氏家族譜中考抄與本府立旨與題音幷帖連 更訴爲去乎 伏願細細垂察敎是後 同韓善有捉囚刑配 以懲其挾雜墓盜之罪 生之柴場東金班山南李哥山西宋哥山北郭哥山四標分明 立旨成給 無至抑鬱見奪之地 千萬伏祝之至

行下 向敎 是事

留相閣下 處分

壬辰八月 日

留使 (揮筆) (押)

(題音) 韓也之前後所爲營亦燭悉無餘 終當有勘處之日是遣 柴場段 依訴立旨成給向事 初一日

위 단자에 의하면, 김사묵은 자신이 학식과 식견이 없어서 50세가 다 되도록 두문불출하여 다른 사람과 다툰 적이 없었는데 이번 봄에 梧琴洞에 사는 韓善有라는 사람과 柴場 문제로 처음 소송을 벌여 留守로부터 한씨의 사내종을 데리고 오라는 처분을 받았다. 그런데 원래 한씨는 사내종이 없는 데다 성격이 워낙 까다로워 감히 접촉조차 못해서 그를 법정으로 데려오지 못했다고 말하고 있다. 그러다가 근래에 우연히 한씨 족보를 살펴보니 한선유의 주장은 모두 거짓이었다. 한선유는 시장 안에 그의 10대조 韓汝聖의

09 서울대학교규장각. 1998.『고문서』16. 212~213쪽.

묘가 있다고 주장하였으나 족보를 살펴보니 한성여의 묘와 자손이 아예 기록되어 있지 않았다.

김사묵은 자신의 시장 안에 있던 무덤을 한선유가 자신의 선조 묘라고 주장한 것이 시장을 빼앗기 위한 계략임을 뒤늦게 알아차렸다. 그래서 그는 한씨의 족보를 베끼고 이전에 관에서 발급했던 立旨와 자신이 관에 제출했던 소장 등을 첨부하여 다시 소송을 제기하였다. 그는 위 단자에서 자신의 시장을 빼앗으려 한 죄목으로 한선유를 잡아 가두었다가 유배에 처하고 자신의 시장 경계를 입지해달라고 요청하였다. 광주유수는 한선유가 한 행위를 언젠가 처벌할 날이 있을 것이라고 말하면서 김사묵이 요청한 시장의 경계에 대해서 공증해주라고 지시하였다.

이상에서 살펴본 바와 같이 조선후기에 씨족제도가 발전하고 문벌 숭상의 풍조가 크게 유행하자 양반뿐만 아니라 평민이나 천민들까지도 성과 본관을 가지려고 했으며 기왕이면 좀 더 문벌이 좋은 집안에 世系를 편입시키려고 본관을 이리저리 바꾸기도 하였다. 또 조선전기에 나타났던 群小의 본관들이 조선후기에 널리 알려진 유명한 본관으로 통합되곤 하였는데 이러한 현상도 문벌 숭상의 풍조와 밀접한 관련이 있다. 따라서 조선후기에 국가나 사회로부터 백성으로 인정을 받으려면 적어도 성과 본관을 가지고 있어야 했으며 본인이나 본인의 가까운 선조가 어느 한 성씨의 족보에 기재되어 있어야 했다. 어느 한 성씨의 구성원이 되어야만 비로소 일종의 공민권을 가진 국가나 사회의 구성원이 되었다고 할 수 있었다. 또 조선후기에는 족보가 청원이나 소송에서 증거 자료로 인정을 받았기 때문에 어떻게 해서든 자신의 세계를 어느 한 성씨의 족보에 편입시키려고 했다. 따라서 조선후기에는 족보와 관련된 분쟁이 잦아질 수 밖에 없었다.

3. 편간 과정상의 분쟁

조선후기에 족보의 편찬과 간행 과정에서 다양한 소송이 제기되었는데 이를 譜訟이라 한다.[10] 이 장에서는 조선후기에 크게 성행했던 족보 편간 과정상의 분쟁에 대해 알아보겠다. 편간 과정에서 생기는 분쟁은 크게 두 가지 즉 고의에 의한 분쟁과 실수에 의한 분쟁으로 나누어 볼 수 있다.

1) 고의에 의한 분쟁

고의에 의한 분쟁은 譜所의 책임자나 실무자들이 의도적으로 족보의 서식이나 기재 내용 등을 고쳐 발생하는 경우를 말하는데 먼저 충청도 報恩에 살고 있던 金基培와 金炳魯 등이 을해년 5월에[11] 한성부에 올린 等狀을 살펴보자.[12]

> 忠淸左道報恩郡居儒生金基培等
>
> 恐鑑 伏以…所謂譜牒 往往多騙財者 手分世界 現化出來 其壞宗支紊嫡庶得罪倫紀 則未有若今日永山金氏之族也 生卽永山之金爲乖崖文平公諱守溫之十七世孫 永金之大宗也 去辛未年 各處諸宗 經紀大譜 設廳于永同 未滿一年 至於成事 而譜冊一秩 送于宗孫 故考覽嫡庶之別 宗支之分 配位墓所之等次 則生之父祖以上配位墓所 多有誤錄 且生之祖母姓鄕 亦爲誤錯 而其他蔑倫敗

---

10 박병호. 2010. 「朝鮮後期 譜訟의 一事例-宗統繼承과 僞譜」. 『한국계보연구』 1. 참조.

11 김기배가 이 등장을 작성한 것은 '乙亥 五月'이었지만 한성부 당상으로부터 처분을 받은 날짜는 같은 해 '六月 十三日'이었다. 작성 일자와 처분 일자가 상당한 차이가 나는데 서너 명이 모여서 한성부에 탄원하기 위해 상경하느라 날짜가 지체되었기 때문에 빚어진 일로 추정된다.

12 서울대학교규장각. 2001. 『고문서』 23. 72~73쪽.

常之事 亦不可一一枚擧矣 是豈可以譜云乎哉 噫以庶派言之 則有庶子(字의 誤字-인용자주) 或存或拔之弊 而尙州驪州淸安等諸派 皆不入 惟以騙財納賂爲事 濁亂譜例 誠一世變之大也 是以其時譜廳有司金宗魯 自知乖錯 以破譜之意 輪通于諸派 亦有呈營呈官之題音 噫彼庶子(字의 誤字-인용자주)拔去派與納賂新入者 互相符同 不悛題音 是豈成說乎 自顧永金雖云寒微 念昔文平公文章勳業 冠冕一世 爲其子姓宗黨者 亦可謂道內望族也 到今爲不肖後承 慢侮貽辱 至于此極 豈非寒心哉 又有以妾爲妻 以孼爲嫡之蔽(弊의 誤字-인용자주) 如是乖常之事 非止一二處 而雖支派庶孫之家 有文法之乖亂 則誠不可爲譜 況宗孫家配位墓所多有誤錯 如此之譜 雖百秩 用於何處乎 此非私論乃公憤也 玆敢齊聲 仰達于按法之下 伏乞細垂察焉 特下嚴題於該道該邑 使各派門中 還收譜冊 俾此蔑倫敗常之徒 不得跳踉恣睢 以爲規正之地 千萬祈懇之地

行下向敎是事

漢城府 處分

乙亥五月 日 金基培 金炳魯 金壽鼎等

堂上(揮筆) (押)

(題音) 寧有是也 寧有是也 事甚訝惑 自其宗中 罷譜釐正 俾無貽羞之歎 宜當向事 六月十三日

김기배는 永山金氏로 유명한 金守溫(1410~1481)의 17세손이었다. 영산김씨 大宗會에서는 지난 신미년에 각처에 사는 여러 종인들에게 大譜를 간행하자고 제안한 다음 이를 추진하기 위해 충청도 영동에 譜廳을 설치했다. 그런데 어찌된 일인지 1년도 채 안 되는 짧은 기간 안에 新譜가 간행, 배포되었다. 그 내용을 살펴보니 두 가지 점에서 문제가 있었다. 그 중 하나는 자신의 아버지와 할아버지 이상의 配位 묘소의 소재지와 조모의 姓貫이 잘못 기재된 것이었는데 이는 실수에 의해 빚어진 일이라고 할 수 있었다. 그런데 다른 하나는 '滅倫敗常'한 오류로 도저히 묵과할 수 없는 것이었다. 그가 말하는 '멸륜패상'한 오류란 庶子의 이름 앞에 붙이는 '庶' 字를 생략한 것과 영산김씨와 관련 없는 世系를 돈을 받고 억지로 족보에 편입시켜 준 것을 지칭하였다.

조선후기에 간행된 족보들을 살펴보면 적자에게는 아무런 표시가 없지만 서자에게는 '庶' 자를 붙이거나 한 글자 낮추어 써서 그들이 庶子나 庶派임을 알 수 있도록 하였다. 또 배우자를 표시할 때에도 차이가 있었다. 적자의 배우자를 기재할 때에는 '配' 자를 쓴 후에 관련 사항을 기록한 데 비하여 서자의 배우자는 '娶' 자를 쓴 후에 관련 사항을 기입하였다. 따라서 족보를 살펴보면 곧바로 적자와 서자, 적손과 서손을 구별할 수 있었는데 이와 같이 한 이유는 위 등장에 밝혀져 있듯이 '嫡庶之分'이 엄격하게 지켜져야 한다고 생각했기 때문이다. 그런데 당시에 간행된 영산김씨 신보에서는 '庶' 자를 빼어 버리고 '妾'을 '妻'로 바꾸어 써넣고 '孽子'를 '嫡子'로 위조했던 것이다.

한편 世系가 전혀 연결이 되지 않거나 연결이 되더라도 本譜의 세계와는 약간 차이가 있을 경우에는 대개 '別派'로 분류해서 본보의 끝에 부록으로 붙이거나 아예 책을 달리하여 '別譜'로 간행하는 것이 관례였다. 그런데 이렇게 하지 않고 無後한 선조에게 마치 자손이 있었던 것처럼 위조해서 本譜에 억지로 끼워 넣기도 했다. 김기배가 위에서 말하는 돈을 받고 세계를 새로 가입시켜 준 것은 후자의 경우를 가리키는 것으로 추정된다. 조선후기에 발생했던 譜訟의 원인 중 큰 비중을 차지하는 것이 바로 이 두 가지 즉 족보에서 '庶' 자를 빼어 서손이 적손과 구별이 되지 않도록 하거나 혈연적으로 전혀 연결이 되지 않는 世系를 억지로 끼워 넣는 것이었다.

족보가 이와 같이 잘못 편찬되고 있다는 사실을 알게 된 경상도 상주와 경기도 여주 및 충청도 淸安 등지의 일가들은 이 족보 편찬에 아예 참석하지 않았다.[13] 또 간행 실무자 중의 하나였던 譜廳有司 金宗魯는 이러한 오류 때문에 破譜를 해야 한다는 뜻으로 전국의 여러 宗派에 通文을 돌리고 고을과 감영에 이러한 사실을 고발해서 시정을 요구했다. 그러나 '庶' 자를 빼어버리자고 주장하는 派와 돈을 주고 세계를 편입시킨 派가 힘을 합쳐 신보의 간행을 주도해서 결국 신보가 간행되었던 것이었다.

김기배는 신보가 이와 같이 엉망으로 편찬되었기 때문에 자신들의 족보로 인정할 수 없다고 주장하면서 한성부에 탄원했다. 그는 이 탄원서에서 전국의 각 문중에 배포한 신보를 회수하고 이러한 잘못들을 바로 잡을 수 있도록 해달라고 요청하였다. 그러자 한성부의 판윤은 "어찌 이러한 일이 일어날 수 있느냐"고 개탄을 한 후 종중에서 족보의 잘못된 사항 등을 바로잡아 부끄러운 행위로 탄식하는 일이 없도록 하라고 지시하였다.

그로부터 거의 한 달이 다 될 무렵에 김기배와 김병로 등은 충청도 巡使에게 같은 내용을 탄원했다.[14] 종중에서 의견의 일치를 보지 못하였기 때문에 순사에게 다시 탄원을 한 것이다. 의견의 일치를 보지 못한 것은 矯正有司인 金敬魯[15]가 '庶' 자를 빼어버리자고 주장하는 派와 돈을 주고 세계를 편입시킨 派에 부화뇌동하여 신보 회수를 저지했기 때문이다.[16] 그래서 김기배는 김경로 등을 엄하게 처벌해달라고 순사에게 요청했다. 순사는 김경로의 행동이 지극히 놀랍고 악한 일이라고 비난하였으나 한성부의 처분대로 종중에서 상의하여 바로잡고 다시는 번거롭게 소송해서 죄를 짓지 않도록 하라는 처분을 내렸다.[17]

---

13 김기배 등이 충청도 순사에게 제출한 상서에서는 상주와 여주에 사는 종인들은 가난해서 신보에 참여하지 않았다고 주장하고 있다.(尚州驪州兩派 以貧寒之致 不入新譜云.) 이에 대해서는 『고문서』 23. 73~74 쪽 참조.

14 위 책. 73~74쪽 참조.

15 그가 교정유사라는 것은 김병로 등이 기해년 2월에 보은군수에게 제출한 탄원서를 통해서 알 수 있다.(위 책. 75~76쪽 참조)

16 所謂敬魯 付同庶字拔去人納賂新入者 終不能罷之(위 책. 73~74쪽)

17 觀此狀辭 金敬魯之惟意存拔 極係駭惡 而又有京兆題飭 諸宗會議 善商釐正 無至更煩抵罪之地事(위와 같음)

그런데 사실 김기배와 김병로 등은 신보에 편찬에 여러 가지 문제가 제기되었을 때부터 이를 바로 잡기 위해 報恩의 芝山 山直家에 譜所를 차리고 각지에 통문을 돌려 잘못 기입된 사실을 교정한 족보를 다시 간행할 것을 계획하였다. 그러자 '庶' 자를 빼어버리자고 주장하는 派와 돈을 주고 세계를 새로 편입시킨 派가 당시의 掌財有司였던 金光洙, 金南圭, 金鎭喬, 金敬魯 등과 합세하여 갖가지 방법으로 이를 저지하였다. 그래서 이들은 한성부와 충청 감영에 탄원하여 신보를 환수하도록 처분해 주는 한편 주동자인 김경로 등을 처벌해달라고 요청했던 것이다. 그렇지만 한성부나 충청 감영에서 모두 이를 종중에서 상의하여 원만하게 처리하라고 처분했기 때문에 갈등은 여전히 해결되지 않은 채 3~4년이 흘러갔다.

그러는 사이 교정한 족보를 간행하는 일은 그럭저럭 진행되어 戊寅年 겨울에 활자로 절반 정도를 印出했다. 그런데 龍山에 세거하는 종인들이 아직까지 분쟁이 계속되고 있다는 이유로 족보 간행에 참여하지 않아서 이 일을 매듭짓지 못하고 있었다. 그래서 김병로 등은 보은군수에게 탄원서를 제출하여 족보 출간을 방해한 사람들을 처벌해 달라고 재차 요청하였다.[18]

보은군수는 먼저 족보를 간행할 때에는 적서의 분별과 宗孫과 支孫의 구분을 분명히 해야 하거늘 본래의 취지를 돌아보지 않고 뇌물을 받고 '庶' 자를 빼는 것은 법에 크게 어긋나 통탄스럽기 짝이 없다고 비난하고 사실을 조사하고 엄히 처벌하기 위해 당시 장재유사인 김광수, 교정유사인 김경로, 도유사의 아들을 모두 잡아오라고 처분하였다.[19] 그러나 이와 관련된 문서가 더 이상 전하지 않아서 이후의 소송이 어떻게 처리되었는지 알 수 없다.

이상에서 살펴본 바를 정리하면 다음과 같다. 신미년에 영산김씨 대종회

---

18 考其譜牒 則…… 濁亂譜牒 莫此爲甚…… 其在秉彛之心 不可掩置 故以改正之意…… 即設譜所於報恩芝山廟直家 輪通各處 則庶字拔去派與新入原譜者 符同其時掌財有司金光洙金南圭金鎭喬金敬魯等三四人 沮戱萬端…… 故越明年乙亥春 徃呈于京兆…… 又呈巡營…… 自此以設施者 將至三四年矣 昨冬請活字 載板印出之過半 而龍山宗族 尙今紛紜 百端謀計 使不得成事之境…… 故前後文狀帖聯 仰籲于明政之下 叅商教是後 亂倫犯科之人 以法從事 而兩處題教 依例施行 以爲釐正(위 책. 75~76쪽)

19 嫡庶之分別 枝流之派分 昭詳自載是去乙 不顧本義 納賂存拔 揆以法綱 萬萬痛駭 査實嚴治次 其時掌財有司金光洙 矯正有司金敬魯 都有司之子 一倂捉來事(위와 같음)

에서 족보를 간행하자는 의견이 제시되어 영동에 보소를 설치하고 간행 작업에 착수하였다. 그런데 불과 1년도 못 되어 족보가 간행되어 이를 살펴보니 크게 두 가지의 커다란 문제점이 있었다. 하나는 교정이 잘못된 것으로 종손 부조 이상의 배위 묘소의 위치와 조모의 성관 등이 잘못 기재되어 있었던 것이고 다른 하나는 '멸륜패상'과 관련된 것으로 서파의 世系를 기재하면서 '庶' 字를 빼어버리고 영산김씨와 세계가 연결이 되지 않는 사람들을 새로 끼워 넣은 것이었다. 그래서 김기배 등은 관에 소장을 올려 신보를 환수하여 이를 교정할 수 있도록 해주고 이러한 잘못을 저지른 김경로 등을 처벌해달라고 요청하였다. 그러나 이 요청을 받은 한성부 판윤과 충청 순사는 모두 종중에서 상의하여 처리하라고 처분하였다. 종중의 일에 대해 관이 적극적으로 개입하려고 하지 않았기 때문이었다.

이와 같이 김기배 등은 한편으로는 관에 탄원을 하면서 다른 한편으로는 보은에 보소를 따로 설치하여 신보를 교정하여 간행할 수 있도록 하였다. 신보 교정 사업은 그럭저럭 진행되어 3~4년이 지난 무인년 겨울에 활자로 절반 정도를 인출하였으나 용산에 사는 종인들이 분쟁을 핑계로 족보 간행에 참여하지 않아 이 일이 매듭되지 못하고 있었다. 그래서 김병로 등은 보은군수에게 족보 인출이 마무리 될 수 있도록 잘못을 저지른 김경로 등을 처벌해 달라고 거듭 요청하였다. 요청을 받은 보은군수는 한성판윤이나 충청순사와는 달리 분쟁 해결에 적극적으로 나서서 간행 당시 장재유사였던 김광수와 교정유사였던 김경로 등을 잡아오라고 처분하였다. 그러나 그 이후의 관련문서가 전하지 않아서 이 분쟁이 어떻게 마무리 되었는지는 알 수 없다.

조선시대에는 종중에서 일어나는 일은 가급적이면 종중에서 상의하여 처리하도록 유도하는 것이 관례화 되어 있었다. 종중의 사정을 자세히 알지 못한 채 관에서 무리하게 개입을 하면 오히려 분쟁만 키울 수 있기 때문에 웬만하면 종중에서 서로의 입장을 조율하여 처리하도록 하였다. 그렇지만 누군가가 불순한 의도로 僞譜를 간행하였다고 판단이 되면 관에서 적극 나서서 이를 환수하고 소각토록 하기도 했다. 위보의 간행은 禮를 기본이념으로 하는 조선 사회의 기본 질서를 문란하게 하는 행위로 보았기 때문이다. 다음의 서목은 이러한 사실을 잘 보여주는데 이는 경상도 청도군수가 병진년 10월에 경상 감영에 제출한 것이다.[20]

> 淸道郡守書目
>
> 卽到使回送內乙用良 光山金氏僞譜二十六卷 都封上使 緣由事
>
> 咸豊六年十月初十日行郡守趙(押)
>
> 兼使(揮筆) (押)
>
> (題辭) 當爲下送安義 以爲燒火之地向事
>
> 丙辰十月十一日 在營

먼저 위 서목을 올리기 전의 상황에 대해 설명하자면, 청도군수가 경상감사의 지시로 관내에 배포된 광산김씨 위보 26권[21]을 모두 회수한 후에 그 처리 방향을 문의하였는데[22] 감영에서는 모두 봉해서 바치라고 하였다. 그래서 청도군수는 위 서목과 함께 위보를 봉해서 올렸는데 감사는 이를 모두 안의현으로 보내어 소각토록 하라고 지시하였다. 이 서목을 통하여 알 수 있는 것은 위보를 관에서 직접 회수하여 소각토록 조처하기도 했다는 사실이다.

참고로 위보의 제작 과정을 알 수 있는 통문 하나를 살펴보자. 이는 충청도 신창에 세거하던 昌寧成氏 종중에서 종원들에게 발행한 것으로 초고의 형태이기 때문에 발행 연월일이 기록되어 있지 않다.[23]

---

20 서울대학교규장각. 1988.『고문서』5. 681쪽.

21 바로 앞의 보고서에는 위보를 25권이라고 했는데 어느 것이 정확한 것인지 알 수 없다. 앞의 보고서의 내용을 옮기면 다음과 같다. 淸道郡守書目/光山金氏僞譜貳拾伍卷 留置本郡 更無憑處 祗增傷痛 何以爲之 緣由事/咸豊六年十月初三日行郡守趙(押)/兼使(揮筆) (押)/並都封上送事/丙辰十月初八日在營(위와 같음)

22 바로 앞의 주 참조.

23 양진석 외. 2007.『최승희서울대명예교수소장 조선시대고문서 II』. 다운샘. 17쪽.

新昌宗中通文草

……甲辰譜 我桑谷派合同之譜 而先輩長老之所校正 則雖片言隻字 非後生之所敢增刪 而近聞族人寅鎬 以叅判大永及博士樂賢家所存譜冊 暗借於人 曾前所無之 金致九冒刊于桑谷公第三子派諱德元女婿之行 而金氏爭詰之際 奸迹綻露 十目難掩 樂賢適遊京師 目見此變 欲爲釐正覓還 呈訴理院 斥其借去之 金榮則又有宗中聯名之訴 反斥樂賢云 此是金氏之奸計歟 抑亦寅鎬之妄擧歟 揆以事理 不勝駭歎萬萬也 自坡州宗中 已有釐正懲罰之通 而視以文具 少不動念 是豈敬宗之道乎…… 今番此事 乃是宗中大變 則寅鎬之懲罰 不容少緩 至於樂賢之呈訴 雖曰不得已之擧 而初不議及於宗中 遽爾擧事 亦不無輕率之策矣 故玆發文 望須自京宗中 到卽會同一席 譜冊不日釐正 還送後 寅鎬從重施罰 樂賢嚴加面責 以明宗法 以杜後弊之地 千萬

위 통문에 의하면, 갑진보는 창녕성씨 桑谷派 合同譜인데 先輩長老들이 교정을 하여 한 글자라도 後生들이 감히 한 글자도(생략) 더하거나 뺄 수 없을 만큼 정확한 것이었다. 이와 같이 수보가 엄정하게 이루어지고 교정이 잘 되어 한 자 한 획도 고칠 수 없을 만큼 잘 편찬된 족보를 淸譜라 일컬었다. 그런데 족인 중 파주에 사는 成寅鎬가 叅判 成大永(1829~?)과 博士 成樂賢(1868~?)의 집안에 소장되어 있던 족보를 다른 사람을 통해 몰래 빼내어 金致九에게 건네주었다. 김치구는 원래 위보를 전문적으로 만드는 사람으로 추정이 되는데 그는 이 갑진보를 성인호로부터 넘겨받아 이를 이용해서 桑谷公의 셋째 아들인 成德元의 사위의 이름을 다른 사람의 것으로 바꿔치기 한 위보를 冒刊하였다. 이러한 사실은 김치구와 소송을 벌이면서 그의 간사한 행적이 모두 탄로나게 되어 알게 된 사실이었다.

때마침 성낙현이 서울에 머물고 있어서 이러한 변괴를 목격하고서 족보를 돌려받으려고 審理院에 정소를 하면서 成寅鎬가 빌려갔다는 주장을 배척하였다. 그러자 김영이라는 사람이 자기 종원들의 연명을 받아 소송을 제기해서 성낙현의 주장을 공격했는데 이는 김치구의 간계한 계략이며 성인호의 망령스런 행동이었다. 파주 종중에서는 이를 바로잡고 징벌하겠다는 통문을 보내었으나 문구에 불과할 뿐 조금도 분노함이 없어서 중앙의 대종중을 존숭하는 도리가 아니었다.

이번의 일은 성씨 대종중의 커다란 변괴이니 성인호의 징벌을 조금도 완화시킬 수 없으며 성낙현이 소송을 제기한 것도 비록 부득이 한 일이라고는 하지만 종중과 아예 의논조차 하지 않고 갑자기 거사를 했으니 경솔한 책략이라 하지 않을 수 없었다. 그래서 신창 종중에서는 통문을 보내어서 서울의 대종중에서 즉시 회동하는 자리를 마련하여 보책을 즉시 바로 잡아 환송하고 성인호를 무겁게 처벌하며 성낙현에게 엄히 면책을 하여 종법을 밝히고 뒷날 일어날지도 모르는 폐단을 막아달라고 요청하였다.

이 통문을 통하여 알 수 있는 바와 같이 위보를 작성하는 사람들은 족보 전체를 모두 위조하여 간행하는 것이 경제적으로 부담이 크고 또 매우 어려운 과정을 거쳐야 하기 때문에 그보다 손쉬운 방법을 택하였다. 즉 그들은 淸譜라고 알려진 舊譜를 사들이거나 훔쳐서 無后한 인물이 자식이 있는 것처럼 해당 面만을 수정 印出해서 바꿔치기 한 후 다시 粧冊했다. 따라서 얼핏 보면 구보와 전혀 구별 되지 않았기 때문에 특별한 鑑識眼을 갖지 않는 한 위보를 가려내기가 쉽지 않았으며 그래서 조선말기에 위보가 널리 유행하였던 것이다.

앞에서 언급한 바와 같이 족보를 편간할 때 일어나는 분쟁 중 가장 빈번한 것은 적파와 서파 사이의 갈등이었다. 물론 적파와 서파 사이의 갈등은 적자와 서자를 엄격히 구분했던 조선시대 종족 체계 내에서 언제나 존재했다. 그래서 조그마한 빌미라도 생기면 곧바로 격한 분쟁으로 치닫는 일이 많았다. 이러한 사실은 다음의 탄원서를 보면 알 수 있다. 이 탄원서는 南

致恭 등이 임술년 3월에 수령에게 제출한 것이다.[24]

化民南致恭致寬致泰等謹齋沐再拜上書于
城主閤下 伏以…… 盖民等自得姓以來 世派不甚繁延 而至七代祖三槐堂公子叅判公諱景孝 有四子 長曰守約 次曰守謙 守柔 守一 不幸守約 嫡無嗣屬 而有庶子大福與澈與洽三人 三人之後孫輩 稱以癸巳令甲 不遵譜規 敢自生梗 噫其哀哉 其亦無識之言矣 癸巳令甲 只是仕路之寬典而已 豈爲民間修譜而設哉 渠輩之猶以此惹鬧者 不止一…… 同譜之意 無數恐喝 而民等牢拒不許 則彼乃以自漏爲言 故民等亦不能强其同譜 而至若渠派之先祖諱守約 則民等五代祖之兄弟 故依例載牒矣 及其譜牒之淨寫已畢 渠輩中最黠者載亨載榮錫翼輩 扶渠門老 率渠羣少 闖入譜所 傷倫悖理之言 靡所不至 而末乃橫取譜牒 隨其守約名所在 唾指裂破 極其狼籍 噫噫痛哉 古今天下 寧有是乎 倫綱斁矣 宗法斁矣 …… 今夫不書守約 則在民等六代祖 絶父子之綱矣 在民等五代祖 蔑兄弟之倫矣 渠輩之自漏已極無謂 而守約之拔去 亦甚道理 且况人家譜牒 雖遠代無后之派 其於父子兄弟之序 必謹錄而詳記 以示親親之誼 則今日民等之修譜六代祖之長子 敢自拔去乎 五代祖之伯兄 其可不載乎 載亨輩之不知譜牒之爲重 不知倫綱之爲大 而任意作拏 信手裂破之罪 嚴明處斷 俾民等 依譜法 完大事之地 千萬祈懇之至

壬戌三月 日

南致圭(이하 생략)

官(揮筆) (押)

(題音) 載亨之有此傷悖之擧 極爲駭痛 近世倫法雖云蔑矣 豈有

---

24 서울대학교규장각. 2001.『고문서』23. 76~77쪽.

若是之甚也 此若置之則已 不然則將不知至於何境 如是之際 以均是子孫 尤不成說 第須商議同譜 一以免不□之罪 一以免亂法之律 宜當向事 初九日

남치공 등의 상서에 의하면 그들은 得姓한 이래로 그다지 번성하지 못하다가 7대조 三槐堂의 아들 叅判公 南景孝가 4 명의 아들을 낳았는데 장남은 守約, 차남은 守謙, 삼남은 守柔, 사남은 守一이었다. 장남 수약은 불행히 적자가 없어서 뒤를 잇지 못하였으나 서자인 大福, 興澈, 興治이 있었다. 이 세 명의 서자 후손들은 癸巳年에 내린 법령을 핑계로 삼아 譜規를 따르지 않으면서 문제를 야기하였다. 그런데 계사년에 내려진 법령은 단지 서자나 서자의 후손들에게 벼슬길을 조금 열어 주기 위해 제정된 것일 뿐 민간이 족보를 편찬하는 일과는 무관한 조처였다. 그럼에도 불구하고 서자의 후손들은 오히려 이를 빙자해서 문제를 일으킨 것이 한 두 번이 아니었으며 자신들의 요구를 들어주지 않으면 嫡派와 함께 족보를 간행하지 못하겠다고 무수히 협박했다. 공교롭게도 상서에서 그들의 요구가 기록된 부분이 망실되어 그것이 정확히 무엇인지 알 수 없으나 추측컨대 '庶' 자를 빼어달라는 것이었을 가능성이 높다.

남치공 등이 이를 허락하지 않자 저들은 자신들 스스로 족보에서 빠지겠다고 해서 어쩔 수 없이 저들과 함께 修譜를 하지 않았다. 그렇지만 그들의 선조인 수약은 남치공 등의 5대조 長兄이기 때문에 전례에 따라 족보에 그의 이름을 등재하였다. 그런데 저들 중에서 가장 교활한 南載亨 등의 무리가 서파의 門老들을 부추기고 군소배를 거느린 채 譜所에 들이닥쳐서 패륜한 말을 마음대로 지껄이다가 끝내는 족보를 빼앗아 수약의 이름이 쓰여 있는 곳에 침을 뱉고 손으로 찢어버렸다. 이는 인륜을 무시하고 종법을 파괴하는 행위였지만 그렇다고 해서 남치공 등의 입장에서 수약의 이름을 빼어버리면 6대조와 부자의 의리를 끊고 5대조 형제간의 윤리를 저버리게 되는 것이었다.

남치공 등은 저들이 스스로 빠지겠다는 것은 말도 안 되는 소리이지만 그렇다고 해서 그들의 조상인 수약조차 빼어버리는 것은 도리가 아니라고 판단하였다. 다른 집안의 족보를 보면 비록 먼 윗대에서 無后한 派라도 반드시 그 부자형제의 차례를 있던 그대로 상세히 기록하여 親親의 誼를 보여주고 있기 때문이었다. 그들은 자신들이 수보를 하면서 6대조의 장자인 수약의 이름을 어떻게 감히 빼어 버릴 수 있으며 5대조의 장형 이름을 싣지 않을 수 있겠느냐고 반문하면서 저들 무리가 족보의 중요함과 윤리의 엄중함을 모르고 마음대로 장난쳐서 족보를 찢어버린 죄를 수령에게 엄히 처벌하여 수보하는 일을 마무리할 수 있도록 해달라고 요청하고 있다.

이러한 요청을 받은 수령은 남재형 등의 패륜적인 행동이 극히 통탄스럽다고 비난하고 근래에 윤리가 무너졌다고 하더라도 어찌 이와 같이 심할 수가 있느냐고 개탄하였다. 만일 그들이 여기에서 그치면 그만이지만 그렇지 않으면 어디까지 갈 것인지 알 수 없다고 한탄하였다. 그러나 족인들끼리 족보를 함께 간행하도록 상의하여 한편으로는 불효의 죄를 면하고 다른 한편으로는 법을 어지럽히는 행동을 피하는 것이 마땅하다고 처분하였다. 서파의 행동이 옳지 않다는 점에서는 동의를 하지만 문중에서 족보를 함께 간행하도록 권장하였다. 가급적이면 문중의 일에 깊이 개입하지 않으려는 입장을 견지하였던 것이다.

2) 실수로 인한 분쟁

한편 족보에 수록하기 위해 개인이 譜所에 단자를 제출하거나 혹은 교정과정에서의 실수로 족보의 내용이 잘못 기재되었을 때에 발생하는 분쟁은 종중에서 자체적으로 해결하는 경우가 많았다. 이와 관련된 사례를 살펴보기로 하자. 1916년에 함양오씨 대동보소에서 족보를 편찬하여 종원들에게 널리 배포하였는데 전라도 남원의 山東里面에 살던 吳錫賢은 선조의 관직이 자신이 제출한 단자와 달리 기재되어 있음을 발견하였다. 그래서 그는 같은 해 11월 25일에 다음과 같은 통문을 작성하여 각 고을의 종중으로 발송하였다.[25]

通文

右文爲通告事 惟我今番修譜分帙之場 溯考文案 則鄙之父祖曾三
代層欄內小註有所官職之誤錄矣 此莫非承先遺後之金石文字 豈
敢毫忽哉 勢難掩置 故窮進于本所 面告于都有司諸宗丈 承諾後
玆敢仰通 〃到卽時 鄙派南原梨谷卷 還收革罷 無至遷延之地幸甚
丙辰十一月二十五日 南原山東里面梨谷里 發通人吳錫賢
右敬通于
各郡宗中

오석현은 새로 편찬된 족보를 살펴보았더니 자신의 아버지와 할아버지 및 증조할아버지 3대의 관직이 잘못 기록되어 있다고 하였다. 그가 생각하기에 족보에 등재되는 내용은 선조의 업적을 기록하여 후손들에게 남겨주는 金石文과 같은 문자이기에 틀린 사실을 조금이라도 소홀히 하거나 그대로 방치할 수 없었다. 그래서 먼저 몸소 대동보소에 가서 都有司와 여러 宗丈에게 이러한 사실을 알리자 이들은 잘못을 시인하였다. 그래서 그는 각 파 종중에 이러한 사실을 알리고 남원 梨谷里派의 족보를 즉시 환수하여 파기토록 하려고 하니 이에 협조해달라고 요청하였다.

그런데 다음 통지문을 살펴보면 위에서 소개한 오석현의 진술은 사실과 달랐다. 오석현이 대동보소에 가서 조상의 관직이 잘못 기록되어 있다고 항의하자 대동보소에서는 회의를 한 후 이곡 종중의 대표인 吳贊文에게 다음과 같은 통지문을 보내었다.[26] 통지문을 보낸 시기가 11월 19일인 점으로

---

25 전북대학교박물관 소장 고문서 소장번호.

26 전북대학교박물관 소장 고문서 소장번호.

보면 오석현이 위 통문을 발행하기 이전이었다.

梨谷宗人贊文座下通知文

今番譜牒中 令父祖曾三代 前面註所載官職 有詳審質問事 命下

敎旨 一〃裹奉是遣 此去人眼同 卽速來臨爲好耳

丙辰十一月十九日

譜廳都有司 吳弼換 湖南都有司 吳南奎 嶺南都有司 吳景換

譜廳 都有司인 오필환 등은 오찬문의 아버지와 할아버지 및 증조할아버지의 관력에 대해 상세하게 질문할 사항이 있으니 관련 교지를 모두 싸가지고 이 통지서를 가지고 가는 사람과 동행하여 즉시 보청으로 나와 달라고 요청하였다. 오석현은 앞에서 살펴본 통문에서 도유사나 여러 종장 등에게 조상 관직이 잘못 기록된 사실을 항의하자 곧바로 시인한 것처럼 밝혔으나 이는 사실과 달랐다. 오필환 등은 사실을 조사할 필요가 있다고 판단해서 남원 이곡 종중의 대표에게 관련 자료를 모두 지참하고 대동보소에 나와 달라고 요청하였던 것이다.

위 통지문에 따라서 오찬문이 관련 교지 등을 가지고 보청에 출두하자 도유사인 박필환 등은 이들 교지를 살펴본 후 다음과 같은 통문을 모든 함양오씨 종중에 알렸다.[27]

通文

右文爲通喩事…… 今我譜役 至三載而歇者 皆莫非諸宗之合力齊意而致其誠也 豈不感頌哉 然則譜爲之義 大且重矣 而一字一劃安敢措縱於其間哉 至於頒帙之場 但梨谷派錫賢之祖曾二代層欄內記載官職 初無贈字 年條在上皇卽位甲子元年 則于時官職與他

27 전북대학교박물관 소장 고문서 소장번호.

倍異 而蠢愚是宗 罔知猥越 犯彼僭踰 故招而責之 則彼果自悟 以欲改正之意 累次懇乞矣 揣以情私 反不如容有 故從其願改正 之意 如是發通 〃到即時梨谷派中正誤 一依錫賢所懇 一〃改正 修給之地 千萬幸甚

丙辰陰十一月二十七日 咸陽吳氏譜所都有司 吳弼煥

右敬通于

各郡宗中

이 통문에서 오필환은 이번에 족보를 간행하는 데 소요된 3년여 기간 동안 여러 종원들이 협력하고 정성을 다해 준 데에 대해 감사드린다고 말한 후 족보를 간행하는 뜻은 매우 중차대하기 때문에 한 글자라도 잘못이 있어서는 안 된다고 강조하였다. 그런데 족보를 반포할 즈음에 이곡파인 오석현의 조부와 증조부 2대의 관직이 증직인데도 이러한 사실을 아예 밝히지 않았으며 더군다나 이 증직이 내려진 때가 고종 즉위년이라서 다른 시기에 추증된 관직과는 커다란 차이가 있음에도 불구하고 우둔한 오석현이 이러한 사실을 알지 못한 채 참람함을 범했다고 비난하고 있다. 이러한 사실을 알게 된 보소에서 오석현을 불러 꾸짖었더니 잘못을 깨닫고 바로 고치겠다고 여러 차례 간청을 해서 그의 소원에 따라 개정하려는 뜻을 통문으로 널리 알리니 이에 협조해달라고 하였다.

이상에서 살펴본 바와 같이 오석현과 오필환이 각기 통문에서 주장하는 바가 너무 달라서 어느 측의 주장이 옳은지를 파악하기가 쉽지 않다. 그러나 오필환이 지적한 것이 구체적인 것을 보면 그의 주장이 조금 더 신빙성이 있어 보인다. 실제로 보소에서 전국 각지의 종원들이 제출한 收單의 내용을 모두 파악하여 그 잘못을 바로 잡기가 쉽지 않았을 것이다. 조선말기나 일제초기가 되면 이전에 자기 선조에게 내려진 관직이 증직인지 실직인지 구분하지 못하는 종원들이 많았을 것이며 설령 이에 대해 안다고 해도 자기 조상을 높이는 일이기 때문에 굳이 이를 구분해서 쓸 필요가 있느냐고 주장하는 사람들도 제법 있었을 것이기 때문에 빚어진 분쟁이라고 할 수 있다.

보소에서 족보에 수록할 내용을 書寫하다가 실수를 하여 발생하는 분쟁도 있었다. 이와 관련해서는 다음의 편지를 살펴보자. 이 편지는 어느 성씨의 보소에 있던 족숙이 경자년 5월에 그의 족질에게 보낸 것이다.[28]

> 族侄靜案入納
> 令孫之來 槩探安候 感荷良深 未審漢廻靜履 淸謐寶眷 均慶仰溸
> 且祝 族叔近以譜事 奔汨 今旣告訖 餘無足論 一門收單 派〃成
> 草 間多有未洽處 不敏之責 在所難免 而至於竹山公派書寫一員
> 三次改草 諸執事何暇面〃詳見 昨日令孫 奉探譜牒 則貴派女婿
> 三人見漏 未知何故 而然貴曾孫之不載 更不起頭之致也 一門諸
> 宗 屢〃言及 而令孫言內 呈狀爭詰云 此非吾門敦睦之本意也 玆
> 以專人書仰 深諒禁之如何〃〃 餘在此去兌悉 不備狀禮
> 庚子五月十一日 族叔 秉權 履權 馥權 拜

이 편지에서 족숙인 秉權과 履權 등은 자신들이 근래에 족보 간행하는 사업에 골몰하고 있다가 이제 겨우 간행을 마무리 했다고 밝히고 가문의 모든 구성원들로부터 收單을 하고 각 파마다 成草하는 과정에서 다소 미흡한 점들이 있었는데 그 책임은 모두 자신들에게 있다고 말하고 있다. 그런데 족질이 속해있는 죽산공파의 세계는 書寫 한 사람이 3차례나 改草를 했는데 執事들이 이를 낱낱이 살펴 볼 수 없었다고 한다. 족질의 손자가 어제 보소에 와서 보첩을 살펴보고 죽산공파의 사위 세 사람과 증손이 실려 있지 않은 사실을 발견했는데 그 까닭이 분명치는 않으나 아무래도 서사 과정에서 누락된 것이 확실하였다. 그래서 보소에 관여하던 여러 종인들이 이에 대해 미안한 뜻을

28 호남기록문화시스템.

여러 차례 전했으나 족질의 손자는 관에 소장을 제출하여 잘잘못을 가리겠다고 하였다. 족숙들은 이러한 조처가 종족간의 화목을 해치는 일이라고 여겨 專人을 보내어 간곡하게 양해해 줄 것을 요청하였다. 이 분쟁도 관련 문서가 없어서 그 이후 어떻게 진행되었는지는 알 수 없지만 종숙인 병권 등이 전인을 통해 간곡한 편지를 보내고 그간의 과정을 전인에게 상세하게 전달하도록 한 점으로 미루어 관에 소장을 제출하기 전에 해결되었을 것으로 추측된다.

4. 결론

필자는 이상에서 호구단자, 소지, 통문, 간찰 등 각종 고문서를 통해서 조선후기에 족보 간행을 둘러싸고 벌어지는 갈등이 왜 일어나게 되었는지 그 배경을 먼저 살펴보고 실제 간행 과정상에서 제기되었던 분쟁의 양상에 대해 살펴보았다. 분쟁의 배경으로는 조선후기에 문벌을 숭상하는 풍조가 널리 유행하고 그 영향력이 갈수록 커진 점과 족보의 증거력와 효용력이 제고된 점이 거론되었다. 족보 편간 과정상의 분쟁은 크게 두 가지 즉 고의에 의한 분쟁과 실수에 의한 분쟁으로 나누어 볼 수 있는데 고의에 의한 분쟁은 처음부터 의도된 것이었기 때문에 종중에서 해결되지 못하고 관에 고발로 이어졌다. 이에 비해 실수에 의한 분쟁은 대부분 종중에서 해결되었던 것으로 추정된다.

고문서 이외에 각종 문헌 등을 살펴보면 조선후기에 족보의 편간을 둘러싸고 제기되는 갈등이 상당하였다. 그러나 현재 남아있는 고문서를 통해서는 그다지 많은 사례를 발견하지 못했다. 그것은 이러한 갈등들이 대부분 보소나 문중을 중심으로 벌어지는 사건이었는데 현재 남아있는 문서들이 보소나 문중 보다는 대부분 종가나 개인 가문과 관련된 것들이기 때문에 그러했을 가능성이 높다.

한편 족보 간행 후 대금을 거두는 과정에서의 갈등이나 분쟁도 적지 않았는데 이는 시간 관계상 다루지 못했다. 당시에는 교통이나 통신이 발달하지 않았기 때문에 譜所 收錢有司를 사칭하고 중간에서 족보 간행 대금을 착복해서 그로 인한 갈등이나 분쟁도 상당했던 것으로 알려져 있다. 이에 대해서는 나중에 원고를 달리하여 살펴볼 예정이다.

한국족보의 특성과 동아시아에서의 위상

족보에 나타난 성씨의 移居와 지역의 역사

| 정 승 모

족보에 나타난 성씨의 移居와 지역의 역사

—

정 승 모

1. 머리말

세거성씨에 관한 조사는 지역사 연구의 중심을 차지한다. 지역의 역사는 사람들이 언제 그 지역으로 들어와서 어떤 곳에 터전을 마련하고 대를 이어 살아왔는가에 대한 관심에서 출발한다. 그러한 의미에서 이동의 이력을 담고 있는 족보는 지역사 연구자에게 기본적인 지지 자료와 함께 이에 대한 추적을 가능케 하는 주요한 단서를 제공한다.

족보는 혈연관계를 기록한 책이자 책에 기록된 혈연관계다. 족보는 생물학적인 혈연관계를 사회적 혈연단위로 나누는 역할을 한다. 혈연이 갖는 사회적 의미가 커질수록 족보 생산은 늘어난다. 혈연관계를 지키려는 의도와 이를 인위적으로 만들려는 시도가 겹쳐지기 때문이다. 僞譜는 이를 통해서라도 혈연이 갖는 사회적 의미를 찾으려 한 결과물이다.

족보는 성씨의 역사에 관한 기록이며, 구체적으로는 인물들의 출신과 사회적 배경을 담고 있기 때문에 그 신뢰도에 따라 다른 사료에서는 찾을 수 없는 귀중한 지역사 정보를 제공한다. 족보의 신뢰도는 혈연관계와 지연관계가 특정한 지역단위에서 결합될 때 좀 더 높아질 수 있다. 문제는 두 요소의 결합이 지역의 경계를 벗어날 때와 개인이 아닌 집단의 노력으로 이루어질 때다. 두 요소간의 연결이 대개는 역사를 거슬러 만들어낸 것이기 때문이다. 특히 족보 기록을 통해 특정 성씨의 이동 경로를 추적할 때 이미 오래 전에 족보에 쳐놓았을지 모를 함정에 빠지기 쉽다.

성씨 이동의 역사가 조선전기 이전으로 올라가기 힘든 이유가 여기에 있다. 이동을 추적할 수 있는 흔적은 양택이 아닌 음택, 즉 조상의 墓다. 그런데 조선전기 이전에 살았던 先代의 묘 또한 대개가 失傳 상태다. 조선 중기가 되어야 비로소, 그것도 일부 사족들 사이에서 실전된 조상 묘를 찾는 일이 벌어진다. 그리고 그것이 성공하더라도 씨족의 역사를 소급하여 재구성할 정도는 못되며, 그나마 이들의 직계에서 벗어나 있는 자들에 대한 기록은 찾을 수 없다.

족보는 혈연관계만큼이나 지역에 관한 정보를 담고 있다. 혈연관계는 인식의 차원에 머물지만 지연관계는 현장 확인이 가능하고, 확인이 되면 그만큼 족보의 활용도는 높아진다. 족보와 현장조사를 결합한 지역사 연구방법을 정교화 함으로써 역사연구는 사실에 좀 더 가까워질 수 있다.

이 글은 주로 경기지역의 여러 성씨들을 대상으로 入鄕 경로를 추적하고 이를 유형화한 후 그것이 지역사 연구에서 어떻게 해석되고 어떠한 의미를 가지는지 살피려는데 그 목적이 있다. 지역사례를 경기로 국한하는 것은 아니다. 단지 성씨 移居의 역사가 대개는 중앙에 진출을 하고 이를 족보기록에 남긴 사족들의 역사이니 만큼 이들이 근기에 남긴 족적 또한 각별하기 때문이다. 그리고 경기는 삼남지방을 주 연구대상으로 삼아온 기존의 지역사연구가 소홀히 한, 그래서 많은 것을 놓치게 한 지역이기도 하다.

2. 이거의 전제 : 농법과 종법, 그리고 分岐

성씨 이거의 이력은 족보상으로 연결될 때만 추적이 가능하다. 연결되지 않는 경우란 失傳된 상태거나 억지로이었을 때다. 실전은 선대에만 해당되는 것이 아니라 후대에도 자주 일어난다. 억지로 대를 이은 족보에는 몇 가지 흔적이 남아있다. 세대 간의 나이 차가 상식을 벗어난 경우, 4-5대 이상이 獨子로만 이어진 경우 등이다. 이점에 있어서는 舊譜가 新譜보다 신빙성이 있지만 반드시 그러한 것은 아니다. 후대에 이르러 실전된 묘가 확인되기도 하고 타성 족보를 통해 보완되는 등 잃어버린 고리를 뒤늦게 찾는 경우도 있기 때문이다.

사족이 종법을 실행하기 시작한 조선중기 이전까지 조상묘의 실전은 그 위치를 기억할 만한 아무런 장치가 없었기 때문에 오히려 흔한 일이었다. 앞서 언급한대로 실전된 조상묘에 대한 관심은 조선중기 이후에 일어났다. 이를 통해 5대 이상의 조상에 대한 歲一祭를 행하고 소종의 大宗化와 宗中員의 확대를 바로 이루고자 하였다. 종법이 시행되기 이전과 이후의 족보기록은 가승이나 기타 문헌자료들이 더해지면서 그 차이는 더욱 벌어진다. 또한 새로운 계파가 기록에 참여하면서 잃어버린 고리를 찾으려는 노력도 더불어 확대된다.

종법의 실행을 뒷받침하는 경제적 조건은 조선중기 이후 삼남지방을 중심으로 광범위하게 적용되기 시작한 새로운 농법이 제공한 것이다. 성리학적인 종법 사상과 새로운 농법 수용에 의한 경제적 기반을 가지고 일정 지역에서 친족조직을 형성한 이들은 양반 사대부들이다. 이들은 주로 조선 초·중기에 입향한 지역에 세거하여 조선 후기에 이르면 세습된 신분과 동족조직을 배경으로 양반 사족층으로 분류되었다. 그러나 조선시기 이전에 이미 지역적 기반을 가지고 있었던 토성들의 향방은 조선에 들어와 사족으로의 전환을 통해 계속해서 그 세력을 유지한 경우와 외래사족에 밀려 향권을 상실한 채 임란을 전후하여 사라진 경우 등 크게 두 가지로 나타난다. 전자의 경우는 지역 내에서의 分家 또는 分岐를 통해, 후자의 경우는 지역 밖으로의 이거를 통해 가계를 유지하면서 새로운 지역의 사족이 되기도 한다.

종법 시행과 그 결과인 족결합의 정도는 족보의 작성형식과 그 변화를 통해서 나타난다. 초기의 족보형식에서 서로가 인척, 외척의 연결을 기반으로 결사체적 유대를 형성해왔던 각 성씨들이 종법 시행을 본격화하면서부터는 각자의 부계친족만으로 구성되는 배타적인 집단을 갖게 된다. 지연적 친족조직은 처음 그 지역에 들어와 정착한 조상에서부터 5대 이상이 지나야 형성되기 시작하며 조직의 정점은 바로 그 입향조, 또는 그 지역에 있는 이들 선대의 묘가 된다. 여기서 향의 단위는 마을이 아니라 郡縣이다. 군현을 분석의 단위로 설정하면 이거는 군현 밖에서의 입향과 군현 내에서의 분기로 구분되는데, 이 글에서는 이동과 이거의 개념과 범주를 전자로 한정하였다.

3. 이동의 유형과 배경

거주의 경제적 조건을 고려할 때 새로운 농법의 적용으로 생산력을 높일 수 있는 지역이 새로운 거주지로 선호되는 것은 당연하다. 그러한 상황을 반영하듯 성씨 이동의 흐름은 조선전기 이후 동부 고지대에서 서부 저지대로 옮아가는 경향을 보인다. 그런데 그 이동은 동에서 서로 바로 가기보다는 서울, 또는 근기지역을 거치는 경우가 많다. 이는 많은 경우에 관직을 통한 중앙 진출이 이거의 선행조건이었음을 말해준다. 이러한 경향과 맞먹는 이동의 흐름이 있는데, 그것은 중부지역 世家 일부가 서울을 거쳐 삼남으로 이동하는 남북이동이다. 경기도 파주의 사례는 이를 잘 보여준다.

1) 장자의 이거로 인한 차자의 家系繼承 : 경기도 파주지역의 사례

파주를 본관으로 하는 파평 윤씨의 한 계문서(「興學稧」. 1805년) 서문에는 자신들의 본관지를 松楸之鄕과 宗族羣居로 표현하였다. 송추란 곧 무덤을 말한다. 이곳을 고향삼아 종족이 모여 산다는 것은 조상의 묘를 지키다가 결국은 파주를 떠나지 못하고 대를 이어 살아왔음을 의미한다.

조선후기의 실학자 성해응(成海應. 1760-1839)은 문집인 『명오지名塢志』. (『研經齋全集外集』 卷六十四.)에서 전국 각 지역의 오래된 거주 세력들을 소개하였는데, 파주 땅에 대해서는 다음과 같이 후한 점수를 주었다.

> "파주의 馬山驛村은 읍 서쪽으로 4리 떨어져 있는데, 내(川)가 구불구불 흘러 농토가 비옥한 이름난 터로 (파평) 윤씨들이 이곳에 많이 거주한다. …(중략)…
> 花石亭은 읍 북쪽으로 15리 떨어져 있는데, 율국 이이의 5대조인 李明晨이 살던 곳으로 땅이 비옥하다. …(중략)…
> 읍 북쪽에 牛溪라는 개울이 있는데 聽松 성수침(成守琛, 1493- 1564)이 살던 곳으로 대천大川이 가로질러 흐르고 내를 따라 마을이 줄지어 형성된 아름다운 곳이다. 성수침은 우계 성혼의 아버지다. …(후략)…."

교하와 장단, 그리고 적성을 포함한 파주 일대의 주요 성씨들은 이미 그 뿌리를 조선 이전에 내린 성씨들이다. 대개는 고려 시절 개성에 머물면서 파주에 묘역을 두고 그 인연으로 거주하는 후손들이 생겨난 것이며, 조선에 들어와서도 전기까지 이러한 生居와 死居의 방식을 지속하였다. 京邸, 즉 서울 집을 두고 파주 집을 오가며 살다가 죽어서는 파주 선영에 묻히는 식이다. 그래서 파주에 기반을 둔 명문들 간의 혼인은 파주 내에서 자연스럽게 성사되었다. 그러다가 중기부터 이중 일부가 서울 벼슬살이를 거친 후 파주로 귀향하지 않고 경기 이남에 새로운 터전을 잡는 경향이 생겨났다.

특히 장자가 관직을 받아 서울로 나가는 경우 말년에 귀향하기 보다는 타지로 분가하고 파주에서는 차자, 또는 衆子가 대를 잇는 현상은 주목할 만하다. 이것은 파주의 주요 집안들 중에서도 조선 중기 이후에 입향한 집안보다 그 이전부터 세거해 온 집안들에서 볼 수 있는 매우 특징적인 경향이라고 할 수 있다. 장자에게 아들이 없어 차남의 장자가 양자로 들어가는 일도 종종 나타나는데, 이 역시 이러한 경향을 드러내는데 일조한다.

월롱면 능산리 강릉 김씨의 경우 『翰林公派大同譜』(1994년 간행)에 의하면 翰林公 金閎의 8세손인 19세 錘의 묘가 장단 대덕산에 있고, 낭천 감무를 지낸 그의 아들 20세 監務公 允南의 묘가 파주 오리곶면 장포리에 있는데, 이곳이 강릉 김씨 후손들이 세거하고 있는 국사봉 남록의 내포리와 능산리 일대이고 이들 문중을 감무공파라고 한다. 그런데 감무공의 대를 이은 아들은 21세 2남 義恭이고 그 다음은 역시 22세 2남 상(湘. 1453년생)이다. 23세 사기(士奇. 1517년졸)는 창녕 성씨 성담수의 사위인데, 사육신 사건의 여파로 진사에 머물렀다. 그의 동생 士熙의 손자가 파주 사족의 핵심인물의 하나인 長浦公 김행(金行. 1532-1588)이다.

평산 신씨의 경우 『平山申氏思簡公派譜』(전4권. 1990년 간행)을 참조하면 파조가 되는 思簡公 浩는 장절공 신숭겸의 15세손으로 묘는 연천군 미산면 유촌리에 있는데, 이곳은 임진강변으로 파주권이라고 할 수 있는 곳이다. 이후 중간에 묘가 실전되다가 19세 원(援)과 20세 차자 廷美와 21세 차자 암(黯. 1537-1607)이 대를 이어 서울에서 벼슬을 살다가 22세 化堂 신민일(申敏一. 1576- 1650)이 파주 천현면 금곡리에 자리잡은 이후 후손들이 누대를 살아왔다.

화당은 창녕 성씨 滄浪 成文濬의 사위이고 창랑은 함안 조씨 玉川 조감(趙堪. 1530-1586)의 사위이며, 옥천은 휴암 백인걸의 사위다. 이러한 혼맥은 평산 신씨나 함안 조씨가 다시 이곳에 와서 자리를 잡을 수 있었던 중요한 배경이다. 화당의 아들 중에 파주를 지킨 이들은 2남 憬, 6남 봉(悻), 8남 忼이고, 6남 봉의 후손 중 현재 파주를 지키고 있는 계열은 24세 命魯의 차자인 錤으로 내려온다.

단양 우씨의 경우 10세 靖平公 우인열(禹仁烈. 1337-1403)을 分派始祖로 하는 정평공파 후손들은 파조의 증손 禹埏 종손파로 34대째 파주 탄현을 중심으로 이어져왔다. 파주 계보는 11세 때 고성군수를 지낸 장자가 아들이 없어 2남 良壽로 이어졌고 15세 때도 2남 玄錫으로 이어졌다. 16세 때도 장자가 无后하여 2남 鳳瑞로 이어지고 18세 때 2남 益吉이, 19세 역시 2남 嵩이 대를 이었다.

파주의 대표적인 성씨인 파평 윤씨의 경우도 예외는 아니다. 이들의 경우는 『坡平尹氏世譜』(上下. 1959년 간행)를 참조하였다.

파평 윤씨의 시조는 고려 三韓壁上功臣 莘達이며 5세 현손 瓘은 고려 중엽의 명장으로 파평 윤씨의 중시조다. 아들 6형제를 두었으며 禪師인 彦植을 빼면 5형제가 아랫대로 내려가면서 수십 파로 분파되었다. 이들 중 장자 彦仁 후손은 남원과 함안에서 뿌리를 내렸다. 파평에는 5남 彦頤가 남았고, 그의 아들 중에는 7세 3남 惇信이 남았다

11세 보[琠]의 아들 중 12세 4남 安淑 후손들이 번창하여 良簡公派를 이루었고 5남 諿 후손들은 소부공파少府公派를 이루었다. 그런데 양간공파는 다음 대인 13세 때 파주에서 2남 陟으로 이어지고 14세 때는 2남과 3남으로 이어지는데 14세 2남 承順이 충간공파를, 3남 承禮가 교하에 뿌리를 내려 번창한 판도공파를 이룬다. 승순의 아들 15세 昭靖公 坤도 16세 2남 한성공 希齊로 이어지며 17세 坰을 이어간 아들도 18세 2남 사은(師殷. 1439-1487)과 3남 弼商이다. 2남 사은의 후손들은 21세 2남 돈(暾.

1519-1577)이 충청도 魯城으로 내려가 소위 노성파의 입향조가 된다.

11세 보의 5남 諳은 少府公派의 파시조다. 파주에서는 이를 이어간 아들도 2남으로 13세 해(侅. 判書公. 1367생)다. 그의 현손인 17세 孝祖의 경우 장자인 18세 壽는 용재 성현의 문인인데 인천으로 거주를 옮겼고, 파주에서 대를 이은 아들은 18세 2남 耉다. 23세로 내려와서도 파주에서 22세 璾를 이은 아들은 23세 2남 徵再다.

파주의 또 다른 대표 성씨인 장수 황씨의 경우도 마찬가지다. 시조로부터 18세 石富를 중시조, 즉 1세로 할 때 황희(黃喜. 1363-1452) 정승은 3세 君瑞의 차자이다. 탄현면 금승리에는 황희 정승의 장자인 5세 胡安公 致身의 차자 事長의 후손들이 10여 호 살고 있고 광탄면에도 호안공파가 살고 있다. 6세 사장의 밑으로는 증손 9세 悅의 차자인 10세 廷彧 때 번창하였는데, 그를 이은 아들은 11세 차자 赫이다. 문산읍 沙鷰 1리에는 5세 차자 保身의 후손들이 60여 호 살고 있다. 그밖의 다른 후손들은 남원, 진안, 상주, 문경 등에도 내려가 살고 있는데, 17세에서 19세의 3대에 걸쳐 집중적으로 분가하여 남쪽지역으로 이동하였다.

2) 장자의 이거와 정착 : 경기 이남의 사례

경기 이남이나 그 아래 특히 충남 내포지역에 가면 파주에서 분가한 후 落南한 성씨들을 자주 만나게 되는데, 이는 바로 위와 같은 현상이 가져온 결과다. 16세기를 전후로 사족들이 삼남, 즉 충청·전라·경상 지역으로 내려가 문중의 기반을 닦기 시작할 때 파주에서는 사족들을 경기 이남과 삼남 지역으로 보내는 공급처 역할을 하였던 것이다. 경기 이남의 어느 지역에서나 이러한 사례들을 쉽게 찾을 수 있다.

경기도 화성시 향남읍 일대의 창녕 성씨들은 주로 성삼문의 증조부인 檜谷公 성석용(成石瑢. 1352-1403)의 후손들인데, 파주에서 시작하여 벽제와 청계 등에 퍼져 있다가 낙향한 일족들이다. 매송면 숙곡리의 단양 우씨들은 파주가 본거지였으나 秋淵 우성전(禹性傳. 1542- 1593)의 증조부인 禹樹 때 이곳에 묘를 씀으로써 인연을 맺었다가 추연 이후로 세거를 시작한 성씨들이다.

고령 신씨 시조는 고려시대에 軍器監檢校를 지낸 成用이다. 그로부터 6대손 3형제에서 巖軒公派, 申檣, 正言公派, 申枰, 監察公派, 申梯의 3파로 나뉘어졌다. 암헌공파 파조인 申檣은 세종 때 공조참판을 지냈고 5형제를 두었는데, 특히 3남인 文忠公 申叔舟는 癸酉靖難에 가담하여 공신에 오르고 대제학·병조판서·영의정을 역임하였다. 아들 8형제를 두었는데, 화성과 평택 일대에서는 다음과 같이 4형제의 후손들이 산다. 이들은 각기 화성시 향남면과 양감면 및 평택시 청북면 등에 분포한다.

* 奉禮公派 ; 평택시 청북면 高棧里 8世 叔舟 9世 澍
* 北伯公派 ; 향남면 求文川 沔
* 高川君派 ; 향남면 杏亭里 瀞
* 昭安公派 ; 양감면 古念里 浚

봉례공 신주(申澍. 1435-1456)의 증손인 12世 수경(秀涇. 1501-1584)은 定難衛社 3등공신이다. 그의 장남 의(檥. 1530-1584)는 중종의 4녀 敬顯公主와 혼인하여 靈川尉가 되었다. 5남 楹의 셋째 아들인 14世 應楷의 묘가 평택시 청북면 고잔리에 있고 6남 樽의 묘가 양감면 요당리에, 7남 桴의 묘가 평택 청북면 고잔리에 각기 있어 이즈음에 신씨들이 이 일대에 입향을 본격화한 것 같다.

신숙주의 2남 北伯公 沔과 그 후손들의 묘는 대대로 의정부시 고산동에 있다가 15세 槐, 16세 경필(景泌. 1652-1735), 20世 昇祿 때 화성시 향남면 구문천에 쓰기 시작했다. 高川君 瀞의 후손들은 14世 得源 이후 화성시

봉담면 내리 등으로 내려왔다. 신숙주의 5남 昭安公 浚의 후손들은 20世 광록(光祿. 1745-1825) 때 묘를 화성시 양감면 고념리에 썼다. 21世 병모(秉模. 1778-1853)의 묘는 양감면 성거리다.

고령 신씨들에게 전해 내려오는 설화로 신광휴라는 후손이 파주에서 매사냥을 하다가 조상묘 찾았다는 이야기가 있다. 그 묘의 주인은 文忠公 申叔舟의 아버지인 巖軒公 申檣인데, 위치는 파주군 금촌면 檢山里다. 신장은 전라도 남원 壺村 출신으로 집현전 제학과 공조참판을 지낸 후 서울과 가까운 파주에다 묘를 썼다는 것이다. 신숙주의 묘는 현 의정부시 고산동에 있는데, 부자간에 묘의 위치가 근교지만 서로 다른 것은 이들이 서울생활을 계속하고 있었다는 증거다.

3) 서울에서 근교로의 이동 : 경기도 김포지역의 사례

경기지역의 각 군현 이름을 본관지로 하는 성씨들의 족보는 다른 지역 성씨들의 경우와 마찬가지로 대부분이 顯祖와 그 후손들에 대한 기록만 남아있다. 즉, 경기지역에도 조선 이전부터 세거해 온 토성 이족들이 존재하였음이 분명하나 기록으로 남아있지 않기 때문에 이들의 이동 여부나 경로는 추적할 길이 없다. 그러나 현달한 집안의 경우는 서울로 올라가 근교에 거주기반을 마련하여 본관지를 벗어나고 이후 낙향지를 정하는 과정에 대한 추정이 가능하다. '추정'이라고 한 것은 언제 본관지를 벗어나는 지에 대한 기록이 대개는 불분명하기 때문이다. 이들이 다시 본관지를 세거지로 택하게 되면 기록상으로는 이들의 새로운 거주처는 곧 입향처가 되고 그 첫 번째 조상이 입향조가 되지만 내용적으로는 그렇지 않다. 즉 재입향이 되는 것이다. 또한 어느 지역을 선영으로 점했다고 해서 그 지역이 세거지가 되는 것도 아니다. 현 안성지역의 안성 이씨와 죽산 안씨의 사례가 이러한 사정을 잘 반영한다.

현재 안성시 일죽면 율동과 금산리 등에 분포한 안성 이씨는 閤門副使公派 중 吏部侍郎公派로 14세 이수해(李秀垓. 1500 -1539)를 입향조로 여겨 16세기 초로 입향시기를 잡고 있다. 이들이 안성에 다시 들어온 경로를 보면 일죽면으로 오기까지 시기가 내려오면서 안성 → 개성 → 수원 등의 지역을 거친다. 안성 이씨 큰 집을 봉례공파로 부르는데 이들의 재입향 시기는 위의 경우보다 늦다.

시조 안방준의 장자 國輔의 6세손 安濬을 파조로 하는 죽산 안씨 안준파는 안준의 현손인 11세 安漢平, 안한평의 손자인 13세 안극인(安克仁. ?-1383), 안극인의 셋째 아들 안숙로(安叔老. ?-1394) 때 중앙으로 진출하여 安克仁은 공민왕 대에 죽성군에 봉해졌다. 시조의 차남 國弼의 6세손 安瀘를 파조로 하는 안로파는 안로의 아들인 安祈 때 죽산군에 봉해지는 등 씨족의 기반을 닦았다. 이들의 족보에는 17세 安滔와 18세 장자 子誠과 3자 子諴의 묘가 양성면 장서리에 있다는 기록이 있고, 그 이전 대에 대해서는 기록에 없거나 실전되었다. 이들을 기준으로 세거시기를 말하면 죽산 안씨의 안성 정착은 15세기 후반경이 된다. 그러나 실전된 선대의 묘 중 일부가 죽산과 가까운 음죽 부근이어서 지역을 넓게 보면 이들은 안성으로 재입향 했다고 보는 것이 맞을 것이다. 또한 이들의 후손들은 묘를 안성에 썼다가도 일부는 가까운 용인이나 양주 등지로 다시 올라가는 사례들이 있어 당시에도 본격적인 세거의 조건은 조성되지 않았던 것 같다.

같은 경기지역이지만 근기라고 하기에는 거리상 서울과 멀리 떨어진 안성과 달리 김포지역은 조선시기 이래 서울과의 접근성과 지방과의 연계성에서 다른 경기지역보다도 월등한 곳으로 인식되어왔다. 서울 주변의 산에는 묘역은 물론 개인 묘도 쓸 수 없기 때문에 서울 양반들은 근기에다 그 터를 장만할 수밖에 없었다. 매년 반복되는 성묘를 위해서도 묘역은 교통이 편리한 곳을 택해야 했다. 서울 서부지역에 거주하는 양반들에게 김포는 그러한 조건을 만족시키는 최적지였다.

양반 사대부들은 서울에서 벼슬살이를 하다가 물러나게 되면 다시 벼슬에 오를 때까지 잠시 머무를 집이 필요한데, 이 점에서도 신속한 강상교통을 이용할 수 있는 김포는 유리한 입지조건을 갖춘 곳이었다. 게다가 지방에 농장을 둔 지주들로서는 소작료로 올라오는 곡식을 받기에도 김포만한 곳이 없었다. 김포에 종친인 전주 이씨나 역사가 오랜 거족巨族이 많이 세거해온 데는 바로 이와 같은 배경이 있었기 때문이다.

김포를 구성하는 성씨들의 면모를 보면 다른 지역에 비해 입향 시기가 빠른 편이고 그 결과 세거역사도 깊고 문중조직도 탄탄하다. 또한 성씨간의 통혼망도 조밀하다. 그러나 이러한 요소들이 지역사회의 구심점을 이루는 방향으로 나아가지 못한 것 같다. 즉 향권으로 표현되는 지역주도권은 어디에도 형성되어있지 않았다. 지역을 주도할 만한 성씨들은 내부보다는 각자가 외부를 지향해온 것 같다. 그 외부란 위로는 벼슬자리가 있는 서울이고 아래로는 농장이 있는 지방일 것이다.

김포는 다른 지역에 비해 전주 이씨가 많고 김포 내에서도 가장 많다. 비록 4대 이하로 내려가지는 않지만 宗室이라는 위치가 서울과의 왕래를 자주 갖게 하기 때문에 거주유형도 이에 따르게 된다. 전주 이씨 다음으로는 여흥 민씨와 청송 심씨를 들 수 있다.

전주 이씨를 파별로 보면 종친계열로 효령대군파, 임영대군파, 광평대군파, 덕흥대원군파, 덕천군파, 해안군파, 해안군 정희공파, 선성군 우념재파, 덕원군파, 무림군파, 무산군파, 경명군파, 경창군파 등 13개 파가 있고 비종친계열로 시중공파가 있다.

정종의 10남인 덕천군(德泉君. 1397-1465)을 파조로 하는 덕천군파는 하성면 가금리에 거주한다. 무오사화의 명현인 한재당 이목(李穆. 1471-1498)의 후손들이다. 희령군파는 검단에 주로 거주한다. 희령군(熙寧君. ?-1465)은 태종의 12남 중 하나로 최숙의가 낳았다.

중종의 둘째 아들로 태어난 해안군(海安君. 1511-1573) 㟓는 1573년

(선조 6) 8월에 63세의 나이로 죽었으며 사후인 1788년(정조 12)에 靖僖라는 시호가 내려졌다. 묘는 경기도 고양시 덕양구 선유동에 2명의 부인 묘와 나란히 있다. 그를 파조로 하는 靖僖公派는 양촌면 양곡리에 세거한다. 고양에서 김포로 왔다. 3세 烏山君의 묘가 양촌면 능내리(현 양곡리)에 있다. 김포 입향은 17세기 중반경으로 추정된다. 하성면 마곡리의 해안군파는 1769년에 고양에서 입향하였다. 1663년에 작성된 『한성부 북부장호적』의 梁哲里契에 등장하는 전주 이씨들 중 이원충, 이순현, 이순성, 이철순, 그리고 이철명 등도 해안군파다. 해안군파는 아현계에도 있다.

김포의 여흥 민씨는 크게 두 파가 있는데, 典書公派와 戶參公派다. 전서공파는 월곶면 고막리에 세거한다. 파조는 12세손 世榮이다. 김포 입향은 20세손 應亨과 應慶 형제에 의해 인조 때 이루어졌다.

호참공파는 하성댁과 마산댁 두 파로 나뉜다. 호참공은 11世 閔智生으로 하성면 석탄리에 묘가 있다. 원래는 마산댁이 큰집인데 실제는 하성댁에서 종중을 주도하고 주로 회장을 맡아왔다. 마산댁은 양촌면 마산리와 석모리, 그리고 하성면전류리에 분포한다. 마산댁에서도 분파가 일어나 3파를 구성하는데 양촌댁, 아래 큰댁, 지난이댁(석모리 지난마을)이라고 부른다.

○ 김포의 여흥 민씨 계보도

1世　稱道

--

4世　令謨

5世 2男 公珪

6世 3男 仁鈞

7世 1男 滉

8世 2男 宗儒

9世 1男 頔

10世 2男 愉(사암공) 실전-가묘 석탄리

11世 4男 智生 戶參公 묘 - 석탄리

12世 1男 審言 유수공(개성유수, 묘 대전 탄동)

13世 1男 澄源 묘(수원동탄 → 통진 位谷으로)

14世 亨

15世 孝孫 묘 김포 월곶(통진 位谷) 형조참의(刑曹參議)
孝誠(사헌부 감찰)

16世 1남 世球 주부공 世瑠 世瑊 世瑗 世珪

17世 簡 筠 감찰공 하성- 마산리 箕 문경공 우의
정宗胤

18世 希道 (묘 유실) 守道

19世 成吉 大仁 仁伯 불천위

20世 震英 갑산부사 埣

21世 晤 통덕랑, 묘 ; 대곶면 吾尼山里

22世 志魯 통훈대부행용호위부사과

23世 命維 命興 命紀

21세 閔晤는 甲山府使를 역임하였고 아들 志魯에 와서 세 아들 命維, 命興, 命紀를 낳았는데, 마산 종친회 3파의 할아버지다. 마산리 주변에 여러 墳山이 있었는데 2006년도 이후 신도시 개발로 대개는 火葬을 하였다.

청송 심씨는 여흥 민씨와 함께 김포 통진의 대성이다. 대성인만큼 파도 여럿 있다. 과거 풍무리 당곡마을에 해당하는 풍무동 706번지에 청송 심씨 묘역이 있다. 청송 심씨 10세 沈綱의 謙 자 돌림의 여덟 아들 중 막내가 11세 悌謙이다. 제겸은 아들 3형제를 두었는데, 愉, 協, 慣으로 모두 임진왜란 때 공을 세워 호성원종공신으로 녹훈되었다.

유현리는 두 개 리로 구성되어 있는데, 1리는 사류지로 청송 심씨 집성

촌이다. 이곳 청송 심씨는 세종의 장인인 안효공 심온의 후손들로 곡산공파에 속한다. 김포의 청송 심씨 입향조는 한성판관을 지낸 7세 淄다. 8세는 泂, 9세는 達源이고 그의 넷째 아들이 곡산공 심수다. 심수는 홍원에게 양자로 갔다. 심씨의 선영은 학운리에 있으며 재실 이름은 鶴雲齋다. 학운재 뒷산에는 심씨 선영이 있는데 곡산공 10세 鐩 이하 묘들이 자리하고 있다. 청송 심씨 곡산공파는 유현 1리 외에도 학운 3리, 대곶면 대릉 5리, 약암 2리, 송마 2리 성포 등에 분포되어 있다. 심수는 5남을 두었는데 장남 友聖은 양촌면 학운리에 머물고, 2남 友賢 역시 학운리 선영에 묘가 있는데 아들 때 전라도 남원으로 내려갔다. 3남 友信은 전라도 영광으로 내려갔다가 통진 약산으로 올라와 5남 友仁과 같은 곳에 묻혔다. 4남 友寬의 후손들은 경기도 廣州에 있다.

4) 역이동

개간할 땅과 편리한 교통이 제공되는 지역은 지배층들이 선호하고 또한 접근하려는 곳이다. 『新增東國輿地勝覽』 풍기군 기사를 보면 지역인물로 순흥 안씨들이 대거 등장한다. 그 중 安純은 安景恭의 아들인데 과거에 급제하여 벼슬이 判中樞兼判戶曹에 이르렀고 관직을 마친 다음에는 물러나서 衿川 別墅에서 살았다고 하였다. 별서는 지배층들이 현직을 갖지 못할 때 잠시 머무르던 별장이지만 그것이 장기화되어 대를 물려 살다보면 세거지가 된다. 과거급제 등으로 벼슬을 얻어 鄕第, 즉 지방의 집에서 서울로 올라와 살다가 별서를 마련하는 조선의 신흥 양반사족들과는 달리 고려의 호족이던 순흥 안씨의 경우는 거꾸로 잠시 몇 대를 지방에 살다가 다시 서울로 올라온 점에서 그 이동과정이 특이하다.

순흥 안씨의 시조 子美는 1200년경인 고려 신종 때 사람으로 아들 셋을 두었는데, 첫째인 永儒의 손자가 安珦이고 셋째 아들 永和의 증손이 安碩이다. 안석의 둘째아들이 「관동별곡」과 「죽계별곡」을 남긴 안축(安軸. 1287-1348)이고, 그 아들이 목은 이색과 같은 나이로 교유했던 개국공신 雙淸堂 安宗源이다. 안종원의 3자인 安景恭을 그의 아들 安純이 장사지내면서 별서를 둔 곳이 금천, 즉 시흥으로 이 시기가 여말선초임을 감안하면 새 정권이 들어서면서 이들은 다시 서울로 복귀한 것이다. 안순은 아들 넷을 두었는데 첫째 崇愼은 반남 박씨 世襄公派의 파조인 錦川君 朴薑을 사위로 맞이하였고, 넷째 崇孝는 私淑齋강희맹(姜希孟. 1424-1483)을 사위로 맞이하는 등 소위 사족들이 시흥에 입향하는 계기가 이 집안을 통해 마련된다.

역이동은 조선후기에도 나타나는데, 이전과는 맥락이 다르다. 조선전기의 역이동은 사족들이 서울로 올라오는 경향과는 반대로 지방으로 내려간 경우를 말하지만, 후기에서는 사족들이 지방으로 내려가 세거하다가 이중 일부가 서울 근기로 이동하는 경우를 말한다. "종토를 깔고 앉다."라는 말은 양평처럼 주로 조선전기 巨族의 묘가 많은 지역에서 회자되는데, 18, 19세기에 이르러 경기 일대의 묘역관리를 타성에 맡기는 것이 아니라 후손들 중에 맡는 상황을 표현한 것이다. 이러한 경우 족보상에는 조선전기에 묻힌 묘 주인과 후기에 이를 관리하는 후손들 간에는 긴 공백이 생기기 마련인데, 이에 따라 그 공백을 메우는 과정에서 그 진위 문제가 발생하기도 한다.

경기도와 충청도의 경계지역이면서 호남로와 동래로를 모두 끼고 있는 안성지역의 경우는 위와 같은 배경이 아니더라도 역이동에 의한 입향 사례가 많은 곳이다. 예컨대 제주 고씨 高城君派는 16세기 후반부터 시작되는데, 선대의 묘는 여주에 있다가 충청도 진천으로 내려간 다음 다시 안성으로 올라온 경우다. 남원 양씨 문양공파 중 司直公派도 16세기 후반에 진천에서 죽산으로 이거하였다. 언양 김씨 彦興君派는 17세기 중반에 충청도 직산현 입장에서 지금은 안성의 한 면이 된 양성현으로 이거하였다. 진주 강씨 復泉公派는 18세기 후반에 충청도 아산에서 온양을 거쳐 죽산으로 들어온 경우다.

5) 교통로의 반영 : 경기도 안성지역의 사례

위의 역이동 과정에서 잠시 보았듯이 안성의 이거 경로에는 조선의 대표적인 교통로가 반영되어있다. 현재는 모두 안성지역이지만 과거 안성과 양성으로의 입향 경로는 호남로를 따라간 결과이고, 죽산으로의 입향 경로는 동래로를 따라간 결과이다.

안성은 경기 남서부의 평야지역에서 동부의 산지지역으로 올라가는 중간지대에 위치하여 분지성 지형이나 구릉성 저산지와 계곡을 따라 평야가 발달한 지역이다. 주변 산지에서 흘러내린 하천에서 농수를 공급받을 수 있기 때문에 골짜기마다 洑와 같은 물 관리방식을 통해 취락을 형성하고 있다.

안성은 경기에서는 서울과 가장 먼 지역이어서 근기의 개념이 약하고, 그렇다고 그러한 특징이 전혀 없는 것은 아니다. 용인과 가까운 양성은 근기의 특징이 많은 반면 죽산은 그렇지 못하다. 중앙의 관직생활을 염두에 둔다면 성묘를 다니기에는 불편한 점이 많지만 제사를 위한 경제기반 마련에는 적절한 곳이다. 즉 접근성과 경제성의 양면을 모두 고려하면 안성지역도 선영을 두고 세거할 만한 조건을 갖춘 곳이라고 할 수 있다. 안성의 주요 세거성씨들의 입향은 14세기 반부터 19세기 후반에 이르기까지 오랜 기간에 걸쳐 이루어졌으며 시기별로도 고루 분포되어 있다. 굳이 집중되는 시기를 찾는다면 임진왜란 전인 16세기 후반경이라고 할 수 있다. 단지 죽산의 경우는 임진왜란이 계기가 되어 입향한 성씨들이 많은데, 전란의 피해가 동래로를 따라 심했기 때문인 것으로 풀이된다.

14세기 후반에서 15세기 초반에 걸쳐 입향한 안성의 성씨들은 이전의 지역근거를 개성 부근에 두고 있다. 단양 장씨 領同正公派는 14세기 후반까지 풍기에서 올라와 장단에 묘를 썼다가 죽산으로 이거한 성씨다. 15세기 초에는 진주 소씨 남강공파(南崗公派. 진주 → 개성 → 안성), 광산 김씨 판군기감사공파(判軍器監事公派. 양주 → 양성), 남양 홍씨 문정공파(文正

公派. 고양 → 안성), 파평 윤씨 태위공파 중 사복공파(司僕公派. 파주 → 안성) 등이 안성지역으로 들어왔다.

파평 윤씨 소정공파(昭靖公派. 파주 → 장단 → 안성)는 15세기 중반에 들어온다. 이 시기에 들어온 다른 성씨로는 경주 이씨 평리공파(評理公派. 서울 → 양성), 서흥 김씨 판서공파(判書公派. 서울 → 양성), 현풍 곽씨 승지공파(承旨公派. 진천 → 죽산), 강화 최씨 등이 있다. 강화 최씨는 9세 崔龍蘇(?-1422. 判漢城府事)의 묘를 죽산에 쓰면서 입향의 계기를 마련하였다.

15세기 후반 이후로 안성지역으로 입향한 성씨들은 이전 성씨들과는 달리 서울과 안성 중간에 묘역을 둔 적이 있는데, 이는 묘역이 남쪽으로 확대되는 과정으로 풀이된다. 그리고 그 경로에는 교통로가 직간접으로 반영되어있음을 볼 수 있다.

다음은 15세기 후반 이후 안성으로 들어온 성씨들 중 이동경로에 호남로가 반영되어 있는 사례들이다. 풍산 심씨 靖襄公派는 전라도 남원에서 올라와 양근현에 묘를 쓰다가 양성 천덕산에 묘를 정한 이후 안성으로 입향하였다. 여산 송씨 知申公派는 용인현령을 지낸 12세 송계(宋誡. 1492年卒)이 처가인 안성 이씨 터전으로 옮겼다. 하음 봉씨 德山派는 덕산현감을 지낸 奉綸을 파시조 및 입향조로 하는데 부인이 양성 이씨여서 입향의 동기를 짐작할 수 있다. 여양 진씨 梅湖公派 중 昌陽君派는 16세기 초에 용인을 거쳐 안성으로 들어왔다. 이보다 늦게는 은진 송씨 秋坡公派가 18세기 초에 양주에서 김포, 부평을 거쳐 안성으로 들어온다.

이들의 입향은 안성의 노론 서원인 道基書院 건립과도 관련된다. 도기서원은 1668년에 건립되고 이듬해인 1669년에 사액서원이 된다. 김장생(金長生. 1548-1631)을 제향하며 송시열(宋時烈. 1607- 1689)이 주도하였다. 그러나 안성지역 내에서는 그 핵심에 서운면 동촌리 일대에서 세거해 온 청주 한씨 집안이 있다. 청주 한씨는 대개 남인, 또는 소론의 성향을 띄지만 안성에서는 노론을 대표하는 성씨로 분류된다. 이들은 안성 내의 여러 파 중 文靖公派에 속하며 문정공 韓繼禧의 아들 중 넷째 아들인 15세 士介의 후손들이다. 경기도 광주(현 성남)에 묘를 써오다가 20세 必震 때 안성으로 입향하여 현 천안시 입장면 호계리에 묘를 쓰게 되고, 21세 精一齋 한여기(韓如琦. 1630-1709) 이후로 세거를 시작한다. 즉 이들의 입향시기는 17세기 중반경으로 도기서원설립 이전 시점이다. 그는 湖論을 대표하는 남당南塘 한원진(韓元震. 1682-1751)의 7촌 당숙이다.

동래로를 따라 죽산으로 입향한 성씨들은 앞서 언급한대로 근기의 혜택은 약하지만 교통로가 주는 이점을 고려한 것 같다. 앞서 언급한 단양 장씨 영동정공파의 입향조인 17세 張公仁은 족보에 隱逸不仕하였다고 나와 있다. 당시에도, 또는 이후에도 이곳은 임금의 부름에 바로 응할 수 있는 곳은 아니었다.

양천 허씨 版圖佐郎公派 중 慈山公派는 장단에 묘를 쓰다가 16세기 초에 18세 허온(許溫. 1482-1536)이 죽산으로 내려온다. 족보에는 연산군의 폭정을 피해 선영이 있는 곳으로 왔다고 하였다. 충주 최씨 典書公派는 16세기 중반에 양주를 거쳐 죽산으로 들어왔다. 16세기 후반에 재입향한 죽산 안씨 현감공파의 경우를 보면 좀 더 복잡한 경로를 보인다. 즉 죽산 → 개성 → 음죽 → 양성 → 용인 → 안성의 이동경로다.

18세기 중반에 죽산으로 들어온 여흥 민씨 三房派가 묘를 써 온 경로는 동래로를 그대로 반영하고 있다. 즉 여주 → 광주 경안 → 죽산 칠장리 → (용인 원삼) → 음죽 → 충주의 경로다. 이들이 이거한 흔적은 있지만 대개는 묘와 이를 운영하기 위한 위답과 宗山의 확보가 이동의 주된 목적이었던 것 같다.

6) 농장경영과 조운로의 반영 : 창원 황씨의 사례

창원 황씨 秋浦公派 파시조인 추포 황신(黃愼. 1560-1617)은 서울에서 태어났고 서울에서 관직생활을 하였다. 당시 그의 어머니 곽씨는 경기도 강화에 거주하였다. 1602년에 그는 관직이 삭탈되자 강화의 佛原村으로 거처를 옮겨 살다가 1607년에 부여 虎巖畔으로 내려간다. 이들은 4대 전인 15세기 중반에 이미 강화에 별서가 있었는데, 이는 여말 선초에 황해도 遂安에 거주하던 이들이 이때에 와서 별서를 잡은 것으로 추정된다.

황신은 처음에 공주와 경계지인 부여 食頭地에 자리를 잡았는데, 이들의 전답이 있는 몽도면 분대리는 현 부여읍 가증2리다. 황신은 다시 공주 창강으로 이거하여 정자를 세우고 서원을 건립하였다. 부여와의 인연은 아들 黃一皓 때 창강 정자를 분대리로 이축하면서 다시 시작된다. 의주에서 순절한 황일호의 묘도 분대리로 이장된다. 1772년에 황일호의 5대손인 黃載天 3형제는 부여와 정산 일대의 토지를 나눈 후 이 즈음에 서울생활을 그만두고 부여로 돌아와 정착한다. 부여에 정착하기 이전에 황일호의 손자인 黃夏臣은 1713년부터 10년간 부여 분대리 일대의 토지를 사들이는데 그 규모가 논이 120두락, 밭이 30두락이었다.[01] 여기에서 나온 소출은 상경한 가족들의 생활비뿐 아니라 부여 및 경기도 양주 홍복산과 도봉산에 위치한 선산의 제사비용으로도 충당되었던 것 같다.

---

01 李榮薰. 1997. 「18世紀前半 農庄 經營의 一樣相 -黃氏家 扶餘 農庄의 事例分析-」. 『조선시대사학보』 1. 조선시대사학회. p.174.

4. 이동 결과

1) 입향 시점의 판단

어느 시기의 인물이 사후에 어떤 특정지역에 묻히는가는 이를 계기로 그 지역에서 세거하게 된 후손들을, 나아가 지역사를 이해하는 중요한 변수다. 대개 인물 당사자나 그 자식들이 그 지역에 거주하는 성씨의 入鄕祖가 되기 때문이다. 그런데 서울과 가까운 지역일수록 묘를 처음 쓰는 시기와 거주를 시작하는 실질적인 입향 시기가 일치하지 않는 경우가 많다. 경기도 군포지역 사례가 이를 잘 말해준다.

군포는 본래 과천현 南面과 광주군 北坊面 일부에 속해 있던 지역이다. 남면은 과천읍내 남쪽이 되므로 붙여진 이름이다. 광주군 북방면에는 速達里, 屯垈里, 道馬橋里 등 7개리가 있었다. 군포의 북서쪽에 자리한 수리산 아래에 속달동이 있고 이어 둔대동과 대야미동이 있으며 남동쪽으로 도마교동과 부곡동이 있다. 속달동이나 도마교동의 지형을 삼태기형으로 표현하는데, 대개 이러한 곳은 인구가 늘어나면 그만큼 밖으로 빠져나가 항상 일정한 호수를 이룬다는 속설이 있다. 그런데 비단 이곳뿐만 아니라 대다수 군포지역 마을들을 보면 계곡을 따라 형성되었기 때문에 주변 농지가 협소하고, 이로 인해 인구가 늘어나는데 일정한 한계가 있는 지형임을 알 수 있다.

조선시기 군포는 한나절 이상 걸리는 서울과의 이동거리를 고려할 때 현직 관리가 살림집을 두기에는 불편하지만 別墅나 世葬處로 경영하기에는 적절한 곳이다. 게다가 아래 남서쪽으로 柳浦나 鳩浦 등 서해안 및 경강과 연결되는 포구들이 있어 경영에 따른 물자운송에도 유리한 점이 있다.

삼남지역, 즉 경상·전라·충청지역의 경우와 달리 군포, 멀게는 안성까지 세거성씨들의 입향 시기를 조상의 묘가 이곳에 처음 들어선 때를 기준으로 정할 수 없다. 즉 이곳에 묘를 썼다고 하여 이를 곧 세거의 시작으로 볼 수 없다. 두 시기가 일치하는 성씨가 있는가 하면 두 시기의 간격이 의외로 긴 성씨도 있다. 단순히 先塋만 둔 집안이 있는가 하면 서울에 살림집을 둔 상태에서 잠시 머무는 별서만 둔 집안도 있다. 그러다가 어느 시점에 이르면 선영을 지키며 세거하는 후손들이 형성된다. 이러한 경우 세거를 시작한 조상이 실질적인 입향조이고 그 시점이 곧 이들의 입향 시기라고 할 수 있다.

이와 같이 侍墓와 始居의 구분이 쉽지 않은 상황이지만 조선전기인 15, 16세기에 군포에 인연을 맺은 성씨들로는 順興安氏, 礪山宋氏, 東萊鄭氏, 淸州韓氏, 全州李氏, 南原梁氏 등을 들 수 있다. 이중 앞의 세 성씨는 15세기경에, 뒤의 세 성씨는 16세기경에 侍墓, 또는 거주가 시작되었다.

順興安氏는 군포 세거의 시작을 이룬 성씨로 參判公派의 파시조인 안의(安誼, 1423-1468)가 그 정점에 있다. 그의 묘는 수리산 아래 草幕洞으로 현 군포시 산본동이다. 안의는 蔭職으로 관직에 나아가 성주목사, 연안부사 등을 지냈으므로 군포에 살았을 것으로 생각되지는 않는다. 그의 장남인 12세 우참(友參, 1441-1494)의 배우자가 고양에 묘가 있는 청주 한씨 한계미(韓繼美, 1421-1471)의 딸이며 파주의 파평 윤씨 坡平府院君 貞靖公 윤번(1384- 1448)의 외손임을 고려하고, 13세 熙의 실전된 묘가 파주 공릉 부근이었음을 감안하면 14세 興仁 이후로 실질적인 입향이 이루어졌을 것으로 판단된다.

淸州韓氏의 군포 인연은 15세 恭平公 한위(韓偉, 1465-15 11)가 순흥 안씨 12세 우참의 사위가 된 것이 그 계기가 되었다. 한위의 조부는 장절공 한확(韓確, 1403-1456)이고 부친은 仁粹王妃의 동생인 치의(致義, 1440-1473)로 章悼公派의 파조다. 그는 처가와의 인연으로 군포에 묘를 썼을 가능성이 더 크다.

신용개(申用漑, 1463-1519)가 쓴 墓誌에 의하면 한위는 음직으로 지중추부사에 올랐고 청렴한 관직생활을 하였다고 하였다. 그러므로 그 역시 당시에 군포에서 살았다고 보기 힘들다. 특히 그로부터 5대 아래인 20세 덕우(德優, 1635-1707)의 1705년 准戶口를 보면 거주지가 한성부 서부 연지계로 되어있고, 22세 성휴(聖休, 1710-1776)가 낸 所志에 거주지가 남면 山底로 나온 것을 미루어 볼 때 본격적인 군포세거 시기는 18세기 초경으로 짐작된다.

全州李氏의 경우도 군포 입향의 동기를 순흥 안씨를 통해 마련하였다. 군포의 전주 이씨 중에 이러한 역사를 가진 파는 安陽君 이항(李㤚, 1480-1504)을 파시조로 하는 안양군파다. 안양군 이하 자손들은 수리산 아래 광정동, 또는 陵谷에다 묘역을 이루었다. 청주 한씨와 마찬가지로 이들도 2세 從南都正 억수(億壽, ?-1543)가 순흥 안씨 안의의 넷째아들이자 안우참의 막내동생인 안우하(安友夏, 1458- 1544)의 사위가 되면서 이곳에 묘를 쓸 수 있게 된 것 같다.

왕실 종친들이 특별한 경우가 아니면 도성 부근에 거주지를 정한 점을 고려할 때 이곳 전주 이씨의 경우도 세거 시점을 수리산 아래에 隱居하였다는 5세 응희(應禧, 1579-1651)를 입향조로 보고 대개 17세기 초경으로 잡을 수 있다.

東萊鄭氏의 경우는 묘역으로 볼 때는 영의정을 지낸 15세 정광필(鄭光弼, 1462-1538)을 파조로 하는 文翼公派와 17세 정순우(鄭純佑, 1509-1556)를 파시조로 하는 坡州公派로 나뉘는데, 문익공파는 널리 알려진 대로 서울 檜洞이 본거지여서 실질적인 군포 거주는 한참 후대의 일임을 알 수 있고, 파주공파의 경우도 파시조를 입향조로 보아 16세기 후반경으로 설정하기에는 너무 이르다.

17세기 이후로 군포에 묘를 쓰기 시작한 성씨들 중에도 입향 시기와의 불일치가 보이나 대개는 일치한다.

綾城具氏는 과거 柳谷이라고 불렀던 도마교동에 세거하는 判安東派 후손들이다. 이곳에 처음으로 묻힌 구곤원(具坤源, 1550-16 18)을 입향조로 보아 17세기 초에 입향이 이루어졌을 것으로 보고 있다. 그러나 군포에서의 실질적인 거주는 그로부터 5세손이 되는 18세 근신(謹身, 1715-1788)부터로 보는 것이 타당하다. 능성 구씨가 소장하고 있는 고문서의 하나인 1762년 준호구를 보면 그의 주소는 광주부 북방면 2리 柳谷洞 제3통 제5호로 나온다. 그러나 그가 어렸을 때 한성부에서 살았음은 그의 부친인 17세 만희(萬喜, 1677-1750)가 호주로 나오는 1735년 준호구를 통해 확인할 수 있다. 즉 그의 선대는 대개가 군포가 아닌 서울 東部 建德坊에 위치한 이들의 京邸에서 살아온 것이다.

靑松沈氏의 경우는 恭肅公派 17세 심노(沈櫓, 1655- 1705)를 입향조로 보아 입향 시기를 17세기 말경으로 추정하고 있다. 공숙공 沈澮는 영의정을 지낸 5세 安孝公 沈溫의 아들이다. 그의 증손 9세 진사공 幹의 묘가 衿川에 있어 이때에 파주에서 강을 건너온 것으로 보인다. 그러나 正言을 지낸 11세 령苓의 무덤이 파주의 공숙공 묘역에 있고 12세 인기(仁祺, 1537년생)의 무덤은 금천에 있는 등 아직 선영이 파주를 떠나 다른 곳에 정착하는 단계는 아닌 것 같다.

14세 심경구(沈景龜, 1582-1648)는 1627년에 奉帛官으로 홍경원 遷葬에 공을 세웠고, 1639년에 漢城判官을 지냈으며, 1640년에는 沔川郡守를 지내는 등 관직생활을 이어왔으므로 서울집이 있었을 것으로 판단되지만 묘는 둔대 金兌谷(: 족보에는 김태곡으로 읽었다.)에 있다. 15세 큰아버지에게 양자로 들어온 廸의 묘가 금천이고 부인 덕수 이씨의 묘가 둔대인 점을 보면 이때가 군포 정착의 과도기로 보인다. 그러한 점에서 17세 심노를 입향조로 보는 것에는 무리가 없는 듯하다. 19세 석주(錫舟, 1711-1765)는 1750년(영조 26) 式年試에 進士로 입격하였는데 『사마방목』에 의하면 그의 거주지가 廣州로 나와 군포 정착을 뒷받침한다.

密陽朴氏는 海伯公派 6세손 朴應弼의 묘가 군포 둔대동에 있어 그를 입향조로 하고 17세기 말경에 군포로 들어왔을 것으로 추정한다. 存誠齋 박미(朴楣, 1433-1509)의 아들인 해백공 소영(召榮, 1465-1518)의 묘는 고양시 원당 주교리에 있다. 박응필의 아버지인 윤동(潤東, 1610년생)의 묘와 1남 승필(承弼, 1643-?)의 묘는 충청도 대흥현 홍탁산에 있다. 박응필의 군포 입향은 대략 17세기 말에서 18세기 초경으로 추산된다.

2) 입향에 이은 세거

군포시 속달동은 크게 속달, 덕고개, 납덕골 등 세 개의 자연마을이 있다. 속달동은 남양만에서 과천을 거쳐 동작진을 건너 서울로 가는 길목에 있다. 정조 이후 시흥길이 열리면서 노량진을 건너 서울로 가는 길도 생겼다. 수리산 아래는 비탈진 지형으로 인해 비가 오면 급류가 형성되어 고운 흙은 쓸려 내려가고 논바닥에는 자갈들만 남은 척박한 땅이었다. 그나마 조산造山을 통해 풍수상의 약점을 보완한 덕고개 마을은 골짜기 곳곳에 논이 산재해 있어 다른 곳에 비해 논이 많은 편이지만 전체적으로는 밭이 많은 곳이다.

동래 정씨 중에 이 지역에 정착하여 세거를 이룬 쪽은 문익공파보다는 파주공파다. 동래 정씨들이 거주하는 속달마을 역시 가구수는 30-40호 정도로 그중 반수가 동래 정씨였다. 일제 때까지 동래 정씨가 많이 사는 편이었으나 김해 김씨와 경주 김씨도 있었다. 이들은 梅心舍라는 종택 겸 재실을 두고 있다. 31세 秀 자 항렬이 마을 또는 문중조직의 주축을 이룬다.

속달동 마을 내의 공주 능은 동래 정씨 문익공파와 관련이 있다. 東平尉 정재륜(鄭載崙, 1648-1723)은 효종의 부마로 자는 秀遠, 호는 竹軒이며 생부는 영의정 太和이고 좌의정 致和에게 입양되었다. 1656년에 효종의 다섯째 딸 淑靜公主와 혼인하여 東平尉가 되었다. 『公私見聞錄』·『閑居漫錄』 등의 저서가 있다. 시호는 翼孝다.

덕고개의 동래 정씨 문익공파는 족보상으로 한 계보가 이곳에서 세거해오고 있었다. 『東萊鄭氏文翼公派譜』(1958년)에 의하면 15세 문익공 정광필의 1남 노겸(勞謙, 1484~1529)은 主簿 벼슬을 하였는데, 과거 양근현 읍치가 있던 경기도 양평군 옥천면에 묘가 있다. 나머지 3남과 4남 후손들의 묘 역시 속달리에서 벗어났는데, 2남 撝謙과 그 후손들 묘만 속달리에 세장되어 내려왔다.

생부가 문익공의 3남 益謙인 17세 惟愼(1519년생)는 위겸의 양자로 들어가 대를 이었다. 그는 한성부윤을 지냈으므로 군포에 내려와 살았을 것으로 보이지 않으나 18세 著衍, 19세 應運 등이 進士에 머물러 이후 세대부터는 군포에 세거하였을 것으로 보인다. 21세 재연(載連, 1608년생), 22세 기선(其先, 1632-1651), 23세 석주(錫周, 1650-1684) 중 어느 하나가 입향하여 살았을 것으로 추정한다면 이들의 입향 시기는 대개 17세기로 잡아야 할 것이다. 이후 28세 완조(完朝, 1808-1855)가 무후하여 系子 인교(寅喬, 1839-1877)로 이어지는데, 인교의 묘가 김제에 있어 이 무렵 군포를 떠나지 않았나 생각된다. 그러나 다른 문익공 자손에 비하면 이들 계통이 2세기 가량 머물면서 군포에서는 가장 많은 인연을 두었던 것으로 보인다.

군포시 금정동에 세거해 온 礪山宋氏의 경우는 正嘉公派의 파조인 송복산(宋福山, 1390-1467)을 입향조로 보고 입향 시기도 15세기 후반경으로 잡는다. 그러나 여산 송씨의 경우도 송복산이 음직으로 陽城縣監, 海州牧使, 檢判漢城府事 등에 實職으로 나아갔고, 그의 아들인 10세 숙기(叔琪, 1426-1489) 역시 음직으로 長湍郡事, 義禁府鎭撫 등을 지낸 것을 고려하면 세거의 시작은 그 이후로 여겨지며 적어도 17세 철주(轍周, 1697생, 묘 금정리) 이전에 세거가 시작된 것으로 보인다.

여산 송씨는 대야미 2리에 세거터가 있고 금정동, 또는 재궁동에 묘역이 있다. 1849년에 작성된 준호구에 의하면 유학 宋任載의 거주지가 과천현 남면 금정리로 나와있다. 재궁동에는 默蔭齋 재실과 함께 10여 호가 거주한다. 10세 숙기(叔琪, 1426-1489) 이래로 금정동과의 인연이 시작되었다. 그러나 10대가 넘은 19세기 초반 이후로는 거주지나 묘역이 아래지역으로 확대된다. 22세 문순(文珣, 1817-?)의 묘는 현 화성시 서신면으로, 24세

주익(柱益, 1851-?)의 경우는 안성군 죽산면에 설치되며, 더 나아가 충청북도 진천이나 충주로 분기해 내려간 경우도 눈에 띈다.

이상 군포지역을 사례로 세거 성씨들의 입향 시기와 세거지를 살펴보았다. 살림집을 마련하고 거주하는 정도의 실질적인 입향 시기와 묘를 처음 쓰게 된 시기와는 서로 일치하지 않은 것이 오히려 주된 경향으로 보일 정도로 양자 간에는 시기적인 간격이 있었다. 대개 주요 성씨들의 입묘 시기는 15-6세기에 걸쳐 있으나 鄕第로서 집을 짓고 始居한 시기를 추적해보면 한 세기 지난 16-7세기에 벌어진다. 그리고 세거한 경우라도 충분하지 않은 농토와 거주지의 협소로 2세기 정도가 지나면 일부는 다른 지역으로 분기해 나가는 현상도 자주 볼 수 있다.

3) 세거와 분기

안성의 사례 중에서 현풍 곽씨 승지공파는 비교적 이른 시기인 15세기 중반에 죽산으로 들어오는데, 그 이전에 진천을 거쳐 온다. 서울로 올라갔다가 낙향하는 당시의 경향과는 달리 이들은 진천에서 분기해 나갔기 때문이다. 즉 분기의 범위가 군현 단위를 넘은 사례에 해당한다.

지금까지 본 것처럼 경기지역의 성씨들 중에 오랜 기간 한 지역에서 세거한 사례는 많지 않다. 그러기에는 갖추어야 할 경제적 조건이나 사회적 조건에 대한 접근이 쉽지 않기 때문이다. 세거 기간이 짧다보니 지역 내에서의 거주지 확대와 분기에 따른 이거 사례도 흔하지 않다. 이동의 동기가 분기보다는 오히려 卜墓나 卜居에 있고, 그래서 분기보다는 이거 현상이 나타나는 것 같다.

지금까지 보았듯이 성씨의 이동에서 복묘가 이거로 이어지는 것이 대체적인 경향이라고 할 수 있다. 그러나 군현의 경계를 넘어 이거하더라도 선영을 잡지 못하는 경우도 있고, 세거지가 확대되다보면 새로운 거주지가 선영이 위치한 곳으로부터 멀어질 수도 있다. 멀다는 기준은 기본적으로 장례 때 상여를 들고 장지까지 가야 하는 상황을 염두에 둔 것이다. 안성은 조선 후기에 안성장과 죽산장이 발달하면서 두 곳 모두 인구가 밀집되는 현상이 나타난다. 특히 안성장이 위치한 안성읍치가 그러하다. 이러한 경우도 가까운 곳에 묘역을 두기가 쉽지 않다.

고령 박씨 高陽府院君派 후손들은 19세기 후반에 안성으로 들어왔다. 부평 → 수원 → 아산 → 남양 → 진위 등을 거쳐 온 것이다. 대개의 宗人들은 수원과 진위에 거주하고 안성은 그 일부가 분기한 것으로 보는 것이 정확하다. 당시 안성이 유학자들의 모임이 잦았던 곳이고 선영과 가까운 곳에 위치한다는 점이 이들의 분기, 또는 입향의 계기가 되었던 것 같다. 그러나 선영이 있는 진위까지 運柩하려면 하루 가지고 모자라고, 하루를 넘기면 감당해야 할 비용이 커진다. 그래서 이들이 택한 방법이 襄禮를 발인 이후에 그날로 바로 하지 않고 3년 상기 중에, 대개는 소상을 치른 후에 행하는 것이었다. 좋은 묘지를 구할 때까지 임시로 장사지내는 것을 權窆, 또는 權厝라고 한다. 그런데 이러한 관행을 하게 되는 데는 여러 가지 다양한 요인과 이유가 있다. 흔히 草墳으로 잘못 표기되는 草殯을 쓰는 사례가 안성 지역에 드물지 않게 있었다고 하는데, 그 다양한 요인과 이유 중의 하나로 위와 같은 세거지와 선영 간의 불일치도 포함시켜야 할 것 같다.

<표. 군포 세거성씨의 입향과 세거시기>

	본관 성씨 파	세거지	세장(世葬)시점	시거(始居)시기
1	順興安氏 參判公派	광정동	1468년	16세기 후반경
2	礪山宋氏 正嘉公派	재궁동	1467년	17세기 초경
3	全州李氏 安陽君派	산본동	1543년	17세기 초경
4	慶州金氏 兵使公派	당동	미상	17세기 초경
5	淸州韓氏 章悼公派	도장·당정동	1511년	17세기경
6	文化柳氏 安肅公派	둔대동	1668년	17세기 중반

7	青松沈氏 恭肅公派	둔대동	1705년	17세기 말경
8	密陽朴氏 海伯公派	도마교동	1700년 전후	1700년 전후
9	平澤林氏 府使公派	오금동	18세기초	18세기 초경
10	南原梁氏 承旨公派	당정동	1564년	18세기경
11	東萊鄭氏	대야동	1489년	18세기경
12	綾城具氏 判安東派	도마교동	1618년	18세기경
13	新安朱氏	둔대동	17세기초경	18세기경
14	玄風郭氏 魯齋公派	부곡동	18세기경	18세기경

한국족보의 특성과 동아시아에서의 위상

조선왕조 1600년경 편찬 족보의 계보형태와 특성

- 1606년 편찬 『晉陽河氏世譜(萬曆本)』의 분석을 중심으로

|손병규

조선왕조 1600년경 편찬 족보의 계보형태와 특성*

—
1606년 편찬 『晉陽河氏世譜(萬曆本)』의 분석을 중심으로[01]
—

손 병 규

Ⅰ. 머리말

明·淸代의 중국 족보는 宗族 집단에서 '만들어진' 계보를 중심으로 하는 기록으로 알려져 있다.[02] '부계친족집단'의 결집과 통제를 위한 의도가 족보에 개재하는 것이다. 조선시대 족보의 계보를 검토하려는 입장에서 우선 족보가 과거의 인물에 대한 편찬 당시의 의도된 기록이라는 점에 공감을 갖는다. 그런데 족보편찬의 의도로서 '부계친족집단'이라는 종족의 조직화, 종족간의 연합과 연대라는 점[03]에 대해서는 그것을 한국의 족보에 그대로 적용시킬 수 있을지 의문이다. 족보의 계보 형태와 개인정보 기재사항에 나타나는 차이는 족보의 편찬 의도만이 아니라 사회시스템의 상이함을 강조하는 듯이 느껴지기 때문이다.

조선왕조시대의 족보는 그 계보형태와 개인정보 기재사항을 가지고 편찬시기를 기준으로 17세기 이전과 그 이후로 크게 대별되고 있다. 15~16세기에 편찬된 족보는 계보상 아들과 딸-사실은 사위- 모두의 후손들을 망라하여

---

* 이 논문은 2007년 정부지원으로 한국학술진흥재단의 지원을 받아 연구되었음(NRF- 2007-361-AL0014).

02 多賀秋五郎. 1981.『中國宗譜の研究』上. 日本學術振興會. 1면.

03 瀨川昌久. 1996.「第三章 宗族間の連合と連帶」.『族譜—華南漢族の宗族·風水·移住』. 風響社. 83~128면; 常建華. 2005.「明代的宗族鄕約化」.『明代宗族研究』. 上海人民出版社. 258~302면.

기재하여 소위 '子女譜'로 불린다.04 17세기 이후에 편찬되는 일반적인 족보에는 사위의 후손 계보가 단축되거나 생략되고, 同姓의 남성을 중심으로 하는 계보가 그려진다.05 이 때문에 종래의 연구에서는 조선후기의 족보가 중국의 족보와 같이 '부계친족집단의 결집을 강화하기 위한 물적 근거'로 여겨졌다.

그러나 자녀보에는 나타나지 않았던 처에 대한 정보가 조선후기 족보에 나타나는 것에 대한 다른 이해로부터 '부계친족집단의 결집'이라는 관점이 비판되고 있다.06 17세기 이전의 자녀로 이어지는 족보에 여러 성씨의 인물이 등재되는 것과 마찬가지로 조선후기 족보도 처의 정보에 여러 성씨의 妻父들이 기재되는 집합체로 존재하여 '부계친족'을 거론하기 어렵다는 것이다.

15~16세기의 자녀보 형태의 족보로부터 17세기 이후에 일반화되는 부계남성중심 형태의 족보로 전환되기 직전, 1600년경에 편찬된 족보들이 있다.07 慶尙道 宜寧 출신 李魯(1544~1598)에 의해서 1590년대에 편찬된 『四姓綱目』08과 慶尙道 陜川 출신 河渾(1548~1620)이 1606년에 편찬한 『晉陽河氏世譜(萬曆本)』09이 그런 사례다. 이 족보들은 이전 시기의 족보들

04 金京蘭. 2000.「조선후기 가족제도 연구의 현황과 과제」.『조선후기사 연구의 현황과 과제(姜萬吉敎授停年紀念)』. 창작과비평사. 376~406면; 권기석. 2007.「15~17세기 족보의 편제 방식과 성격-서발문의 내용 분석을 중심으로-」.『奎章閣』 30. 규장각 한국학연구원. 53~93면; 권기석. 2010.「15~17세기 족보 편찬과 참여계층 연구」. 서울대 박사학위논문. 1~465면. 권기석은 부계와 비부계, 동성과 이성을 무제한 수록하는 것을 '內外譜'라 하여 부계 자손만을 선택적으로 기재하는 '同姓譜'와 상대되는 것으로 규정한다. '내외보'는 부계의 자녀로 이어지는 '자녀보'에 처가의 족보를 포함한다고 할 수 있다.

05 17세기 후반 이후에도 자녀보, 내외보의 형태를 고수하는 족보가 지속적으로 편찬되었다(成鳳鉉. 2004.「固城李氏『先世外家族譜』와『八高祖圖』」.『古文書硏究』 24. 한국고문서연구회. 205~236면; 박홍갑. 2010.「고성이씨 족보의 간행과 그 특징」.『고성이씨 가문의 인물과 활동』. 일지사. 284~317면). 성봉현은 이 논문에서 배우자 집안의 족보를 함께 기록하는 족보로, 17세기 말에 편찬된 것으로 보이는 고성이씨의『先世外家族譜』이외에도, 18세기 중후반에 편찬된 것으로 보이는 평해황씨의『外譜』, 19세기 초반에 작성된 것으로 보이는 고령김씨의『姻婭譜』를 소개하고 있다.

06 宮嶋博史. 2007.「東洋文化研究所所蔵の朝鮮半島族譜資料について」.『明日の東洋學』 7. 東京大東洋文化研究所.

07 15~17세기 족보의 편찬 상황에 대해서는 현존하는 序跋文을 분석한 권기석. 2010. 앞의 논문에 상세하다.

08 원창애. 2002.「『松巖世譜四姓綱目』解題」.『경남문화자료총서 1; 四姓綱目 · 春坡心易』. 경상대 경남문화연구원. 7~13면. 이 자료는 위의『先世外家族譜』에 이르는 고성이씨족보의 연원적 자료의 하나로도 소개되었다(박홍갑. 2010. 앞의 논문. 284~317면).

이 갖는 특징을 그대로 가지면서도 이후 시기의 족보에 보이는 특징을 계보형태와 개인정보기록에 나타내고 있다.

두 족보는 모두 경상도 진주권에서 활동하는 南冥 曺植 문하인들에 의해서 편찬되었으며, 족보에 기재된 인물들과의 관계와 특징에 대해서는 두 자료의 해제에 상세하다. 본고에서는 특히 후자의 『晉陽河氏世譜(萬曆本)』-이후로 『진양하씨세보』로 통칭함-를 주된 검토대상으로, 계보의 類型, 編纂原理, 개인정보 기재사항과의 관련성을 분석하기로 한다. 1600년경의 족보들은 족보의 속성이 전환되는 과도적 형태와 성격을 나타낼지도 모르며, 조선시대 족보의 특성을 관통하는 연속적 편찬원리를 내포하고 있을지도 모른다.

---

09 장인진. 2010. 「계명대학교 동산도서관 소장 『晉陽河氏世譜』(萬曆本) 해제」. 『계명대학교 동산도서관 고문헌총서 13-晉陽河氏世譜(萬曆本)-』. 계명대학출판부. 398~405면.

II. 『晉陽河氏世譜』의 구조

<그림 1> 편자 하혼의 선조계보로 보는 『진양하씨세보』 상·하집의 구조

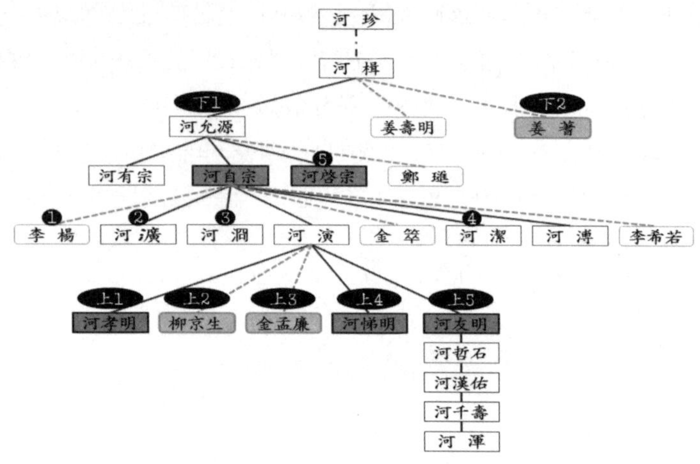

<그림 2> 편자 하혼의 선조계보로 보는 『진양하씨세보』 '外譜'의 구조

晉陽河氏世譜(萬曆本) 外譜의 構造

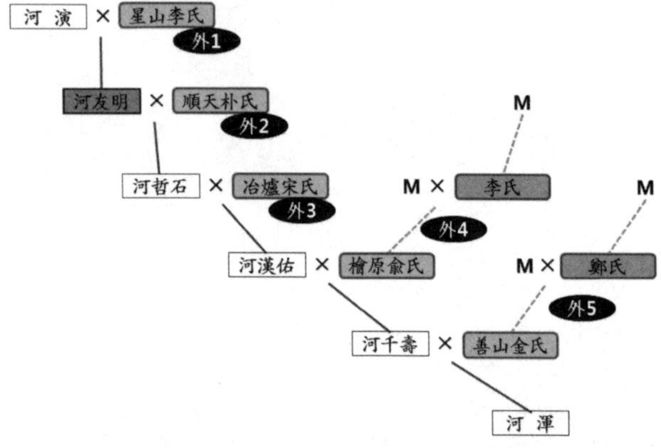

『진양하씨세보』는 상하 두 권의 본집과 한 권의 外譜로 이루어지는데, 그 내용은 세 가지 서로 다른 계보로 제시되고 있다. 전체적인 구조를 나누어 간단히 설명하면 다음과 같다.

上集; (1) 편찬자 河渾의 玄祖-5대조-인 河演의 자식들 河孝明(상1집), 河悌明(상4집), 河友明(상5집)을 '子派'로 하여 그들로부터 자녀 후손들로 이어지는 계보와 사위인 柳京生(상2집), 金孟廉(상3집)을 '女派'로 하여 그 선조로부터 그들 자녀 후손들로 연결되는 계보

下集; (2) 河演을 제외한 그 형제자매들(하1집), 즉 李暢(권1), 河광(水+廣; 권2), 河洞(권3), 河潔(권4)등으로부터 자녀 후손들로 연결되는 계보와 하연의 삼촌 河啓宗(권5)으로부터 그의 자녀 후손들로 연결되는 계보

(3) 하연의 증조인 河楫의 사위 姜著(하2집)의 선조로부터 그의 자녀 후손으로 이어지는 계보

外譜; (4) 편찬자 직계조상의 처가 계보. 즉, 현조 하연의 처가 星山李氏(외보1집), 고조 河友明의 처가 順天朴氏(외보2집), 증조 河哲石의 처가 冶爐宋氏(외보3집), 조 河漢佑의 처가 檜原兪氏(외보4집), 부 河千壽의 처가 善山金氏(외보5집) 각각의 선조로부터 각 처의 형제자매 각각의 후손에 이르는 계보.

(5) 여기에 더해 편찬자의 조모와 모에 대해서는 그녀들의 친가만이 아니라 외가, 즉 하한우의 처 회원 유씨(외보4집)의 외가인 李氏와 하천수의 처 선산 김씨(외보5집)의 외가인 鄭氏의 친가 형제자매와 그 후손이 '외보의 외보'로 등재되는 계보.

＊ 追錄 및 別譜, 續集: 편찬 후에 상・하・외보의 각 권집 말미 공간에 누락되었다고 여겨진 계보들을 추가로 기록함.

『진양하씨세보』는 1467년 편찬의 『安東權氏世譜(成化譜)』-이후 『안동권씨성화보』로 통칭함-와 마찬가지로 아들로 이어지는 계보와 딸로 이어지는 계보가 모두 존재하는 '子女譜'의 형식을 갖추고 있다. 자녀보의 특징은 출생순으로 자녀들의 계보를 기록하고 딸로 연결되는 계보에 제한을 두지 않으며, 딸에게는 그녀들의 남편 이름을 기록하지만, 아들에게는 그들의 처가 기록되지 않는다는 것이다.[10] 그러나 이 족보에는 그것과 또 다른 형태의 기록이 보이기 시작한다.

이 족보는 편자 개인의 입장에서 가까운 친인척 순으로 그들로부터 시작되는 몇 개의 계보를 차례로 제시하는 식으로 편성되어 있다. 여러 계보들의 출발점으로서 이 족보 구성에 계기가 되는 인물들은 첫째로 하혼의 부계 직계조상들의 자녀, 둘째로 부계 직계조상들의 배우자들이다. 족보에 등재되는 인물의 범위는 편자의 의도에 좌우되기 마련인데, 이 족보에 나타나는 여러 계보들은 편자 河渾 개인의 관계를 중심으로 구성되어 그의 족보편찬 의도가 강하게 반영되었음을 말한다.

우선 부계 직계조상들의 자녀들로 시작되는 계보는 편자의 高祖父인 河友明의 형제들 계보로부터 시작된다. 다음으로 하우명의 4촌 형제자매들-伯叔父와 姑母들의 자식들-이 있는 계보, 다음으로 하우명의 6촌 형제자매들-伯叔祖父와 祖姑母들의 손자·손녀들-이 있는 계보, 끝으로 하우명의 8촌 형제자매들-伯叔曾祖父와 曾祖姑母들의 증손들-이 있는 계보라는 식의 순서로 기재된다. 가령 姜蓍의 계보를 보면 그의 증손과 증손녀들 이름 옆에 '河同知八寸'이라 부기하고 있다. '河同知'는 하우명을 이르는 말로, 계보들이 하

10 宮嶋博史. 2009. 「『安東權氏成化譜』를 통해서 본 한국 족보의 구조적 특성」. 『대동문화연구』 62. 성균관대 대동문화연구원. 201~241면.

우명을 기준으로 하는 관계로 구성됨을 의미한다. 물론 8촌이라는 관계는 부계의 하씨에 한정되지 않는다.

또한 「上集」에 하우명을 포함한 형제자매들의 5계보는 하연의 세 아들과 두 딸의 계보인데, 아들로부터 시작되는 계보를 '子派'로, 사위로부터 시작되는 계보를 '女派'로 분류하고 있다. 그런데 이들 계보 하나하나가 각각 자녀보의 형태를 띠고 있음도 기억해두어야 한다. '자파'의 계보든 '여파'의 계보든 아들과 딸=사위로부터 시작하여 다시 그들의 자녀들로 이어지는 계보형태를 갖추고 있다.

「下集1」에는 하우명의 4촌 형제자매들이 있는, 즉 하우명의 조부인 河自宗의 다섯 자식들의 계보와, 6촌 형제자매들이 있는, 즉 하자종의 형제인 河啓宗의 두 아들의 계보가 등재된다. 여기서 하자종의 자식들 계보에는 상집의 하연의 계보를 제외하고 있으나, 하계종의 자식들의 계보와 연속적으로 등재하여 마치 이들 부친인 河允源의 계보인 것처럼 되어있다. 하윤원의 첫째 河有宗은 '無后'[11]로 자식이 없지만, 아마도 이 『진양하씨세보』가 편찬되기 전부터 하자종과 하계종으로부터 시작하는 자녀보가 존재했던 것으로 여겨진다. 사위 鄭璡의 계보도 보이지 않는다. 하자종의 계보 가운데 하연 자식들의 계보를 특화하고 전래하던 나머지 계보를 이 족보에 실은 것으로 볼 수 있다.

「下集2」에는 하우명의 8촌 형제자매들, 즉 이 하윤원의 여동생들 가운데 姜蓍의 두 아들 계보를 특별히 등재하였다. 하윤원의 다른 여동생의 남편인 姜壽明에 대해서는 '未考'라 하여 그 후손들의 계보가 조사되지 않았다. 강시의 두 아들 姜淮伯과 姜淮仲의 계보도 하윤원 자식들의 계보와 같이 이전부터 존재했을 것이다. 다만 뒤에서 보듯이 이들의 족보에 등재된 양적 방대함으로부터 주로 한성에서 활동하던 강시의 후손들이 출원지인 진주에서 진양하씨와 같이 지속적으로 영향력을 발휘하고 있었음을 짐작케 한다.

---

11 이 족보에서 '無后'는 부계를 계승할 적자가 없다는 것에 한정되지 않는다. 아들만이 아니라 딸도 없는 경우에 '무후'라 기록하였다. 자녀보의 계보 연속관계를 의미하는 용어로 이해할 수 있다.

이렇게 부계 직계조상들의 계보는 하우명 형제들 5가계와 이들을 제외한 기왕의 하윤원 자식들 2계보, 그리고 하윤원의 여동생 1계보 등, 계보 각각의 자녀보를 합해서 구성했다고 할 수 있다.

다음으로 부계 직계조상들의 배우자들 계보는 河演에 이르는 편자 하혼의 부계직계선조들의 배우자들 5가계의 계보를 다섯 개의 '外譜'로, 다시 하혼의 할머니와 어머니의 외가 2가계를 두 개의 '外譜의 外譜'로 등재하고 있는 것을 말한다. 물론 이들 일곱 계보도 각각 '자녀보'다. 그것보다 주목되는 것은 이 '외보'와 '외보의 외보'는 하혼의 부계직계선조들의 戶籍에 등재되는 '四祖' 기록의 모계선조들을 계기로 한다는 점이다. 호적에는 해당 호를 대표하는 자 부부에게 모두 父·祖·曾祖와 外祖라는 부계 및 모계 선조의 인적사항을 기록하게 되어 있다. 그 후손으로 이 호적 기록 정보가 전달되어 부계직계선조들의 배우자와 그녀들의 부계 및 모계 선조에 대한 정보가 축적된다.[12] 이것이 외보의 각 계보를 구성하는 계기를 제공한 것이다.

다음 절에서 진양하씨세보의 내용분석에 들어가기 전에 계보의 구성과 관계하여 각 계보상에 등재된 인물의 양적분포를 살펴보면 다음의 표와 같다. 여기에 추록 및 별보로 기록된 인원은 제외했다.

12 孫炳圭. 2010. 「13~16세기 호적과 족보의 계보형태와 그 특성」. 『대동문화연구』 71. 성균관대 대동문화연구원. 7~41면.

<표 1> 진양하씨세보에 기재된 자녀별 인물의 양적분포(단위; 名, %)

區分	系派	자녀계			河氏자녀			하씨 자녀 B/A %	하씨 남성 a/A %	중복등재	
		子	女	계(A)	子(a)	女	계(B)			인원	%
上集	河允源-河自宗 -河演 -河孝明	609	318	927	77	42	119	13%	8%	17	1.8%
	-柳京生	436	277	713		1	1			27	3.8%
	-金孟廉	712	414	1126		1	1			27	2.4%
	-河悌明	52	30	82	8	2	10	12%	10%	1	1.2%
	-河友明	243	153	396	93	66	159	40%	23%	25	6.3%
	소계	2052	1192	3244	178	112	290	9%	5%	97	3.0%
下集	河允源-河自宗 -李楊	82	38	120		1	1			17	14.2%
	-河廣	19	12	31	9	3	12	39%	29%		
	-河澗	72	20	92	40	11	51	55%	43%		
	-河潔	25	2	27	20	2	22	81%	74%		
	-李希若		2	2		1	1				
	-河啓宗	75	42	117	30	13	43	37%	26%	8	6.8%
	姜著	864	412	1276		1	1			54	4.2%
	소계	1137	528	1665	99	32	131	8%	6%	79	4.7%
外譜	河演 처 星山李氏	1	2	3		1	1			2	66.7%
	河友明 처 順天朴氏	196	125	321		1	1			40	12.5%
	河哲石 처 冶爐宋氏	264	167	431		1	1			36	8.4%
	河漢佑 처 檜原兪氏	17	11	28		1	1			1	3.6%
	外譜 李氏	32	24	56						5	8.9%
	河千壽 처 善山金氏	98	56	154		1	1			13	8.4%
	外譜 鄭氏	118	69	187						10	5.3%
	소계	726	454	1180		5	5			107	9.1%
계		3915	2174	6089	277	149	426	7%	5%	283	4.6%

〈참고〉 1. 外譜의 숫자는 당사자의 부친대부터 계산했다. 단, 하천수처 선산김씨는 고조대부터 계산했다.
2. '중복등재'되는 자도 계산에 포함시켰는데, '見○'로 적혀있는 경우를 말한다.

『진양하씨세보』에 등재된 인물은 중복등재를 포함해서 6089명에 이른다-중복등재를 감안하면 6천명에 미치지 못하지만-. 이 가운데 아들로 이어지는 경우가 거의 4천명으로 전체의 64%이며 딸=사위로 이어지는 경우가 전체의 36%다. 아들로 이어지는 등재에 치중하여 많은 수의 딸이 누락되었음을 알 수 있다. 또한 하씨자녀들이 4백여 명으로 전체의 7%에 지나지 않는데, 하씨남성만을 계산하면 이보다 적은 5%다. 모계의 가계인 외보를 제외해도 각각 8%, 6%에 머문다. 중심이 되는 부계남성 계보를 빌미로 여러 성씨의 가계를 혼인네크워크로 망라하는 조선전기 자녀보의 특징을 그대로 가지고 있다.

한편, 편자 하혼의 가까운 선조 범위순으로 등재하는 『진양하씨세보』에서 계보마다 전체등재인물의 수, 하씨자녀의 수 등에 흥미로운 양상이 발견된다. 먼저 하연의 자식들 계보를 살펴보면 하혼의 직계선조인 하우명의 계보에 400명 가까운 인물이 등재되고 하씨자녀가 가장 많이 등재된다. 그런데 다른 형제들의 계보에 더 많은 인물들이 등재되는 것을 볼 수 있다. 하연의 장남인 하효명의 가계에는 많은 인물이 등재될 뿐 아니라 하씨자녀들의 수도 하우명의 계보에 버금갈 정도로 많다. 흥미로운 점은 하연의 딸=사위 계보에, 특히 金孟廉 가계에 천명이 넘을 정도로 많은 인물이 등재된다는 것이다.

더욱 흥미로운 점은 더 먼 선조인 강시의 계보에는 다른 계보에서보다 월등히 많은 1,270여 명의 인물을 싣고 있다는 사실이다. 하연의 자식들 계보를 제외한 하자종의 계보와 하계종의 계보에는 모두 합해도 하우명의 계보에 등재된 인물의 수치에 미치지 못한다. 상대적으로 하씨자녀의 비중은 높은데 그만큼 혼인네트워크의 범위도 축소되어있음을 말한다. 이러한 현상은 단지 현실적인 후손들의 자연적인 번식이 아니라 진양하씨세보에 등재하기 위해서 얻을 수 있었던 정보의 양이며, 동일 계층 내에 혼인네트워크가 확산된 정도의 차이를 의미할 것임은 말할 나위도 없다.

'見○'라고 기재되어 다른 곳에 중복으로 기재되어 있음을 나타내는 경우를 검토해보면, 이 『진양하씨세보』에 등재된 인물들 가운데 혼인네크워크의 친밀도를 짐작할 수 있다. '見○'란 천자문의 순서로 정해진 해당 쪽수를 보라는 뜻이다. 이 책자에 등재된 인물에 한해서 동일한 혼인관계가 서로 다른 네크워크에 동시에 얽혀 있음을 의미한다. 하연의 사위 柳京生의 계보와 하자종의 사위 李楊의 계보, 강시의 계보, 그리고 외보의 각 계보에서 이러한 중첩된 등재가 하씨남성으로부터 시작되는 자녀보에 비해 많이 발견된다. 이들 계보는 하씨 가계의 확산된 혼인네트워크의 증거로써 확보되었음을 느낄 수 있다.

Ⅲ. 『晉陽河氏世譜』의 혼인네트워크

『진양하씨세보』의 부자간 계보기록 방법과 혼인관계의 중첩현황을 편자 하혼의 조부 河漢佑의 계보로부터 구체적으로 살펴보자. 하한우는 李有茂, 盧湜에게 시집간 두 딸이 있으며, 네명의 아들 眉壽, 希壽, 千壽, 鍾壽를 두었는데, 하종수는 약관의 나이로 일찍이 사망했다. 이들의 자녀계보를 족보가 편찬될 당시에 이르기까지 약도로 나타낸 것이 〈그림 3〉이다.

<그림 3> 河漢佑의 계보 약도

(子)漢佑-(女)李有茂――――――――――――――〈중략〉
-(女)盧湜-(女)朴應德-(養女)朴而章(見草)
-(子)眉壽-(子)沃(見發)-(子)應寶-(子)櫓
-(女)裵溟(見黎)
-(女)邢孝甲
-(子)以檣
-(女)
-(女)李東賓
-(子)應濩
-(子)湜-(女)李信男
-(女)崔得忠――――――――――〈중략〉
-(女)裵明遠(見黎)-(女)成墩(見首, 無后)
-(子)裵誠立(見雨)-(子)
-(子)
-(子)裵敬立-(子)
-(子)
-(子)淏(見皇)
-(子)希壽(見良)――――――――――――〈중략〉
-(子)千壽-(女)文應洙-(子)文景虎-(繼子)文哲男
-(女)愼浩-(子)愼先覺(無后)
-(子)愼公覺(見敷)-(子)愼仁吉
-(子)愼仁甲
-(女)
-(子)濬-(女)鄭之允(無后)
-(女)李巘-(子)李龍瑞
-(女)李東膺-(女)
-(子)景咸
-(子)景恒
-(子)渾-(子)景受-(女)
-(子)景量-(女)
-(子)景紀-(子)以柱
-(子)景中
-(女)成繼甲
-(子)漑-(女)文景龍(無后)
-(子)景新
-(子)鍾壽(弱冠而夭)

딸에서 딸로 이어지는 소위 '女系'의 계보가 하한우의 차녀의 계보에서 바로 나타난다. 그런데 여기서 특이하게도 '養女'의 기록이 발견된다. 사위 盧湜에게는 딸 하나만 있었는데 그의 계보를 잇는 그 사위 朴應德도 자식이 전혀 없었으나 양녀를 들여서 朴而章에게 시집을 보냈다. 박이장은 '草'쪽(외보2) 고조 하우명의 부인 순천박씨의 계보에 순천박씨부인의 高孫 朴良佐의 둘째 아들로 기재되어있다. 여기에 박이장은 4녀2남을 등재한다. 혈연관계도 없는 더구나 양녀를 매개로 혼인관계를 기록하는 데에는 그 혼인관계가 그만큼 중요했음을 의미한다.

또한 하혼의 생질인 文景虎에게도 적자가 없어서 계자를 두었다. 또한 河眉壽의 막내 溟는 증조 河哲石의 장남 河漢輔, 그 장남 河安壽의 계자로 出後한 경우(見皇)이다. 고조 하우명의 맏집으로 계부는 호의 5촌이 된다. 그러나 그에게는 딸이 하나 있을 뿐, 족보편찬시에 아직도 적자를 얻지 못하고 있다. 이 사례들을 포함하여 계자의 사례는 하우명 계보에 3건, 하효명 계보에는 8건등이 발견되나 다른 계보에서는 한두 건이 발견되는 데에 그친다. 당시에는 이후시기에 비해 계자를 두는 경우가 흔치 않았다. 양녀와 혼재하는 상황인 만큼 적자로 계보를 잇거나 부계친족 가운데서 계자를 찾아 부계남성의 계보를 확보해야 한다는 인식은 아직 강하지 않았다고 할 수 있다.

한편, 하혼의 숙부인 希壽의 '見良' 경우를 보면, '上集續集'에 '二室子' 1여1남을 별도로 싣고 있음을 발견할 수 있다. 이유는 분명치 않으나 첫째 부인의 자식들과 함께 기록하지 못할 사정이 있었던 것으로 보인다. 속집에는 본집을 편찬한 후, 이러한 종류의 새롭게 첨가되는 계보를 모아서 기록하였다. 『진양하씨세보』에 동일인물이 등재됨을 나타내는 '見○'의 복수 등재에는 동일혼인관계가 다른 네트워크에도 나타남을 보이는 것이 아닌 경우도 있음을 알 수 있다.

그러나 중복등재 사례의 가장 일반적인 형태는 혼인관계와 관련된다. 하미수의 아들 沃의 '見發' 경우는 '하집1'에 하계종의 손자 河孟晊-하우명의 6촌이라 기록됨-의 계보에 盧富昌의 첫째 사위로 기재되어 있다. 여기에 하옥의 자식들은 기재되지 않는다. 愼公覺(見敷)의 경우는 '외보5' 하혼 외조부의 '선산김씨보'에 表璉의 둘째 사위로 등재되어 있다. 여기서도 그의 자손은 기재되지 않는다. 즉, 중복기재의 경우는 부계남성계보에 자손을 기록하면, 사위로 등재된 곳에는 생략되는 것이 보통이다. 그런데 하미수의 둘째 사위 裵明遠(見黎)의 경우에는 사위로 등재되었음에도 그 뒤로 그의 자손들을 싣고 있다. '하집2' '姜蓍'의 자녀보에 배씨들의 부계남성계보에 나타나는데, 여기에는 자손을 기재하지 않고 처가의 계보에 자손을 싣고 있는 것이다.

얽히고 섥히는 혼인관계 가운데 두 가계 사이에 혼사가 빈번히 일어나는 경우도 발견된다. 하미수의 조부인 하철석 가계와 裵彦昌 가계가 그러하다. 위의 하한우의 후손 계보와 대비해서 배언창의 계보를 살펴보면 흥미로운 혼인관계가 발견된다.

<그림 4> 하집2 姜蓍의 계보 가운데 裵彦昌의 계보 약도

(자)金鑑-(여)裵彦昌-(자)裵應秀-(여)河洪(見皇)
-(여)卞希琇――――〈중략〉
-(자)裵慶遠-(자)裵瀷
-(자)裵溟(見文)
-(여)朴景鸞
-(여)河沉(見乃)
-(자)裵德秀-(자)裵明遠(見文)
-(자)裵亨遠――――〈중략〉

河眉壽의 둘째사위 裵明遠은 裵彦昌의 둘째 손자인데, 미수의 맏손자 河應寶의 첫째사위 裵溟은 배명원의 5촌질이다. 여기서 주목되는 것은 배명원은 처가에서 배명과 4촌 관계이고 2세대가 차이나는 할아버지벌이나, 친가에서는 5촌 관계이고 1세대 차이나는 조카벌이라는 사실이다. 혼인에 부계의 항렬을 반드시 맞추어야 하는 것은 아니었음을 알 수 있다. 하철석과 배언창 가계에는 이 이외에도 혼인관계가 있었다. 배명원의 4촌누이들은 河洪과 河沉에게 시집갔는데, 河洪은 하철석의 차남 河漢弼의 맏손자다. 河沉은 하철석의 사남 하한좌의 맏손자다. 이들은 모두 배명원과 같은 항렬이다. 배명원의 처가에서 이들은 모두 배명원과 6촌간이다. 배명은 친가에서 이들의 처조카이나 처가에서는 이들의 8촌 손자벌이다.

혼인관계 기록이 복잡하게 중첩되기도 하지만, 이름이 없는 경우를 제외하고 계보의 말단에 적힌 자는 하나의 가족을 형성하고 있다고 간주할 수 있다. 사위의 이름이 있다는 것은 딸이 혼인을 하여 가족을 구성함을 의미한다. 이름이 없이 '자', 혹은 '여'라는 기록만 있는 경우를 비추어 보건대 아들에게도 이름이 있으면 혼인한 것으로 생각할 수 있다. 하혼의 생질 愼公覺의 사례를 보면, 세 자식 가운데 막내딸은 이름이 없다. 두 아들은 혼인하여 가족을 이루었는데, 자신과 시집가지 않은 딸은 두 아들 가운데 한 아들 부부와 함께 가족을 유지하고 있다고 가정하면 두 가족이 존재하는 셈이다. 신공각이 다른 계보상에 중복 기재되나, 그곳에서는 혼인관계를 나타낼 뿐이다. 그리고 신공각의 형 愼先覺은 '無后'로 후손이 없어 가계가 단절되었다.

또 하나 더 裵明遠의 사례를 다시 보면, 그의 장남 裵誠立과 차남 裵敬立에게 자식들이 두 명씩 있지만, 모두 이름이 없다. 미혼 자식들과 각각 가족을 이루고 있다고 할 수 있다. 그 가운데 배성립은 다른 계보에 중복 기재되는데, 그곳에서는 혼인관계를 드러낼 뿐이다. 그리고 첫째 사위 成墩도 다른 계보에서 중복 기재되어 여기서는 혼인관계를 나타낼 뿐인데, 더구나 자손이 없어서 계보가 단절되었다. 이미 가족이 존재하지 않는 셈이다.

이러한 식으로 계보를 더듬어가서 계보의 말단에 존재하는 자를 분류하여 어느 정도의 가족이 계보를 연속시켜 족보를 편찬할 당시에 현존하게 되었는지를 집계한 것이 다음의 표이다. 각 자녀보마다 현존하는 가족의 수치는 어느 정도의 가족들이 족보편찬에 관여하였는지를 나타내는 셈이다. 이 표는 또한 가계의 연속과 단절에 관한 정보를 제공한다. 말하자면 가족의 연속성에 의거하여 네트워크를 관찰하고자 하는 것이다.

계보상의 말단에 적힌 후손은 대부분 족보를 편찬할 당시에 현존하면서 편찬에 참여한 인물들이다. 그런데 여기에는 위의 사례에서와 같이 '견○'라는 식으로 중첩 기재되어 있는 자들이 있다. 그 가운데 사위의 경우는 다른 곳에서 아들로 가족을 형성하고 있는 경우가 많으므로 제외했다. 또한 계보 말단에 기재된 자들 가운데 이름을 쓰지 않은 미혼자들이 있어 아버지-장남의 직계가족에 속하는 자는 하나의 가족으로 카운트하기 위해 제외했다. 그리고 '夭'라고 하여 혼인 전에 죽은 1사례도 제외했다. 계보상 말단에 기재된 자들로부터 이들을 제외하면 모두 가족을 형성하는 자들로 간주할 수 있다는 것이다.

<표 2> 『진양하씨세보』에 기재된 가족수와 단절율(단위; 名, %)

상집, 하집, 외보 구분	계보 말단 인원	제외	가족수 (A)	단절				연속 가족	단절율 (a/A) %	비고 (왕실)
				未考	無后	系子	계(a)			
河允源 -河自宗 -河演 -河孝明	556	25	531	6	5	8	19	512	3.6%	7-25
	(30)		(30)		(2)	(3)	(5)	(25)	(16.7%)	
-柳京生	410	25	385	1	3	5	9	376	2.3%	1-1
-金孟廉	651	20	631	3	6	1	10	621	1.6%	25-29
-河悌明	42		42	1	5	1	7	35	16.7%	14-6
	(3)		(3)		(1)		(1)	(2)	(33.3%)	
-河友明	221	15	206		25	3	28	178	13.6%	2-1
	(30)		(30)		(3)	(1)	(4)	(26)	(13.3%)	
상집계	1880	85	1795	11	44	18	73	1722	4.1%	

河允源 -河自宗 (하연계보제외)	197	9	188	5			5	183	2.7%	
	(30)	(1)	(29)	(2)			(2)	(27)	(6.9%)	
-河啓宗	64	7	57	1			1	56	1.8%	
	(8)	(1)	(7)	(1)			(1)	(6)	(14.3%)	
姜著	694	31	663	5	4	4	13	650	2.0%	17-21
하집계	955	47	908	11	4	4	19	889	2.1%	
河演妻 星山李氏	2	2	0							
河友明妻 順川朴氏	176	29	147		1	1	2	145	1.4%	1-7
河哲石妻 冶爐宋氏	239	27	212	2	5		7	205	3.3%	
河漢佑妻 檜原兪氏	18	2	16		3		3	13	18.8%	
檜原兪氏外譜 李氏	28	2	26		1		1	25	3.8%	
河千壽妻 善山金氏	84	10	74	2		1	3	71	4.1%	
善山金氏外譜 鄭氏	108	6	102	4		1	5	97	4.9%	
외보계	655	78	577	8	10	3	21	556	3.6%	
총계	3490	210	3280	30	58	25	113	3167	3.4%	67-90
(하씨남성, 가족)	(101)	(2)	(99)	(3)	(6)	(4)	(13)	(86)	(13.1%)	

〈참고〉 ( )안은 윗칸 수량 가운데 하씨남성의 수이다. 비고의 '왕실'은 종친부인물-가족수다.

그러나 여기서도 오래전에 후손의 계승 여부를 알지 못하고 계보를 지속시키지 못하는 자들이 '未考'등의 형태로 존재한다. '無后(=無後)'라고 해서 후계를 잇지 못함을 분명히 하는 경우가 있는가 하면, 그래서 '系子'를 둔 경우도 나타난다. 어쩐 일인지 『진양하씨세보』에는 오래된 세대의 계자라도 그 후계를 잇지 않는 경우가 적지 않게 나타난다. 이 경우는 정통의 계보를 잇지 못하는 것으로 여겼는지 의심된다. 이들은 모두 단절된 가족이라 할 수 있다. 이들을 가족총수에서 빼면 족보를 편찬할 때까지 연속된 3천여 가족을 확인할 수 있다. 이들이 족보 편찬의 주된 구성원들이었다.

각 자녀보마다 가족의 총수나 족보편찬시까지 연속된 가족의 수는 족보 등재인물의 수량적 분석에서 살펴본 경향성과 크게 다르지 않다. 주목하고자 하는 것은 6천명에 이르는 『진양하씨세보』 등재인물들의 반이 이들 가족의 네트워크 형성과정을 연원적으로, 계보상의 정당성으로 설명하기 위해서 존재한다는 점이다. 족보편찬시의 가족들로부터 바라보는 관점은 『진양하씨세보』에 등재된 인물이나 가족들이 혈연적인 정당성으로 당연히 등재된 것이 아니라 당시의 족보편찬 필요성에 의거해서 선별적으로 등재된 것이라는 사실을 상기시킨다.

편자 하혼의 직계선조인 하우명 형제들의 자녀보를 싣고 있는 상편에는 우선 하우명 후손들로 200여 명의 가족을 등재하는데, 만형 하효명의 계보에 연원을 두는 가족들이 그 두 배를 넘는 정도로 파악되고 있다. 더구나 누이들의 계보에 연원을 두는 가족들이 훨씬 더 많다. 이것은 하우명으로부터 먼 친족관계를 갖는 하집의 강시 계보에서 더욱 뚜렷한 현상으로 나타난다. 이렇게 더 폭넓은 네트워크를 진양하씨 족보에 끌여들일 필요성이 있었다는 말이 된다.

상대적인 측면에서 볼 때, 진양하씨 남성의 가족들이 타성씨 가족들보다 상대적으로 높은 단절율을 보인다는 것이 눈에 띤다. 실제로 이들 가족이 세대간 연속으로 계승되기 어려웠다는 것은 아니다. 이것은 실제로 후계가 단절되거나 후손들을 알지 못하여 타성씨 계보에는 등장하지 않았을 선조들이 상세히 소개되고 있다는 것을 의미한다. 족보를 편찬할 때에 진양하씨남성의 가족들에 대해서는 선조들의 기록을 더 많이 확보하도록 요구된 반면, 타성씨 가족에 대해서는 연원이 분명한 것을 광범위하게 연결시켜서 파악하고자 하는 방법을 취했다고 여겨지는 것이다.[13]

가족의 연대를 확대시키는 방법으로 『진양하씨세보』에서 취한 독특한 방법은 '외보'라는 형식으로 타성씨의 자녀보를 끌어들이는 것이다. 자녀보는 아들과 딸, 즉 부계 남성과 여성을 계기로 그 이후의 계보를 잇는 것이라면, 외보는 부계남성의 '배우자'를 계기로 그 네트워크를 포함시키는 방법이다. 여기서는 편자 하혼의 외가, 즉 부친의 배우자로부터 직계부계선조들의 배

13 진양하씨남성 가족들에 대한 정보가 손에 넣기 쉬웠고, 더 폭넓게 확산된 가족을 망라하기 위해 기왕에 확실한 연원을 갖는 자들로만 구성되어 있던 타성씨의 자녀보를 그대로 받아들이는 식의, 손쉬운 방법을 취했다는 측면도 부정할 수 없다.

우자들에 이르기까지의 가계들이 제시되었다. 그 가운데에서 하혼의 증조 河哲石의 妻家 冶爐宋氏와 고조 河友明의 처가 順川朴氏의 가계에 연원을 두는 가족들이 대거 편입되었다. 편자 하혼의 외가 가계를 연원으로 두는 가족들 수보다 훨씬 많다. 그런데 미미하기는 하지만 하씨남성 가족들에게 단절율이 높았던 것과 유사하게 하혼으로부터 먼 직계조상으로 갈수록 단절율이 낮아지는 경향이 있다-등재 가족이 적은 조모 가계의 사례를 예외로-.

이러한 외보의 제시와 더불어 이후의 족보에 일반화되는 것과 같이 부계남성에게 妻父에 대한 정보가 적히는 경우가 나타난다는 것,[14] 그리고 부계여성, 즉 딸에 대해서도 그 남편의 이름과 함께 '前室' 혹은 '後室' '二室' 등, 처로서의 상황이 구분되어 기록된다는 것도 새로운 기재방법이다. 네트워크의 확산을 드러내는 데에 처에 대한 기록이 족보상에 표면화되기 시작한다는 것은 족보편찬 방법에 중요한 의미를 갖는다. 이 점을 포함해서 다음 절에서는 『진양하씨세보』가 갖는 계보형태상의 특징을 전후하는 다른 족보의 그것과 비교함으로써 살펴보기로 한다.

Ⅳ. 1600년경 족보의 계보형태

1. 『四姓綱目』과의 비교

『진양하씨세보』가 편찬되기 얼마 전인 1590년대의 倭亂 시기에 慶尙道 宜寧 출신 李魯(1544~1598)에 의해서 『四姓綱目』이 편찬되었다. 하혼과 이로는 모두 경상도 晉州 권역 출신으로 儒學者 曹植의 문인들이다. 이 지

14 외보를 제시할 수 없는 주요한 몇몇 선조들에게만 배우자에 대한 정보를 기록했다.

역 지식인들이 중앙정계로부터 소외될 당시에 정치적 행보를 함께 하였다.[15] 『사성강목』은 수록범위가 그리 넓지는 않지만, 계보형태에서 『진양하씨세보』의 편찬에 상당한 영향을 끼쳤을 것으로 보인다.

『사성강목』의 四姓은 편찬자 父母의 '四祖'에 해당하는 네 가계를 가리킨다. '사조'란 호적상의 호 대표자 부부에게 기재되는 각각의 父·祖·曾祖와 外祖 인적사항을 말하므로, 한 호에는 이들 부부 각각의 친가와 외가, 4가족의 가장들이 기재되는 셈이다. 즉 편자의 부계인 固城李氏와 조모의 가계인 昌寧成氏, 어머니의 부계인 南平文氏와 외조모의 가계인 安岳李氏를 말한다. 이 4가족의 가계를 기준으로 4개의 계보가 하나의 족보로 묶여서 편찬된 것이다. 『진양하씨세보』의 외보로 제시하는 족보 편성방법의 원리와 같다. 즉, 이로의 친가인 固城李氏 가계를 기준으로 조모의 昌寧成氏와 모의 南平文氏는 그 '외보'가 된다. 그리고 외보인 남평문씨의 외보가 安岳李氏인 셈이다.

그런데 각각의 가계에 인물을 등재하는 방법은 당시까지의 일반적인 자녀보와 다른 모습을 보인다. 『사성강목』의 '綱'과 '目'은 각 성씨의 세로〔縱〕와 가로〔橫〕, 즉 직계와 방계의 계보를 말한다. 세로라는 것은 성씨마다 각각의 시조로부터 조부, 조모, 외조부, 외조모에 이르는 직계의 단선적 계보를 기본적인 축으로 삼는다는 것을 말한다. 그리고 가로로는 각 세대의 부계선조 한사람마다 그의 처의 사조를 기록하고 다음은 그들 부부가 낳은 자식들의 계보를 주요 인물들 중심으로 나열하고 있다. 각 성씨의 방계계보는 문장으로 설명하는 형식으로 기재되는데, 한 가계의 일 사례를 일반적인 계보형식에 따라 간략하게 도식화해서 나타내보면 다음과 같다.[16]

---

15 하혼은 李魯의 스승 崔永慶의 伸冤을 함께 한 일이 있다(장인진. 2010. 「계명대학교 동산도서관 소장 『晉陽河氏世譜』(萬曆本) 해제」. 『계명대학교 동산도서관 고문헌총서 13-晉陽河氏世譜(萬曆本)-』. 계명대학출판부. 398~405면 참조).

16 十二世 …… 山命 少子 …(출생년-1387-, 등과여부, 경력 등의 인적사항)… 配 淑人朴氏, 籍咸陽, 考 立紀 尙州判官, 祖 大猷 吉州牧使, 曾祖 慄 監門衛上將軍, 外祖 洪師舟 直長同正 豊山系也. 生二子. 次 克元, …(인적사항, 묘소위치 등)… 李克元 娶 …… 尹安仁之女, 子繼藩 別侍衛, 女元淑孫 副護軍. ○別侍衛 李繼藩 生四子一女, 子 桓 柱 楨 植, 女 韓雄 李桓女 …金光弼, 李

<그림 5> 固城李氏 12世 李山命의 계보

```
山命-(자)〔13세 克仁〕
    -(자)克元-(자)繼藩-(자)桓 -(여)金光弼
    〔次子〕            -(자)柱 -(자)成達〔無后〕
                       -(자)楨 -(자)永鑑 -(자)仁亨
                                       -(여)崔銖
                       -(자)植 -(자)順貞
                       -(여)韓雄
```

* 李山命의 配〔咸陽朴氏, 父 立紀, 祖 大猷, 曾祖 憬, 外祖 豊山洪氏 師舟〕, 李克元의 配〔尹安仁의 딸〕, 李繼藩의 配〔元淑孫의 딸〕

```
* 元淑孫-(여)許士良-(여)孫潤屋
        -(여)李崔-(여)金光遠
```

<그림 6> 固城李氏 13世 李克仁의 계보

```
克仁-(자)〔14세〕
    -(여)李翼〔無后〕
    -(여)宋祥-(자)世彦〔無后〕
             -(자)世俊-(여)朴良佑
                      -(여)朱悅
             -(자)世豪-(여)李涵-(자)有慶
                              -(자)善慶
                      -(여)朴世貞-(여)李仁恢-(자)夢記
```

* 李克仁의 配〔善山金氏, 父 從智, 祖 薿, 曾祖 璆, 外祖 李審言〕

```
* 金從智-(여)鄭天民-(자)嵩祐-(자)銓-(여)梁世節-(자)士元
                                               -(자)士亨
                                               -(자)士義
                            -(자)銛
                            -(여)林憲
```

〈참고〉 (자), (여)등은 일반적인 족보계보형식에 맞추기 위해 임의로 부기한 것이다.

柱子 成達 無後, 李楨子 永鑑, 永鑑子 …… 仁亨 女 崔銖, 李植子 順貞… ○副護軍 元淑孫 女 …許士良 李崔, 許士良之壻 孫潤屋, 李崔之壻 金光遠

十三世 …… 克仁 長子 …(출생년-1426-, 등과여부, 경력 등의 인적사항)… 配 宜人善山金氏 …… 從智之女, …… 薿之孫, …… 璆之曾孫, …… 李審言之外孫 丹溪氏 …(묘소위치)… 生一男二女. 女長 李翼 無後且早歿, 次 內禁衛 宋祥. ○內禁衛 宋祥 子 世彦 世俊 世豪 皆無繼姓. 宋世俊 女 朴良佑 朱悅 …… 宋世豪之壻 …… 李涵 朴世貞, 朴世貞女 李仁恢 仁恢子 夢記, 李涵子 有慶 善慶 …… ○附錄 生員 李從智之壻 一曰 縣監 鄭天民, 鄭天民子 嵩祐, 嵩祐子 銓 銛 女 林憲, 鄭銓之壻 梁世節, 世節之子 士元 士亨 士義 …….

고성이씨의 경우를 보면, 각 세대별 부계직계선조를 기준으로 우선 그 자녀의 계보가 기록된다. 길어야 6대정도에 그치지만 일반적인 자녀보의 형태를 띠고 있다. 단지 다음대에 기준이 되는 자의 계보는 중첩해서 기록하지 않는다. 여기서 『진양하씨세보』에 모습을 드러내기 시작하는 부계남성들의 처에 대한 정보가 이미 더욱 상세한 형태로 기록되어 있음을 발견한다. 즉, 妻父의 인적사항만이 아니라 호적에 기록되는 것과 같이 처의 '사조'가 모두 적히는 경우가 있다는 것이다. 나아가 간략하기는 하나, 처부로부터 시작하는 자녀 계보가 부록된다. 배우자의 기록과 함께 후대의 족보에서나 볼 수 있는 묘소의 위치가 기록된다는 것도 특이한 점이다.

이러한 식으로 부계직계선조마다 방계 형제들과 그 배우자의 간략한 자녀보가 기록되어 고성이씨 부분의 여러 성씨의 가족들이 네트워크를 형성하고 있다. 이것이 고성이씨를 포함하여 네 개의 네트워크가 하나의 족보로 통합되어 있는 것이다. 다기적인 여러 개의 혼인네트워크를 활용하여 가능한 한 그 지역 상층계급의 가족들을 망라하려는 시도가 행해졌다고 볼 수 있다. 이러한 계보기록은 『안동권씨성화보』와 같이 하나의 계보에 연결되지 않는 가족들까지 포함하여 선별적으로 등재하는 데에 유효한 방법이었다.

<그림 7> 『진양하씨세보』에 등재된 梁世節 가족의 계보 약도

柳京生-(자)柳惠-(여)梁承文-(자)梁荃-(자)梁世節-(자)梁士元-(자)梁秬
-(자)梁士亨
-(자)梁士義

『사성강목』의 편자인 이로는 『진양하씨세보』에 외보 회원유씨의 외보인 이씨 계보에 鄭渭의 사위로 나오는 데에 그친다. 그의 부계직계선조들의 계보는 보이지 않는다. 그러나 가령 위에 『사성강목』의 사례로 든 고성이씨 李克仁의 처부 金從智의 계보 가운데 梁世節 가족이 『진양하씨세보』에서 하우명의 누이 柳京生의 자녀보에 양승문의 손자 가족으로 등재되어 있음을 발견할 수 있다. 『진양하씨세보』는 『사성강목』의 내용을 그대로 인용하지는 않았지만, 각자 필요한 범위에서 중첩되는 네트워크가 선별적으로 등재되었다고 할 수 있다.

2. 조선중기를 전후로 하는 계보형태의 변화

앞에서도 언급한 바와 같이 1476년에 편찬된 『안동권씨성화보』는 안동권씨 시조 '權幸'으로부터 이어지는 하나의 '자녀보'로 편성되어 있다. 우선 자녀보는 부계남성의 '子'로 이어질 뿐 아니라 부계여성인 '女'로-실은 딸의 남편인 사위로-도 이어진다는 점에서 중국의 족보와 다른 특징을 보이고 있음은 주지하는 바이다.[17] 중국의 족보는 부계남성으로 단일화되어 장자로 이어지는 직계후손의 배타성과 방계의 형제로 무한히 확대되어가는 개방성이 그 편성원리라고 할 수 있다.[18] 이에 반해 조선왕조시대의 자녀보는 선별적인 등재로 말미암아 계층적으로 집단화하려는 배타성과 부계남성으로 계보가 단일화되지 않고 혼인과 더불어 무한히 확대되는 네트워크의 개방성을 편성원리로 한다.[19]

『안동권씨성화보』는 안동권씨 가계 여성들의 혼인관계를 매개로 편찬되

---

17 宮嶋博史. 2004. 「東洋文化研究所所蔵の朝鮮半島族譜資料について」. 『明日の東洋學』 7. 東京大東洋文化研究所; 孫炳圭. 2004. 「인구사적 측면에서 본 호적과 족보의 자료적 성격」. 『大東文化研究』 46. 성균관대 대동문화연구원. 79~110면.

18 Martina Deuchler. 1992. *The Confucian Transformation of Korea: A Study of Society and Ideology, Council on East Asian Studies.* Cambridge.

19 『안동권씨성화보』는 조선왕조 건국과 신분제의 변동으로 인하여 중앙관료들이 고려의 귀족제도-양반- 붕괴에 대응하여 그들을 중심으로 사회계층적 재결합을 시도한 결과물이라 할 수 있다(孫炳圭. 2010. 「13~16세기 호적과 족보의 계보형태와 그 특성」. 『대동문화연구』 71. 성균관대 대동문화연구원. 7~41면 참조).

었기 때문에 기준이 된 안동권씨 가계의 남성은 750명에 미치지 못하여 족보에 등재된 전체인원 1만여 명 가운데 7%정도에 지나지 않는다고 한다.[20] 성씨를 달리하는 여러 가족들은 족보 편찬을 위해 자신들이 가지고 있던 선조들의 계보 정보를 제공하였다. 계보 정보는 父·祖·曾祖라는 부계남성의 계보만이 아니라 母, 祖母, 外祖母 등의 계보를 포함한다. 이 정보는 두 가문이 혼인과 함께 서로 교환한 중첩된 '四祖' 기록과 부계직계선조들을 자신에 이르기까지 단선으로 기록해 오던 '世系'등을 말한다.[21] 이러한 계보정보는 다른 가계들과의 혼인관계를 찾아 안동권씨 가계에 연결하는 데에 기여했다.

그런데 『사성강목』과 『진양하씨세보』는 『안동권씨성화보』와 같이 중앙을 주무대로 전국적 범위에서 이루어지는 혼인네트워크가 아니라, 벽지의 한 지역에 한정된 혼인네트워크를 증명하는 계보라 할 수 있다. 중앙정계는 권력의 부침이 심하여 여러 성씨, 여러 가문이 장기적으로 연대를 유지하기 어려우나, 향촌사회는 한정된 지역에서 한정된 가문 사이의 장기적인 연대가 가능했다. 향촌사회에서는 하나의 행정구역에 여러 성씨의 상층계급 가족이 자치조직을 결성하여 지방관을 보좌하고 그 자문기관을 통해 지방통치에 관여하고 있었다. 이 조직은 현지출신 사이에 혼인한 자들로 한정된 배타적인 조직이었다. 그들 내부의 '通婚圈'을 형성하여 그들 사이의 혼인관계를 지속시키기 위해 역대 혼인관계를 족보에서 증명하고자 하였다.

1600년경은 통치 권력의 중앙집권화 경향 가운데 지방 세력이 중앙으로부터 소외되어가고, 여기에 일본의 침략에 대응한 義兵 창립과 항쟁, 주민의 이동 등을 계기로 지방의 지배질서가 새롭게 재편되기 시작하는 시기였다. 중앙에서 장기적으로 거주하는 가문과의 혼인은 드물어져 지방적 성향

---

20 宮嶋博史. 2009. 「『安東權氏成化譜』를 통해서 본 한국 족보의 구조적 특성」. 『대동문화연구』 62. 성균관대 대동문화연구원. 201~241면; Lee, Sangkuk, & Park, Hyunjoon. 2008. 「Marriage, social status, and family succession in the medieval Korea (thirteenth~fifteenth centuries)」. *Journal of Family History* 33. pp. 123~138.

21 孫炳圭. 2010. 앞의 논문. 7~41면.

을 띠기 시작하지만 중앙정계와의 연계라는 끈을 놓치지 않고 있었다.

왕실 인물과의 혼인을 계기로 하는 계보를 『진양하씨세보』에서 확인해보는 것은 당시의 이러한 특징을 확인하는 흥미로운 일이 될 것이다(〈표 2〉의 '비고'란 참조).[22] 『진양하씨세보』에는 70명에 가까운 왕실 인물이 등재되고 편찬당시 90개의 가족이 관계되어 있다. 그런데 하우명의 자녀보에는 2명의 왕실인물과 하나의 가족밖에 보이지 않는 데에 반해, 특히 金孟廉의 자녀보에 25명의 왕실인물과 29개의 가족이, 그리고 편자로부터 먼 친척관계인 강시의 자녀보에도 17명의 왕실인물과 21개의 가족이 집중적으로 나타난다. 더구나 김맹렴의 계보에는 仁祖가, 강시의 계보에는 明宗과 宣祖, 그리고 광해군이 등재되어 있다. 『진양하씨세보』에 이들 김맹렴과 강시의 자녀보에 등재된 인물과 가족이 월등히 많이 등재되어 있음은 이미 본 바와 같다. 이것은 왕실인물의 등재 경향과 매우 밀접한 관계를 갖고 있다는 것을 짐작할 수 있다.

이러한 통혼권을 편자를 중심으로 하는 하나의 족보에 모두 표현해내기 위해서는 계보를 작성하는 다양한 방안이 요구되었다. 이에 따라 몇 개의 가계로 분산시켜 여러 개의 계보 기준을 부여함으로써 확대된 네크워크를 하나의 족보에 수용하는 방식이 택해졌다. 딸의 혼인을 매개로 사위의 자녀보를 확보하는 기존의 족보편찬 방법에 아들의 혼인, 즉 처를 매개로 처가의 자녀보를 확보하는 새로운 방안이 제시되기 시작한 것이다. 이것이 1600년 전후의 족보가 갖는 계보형태상의 특징이다.

그러나 처에 대한 기록이 전혀 새로운 것은 아니다. 이미 조선건국 이전부터 호적의 대표자 부부에게 '사조'라는 각자의 계보적 연원을 밝히도록 하는 신분제적 기재가 존재했다. 이 기록이 '世系'와 같은 단선으로 이어지는 직계후손 계보와 더불어 『안동권씨성화보』와 같은 초기의 자녀보를 작성하는 하나의 근거가 되었다고 여겨진다. 축적된 호적의 계보 정보에 기초하여 혼인관계를 연

22 '왕실인물'이란 宗親府나 敦寧府에 소속된 君, 都正, 正, 守, 令등을 말한다.

원적으로 거슬러 올라가, 안동권씨 부계계보에 연결시켰던 것이다. 1600년 전후에는 여기에 더해 별도의 혼인네트워크를 연결하는 계기로 처에 대한 정보가 제공되거나 처가의 자녀보가 제시되었다.

1600년 전후의 족보에는 '內外譜'의 '外'에 대한 서로 다른 인식이 존재한다. 현전하지 않지만 1606년에 편찬되었다고 하는 『安東權氏乙巳譜』는 부계남성(아들)만이 아니라 부계여성(딸=사위)으로 가계가 길게 연결되는 자녀보라고 한다.[23] 그런데 여기서 부계여성으로 이어지는 계보를 '外派'라 칭했다. 물론 사위로부터 이어지는 이러한 계보도 또 하나의 자녀보였을 것이다. 중요한 것은 부계남성의 배우자 집안의 계보를 '外譜'라 할 때의 '外'와 다르다는 점이다.

『진양하씨세보』에서는 이러한 '외파'를 부계남성으로 시작하는 '子派'에 대해 '女派'라 부르고, 부계남성의 배우자 가계, 즉 처가의 계보를 '외보'라 칭하여 '내외보'의 '외'의 범위를 확대시켰다. 물론 이것도 자녀보다. 처의 정보를 기록하는 족보도 부계남성='내'에 대해 '외'의 기록이라 할 수 있다. 『사성강목』의 4성 각각의 계보는 편자 부모의 四祖를 계기로 연결되는데, 각 성씨별 계보에는 자녀보와 함께 처의 정보를 기록하여 더 확산될 네트워크의 연결점을 확보해 두고 있다. 이러한 점에서 처에 대한 정보가 기록되는 17세기 이후의 족보도 '내외보'의 성격을 지니고 있다고 할 수 있다.

17세기 이후 족보에도 아들과 딸 양쪽으로 이어지는 '자녀보' 형태에 기초하여 처가 족보를 포함하는 '내외보'가 지속적으로 편찬되었지만,[24] 부계남성 중심의 계보로 단일화되는 족보가 일반화되었다. 처에 대한 정보를 기

---

23 宮嶋博史. 2009. 앞의 논문. 201~241면.

24 오히려 '외보'는 17세기 이후에나 가능하다고도 한다(成鳳鉉. 2004. 「固城李氏 『先世外家族譜』와 『八高祖圖』」. 『古文書硏究』 24. 한국고문서연구회, 2004). 고성이씨의 『先世外家族譜』는 편자의 처가와 부계 및 모계 선대의 여러 집안의 계보를 망라하여 각각의 '외보'로 기록하는 족보이다. 이 외보는 17세기 이후에 이미 편찬된 각 집안의 부계적 족보를 구해서 기록한 것으로 이해되고 있다. 그러나 그 '외보'가 자녀보 형태라면 1600년 이전에 만들어진 계보일 가능성도 있다.

록함으로써 딸에 대한 정보를 줄이는 계보형태로 전환이 일어났다. 여러 성씨가 이러한 부계남성의 계보를 중심으로 하는 족보의 편찬을 분담하게 된 것이다. 그 족보에 그들의 처를 다른 부계남성 중심 계보와의 연결점으로 기록해 두도록 했다. 부계남성의 계보에 처의 정보가 기록되는 대신에 그 남편은 처가의 가계에 사위로 등재되는 것이다.

1476년 『안동권씨성화보』는 선조들의 혼인관계로부터 안동권씨 부계계보로 연결되는-혹은 연결시킨-부부들을 한 권의 책자에 담을 수 있었다. 그러나 후대로 가면서 등재되는 후손이 늘어나고 새롭게 선조대의 계보를 잇는 자들이 첨입되면서 혼인네트워크의 정보량이 방대해졌을 것이다. 『안동권씨성화보』에 이어서 같은 자녀보의 형식으로 1605년에 편찬되었다는 『안동권씨을사보』는 19책이나 된다. 그러나 반세기 뒤인 1654년에 편찬한 『安東權氏甲午譜』는 새로운 여러 부계 계파가 첨입되었음에도 불구하고,[25] 부계남성 중심으로 계보를 단일화하는 대신에 그들의 처에 대한 정보를 기록함으로써, 다시 한권의 책자로 편찬될 수 있었다.

<그림 8> 각 족보의 배우자 기록을 계기로 하는 혼인네트워크의 연결 개념도

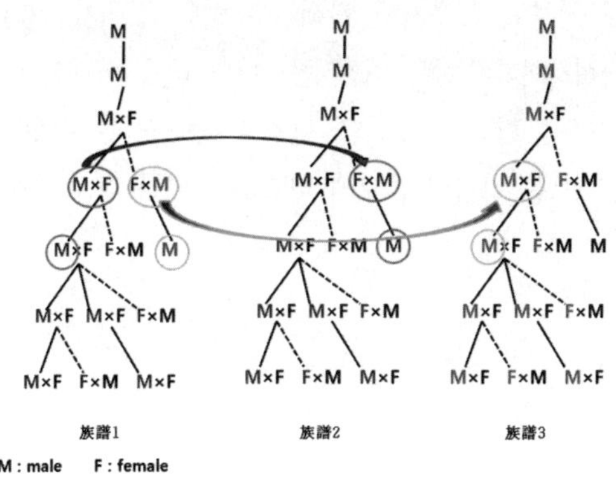

25 『安東權氏甲午譜』. 1654년 편찬.

V. 맺음말; 조선왕조시대 족보의 편찬원리

조선왕조시대의 족보는 신분제의 유동성에서 기인하고 신분적 배타성에 의거하여 동일계층의 사회집단을 결집하려는 의도로 편찬되었다. 그러나 한편으로 족보 편찬에는 네트워크의 개방성에 기인하여 편찬에 참가하는 가계가 끊임없이 확산되고 교체되는 변화를 겪는다. 말하자면 선별적이고 계층적인 집단화의 배타성과 혼인과 더불어 무한히 확대되는 네트워크의 개방성이라는 두 가지 서로 다른 원리로 족보가 편찬되었다. 조선왕조시대 족보의 계보형태와 기재사항이 부계혈연집단의 결집을 강화하는 방향으로만 작용하지는 않았다는 것이다.

1600년경에 편찬된 족보들은 그 전과 후에 편찬된 족보들의 계보형태와 그 특성이 갖는 연속성과 변화를 동시에 보여준다. 특히 『진양하씨세보(만력본)』에서 주목되는 것은 무엇보다 부계여성의 배우자인 사위의 가계에 더해서 부계남성의 배우자인 처가쪽 계보를 수용했다는 점이다. 또한 외보로 처가의 계보를 수용하지 못한 주요 선조 몇 명에 한정되어 있기는 하지만, 부계남성 개인의 정보에 배우자에 관해 기록하는 경우가 있다. 처에 대한 정보는 이미 『사성강목』과 같은 다른 족보에도 더욱 상세하게 기록된 예가 있다. 이러한 족보는 편찬자 개인의 선조를 중심으로 계보를 선택했지만, 여러 다른 계보 정보를 하나의 족보에 취합하기 위한 장치로 이해된다.

<그림 9>

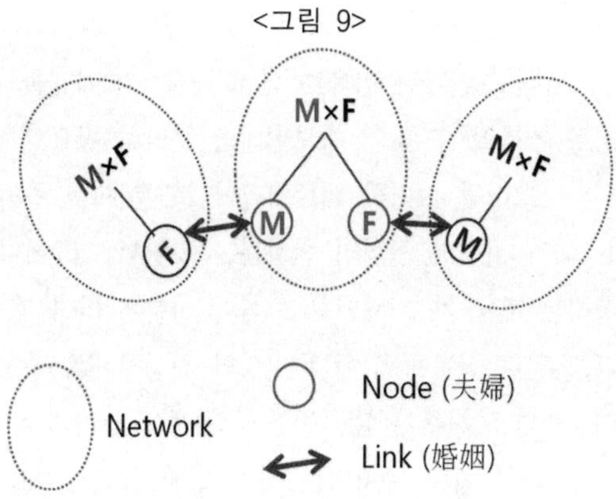

이전의 족보에는 딸과 사위를 잇는 방법으로 한정된 가족들을 연결하여 하나의 네트워크로 표현하였다. 그런데 1600년경에는 아들의 계보를 확충하고 사위의 계보를 독립적으로 설정하며, 여기에 아들의 처가 계보를 더하여 네트워크의 확산에 대응했다. 특히 아들과 그의 처를 매개로 네트워크를 잇는 방법이 고안되어 족보편찬에 활용되기 시작했다. 서로 다른 네트워크를 '링크'시키는 접점을 '노드(node)'라고 한다. 사위로부터 이어지는 '女派'의 계보나 처가의 계보인 '外譜'를 서로 잇는 연결점, 즉 족보에서 네트워크 사이를 링크하는 노드는 부부이다. 1600년경까지의 족보는 딸과 그의 남편이 연결점의 역할을 했으며, 이때부터 그것에 더해 아들과 며느리가 연결점으로 등장했다는 것이다.

또한 부부의 혼인으로 링크됨으로써 확산되어 가는 사회네트워크의 개방성으로 인하여 족보편찬이 마무리된 뒤에도 '追錄'이나 '別譜'의 형식으로 끊임없이 계보가 첨가되어 갔다. 뿐만 아니라 족보편찬의 그러한 원리는 17세기 이후의 족보편찬에도 지속적으로 적용되었다. 부계남성의 계보로 단일화되는 경향이 있는 17세기 이후의 일반적인 족보에는 각 부계남성들의 배우자, 처의 기록이 네트워크의 연결점으로 기능했다.

17세기 이후에 편찬되는 족보가 부계남성을 중심으로 그 배우자=처부의 정보를 기록하는 형태로 전환된 이유는 신규 등재자와 가계들의 증가로 인하여 하나의 책자로 기록할 수 없어 족보편찬을 분담할 필요가 있었다는 것으로 짐작되고 있다. 그러면 그러한 네트워크의 분담체제를 합의하는 것이 가능했던 사회시스템의 성격과 인식의 변화는 무엇일까? 17세기 이후 족보에는 배우자-정확히는 妻父-가 기재되고 그녀의 신분에 따라 후손의 등재여부가 달라진다. 통혼권과 신분제 상에서 여성의 위상이 갖는 중요성은 이전과 다를 바가 없다. 또한 조선후기에는 '문중'의 형성이 강하게 주장되고 있으나 섣불리 변화를 증명하기에는 주저되는 바가 없지 않다. 변화는 네트워크의 확산을 차단하고자 할 때의 상황과 차단하는 방법에 있는 듯한데, 이 문제는 앞으로의 연구에서 커다란 숙제다.

한국족보의 특성과 동아시아에서의 위상

족보에 나타난 사망력, 1700-1945
- 9개 가문의 족보를 중심으로- | 박희진

족보에 나타난 사망력, 1700-1945

—

9개 가문의 족보를 중심으로

—

박희진

Ⅰ. 머리말

조선후기 및 식민지시기 인구현상은 어떠했을까. 20세기 이전 연구들은 주로 『호구총수』나 『조선왕조실록』, 『간이 국세조사보고서』등 집계된 거시적 데이터를 중심으로 이루어 졌다. 거시적 데이터를 이용한 연구는 자료자체의 한계로 구체적인 사망력의 변천과정은 물론 인구현상에 대해서도 큰 진전이 없는 상태였다.[01]

미시적 자료를 이용하면서 이를 극복하기 위한 작업이 가능하게 되었다. 21세기에 들어서야 1925년 이전의 인구현상에 관한 본격적인 연구가 그 발걸음을 떼기 시작한 것이다. 이기순은 봉산이씨와 고령신씨의 족보를 이용하여 혼인연령과 가족규모를 추정하였다.[02] 宮嶋博史는 『渚上日記』와 『족보』『除籍簿』, 『조선총독부 통계연보』 등을 이용하여 사망월일과 조선사회의 장기변동과의 관계를 분석하였고[03], 김건태는 단성지역의 호적을 이용하

01 기존연구에 대한 검토는 宮嶋博史. 2003.「한국 인구사연구의 현황과 과제」. 『한국역사인구학의 방향 설정을 위하여』. 동아시아학술원 국제학술회의 발표논문. 161-194쪽; 박희진 · 차명수. 2003. 「조선후기와 일제시대의 인구변동-전주이씨 장천군파와 함양박씨 정랑공파 족보의 분석-」. 『경제사학』 35호; 차명수. 2009. 「조선후기의 출산력, 사망력 및 인구증가 : 네 족보에 나타난 1700~1899년간 생몰 기록을 이용한 연구」. 『한국인구학』 제32권 1호 를 참조.

02 이기순. 1996.「봉산 이씨 족보를 통해 본 조선시대 가족 규모」. 『홍익사학』 6호. 1-16쪽; 이기순. 2001.「조선후기 고려신씨의 혼인 출산과 수명」. 『한국사학보』 10. 75-114쪽.

여 혼인연령을 추정하였다.[04]

사망력에 관한 본격적인 연구는 박희진·차명수에 의해 시도되었다. 全州李氏 長川君派와 咸陽朴氏 正郞公派의 족보를 이용하여 1700-1938년의 粗死亡率 추이를 살펴보았다. 이 연구에 따르면 1700-70년대까지 1000명당 10 전후를 보이던 조사망률이 18세기말 19세기 초 이후 증가하여 19세기 중엽에는 20정도의 수준으로 상승하였으며, 1900년을 전후하여 1938년까지 지속적인 감소추세를 보이고 있다. 또한 차명수는 네 가문의 족보를 정지인구개념을 이용하여 18-19세기 사망력을 세기별로 추정하였다.[05]

그러나 모든 연령에서 동일한 비율의 사망률을 전제한 조출산율이나 조사망률에 관한 정보만으로는 어떤 연령계층에서 어떤 요인으로 사망률이 증가 또는 감소했는가를 구체적으로 알 수가 없다. 예를 들어 같은 조사망률을 보인다고 하더라도 50세 이상의 노년층의 사망률과 0-20세의 사망률이 인구증감 및 사회에 미치는 영향은 다르게 나타난다. 연령구조의 변화는 곧 인구현상의 변화를 의미하는 것이다. 또한 정지인구를 이용한 사망력추계는 기본분석단위를 세기별로 측정하고 있어 100년간의 변화에 대한 정보를 제공할 수는 없다.

이 논문은 조선후기 및 식민지시기의 연령구조 및 연령별 사망구조를 통해 18세기 이후 사망력 지표들이 의미하는 바가 무엇인가에 대해 살펴봄으로써 사망력의 변동이 이야기하는 의미를 알아보고자 한다.

이를 위하여 2장에서는 족보자료가 인구자료로서 어느 정도 타당성이 있는 가를 살펴본다. 3장에서는 족보의 연령구성과 연령별사망률을 신뢰할 만한 국세조사의 결과와 비교하여 족보자료의 신뢰성에 대해 살펴본다. 이

---

03 宮嶋博史. 2001.「사망의 계절적 분포와 그 시기적 변화」.『맛질의 농민들』. 안병직 · 이영훈 편. 일조각. 363-389쪽.

04 Kim, Kuen-Tae. 2005. "Eighteenth-century Korean marriage customs: the Tansŏng census registers". *Continuity and Change* 20(2). PP,193-209.

05 차명수. 2009.「조선후기의 출산력, 사망력 및 인구증가 : 네 족보에 나타난 1700~1899년간 생몰 기록을 이용한 연구」.『한국인구학』 제32권 1호.

를 바탕으로 4장에서는 연령별사망률과 기대여명을 이용하여 사망력의 추이와 그 의미를 살펴보고자 한다.

Ⅱ. 자료의 성격

이 논문의 분석대상은 전주이씨 무안대군파, 전주이씨 장천군파, 함양박씨 정랑공파 그리고 강릉김씨 6개파 등 9개 가문의 족보이다. 전주이씨 무안대군파는 태조의 7번째 아들로 태어나 1398년 제1차 왕자의 난 때 살해된 무안대군 李芳蕃을 시조로 하는 파계이다. 그 후 1437년 세종은 그의 억울한 죽음을 기려 다섯째 왕자 廣平大君을 봉사손으로 후사를 잇게 하였다.[06] 실제로 조선시대까지는 무안대군파로 명명되었으나 식민지시기 이후로는 광평대군파로 부르고 있다. 광평대군 李璵는 1425년 생으로 그의 후손들은 주로 서울 경기지방과 충청도를 중심으로 거주하고 있다. 판본은 선원기략과 1833, 1847,1900,1962,1977년 판본을 이용하였다.

장천군은 조선 2대 왕인 정종의 13남으로서 1402-9년 사이에 출생했는데 장천군파는 그를 시조로 하는 가계를 말한다. 장천군파는 처음에는 서울에 거주했지만 4세 이후 전라도 고창 및 부안 황해도 평산, 충청도 보은, 경기도 양주 및 파주로 흩어지게 되었다. 장천군파 족보는 1856년 家乘譜와 璿源紀略을 참고해서 처음 만들어진 뒤 다섯 차례에 걸쳐 개수되었는데 시기는 1878, 1900, 1947, 1966, 1989년이다. 본 연구에서는 이 중 1947, 1966년 본을 제외한 선원기략 및 4개 판본을 이용했다.

함양박씨 정랑공파는 正郎公 朴從鱗의 후손들이다. 박종린은 1496년생

06 무한대군파는 그러므로 실제로는 광평대군을 파조로 하는 파계이다.

이며, 그의 후손들은 경상도 예천과 봉화 지역에 주로 거주했다. 여기서 사용한 판본은 1694, 1789, 1849, 1939, 1987년 본이다. 이를 통해 볼 때 이 논문에 사용된 자료는 전국적인 분포를 가진 데이터가 아니라 경기도, 충청북도, 전라북도, 경상북도 등의 일부 지역이며, 일반평민들의 가계가 아닌 중상층이상의 지위를 가진 양반들의 자료이다.

마지막으로 강릉김씨 족보 중 가장 생몰연도의 기재가 양호한 6개파 족보를 이용하였다. 신라말의 金周元을 시조로 하는 강릉김씨의 경우 출생과 사망에 관한 기록이 풍부하다고 판단되는 大保公后 評議事公派, 太師公后 副正公派, 翰林公后 慕菴公派, 逸老公派,淸簡公派, 愧堂公后 參判公派 등 6개파 족보를 이용했다. 판본은 부정공파, 평의사공파, 청간공파, 괴당공파는 주로 강원도 지역에 거주하였으며, 모암공파와 일노공파의 세거주지는 경기와 충청도 일원이다.

표1 <仕宦 비율>

단위 : %

	A	B	C	D	E	F	G	H	I	평균
사환	4.6	6.0	5.1	2.4	4.0	6.1	2.3	2.8	0.9	4.3
생진	1.5	0.0	1.3	0.5	0.7	0.7	0.8	0.3	0.5	0.9
계	6.1	6.0	6.4	2.8	4.6	6.8	3.1	3.2	1.4	5.3

주: 1) 관직비율은 적자 중 관직자수/적자수를 의미한다.
2) '생진'은 生員과 進士임

이들 가문은 모두 사환을 경험하는 양반가문들이다. 명예직은 제외한 실직을 역임하였거나 생원진사시를 합격한 사람들만을 대상으로 살펴 본 결과, 전체 적손 18,333명 중 5.3%가 관직을 역임하였거나 생원진사를 지낸 사람들이다. 이 중 A, B, C, F 가문이 6.0%가 넘어 仕宦이 많은 집안인 반면, D와 I 가문은 초기를 제외하고는 관직을 경험한 사람이 거의 없어 재지사족의 범주를 벗어나지 못하고 있다.

표2 <품계별 사환수>

단위 :%

	A	B	C	D	E	F	G	H	I	평균
당상관	6.3	17.9	20.0	11.3	14.3	6.9	7.4	6.9	10.5	11.3
참상관	50.0	62.8	46.2	32.3	47.6	64.4	44.4	20.7	42.1	45.6
참하관	18.8	19.2	13.1	40.3	23.8	18.8	22.2	62.1	10.5	25.4
생진	25.0	0.0	20.7	16.1	14.3	9.9	25.9	10.3	36.8	17.7

그러나 사환수와 사환의 품계는 약간 차이를 보이고 있는데 사환비율이 높은 C가문은 당상관이상의 벼슬을 지낸 사람들이 120명이나 되며 문과급제자가 115명이나 되어 질적으로나 양적으로 가장 현달한 벌족가문인 것으로 나타난다. B 또한 당상관비율이 높은 것으로 나타나지만, A와 F가문은 관직비중에 비해 당상관이상의 고위관직비중은 크게 떨어지는 양상을 보이고 있다. 그러므로 연구에 사용된 자료는 재지사족적인 A, H, I 가문과 B, C, E와 같은 고위관료를 지속적으로 배출한 가문 등 다양한 양반가문들을 포함하고 있다. 이상과 같이 이 논문에 사용된 자료는 전국적인 분포를 가진 데이터가 아니라 경기도, 강원도, 충청북도, 전라북도, 경상북도 등의 지역의 데이터이며 일반평민들의 가계가 아닌 중상층이상의 지위를 가진 양반들의 자료이다.

연구에 사용된 4개 가문 9개파 족보에 기록된 총인원수는 53,487명이다. 적손이 서손의 약 3배정도 이며, 50%가 넘는 사람들은 모삽의 가능성이 있는 사람들이다. 또한 사망력을 계산하기 위해서는 출생과 사망연도가 모두 있어야 하는데, 표3에 나타난 것 처럼 족보에는 모든 사람의 출생과 사망기록이 기재되어 있는 것은 아니다. 출생과 사망이 모두 기록된 사람 뿐 만 아니라 출생이나 사망기록만 기재된 사람 그리고 출생과 사망기록이 없는 사람들이 있다. 족보자료는 누락된 인원으로 인한 편의가 발생할 수 있다. 누락률이 낮은 적손 만을 대상으로 분석함으로써 그 편의를 줄이고자 하였다. 표3에 나타난 바와 같이 嫡孫은 77%인 반면, 庶孫은 46%, 모삽의 위험이 있는 사람들의 기록은 52%에 불과하므로 이 중 본 연구에 사용된 자료는 누락이 적은 적손 14,082명을 대상으로 분석하였다.

여기에 족보에 등재되지 않고 누락된 사람들이 있을 수 있다. 단성지역 김해김씨의 족보에서도 누락된 인원이 나타나며07, 특히 단성지역의 합천이씨가 족보의 경우 호적자료에는 존재하지만 족보에는 누락된 인원의 비율이 전체의 30%에 달하고 있다.08 이들이 족보에 나타난 사람들과 다른 사망경향을 가지고 있다면 편의가 발생할 수 밖에 없다.

이상과 같은 세 가지 문제를 해결하기 위해 자료를 다음과 같이 재구성하였다.09

표 3 <세대별 출생과 사망이 모두 기록된 사람들의 비율>

(단위: 명, %)

가문	적손			서손			불명			계		
	인원	생몰	%	인원	생몰	%	인원	생몰	%	인원	생몰	%
A	263	201	76	316	147	47	2,168	995	46	2,747	1,343	49
B	1,295	748	58	59	17	29	10,473	4,866	46	11,827	5,631	48
C	2,201	1,886	86	298	230	77	3,163	1,585	50	5,662	3,701	65
D	454	392	86	345	109	32	1,437	641	45	2,236	1,142	51
E	866	800	92	99	31	31	1,757	679	39	2,722	1,510	55
F	914	670	73	82	11	13	477	210	44	1,473	891	60

07 은기수. 1998.「조선후기 호적과 족보를 이용한 인구와 가족의 재구성-단성현 안동권씨 상암선생파를 한 예로」.『한국의 사회와 문화』25. 53-109쪽.

08 손병규. 2003.「인구사적 측면에서 본 호적과 족보의 자료적 성격」.『한국역사인구학의 방향 설정을 위하여』. 동아시아학술원 국제학술회의 발표논문. 195-209쪽: 이 연구결과 나타난 누락비율을 살펴보면 19세기에 비해 18세기의 누락비율이 높으므로 박희진 · 차명수의 연구에 나타난 18세기 인구증가율은 상대적으로 과소평가되어 있고, 19세기의 인구증가율은 과대평가되어 있다는 결과를 얻을 수 있다. 그러나 족보자료에서 누락된 인원의 규모와 정도 및 대상 등에 대한 더 많은 사례연구가 있어야 그 누락의 실체를 파악할 수 있을 것이다. 예를 들어 족보에서 누락된 사람들의 경우 대부분 庶派일 가능성이 많은데 이에 대한 구체적인 연구는 아직 진행되지 않은 상황이다.

09 자료를 작성하는 과정은 박희진 · 차명수. 2003. 앞의 논문. 6-11쪽을 참고.

G	1,491	1,061	71	921	321	35	1,082	507	47	3,494	1,889	54
H	9,504	7,399	78	3,872	1,982	51	7,860	5,258	67	21,236	14,639	69
I	1,345	925	69	366	104	28	379	262	69	2,090	1,291	62
계	18,333	14,082	77	6,358	2,952	46	28,796	15,003	52	53,487	32,037	60

주 : '인원'은 족보에 기재된 사람수 이며, '생몰'은 출생과 사망기록이 모두 있는 사람 수 임.

먼저 적손과 서손이 확실한 사람과 모삽의 가능성이 있는 사람을 구분하고 위보의 가능성이 있는 사람들은 분석에서 제외하였으며, 혈연적으로 연결된 사람들만을 대상으로 분석하였다. 그럼에도 불구하고 이 논문의 결과는 23%의 누락된 사람들에 대한 정보를 파악할 수 없으므로, 이들의 사망력이 논문에 사용된 사람들과 비슷한 사망경향을 가지고 있다는 가정을 전제하고 있음을 밝혀 둔다. 출생과 사망연도의 기록이 없는 사람들은 일찍 사망하였거나 자식이 없는 경우가 많아 이들을 제외하고 계산한 사망력은 실제보다 과소 평가될 가능성이 높다.

Ⅲ 인구자료로서 족보의 신뢰성

1. 연령구조(age composition)

족보에 나타난 인구자료는 어느 정도 신뢰할 수 있을까. 족보가 일반적인 인구자료와는 어떠한 관계가 있는가. 이를 알아보기 위한 가장 기본적인 작업은 연령구조를 파악하고, 이를 신뢰할만한 결과와 비교하는 것이다. 한국 족보자료의 가장 큰 장점은 중국 족보나 센서스자료와는 달리 조선후기부터 현재까지 연결된 시계열적 인구자료가 있다는 점이다. 중국의 경우 공산화로 인하여 1949년 이후 족보가 단절된 반면에, 어느 정도 신뢰할 만한 중국전체의 인구통계는 1960년대 이후에나 가능하므로 족보의 인구자료로서의 신뢰성을 비교·검증할 수 있는 방법이 없다. 물론 우리나라의 경우도 1925년 이전은 인구자료로서의 족보가 가지는 타당성 여부를 검증해 줄 수 있는 자료가 없다. 그러나 1925년 실시된 국세조사의 인구통계는 상당히 신뢰성이 높으며, 이를 근거로 권태환이 작성한 1925-40년의 추계인구는 더욱 신뢰할 만할 것으로 평가된다.[10] 족보자료를 권태환 추계인구의 연령구조(age composition)와 연령별사망확률(age-specific death rate: ASDR)과 비교하여 족보의 생존인원의 구성 및 사망구조에 대한 신뢰성을 살펴본다.

연령구조는 국가 또는 특정인구의 연령별 구성을 절대숫자 또는 비율로 나타낸 것으로 인구구조의 특성을 보여주는 지표이지만, 인구자료의 적합성 여부를 판단하는데도 많이 이용되고 있다. 권태환은 38선 이남지역을 대상으로 1925-40년 센서스 인구와 일본, 중국지역 등 해외거주자 추계를 합산하여 남한의 인구를 추계하였다. 족보의 인구자료로서의 적합성을 검토하기 위하여 20세 이후 생존한 사람들을 대상으로 권태환의 연구와 족보의 인구구성을 비교하였다.

족보와 추계인구는 대체로 센서스의 연령구조와 전반적으로 유사한 연령비율과 패턴을 보이고 있어 연령구조 면에서는 족보자료도 인구자료로서 신뢰할 수 있는 것으로 나타난다. 구체적으로 살펴보면 족보자료의 경우 35-40세의 연령계층의 비중이 센서스자료보다 상대적으로 낮은 반면 20-30세의 연령계층의 인구비중은 상대적으로 높은 것으로 나타나고 있다. 족보의 연령구조가 추계자료에 비하여 상대적으로 더 빠른 인구성장구조를 띄고 있다는 것을 알 수 있다. 아마도 족보자료의 작은 표본 수, 우월한 사회적 배경 등으로 인한 오차인 것으로 파악된다.[11]

---

10 Kwon, T. H. 1977. *Demography of Korea*. Seoul National Univ. Press. pp,274-84.

11 족보자료의 문제점 외에도 추계자료에서 15-30세의 인구 누락으로 발생한 오차 가능성도 전혀 배제할 수는 없다. 추계인구의 연령구조는 일본 및 만주의 인구를 포함한 해외거주인구도 포함한 연

그림1 기간별 20세 이후 연령구조

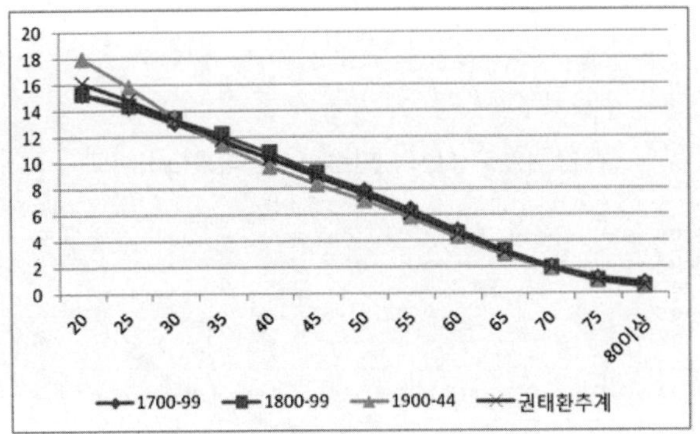

주 : 권태환추계는 1925-44년 구간의 남한지역 평균치임.
자료 : 9개 가문의 적손을 모두 합한 자료임.

또한 1700-1900년의 연령구조를 100년 단위로 살펴보면 성인의 인구 구성의 경우 1900년 이후 권태환 추계 연령구조와 거의 같은 구조를 가지고 있다. 물론 1900-45년까지 족보의 인구구성이 유사한 경향을 나타낸다고 하더라도 1900년 이전 족보 인구구성이 타당하다는 것을 검증하는 것은 아니다. 그러나 족보의 작성방식이 18세기 이후 20세기 초까지 거의 동일하였다는 점에서 적어도 출생과 사망에 관한 기록의 정확성은 비슷할 것으로 보인다. 또한 누락된 인원들의 연령분포가 생몰연도가 모두 있는 사람들과 비슷한 연령분포를 보인다면 1900년 이전 족보의 연령분포는 그림1에 나타난 연령분포와 큰 차이를 보이지 않을 것이다.

령구조이다. 해외거주인구는 일본 1920, 30, 40년 및 만주 1940년의 센서스자료를 근거로 추계하였으며, 여기에 나타난 인구수를 센서스인구수와 합산하였다. 그런데 식민지 시기 조선에서 일본으로 간 사람들의 상당수가 40세이하의 연령층이어서 전체 해외이동의 90-97%이상을 차지하고 있었다는 점(박기주. 2000. 「1930년대 조선의 산업변화와 인구이동」. 『경제사학』 28호. 82쪽)을 감안한다면 연령구조가 왜곡될 가능성도 있다. 그러나 전체인구에서 해외거주인구가 차지하는 비중을 볼 때 전자의 이유가 큰 것으로 보인다.

2. 연령별사망률(Age specific death rate)

그림2. 1925-40년의 연령별사망확률(qx) 비교

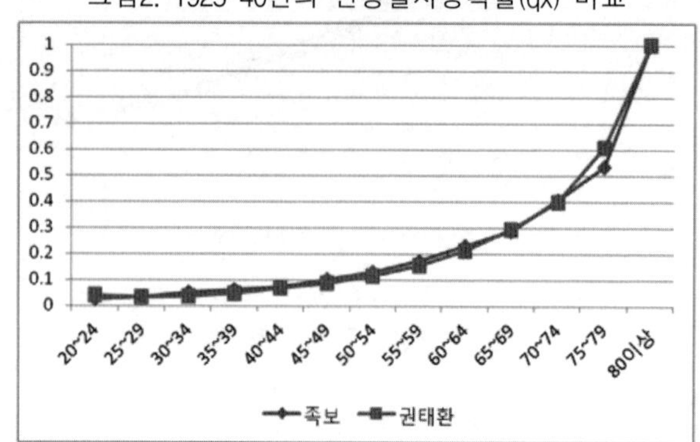

현재 생존하는 인구의 구성비율을 살펴본 것이 연령구조라면 사망구조를 살펴보기 위해서 필요한 것은 연령별 사망률이다.[12] 연령별 사망률(qx)은 어떤 시점의 특정 연령계층에서 사망할 확률을 말하며, 그 연령계층의 사망자 수를 그 연령계층에 속하는 사람 수로 나눈 비율을 말한다. 만약 어떤 시점에 어떤 연령층에서 죽은 사람에 대한 누락이 많다면 연령별 사망률은 편의가 발생하고, 사망구조는 왜곡된다. 또는 20-40대 연령계층에서 연령별 사망률이 높은 것과 70세 이상의 연령계층에서 사망률이 높은 것은 다른 형태의 곡선이 된다.

사망구조의 정확성을 비교를 하기 위해 권태환이 추계한 1925-40년의 연령별사망확률과 비교해보았다. 그림 2에 나타난 것처럼 20세 이후 족보의 연령별 사망률이 권태환의 추계와 거의 유사한 형태로 이루어지고 있다.

---

12 nqx = nDx / nPx
= n*nmx/{1+(n−nax)*nmx}
(nDx : x세에서 x+n 연령사이의 사망자수. nPx : x세에서 x+n 연령사이의 연앙인구수)

70-74세 구간을 제외한 모든 구간에서 큰 차이 보이고 있으며, 차이 또한 센서스추계의 연령별 사망률을 중심으로 변동을 보이고 있다. 권태환의 추계는 평활화[13]한 것이므로 족보데이터를 평활화를 한다면 권태환의 추계와 거의 같은 연령별 사망률추세를 보일 것으로 보여 진다. 이상에서 족보는 1925-40년 사이의 성인 사망력 자료로서 상당히 신뢰성이 높은 자료 인 것으로 파악된다.

Ⅳ 사망력 추이

그림3 조사망률 추이

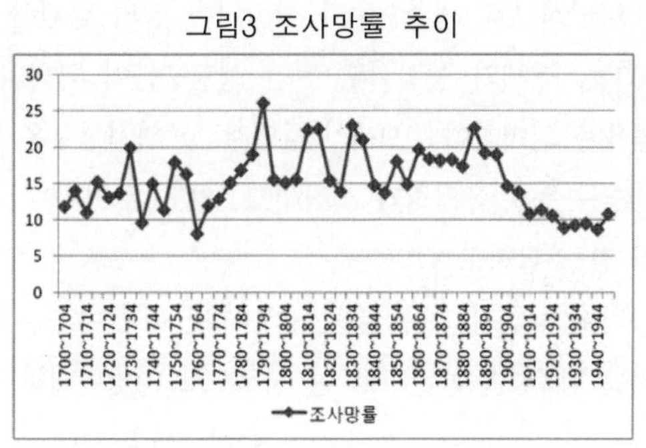

주 : 1) 조사망률은 출생과 사망년도가 모두있는 자료를 대상으로 추출한 것임.
2) 함양박씨 정랑공파는 1700-1938년까지의 자료임.

---

13 표본조사에 의해 만들어진 표본데이터의 경우 데이터 수가 적기 때문에 통상적으로 연령별 사망률의 변동폭이 크게 나타난다. 이러한 문제를 해결하기 위하여 생명표작성을 위해서는 평활화를 시도한다. 평활화방법은 크게 선형보간 평활화 방법과 로짓함수를 적용하여 새로운 생존비나 생존자함수를 구하고 이를 모델생명표를 사용하여 평활화하는 방법으로 나눌수 있다. 그러나 전근대사회의 생명표를 1870년 이후의 유럽의 데이터를 중심으로 작성한 모델생명표로 평활화에 적용하는 문제도 신중할 필요가 있다.(Coal & Demeny. 1983. 11-12) 추후 여러 검토를 통해 적절한 평활화 방법을 모색하기로 하고 이 논문에서는 족보에서 직접 추출한 데이터만을 이용하여 분석하였다.

18세기 이후 족보에 나타난 성인들의 사망추이는 조사망률을 통해 개략적으로 살펴볼 수 있다. 조사망률(crude death rate, CDR)은 어느 특정연도의 연앙인구에 대한 그 해 사망자의 수를 나눈 값으로 사망률분석에서 가장 기초적이고 간편하게 사용할 수 있는 지수이다.[14] 그림2의 조사망률은 4장에서 편의를 발생시키는 관직자들은 분석에서 제외한 적손과 서손을 포함한 족보자료를 대상으로 하였으며, 성혼이후까지 생존한 사람들의 조사망률이다. 표본데이터수가 많으므로 그 변동폭은 적지만 장천군파와 함양박씨 정랑공파의 조사망률 추세와 거의 같은 경향을 띄고 있다.[15] 사망추이를 살펴보면, 1700-80년대는 조사망률이 10-20사이에서 유지되고 있으나, 1760년대 이후 장기적으로 증가하는 경향을 보이고 있을 뿐만 아니라 그 변동폭도 10-32로 확대되어 가고 있다. 이러한 현상은 영조말기 이후 조선사회에 어떤 변화가 있음을 의미한다. 이 시기 전쟁과 같은 특별한 사건이 없었다는 점과 일반적으로 생활수준과 사망력은 정의 상관관계를 가진다는 점에서 조선사회는 18세기 중반이후 점점 생활수준이 악화되어 가고 있었을 가능성이 높음을 의미한다. 19세기 들면서 그 위기상황은 악화되어 장기적인 높은 사망률수준을 유지하기 시작하고 있다. 위기의 시대라고 통칭하고 있는 사실과 잘 부합하고 있다.

사망률의 하락이 멈춰진 것은 1880년대 후반 이후이다. 사망률이 급격하게 하락한 시기는 1900년을 전후로 한 시점으로 영양상태의 개선이라는 일상적인 변화로는 설명하기 힘든 갑작스런 하락추세를 보이고 있다. 이는 사망요인을 급격하게 줄일 수 있는 수단이 있었음을 의미하며, 그 이유는 개항이후 우두법이 도입되면서 유아사망률이 크게 낮아 졌기 때문이다.[16]

그러나 조사망률은 모든 연령계층의 사망률이 같을 경우에만 인구지표로

14 CDR = D/P*1000 (D : 사망자수, P : 연앙인구수) 여기서 연앙인구(mid-year population)란 특정연도의 중간되는 날짜, 보통 7월 1일의 인구수를 말한다.

15 박희진 · 차명수. 2003. 앞의 논문. 17쪽.

16 박희진 · 차명수. 2003. 앞의 논문. 16-17쪽.

서 유효하므로, 영유아 및 유소년의 사망률을 파악할 수 없는 경우에는 편의를 가지고 있다. 이를 보완하고 좀 더 자세한 사망구조를 살펴보기 위해서는 연령구조, 연령별 사망률(age-specific death rate: ASDR) 과 이로부터 도출되는 연령별 기대여명(expectation of life at age)[17] 이 필요하다. 이들 인구지표를 이용할 경우 최소한 성혼이후 사람들의 사망력은 파악할 수 있다.

연령별 사망률[18]추이는 표본조사에 의해 만들어진 표본데이터의 경우 데이터 수가 적기 때문에 통상적으로 연령별 사망률의 변동폭이 크게 나타난다. 변동성이 큰 표본데이터를 이용하여 생명표를 작성할 경우 통상적으로 평활화를 시도한다. 평활화방법은 크게 선형보간 평활화 방법과 로짓함수를 적용하여 새로운 생존비나 생존자함수를 구하고 이를 모델생명표를 사용하여 평활화하는 방법[19]으로 나눌수 있다.[20] 추후 여러 검토를 통해 적절한 평활화방법을 모색하기로 하고 이 논문에서는 족보에서 직접 추출한 데이터만을 이용하여 분석하였다.

---

17 기대여명은 주어진 연령의 사망률수준이 지속될 경우, 연령 x세 사람의 예상되는 생존기간을 나타내는 지수, 즉 연령 x인 사람이 평균 몇 년까지 생존할 수 있는가를 나타내는 예상수명을 말한다 이에 대한 자세한 내용은 (Preston, Heuveline and Michel Guillot, 2001, pp, 42-44; 이흥탁, 1984, PP, 340-342) 참조.

18 연령별 사망률과 기대여명은 분석대상에 따라 기간(period)과 코호트(cohort)로 나눌 수 있다. 기간별 사망률은일정구간 또는 시점에 각 연령별로 생존한 사람들(그러므로 실제로는 각기 출생연령계층이 다른 사람들)을 이용하여 이들이 동일한 출생연도(군)에서 출생하였다는 가상코호트(hypothetical cohort)를 만들어 연령별 사망확률을 계산한 것이고, 코호트 사망률은 실제로 동일한 출생세대(예를 들면 1700-1710년에 태어난 사람들)가 출생에서 사망할 때까지의 각 연령 또는 실제 코호트 사망률이다. 그러므로 기간별 사망률은 단기간의 횡단적인 사망력을 측정하는데 적합하며, 코호트 사망률은 개별 생애의 장기적인 사망률변동을 파악하는 종단적 사망력의 추세를 분석하는데 적합하다. 여기에서 연령별 사망률은 기간별 사망률을 의미한다.

19 선형보간방법은 센서스자료를 이용할 경우 3-5개연령계층을 대상으로 평활화를 실시하며, 생존비 또는 생잔함수를 이용할 경우에는 브랏스의 이중매개변수 로짓체계방법(Brass two-parameter logit system), 코호트생잔율방법(cohort survial rate method)을 통해 생잔함수나 생잔비를 구하고 이를 Coale-Demeny)의 모델생명표(model life table)를 대비하여 평활화를 실시한다. 이에 대한 자세한 내용은 Samuel H. Preston, Patrick Heuveline and Michel Guillot. 2001. Demography-Measuring and Modeling Population Procdsses-. Oxford: Blackwell. pp, 42-44; 이흥탁. 1984. 『인구학-이론과 실제』. 법문사. 340-342쪽 참조.)

20 Coale, Ansley J. and Paul Demeny. 1983. *RegionalModelLifeTablesandStable Populations*. NewYork. Academic Press. pp,11-12.

표4 <시기별 연령별사망률>

연령구간	1700~49	1750~99	1800~49	1850~99	1900~44
20~24	0.0217	0.0326	0.0454	0.0503	0.0256
25~29	0.0389	0.0400	0.0529	0.0639	0.0322
30~34	0.0481	0.0597	0.0769	0.0666	0.0491
35~39	0.0550	0.0751	0.1007	0.0930	0.0615
40~44	0.0868	0.1015	0.1007	0.1174	0.0721
45~49	0.1001	0.1226	0.1503	0.1493	0.1003
50~54	0.1222	0.1608	0.1924	0.1620	0.1284
55~59	0.1596	0.1998	0.2460	0.2137	0.1727
60~64	0.2467	0.3331	0.2863	0.3208	0.2300
65~69	0.2711	0.3518	0.3896	0.3727	0.2877
70~74	0.4417	0.4163	0.4736	0.5206	0.4051
75~79	0.4430	0.5156	0.6210	0.6085	0.5320
80이상	1	1	1	1	1

위의 표4에 나타난 5qx를 통해 볼 때 1700-49년 기간에 비해 18세기 중반이후 20세기 직전까지 사망력의 수준이 지속적으로 증가하고 있다. 좀더 구체적으로 살펴보면 18세기 두 구간(1700-1749, 1750-1799)이 연령별로 유사한 사망률을, 19세기 두 구간(1800-1849, 1850-1899)이 역시 유사한 연령별 사망률 구조를 보여주고 있으며, 모든 연령계층에서 18세기 이후 19세기까지 사망률이 높아지고 있다. 18세기와 19세기를 비교하면 18세기의 경우 60대 이후의 사망률이 높은 반면 19세기에는 20-55세 사이의 사망률이 상대적으로 높다. 특히 20-30대에서의 사망률 증가율이 다른 연령층에 비해 더욱 크게 나타나고 있다. 조선사회에서는 양반여성의 재가금지가 일반화되어 있는 상황에서 이는 현재 또는 가까운 미래에 출산율에도 영향을 미치게 되어 출산율을 낮추고 잠재적 인구성장을 약화시키는 결과를 초래하게 된다.[21]

기대여명을 보아도 마찬가지의 결과를 얻을 수 있다. 기대여명(ex)은 연령 x인 사람이 사망할 때 까지의 예상되는 평균수명을 말하는데 연령별 사

21 Park, Heejin. 2008. Influences of the Yangban's Age at Marriage and Ban on Remarriage on Childbirth in Choson society. *Sungkyun Journal of East Asian Studies* 8. PP, 1–15.

망률을 이용해서 구한다. 20세의 기대여명(e20)에서 1900-28년은 다른 시기와는 확실히 구분되게 기대여명수준이 높게 나타난다. 그리고 1700년 이후 19세기 까지 점진적으로 기대여명이 하락하는 추세를 보이고 있다.

그림4 시기별 기대여명 추이

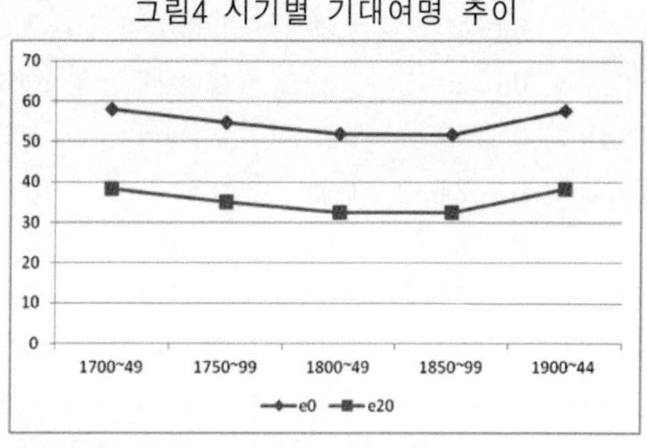

앞에서 살펴본바와 같이 18세기 이후 사망력추이 특징은 19세기의 지속적이고도 높은 사망률, 18세기 초반의 낮은 성인사망력, 마지막으로 20세기전후의 사망력의 변천을 들 수 있다. 먼저 19세기의 높은 사망률의 성격은 어떻게 규정할 수 있을까. 이를 1700-1899년 동안 큰 흉년이나 자연재해가 발생한 시기의 연령별 사망률과 평년의 연령별 사망률의 사망구조를 통해 살펴본다.

이를 위하여 18세기와 19세기의 연도구간으로 구분하고, 양 연도구간에 포함된 사망력이 높은 시기와 낮은 시기의 사망력 구조를 비교한다. 사망력이 높은 시기는 대체로 흉년과 일치하므로 흉년이 있는 시기인 1715-19, 1730-34, 1750-56, 1795-99, 1810-15, 1825-29, 1835 -40, 1850-54, 1855-59, 1860-64, 1875-79, 1880-84, 1895-99년 등 14개 구간의 연령별 사망확률을 그 외의 시기와 비교하였다.

표5 <흉년과 평년의 연령별 사망확률>

연령	1700-1799			1800-1899		
	평년(A)	흉년(B)	비율(B/A)	평년©	흉년(D)	비율(D/C)
20~24	0.0306	0.0448	1.46	0.0462	0.0654	1.41
25~29	0.0311	0.0591	1.90	0.0616	0.0678	1.10
30~34	0.0371	0.0846	2.28	0.0675	0.0775	1.15
35~39	0.0553	0.0829	1.50	0.0941	0.1264	1.34
40~44	0.0731	0.1246	1.70	0.0965	0.1363	1.41
45~49	0.0996	0.1524	1.53	0.1477	0.1632	1.10
50~54	0.1303	0.1621	1.24	0.1599	0.1849	1.16
55~59	0.1286	0.2684	2.09	0.2385	0.2495	1.05
60~64	0.2453	0.2582	1.05	0.2947	0.3381	1.15
65~69	0.2246	0.3949	1.76	0.3413	0.3928	1.15

주 : 사망비율은 18세기 흉년이 극심했던 시기는 1715-19, 1730-34, 1750-56, 1795-99을 19세기는1810-15, 1825-29, 1835-40, 1850-54, 1855-59, 1860-64, 1875-79, 1880-84, 1895-99로 산정하고 이를 평년의 사망률과 비교한 비율이다.

표5에서 18세기와 19세기의 연령별 사망률을 살펴보면 다음 두 가지 특징을 알 수 있다. 첫째, 흉년이 심각하거나 사회적 불안이 고조된 시기에는 사망률이 급격하게 상승하고 있다. 이는 사망력이 농사의 풍흉에 대해 직접적인 영향을 받고 있음을 보여준다.

둘째, 흉년에 따른 성인사망력은 특정 연령계층에 영향을 주는 것이 아니라 대체로 모든 연령계층에 영향을 주는 것으로 나타나고 있다. 이들은 상대적으로 높은 생활수준을 유지할 수 있는 중상층인 양반계층이기 때문에 餓死하는 경우는 드물었을 것이다. 이들은 흉년에 발생한 전염병 등과 같은 간접적 경로를 통해 주로 사망하는 것으로 보여 진다.

셋째, 19세기의 사망력이 전체적으로 크게 높은 상태로 유지되고 있는 점이다. 조선왕조실록에 기재된 18세기와 19세기 자연재해와 전염병의 발생건수를 비교하면, 각각 351건과 107건으로 18세기의 재해 발생건수가 약 3배 이상 많으며,[22] 전염병의 발생건수도 426건과 91건으로 4배 이상의 차이를 보이고 있다.[23] 그럼에도 불구하고 19세기 사망력은 전반적으로 높은 수준을 형성하고 있다. 18세기의 흉년기의 사망률 보다 18세기의 평년기의 사망률이 거의 비슷하거나 오히려 높은 연령층도 나타나고 있어 19세기는 만성적인 기근에 시달리고 있는 상태가 아닐까 생각된다. 표5는 18세기 이후 점증된 인구압력은 19세기 들어 더욱 점증하였고, 1840년대 이후의 기근과 통치체제의 마비로 인한 구휼제도의 붕괴 등으로 국가시스템이 마비상태에 놓이게 되면서 모든 연령계층의 사망력이 크게 높아진 상태였음을 보여준다.

그림5의 20세 기대여명의 추이는 이러한 경향을 잘 보여주고 있다. 출생코호트별 20세 기대여명 추세를 보면 18세기 이후 지속적으로 낮아지는 경향을 보인다. 기대여명 수준이 장기적으로 낮은 상태를 안정적으로 유지하고 있다는 점은 인구압력 점증에 따른 만성적인 기근상태라는 점을 시사해주는 것이다. 18세기 말 이후 20세의 기대여명이 급격히 하락하여 1890년대까지 회복되지 못하고 있다. 사망수준이 19세기에 가장 높아 위기의 시대라는 점은 19세기의 물가, 지가, 임금 등과 같은 모든 경제지표들의 악화추세와 잘 부합된다.[24]

22 김재호. 2001.「한국 전통사회의 기근과 그 대응:1392-1910」.『경제사학』30. 47-85쪽.

23 이규근. 2001).「조선후기 질병사 연구 - "조선왕조실록"의 전염병 발생 기록을 중심으로」.『국사관논총』96집. 28-31: 19세기의 기록에 대한 신뢰성이 떨어지는 것은 사실이지만 이 정도의 차이가 난다면 19세기에 비해 18세기에 전염병이 더욱 많았다고 보아도 문제는 없을 것이다.

24 안병직 · 이영훈 외. 2001.『맛질의 농민들』. 일조각.

그림5

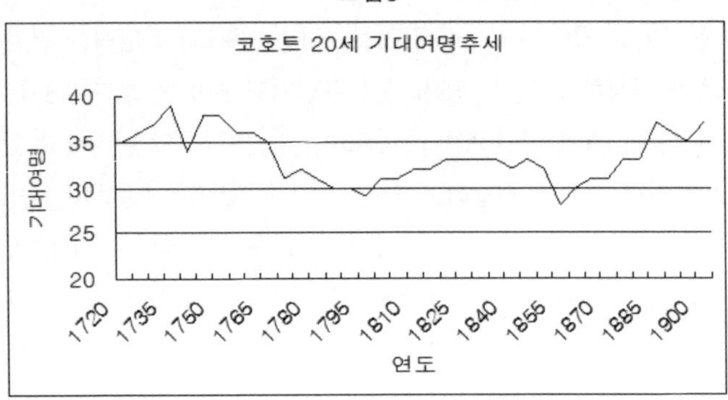

주 : 그림 x축의 연도는 출생시 연도에 연령 20세를 더한 연도임.

그러나 가장 최악의 상황은 역시 18세기 말에 20세인 사람들과 1860년대 중반에 20세인 사람 즉, 1770년대와 1840년대 출생한 사람들이 가장 생존여건이 불리하였으며 이들이 성년기를 살던 시기는 19세기 초반과 19세기말이었다. 19세기 말은 대규모의 흉년과 전염병 및 민란 등과 같은 사회적 불안이 끊이지 않은 시기였다는 점에서 역사적 현상과 잘 부합된다. 그러나 이 시기 못지않게 18세기 중반이후 출생자들의 사망률도 지속적으로 높아지고 있어 기대여명이 약 50년 정도 하강하는 추세를 보이고 있는데 이는 영정조시기에 태어난 사람들의 생활여건이 지속적으로 악화되고 있음을 의미한다. 이는 일반적으로 알려진 영정조시대상과는 반대로 이 시기 생활여건이 상당히 악화되고 있었을 가능성을 시사한다. 이는 18세기에는 생활수준이 좋았으나 19세기 들어 갑자기 악화된 것이 아니라 18세기 중반 이후 이미 경제적 상황이 지속적으로 악화되고 있었음을 시사한다.

이러한 국면은 개항과 더불어 조금씩 개선되는 추세를 보이고 있다. 1860년 이후 출생한 사람들은 기대여명이 상승하기 시작하였으며, 1870년대 출생자들은 18-19세기 평균수준으로 회복되었다. 이후 1940년대 태평양전쟁기와 6.25와 같은 전쟁에 주로 동원되었던 세대인 1920년대 출생한 사람들을 제외하고는 식민지기 들어 기대여명수준은 계속 상승하는 추세를 보인다. 어린시절 개항기를 맞이했고, 성인으로써 식민지시기를 살았던 1870년대 이후에 생존했던 성인남성들은 서양의학의 도움을 받은 사람들이다. 특히, 19세기 중엽이후 서구에서 본격적으로 발전하기 시작한 세균학은 19세기 말 일본을 거쳐 조선으로 유입되는데, 종두법과 같이 유아사망률을 낮추는데 큰 기여를 했을 뿐만 아니라, 세균감염에 의한 질병의 치료를 가능하게 함으로써 조선인의 기대여명을 높이는데 기여한 것으로 보여 진다.

V 마무리

9개 가문의 족보를 중심으로 1700-1945년의 사망력지표들을 이용하여 18세기 이후 조선사회의 사망력 추이와 그 의미에 대해 살펴보았다. 먼저 1925-40년의 인구센서스자료와 비교해본 결과 족보는 인구학적 자료로서의 신뢰성이 있는 것으로 보인다. 이를 통해 본 사망률은 풍흉과 같은 소득수준에 영향을 받고 있으며, 중상층이상의 사람들이므로 흉년에 사망하는 원인이 아사보다는 전염병에 의한 사망일 가능성이 높은 것으로 나타났다. 또한 사망력 추세는 18세기 이후 지속적으로 악화되는 경향을 보이고 있으며, 19세기에는 만성적인 기근상태에 도달한 것으로 보여진다.

다른 전통사회와 마찬가지로 조선사회는 '인구는 기하급수적으로 증가하고 토지생산성은 산술평균적으로 증가한다'는 맬더스법칙이 적용되는 사회이다. 토지생산성의 증가속도에 비해 인구증가속도가 더 빠름에 따라 사람들의 생활수준은 악화되기 시작하고 사람들은 인구증가에 따른 생활수준의 하락을 경험한다.

이제까지는 18세기에는 영조나 정조와 같은 어진임금의 통치로 괜찮은 상태를 유지하다가 19세기 들어 갑자기 악화된 것으로 규정하려는 논의가 일반적이었다. 물론 세도정치의 등장 등과 같은 악재들이 그 위기를 더욱 심화시킨 측면이 있지만, 사망력을 통해 본 조선사회는 이미 18세기 중반이후 사망률이 크게 상승하는 추세를 보이고 있음을 알 수 있다. 이는 19세기의 경제악화를 인구론적인 시각에서 바라볼 필요가 있음을 시사한다.

인구증가로 인해 인구압력이 강화되어 생활수준이 악화되기 시작하면 사람들은 개간, 노동집약도의 강화나 농법이나 시비개발 등 토지생산성 향상이나 유휴지 개발을 도모하여 생산량을 증가시키는 노력을 경주하게 되며, 그 잉여물을 상업활동을 통해 상품화함으로써 생활수준을 유지하려 한다.[25] 이러한 과정에 의해 상업이 발달하고 도시화가 진전되며, 새로운 문화가 창출되거나 발달이 촉진된다. 한편 정부는 경제안정화를 위한 정책들을 시행한다. 영조이후 환곡의 양을 늘리기 시작하여 정조 때 1000만석 까지 증가한 것이 그 좋은 사례이다.

그럼에도 불구하고 다른 모든 전통사회와 마찬가지로 조선도 생산증가가 인구증가율을 넘을 수는 없었다. 정조시대의 환곡이 1000만석이라는 것은 이미 이 시기 백성들의 생활수준이 크게 악화된 상태였을 가능성이 높음을 의미한다. 17세기 이후 지속적인 인구증가는 토지에 대한 인구압력을 가중시켰으며, 인구압력으로 인하여 18세기 말을 기점으로 만성적인 기근상태에 빠진 것으로 보여 진다. 그런 의미에서 조선사회는 인구압력을 견디지 못한 상태로 19세기를 맞게 되었던 것은 아닐까 생각된다.

25 우대형. 2003. 「조선후기 인구압력과 상품작물 및 농촌직물업의 발달」. 『경제사학』 34호. 3-30쪽.

참고문헌

계명대학교 한국학연구원 편

계명대학교 출판부

■ 宮嶋博史 〈동아시아세계 속의 한국 족보〉

참고문헌

寬政重修諸家譜(국립중앙도서관 소장)

萊鄭家藏外內八高祖圖(성균관대 존경각 소장)

安東權氏成化譜(서울대 규장각 소장)

簪纓譜(국립중앙도서관 소장)

皇朝遺民世系源流譜(한국학중앙연구원 장서각 소장)

多賀秋五郎. 1960. 『宗譜の研究 資料篇』. 東洋文庫.

마크 피터슨 저. 2000. 『儒教社會의 創出: 조선중기 상속제와 입양제의 변화』. 김혜정 역. 일조각.

미야지마 히로시. 2003. 「조선시대의 신분. 신분제 개념에 대하여」. 『大東文化研究』 42. 성균관대 대동문화연구원.

_____. 2008. 「'안동권씨성화보'를 통해서 본 한국 족보의 구조적 특성」. 『大東文化研究』 62. 성균관대 대동문화연구원.

서양걸 저. 2000. 『중국가족제도사』. 윤재석 역. 아카넷.

瀨川昌久. 1996. 『族譜: 華南漢族の宗族・風水・移住』風響社.

송준호. 1987. 『조선사회사연구』. 일조각.

末成道男. 1995. 「ベトナムの'家譜'」. 『東洋文化研究所紀要』 127. 東京大學東洋文化研究所.

上田信. 1995. 『伝統中國: '盆地''宗族'にみる明清社會』. 講談社.

井上徹. 2000. 『中國の宗族と國家の礼制: 宗法主義の視点からの分析』. 研文出版.

■장 인 진 〈계명대학교 동산도서관 소장 족보의 현황과 문헌적 가치〉

참고문헌

계명대학교 동산도서관 편. 2004.『古書綜合目錄』. 계명대학교.

구본욱 편역, 2005.『300년간 지속해온 논쟁』. 도서출판 대광.

具仁 등편. 1576.『綾城具氏姓譜』. 목판본 1책. 서울대학교 규장각 소장.

權純能 편. 2004.『花山君宗系史徵憑裒錄』. 大譜社.

權擥 편. 1929.『安東權氏世譜』. 중간본 전 3책. 成化譜重刊所.

『己巳增廣司馬榜目』1689. 戊申字本. 1책.

金在魯 等 受命編. 1744.『續大典』. 목판본 4책.

金在華. 1965.『醇齋先生文集』연활자본 13책.

金致仁 等 受命編. 1785.『大典通編』목판본 5책.

盧尙樞. 2005.「盧尙樞日記」.『韓國史料叢書』49. 국사편찬위원회.

明重白 등편. 1759.『西蜀明氏世譜』戊申字本 1책.

『繼後謄錄』. 1622. 필사본 1책. 서울대학교 규장각 소장.

徐有榘. 1941.『鏤板考』. 大同出版社.

宋鎭夔 편. 1925.『靑邱氏譜』목판본 전 19책.

『崇禎紀元後四壬午增廣司馬榜目』1882. 芸閣 1책.

『崇禎三癸卯(1783)增廣別試文武科殿試榜目』1800. 丁酉字本 1책.

柳希潛 편. 1979.『文化柳氏世譜』. 嘉靖版. 경인문화사.

『乙卯增廣別試榜目』. 1675. 목판본 1책.

『乙巳增廣別試文武科榜目』. 1725. 戊申字本 1책.

이수건. 2003.『한국의 성씨와 족보』. 서울대학교출판부.

李陸 편. 1476.『鐵城聯芳集』. 목판본 1책.

李長坤. 1784.『琴軒先生遺稿』. 목판본 1책.

李熺. 1761.『悠悠子稿』. 목판본 1책.

『壬午式年司馬榜目』. 1702. 목판본 1책.

『正德庚午司馬榜目』. 1510. 필사본 1책. 계명대학교 동산도서관 소장.

丁若鏞. 1997. 『茶山詩文集』 10책. 민족문화추진회.

春秋館 편. 1958. 『朝鮮王朝實錄』 영인본. 국사편찬위원회.

河渾 편. 1606. 『晉陽河氏世譜』 목판본 1책.

弘文館 纂輯. 1908. 『增補文獻備考』 연활자본 51책.

金元植. 1978. 「朝鮮時代 鄕吏 小考」. 『도서관』 33권6호. 국립중앙도서관.

張仁鎭. 2010. 「계명대 동산도서관 소장 晉陽河氏世譜 萬曆本 해제」. 『晉陽河氏世譜』 영인본. 계명대학교출판부.

_____. 1994. 「族譜資料의 文獻學的 考察」. 『漢文學硏究』 9輯. 계명한문학회.

_____. 2007. 「한국 족보의 문헌적 고찰」. 『古典籍』 3輯. 한국고전적보존협의회.

계명대 동산도서관 소장 족보 : 脚註로 대신 함

■권 기 석 〈한국의 족보 연구의 쟁점과 과제〉

참고문헌

고석규. 2000. 「조선시기 珍島 동족마을의 형성과 전개 -郡內面 細燈里 玄風 郭氏 마을을 중심으로-」. 『지방사와 지방문화』 3권 2호.

고혜령. 2010. 「『星州李氏萬曆譜』의 제작과 의의」 『한국계보연구』 1. 한국계보연구회.

宮嶋博史. 2008. 「≪안동권씨성화보≫를 통해서 본 한국 족보의 구조적 특성」. 『大東文化硏究』 62. 성균관대학교 대동문화연구원.

______. 2012 「동아시아세계 속의 한국 족보」 『大東文化硏究』 77. 성균관대학교 대동문화연구원.

權奇奭. 2009. 「15~17세기 족보 간행 참여계층의 확대와 그 성격」. 『사회적 네트워크와 공간』. (이태진 교수 정년기념논총 간행위원회 편). 태학사.

______. 2010. 「15~17세기 族譜 편찬과 참여계층 연구」. 서울대학교 국사학과 박사학위논문.

______. 2010. 「조선시대 族譜의 入錄階層 확대와 한계 -凡例의 관련 규정을 중심으로-」. 『朝鮮時代史學報』 55.

______. 2011 『족보와 조선 사회 - 15~17세기 계보의식의 변화와 사회관계망』(태학총서 32). 태학사.

權乃鉉. 2004. 「조선후기 호적과 족보를 통한 동성촌락의 복원」. 『大東文化硏究』 47. 성균관대 대동문화연구소.

權寧大. 1981. 「成化譜攷」. 『學術院論文集 제20집-人文·社會科學篇-』. 대한민국학술원.

권오영. 2010. 「조선시대의 족보(族譜)기록에 보이는 유교이념(儒教理念)의 양상과 의미」. 『韓國系譜硏究』 1. 한국계보연구회.

權兌遠. 1975. 「朝鮮王朝 時代의 宗山 形成에 關한 考察」. 『논문집』 2권 5호. 충

남대학교 인문과학연구소.
金盛祐. 2001.「密城朴氏 嘯皐公派의 淸道 定着과 宗族 활동」.『震檀學報』 91.
_____. 2005.「18~19세기 지배양반되기의 다양한 조건들」.『大東文化硏究』 49.
金龍善. 1994.「高麗時代의 家系記錄과 '族譜'」.『李基白先生古稀記念韓國史學論叢』. 일조각.
김경란.「조선후기 호적대장의 女性呼稱 규정과 성격」.『역사와현실』 48. 2001.
김경옥. 2002.「族譜를 통해서 본 島嶼 移住民 硏究」.『島嶼文化』 20. 목포대 도서문화연구소.
김난옥. 2008.「여말선초 先祖意識과 족보편찬의 신분적 배경」.『한국중세사연구』 25. 한국중세사학회.
김두헌. 2000.「조선후기 중인의 庶類 및 첩에 대한 차별 -牛峰金, 漢陽劉, 井邑李 중인 가계를 중심으로-」.『朝鮮時代史學報』 13.
金明淑. 2009.「≪驪興閔氏家乘記略≫을 통해 본 17~18세기 여흥 민문의 형성과 가문 정비」.『韓國思想과 文化』 46. 한국사상문화연구원.
김용선. 1999.「족보 이전의 가계기록」.『한국사시민강좌』 24.
김인호. 2008.「고려후기 가문보존의식과 방식 -안동권씨가를 중심으로-」.『한국중세사연구』 25.
김일환. 2007.「朝鮮後期 王室「八高祖圖」의 성립과정」.『藏書閣』 17.
_____. 2010.「조선 말기 璿源續譜 발간경위와 정치적 의미」.『순천향 인문과학논총』 27.
김정현. 2009.『우리겨레 姓氏 이야기』. 지식산업사.
김학수. 2010.「한국의 족보—조선시대 사대부 족보를 중심으로」.『조선사회 이렇게 본다』. 지식산업사.
南權熙. 1997.「族譜 分析에 의한 麗末鮮初의 文書資料」.『한국도서관・정보학회 1997년도 하계 학술발표회』. 한국도서관・정보학회.
노명호 外 編. 2000.『韓國古代中世古文書硏究』(上). 서울대 출판부.
多賀秋五郎. 1981.『中國宗譜の硏究』 上卷. 東京: 日本學術振興會.
라경준. 2007.「淸州地域 世居門中의 入鄕過程에 관한 硏究」.『古印刷文化』 14. 청주고인쇄박물관.

문숙자. 2009. 「조선후기 노비 家系와 婢 -筆巖書院 〈奴婢譜〉의 분석을 통해서-」. 『여성과 역사』 11. 한국여성사학회.

文智成. 2004. 「韓國的客家後裔 - 廣東陳氏」. 『中國語文學論集』 26. 중국어문학연구회.

미즈노 나오키(水野直樹). 정선태 역. 2008 『창씨개명 - 일본의 조선지배와 이름의 정치학』. 산처럼.

朴丙鍊. 1999. 「韓國의 傳統社會와 族譜읽기 -葛藤과 一體化, 差別과 同化의 二重的 컨텍스트-」. 『藏書閣』 1. 한국정신문화연구원.

朴秉濠. 2010. 「朝鮮後期 譜訟의 一事例 -宗統繼承과 僞譜-」. 『韓國系譜硏究』 1. 한국계보연구회.

박옥임. 1986. 「최근 족보에 나타난 여성지위의 분석적 연구」. 『한국가정관리학회지』 제4권 제2호.

朴龍雲. 2005. 「安東權氏의 사례를 통해 본 高麗社會의 一斷面 -'成化譜'를 참고로 하여-」. 『역사교육』 94.

______. 2009. 「儒州(始寧·文化)柳氏의 사례를 통해 본 高麗社會의 一斷面 - '嘉靖譜'를 참고로 하여 -」. 『韓國史學報』 24.

박정주. 2007. 「족보와 족보학」. 『대한토목학회지』, 제55권 제9호. 대한토목학회.

박홍갑. 2006. 「경주노씨 성립과 그 일파의 선산지역 정착과정」. 『역사와 실학』 31.

______. 2010. 「고성이씨 족보 간행과 그 특징」. 『고성이씨 가문의 인물과 활동』. 일지사.

______. 2010. 「안강·기계노씨를 통해서 본 족보자료의 실상과 허상」. 『국학연구』 16.

박희진. 2002. 「朝鮮後期 家系當 平均口數 趨勢 -族譜를 이용한 家族再構成을 중심으로-」. 『경제사학』 33.

박희진·차명수. 2003. 「朝鮮後期와 日帝時代의 人口變動 -全州李氏 長川君派와 咸陽朴氏 正郎公派 族譜의 分析-」. 『경제사학』 35.

배영동. 2009. 「선산김씨 문중활동의 지역문화적 의의 -文簡公派를 중심으로-」. 『지방사와 지방문화』 12권2호.

백승종. 1999. 「위조족보의 유행」. 『한국사시민강좌』 24.

服部民夫. 1978. 「朝鮮時代後期의 養子收養에 관한 硏究-東萊鄭氏派譜의 分析-」. 『韓國學報』 11.

成鳳鉉. 2004.「固城李氏『先世外家族譜』와『八高祖圖』檢討」.『古文書研究』24. 한국고문서학회.

손병규. 2003.「조선후기 국가적인 신분 규정과 그 적용」.『역사와 현실』48.

_____. 2004.「인구사적 측면에서 본 호적과 족보의 자료적 성격 -17~19세기 慶尙道 丹城縣의 戶籍大帳과 陜川李氏家의 族譜」.『大東文化研究』46. 성균관대 대동문화연구소.

_____. 2006.「족보의 인구기재 범위 - 1926년경에 작성된 합천이씨의 세 파보를 중심으로 -」.『古文書研究』28. 韓國古文書學會.

_____. 2007.『호적 1606~1923 : 호구기록으로 본 조선의 문화사』. 휴머니스트.

_____. 2008.「조선후기 상속과 가족형태의 변화 - 丹城縣에 거주하는 安東權氏 가계의 호적 및 족보 기록으로부터」.『大東文化研究』61.

_____. 2010.「13~16세기 호적과 족보의 계보형태와 그 특성」.『大東文化研究』71.

_____. 2012「조선왕조 1600년경 편찬 족보의 계보형태와 특성 -1606년 편찬『晉陽河氏世譜(萬曆本)』의 분석을 중심으로」.『大東文化研究』77. 성균관대학교 대동문화연구원.

_____. 2012.「족보에서 보는 왕실과의 혼인 기록과 계보 형태」『藏書閣』27. 한국학중앙연구원.

송정수. 2010.「『天安全氏丙戌世譜』를 통해서 본 全琫準 將軍의 家系와 出生地에 대한 再研究」.『역사학연구』38. 호남사학회.

宋俊浩. 1980.「韓國에 있어서의 家系記錄의 歷史와 그 解釋」.『歷史學報』87. (宋俊浩. 1987.『朝鮮社會史研究 -朝鮮社會의 構造와 性格 및 그 變遷에 關한 研究-』. 일조각에 재수록)

宋俊浩. 1986.「한국 氏族制에 있어서의 本貫 및 始祖의 문제」.『역사학보』109. 120면.

_____. 1987.「族譜를 통해서 본 韓·中 兩國의 傳統社會」.『두계이병도박사구순기념 한국사학논총』. (『朝鮮社會史研究』. 1987. 일조각에 재수록)

_____. 1987.「韓國에 있어서의 家系記錄의 歷史와 그 解釋」.『朝鮮社會史研究 -朝鮮社會의 構造와 性格 및 그 變遷에 關한 研究-』. 일조각.

송찬식. 1999.「족보의 간행」.『한국사시민강좌』24 -특집: 족보가 말하는 한국사-. 一潮閣.

신명호. 1996. 「일제하 李王職과 李王家 족보」. 『한국학대학원 논문집』 11. 한국정신문화연구원 한국학대학원.

_____. 1998. 「조선전기 왕실정비와 족보편찬 -璿源錄類와 敦寧譜牒을 중심으로-」. 『京畿史學』 2.

심승구. 2000. 「朝鮮初期 族譜의 刊行形態에 관한 硏究」. 『國史館論叢』 89. 국사편찬위원회.

안미경. 2007. 「藏書閣 所藏 『璿源系譜記略』의 書誌的인 硏究」. 『藏書閣』 17. 한국학중앙연구원.

에드워드 와그너 지음. 이훈상·손숙경 옮김. 2007. 『조선왕조 사회의 성취와 귀속』. 일조각.

오영선. 2001. 「조선초기 家系記錄에 대한 일고찰」. 『典農史論-松籃李存熙敎授停年紀念號』. 서울시립대학교 국사학과.

옥영정. 2010. 「한국국학진흥원 소장 族譜, 童蒙書, 地誌, 日記類 등 책판의 성격과 가치」. 『대동문화연구』 70.

_____. 2011. 「조선후기 족보의 인쇄문화사적 접근」. 『한국학논집』 44. 계명대학교 한국학연구원.

우경섭. 2009. 「17세기 전반 滿洲로 歸附한 조선인들 -『八旗滿洲氏族通譜』를 중심으로-」. 『朝鮮時代史學譜』 48.

遠藤隆俊. 金鍾健 譯. 2003. 「北宋 士大夫의 日常生活과 宗族 -范仲淹의 「家書」를 통한 분석」. 『中國史硏究』 27.

元廷植. 2003. 「前近代 中國 宗族社會의 變化와 戰亂 -16~17世紀 福建地域을 중심으로-」. 『中國史硏究』 27.

원창애. 2007. 「조선후기 선원보첩류의 편찬체제와 그 성격」. 『藏書閣』 17. 한국학중앙연구원.

_____. 2009. 「조선 후기 ≪敦寧譜牒≫ 연구」. 『朝鮮時代史學報』 48.

유진 Y. 박. 2008. 「새로운 가족사의 추구 - 근대 한국의 족보 편찬과 중인층의 반응」. 『역사문제연구』 20. 역사비평사.

陸貞任. 2006. 「宋元代 族譜修撰과 그 社會史的 意義」. 『韓國史學報』 22.

윤상기. 1993. 「宣城金氏 所載 高麗末 帳籍의 復原」. 『圖書館學論集』 20. 한국도

서관·정보학회.

尹仁鉉. 2006.「『璿源系譜紀略』肅宗39年本考」.『書誌學研究』33.

은기수. 1998.「조선초기 호적과 족보를 이용한 인구와 가족의 재구성 -단성현 안동권씨 상암선생파를 한 예로-」.『한국의 사회와 문화』25. 한국정신문화연구원.

李建千. 1995.「우리 나라 族譜에 關하여」.『청람어문학』. 청람어문교육학회.

李基淳. 1996.「鳳山李氏 族譜를 통해 본 朝鮮時代의 가족규모」.『弘益史學』6. 홍익대학교 사학회.

李南姬. 2009.「장서각 〈醫八世譜〉의 자료적 성격과 특징」.『藏書閣』21.

_____. 2010.「조선 후기 醫科八世譜의 자료적 특성과 의미-현전 자료와 그 수록 년대를 중심으로-」.『조선시대사학보』52.

_____. 2011.「조선 사회의 유교화(儒教化)와 여성의 위상 -15·16세기 족보를 중심으로-」.『원불교사상과 종교문화』48. 원광대학교 원불교사상연구원.

_____. 2011.「「安東權氏成化譜」를 통해 본 조선 초기 여성의 再嫁 문제」.『조선시대사학보』57. 조선시대사학회.

이상규. 2004.「조선후기 川寧玄氏家의 譯官活動」.『한일관계사연구』20. 한일관계사학회.

이상진. 2005.『한국족보학개론』. 민속원.

이성무. 2009.「부록 한국의 성씨(姓氏)와 족보(族譜)」.『조선시대 사상사연구 2』. 지식산업사. (『韓國系譜研究』제1호. 2010. 韓國系譜研究會에 재수록)

李樹健. 1992.「朝鮮前期 姓貫體系와 族譜의 編纂體系」.『朴永錫教授華甲紀念 韓國史學論叢』.

_____. 1994.「朝鮮後期 姓貫意識과 編譜體制의 변화」.『九谷 黃鍾東教授 停年紀念 史學論叢』.

_____. 1999.「족보와 양반의식」.『한국사시민강좌』24.

_____. 2003.『한국의 성씨와 족보』(한국의 탐구_25). 서울대학교 출판부.

李樹健·李樹奐. 2007.「조선시대 신분사 관련 자료조작 -家系·人物 관련 僞造자료와 僞書를 중심으로-」.『大丘史學』86.

이연숙. 2007.「양반마을의 門中儀禮와 宗族意識 - 아산시 송악면 외암리 禮安李氏의 사례」.『사회와 역사』75. 한국사회사학회.

이 욱. 2005. 「족보 위조의 사회사」. 『내일을 여는 역사』 21. 서해문집.

이정란. 2008. 「족보의 자녀 수록방식을 통해서 본 여말선초 족보의 편찬 배경 -『安東權氏成化譜』. 『文化柳氏嘉靖譜』를 중심으로 -」. 『한국중세사연구』 25. 한국중세사학회.

이종서. 2008. 「高麗 八祖戶口式의 성립 시기와 성립 원인」. 『한국중세사연구』 25. 한국중세사학회

_____. 2012. 「조선후기 울산 鶴城李氏 가계의 향리 이탈과 사족화 -향리 위상의 변동과 관련하여-」. 『古文書硏究』 40. 한국고문서학회.

李鍾日. 2002. 「18・19세기 韓中 族譜上의 嫡庶表示와 그 身分史的 意義」. 『東國史學』 37. 동국사학회.

李鎭漢. 2006. 「『成化安東權氏世譜』에 기재된 고려후기의 官職」. 『韓國史學譜』. 고려사학회.

이창기. 2010. 「성리학의 도입과 한국가족제도의 변화 -종법제도의 정착과 부계혈연집단의 조직화 과정-」. 『民族文化論叢』 46. 영남대학교 민족문화연구소.

이창수. 2002. 「계보자료의 관리에 관한 연구」. 『한국도서관정보학회지』 33권 3호.

李炯倫・成東桓. 2011. 「조선시대 族譜에 게재된 山圖의 특성과 지형표현 -『기계유씨족보』와 『반남박씨세보』를 중심으로-」. 『한국지역지리학회』 17권1호.

李勛相. 1990. 『朝鮮後期의 鄕吏』. 一潮閣.

李曦載. 2004. 「와그너의 한국족보 연구」. 『동양예학』 12. 동양예학회.

林學成. 1999. 「조선후기 牧馬軍 一家의 家勢變化-靈興島 林世載一家所傳 准戶口의 分析(2)」. 『한국학연구』 10.

장원연. 2009. 「古文獻의 刊行과 校正」. 『古印刷文化』 16. 청주고인쇄박물관.

_____. 2009. 「조선시대 서책의 교정에 관한 연구」. 『書誌學硏究』 42.

장인진. 2007. 「한국 족보의 문헌적 고찰」. 『古典籍』 3. 韓國古典籍保存協議會.

_____. 2011. 「계명대학교 동산도서관 소장 족보의 현황과 善本」. 『한국학논집』 44. 계명대학교 한국학연구원.

장필기. 2004. 『조선후기 무반벌족가문 연구』. 집문당.

장희홍. 2006. 「『養世系譜』를 통해 본 朝鮮時代 內侍家의 家系 繼承」. 『역사민속학』 22. 역사민속학회.

전경목. 2011. 「고문서를 통해 본 족보 編刊 과정상의 분쟁」『한국학논집』 44. 계명대학교 한국학연구원.

정구복. 2002. 「족보와 족보문화」. 『古文書와 兩班社會』. 一潮閣.

鄭炳浣. 1986. 「韓國族譜의 舊譜序 比較硏究」. 『論文集』 6. 한국방송통신대학.

_____. 1987. 『韓國族譜舊譜序集』. 亞細亞文化社.

_____. 1991. 「우리나라 外來姓氏의 舊譜序 比較 -始祖考-」. 『논문집』 13. 한국방송통신대학.

정승모. 2010. 『한국의 족보』(우리 문화의 뿌리를 찾아서 29). 이화여자대학교출판부.

_____. 2011. 「족보에 나타난 성씨의 移居와 지역의 역사」. 『한국학논집』 44. 계명대학교 한국학연구원.

정재훈. 1989. 「해주오씨족도고」. 『동아연구』 17.

_____. 1995. 「조선초기 王室婚과 왕실후예 연구: <선원록>을 중심으로」. 서강대 대학원 사학과 박사학위논문.

_____. 1996. 「≪璿源錄≫의 編纂과 그 內容」. 『釜山史學』 30. 釜山史學會.

鄭震英. 2000. 「18세기 호적대장 '戶口' 기록의 검토-族譜 · 洞案類와의 비교-」. 『韓國中世史論叢 -李樹健敎授停年紀念』.

鄭海恩.. 1998. 「『武譜』를 통해서 본 19세기 무과 급제자의 관직 진출 양상」. 『朝鮮時代의 社會와 思想』. 조선사회연구회.

趙春鎬. 2004. 「朝鮮王朝實錄 收錄 卒記와 族譜編纂 -世宗朝 文臣 皐隱 安止 先生을 중심으로-」. 『동양예학』 12. 동양예학회.

차명수. 2009. 「조선후기의 출산력, 사망력 및 인구증가: 네 족보에 나타난 1700~1899년간 생몰 기록을 이용한 연구」. 『한국인구학』 제32권 제1호.

車長燮. 1997. 「朝鮮時代 族譜의 編纂과 意義 -江陵金氏 族譜를 중심으로-」. 『朝鮮時代史學譜』 2.

_____. 2004. 「朝鮮後期 墓域의 整備와 그 意義 -江陵金氏 評議公派를 중심으로-」. 『朝鮮史硏究』 13.

_____. 2008. 「朝鮮後期 女性의 譜學敎育」. 『韓國史學報』 32. 高麗史學會.

_____. 2010. 「조선시대 족보의 유형과 특징」. 『歷史敎育論集』 44.

蔡守煥. 1994.「平康蔡氏族譜之始祖淵源考」.『韓國의 哲學』 22. 경북대학교 퇴계학연구소.

崔峰龍. 2004.「中國 朝鮮族의 移住史와 族譜와 意味」.『동양예학』 12. 동양예학회.

崔陽奎. 2010.「족보 기록을 통해 본 朝·淸의 嫡庶 의식 비교」.『白山學報』 87.

_____. 2011.『한국 족보 발달사』. 혜안.

최재석. 1969.「日帝下의 族譜와 同族集團」.『亞細亞硏究』 12권 4호.

_____. 1979.「朝鮮時代의 族譜와 同族組織」.『歷史學報』 81.

_____. 1981.「族譜에 있어서의 派의 形成」.『민족문화』 7.

_____. 1983.『韓國家族制度史硏究』. 일지사.

최재석. 2009.「부론. 일제강점기의 족보와 동족(씨족)집단」.『한국사회사의 탐구』. 경인문화사.

최종진. 2008.「역대기 족보의 유형과 기록 양식」.『한국기독교신학논총』 55.

韓美鏡. 2005.「樂安吳氏 譯科入格者 기록에 대한 연구」.『書誌學硏究』 32.

_____. 2005.「역과방목과 역과보의 입격자 성명에 대한 연구」.『書誌學硏究』 31.

_____. 2005.「역과방목에 대한 서지적 연구」.『書誌學硏究』 30. 書誌學會.

_____. 2006.「역과보(譯科譜)에 대한 서지적 연구」.『한국문헌정보학회지』 40권2호.

_____. 2006.「譯科譜의 譯科 入格者 再現에 관한 고찰」.『書誌學硏究』 33.

_____. 2011.「조선의 수학자 관련 문헌에 대한 연구」.『書誌學硏究』 50. 서지학회.

洪性鳩. 2003.「1990년대 中國學界의「宗族」硏究 動向 -明淸時代를 中心으로-」.『中國史硏究』 24.

洪順敏. 1990.「조선후기 《璿源系譜紀略》 改刊의 추이」.『규장각』 13. 서울대 중앙도서관.

_____. 1990.「조선후기 王室의 구성과 璿源錄; 1681년(숙종 7) 《璿源系譜紀略》의 편찬을 중심으로」.『한국문화』 11. 서울대 한국문화연구소.

홍우의. 2007.「『璿源系譜紀略』「跋文」 연구」.『藏書閣』 17. 한국학중앙연구원.

洪鍾佖. 1998.「朝鮮人으로 琉球王國의 陶祖가 된 張獻功과 그의 一家에 對하여 -『張姓家譜』를 中心으로-」.『古文化』 52. 한국대학박물관협회.

黃雲龍. 1985.「韓國族譜硏究序說」.『石堂論叢』 10.

Edward W. Wagner. 1989.「1476年 安東權氏族譜와 1565年 文化柳氏族譜 -그 性格과 意味에 대한 考察-」.『石堂論叢』 15. 동아대학교 석당전통문화연구원.

■김 영 진 〈조선후기 特殊譜 연구 - 黨派譜를 중심으로〉

참고문헌

『南譜』. 규장각본, 장서각본, 계명대본 외.

『萬家譜』. 민창문화사 영인본(전5책) 및 한국학중앙연구원 한국학자료센타 홈페이지(http://kostma.net)

『北譜』. 단국대 연민문고본, 창녕성씨가본 외.

『儒紳近系』. 필사본 1책. 수경실 소장본.

『簪譜』. 전주최씨가본, 규장각본 외.

『簪纓譜』. 성균관대본 외.

『諸家譜』. 단국대 연민문고본, 고려대 육당문고본 외.

前間恭作. 『名世譜』. 아세아문화사.

『韓國系行譜』(전3책). 보고사.

강경훈. 2001. 「重菴 姜彝天 文學 硏究-18세기 近畿 南人·小北文壇의 展開와 관련하여」. 동국대 국문과 박사학위논문(미간행).

강주진. 1971. 『이조당쟁사연구』. 서울대학교 출판부.

______. 1973. 「남보: 귀중도서해제」. 『국학자료』 8. 문화재청 장서각.

권기석. 2010. 「15~17세기 族譜 간행과 참여계층 연구」. 서울대 대학원 국사학과 박사학위논문(미간행).

김영진. 2004. 「허필의 〈烟客詩稿〉」. 『문헌과해석』 24호. 문헌과해석사.

______. 2009. 「정수영의 〈之又齋詩稿〉」. 『고전과해석』 6호. 고전문학한문학연구학회.

南榮祐. 2004(2007수정보완). 「北譜와 同一會의 沿革에 관한 小考」. 소북문학사연구소 홈페이지(http://sobukmunhaksa.com.ne.kr)

______. 2007. 「小北 八約條文의 由來」. 상동.

송준호. 1980. 「한국에 있어서의 家系記錄의 역사와 그 해석」. 『역사학보』 87집.

신병주. 2000. 『남명학파와 화담학파 연구』. 일지사.

양세정. 2009. 「궁오 임천상의 산문 연구」. 계명대 한문학과 석사학위논문(미간행).

윤수진. 2009. 「치암 송질의 한시 연구」. 계명대 한문학과 석사학위논문(미간행).

이건창. 1972. 『당의통략』. 이민수 역. 을유문화사.

이성무. 2007. 『조선시대 당쟁사1』. 아름다운 날.

_____외. 2010. 『아계 이산해의 학문과 사상』. 지식산업사.

이수건. 2003. 『한국의 성씨와 족보』. 서울대출판부.

이이화. 1983. 『조선당쟁관계자료집』. 여강출판사.

_____. 1991. 『한국의 파벌』. 여강출판사.

_____. 2001. 『한국사이야기13-당쟁과 정변의 소용돌이』. 한길사.

장인진. 1994. 「족보자료의 문헌학적 고찰」. 『한문학연구』 9집. 계명한문학회.

_____. 2007. 「한국족보의 문헌적 고찰」. 『고전적』 3집. 한국고전적보존협의회.

정승모. 2010. 『한국의 족보』. 이화여대출판부.

정호훈. 2004. 『조선후기 정치사상 연구-17세기 북인계 남인을 중심으로』. 혜안.

정홍준. 1986. 「북인정권의 성립과 대민정책의 성격」. 고려대 사학과 석사학위논문(미간행).

차장섭. 2010. 「조선시대 족보의 유형과 특징」. 『역사교육논집』 44.

최진옥. 「남보 해제」.

한명기. 1988. 「광해군대의 대북세력과 정국의 동향」. 『한국사론』 20집.

_____. 2000. 『광해군』. 역사비평사.

한중연 장서각. 2006. 「장서각 특별전 한국의 족보: 왕실보첩과 사대부 족보」.

■ 성 봉 현 〈장서각소장 왕실보첩류의 종류와 현황〉

참고문헌

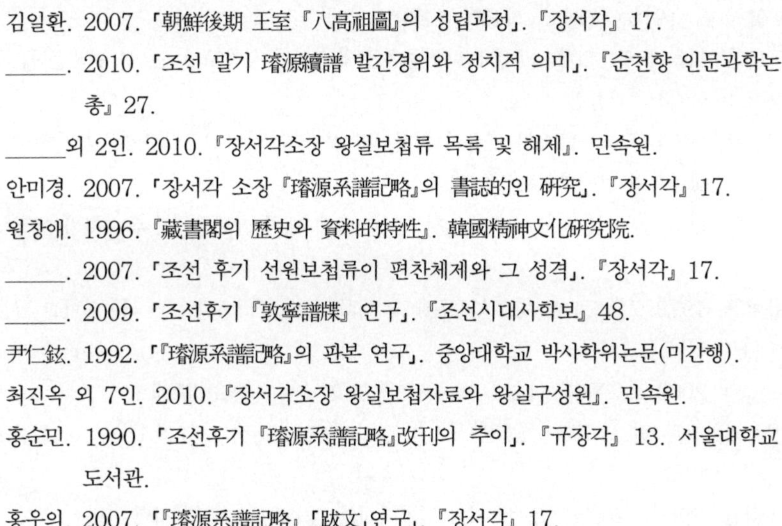

김일환. 2007.「朝鮮後期 王室『八高祖圖』의 성립과정」.『장서각』17.

_____. 2010.「조선 말기 璿源續譜 발간경위와 정치적 의미」.『순천향 인문과학논총』27.

_____외 2인. 2010.『장서각소장 왕실보첩류 목록 및 해제』. 민속원.

안미경. 2007.「장서각 소장『璿源系譜記略』의 書誌的인 硏究」.『장서각』17.

원창애. 1996.『藏書閣의 歷史와 資料的特性』. 韓國精神文化硏究院.

_____. 2007.「조선 후기 선원보첩류이 편찬체제와 그 성격」.『장서각』17.

_____. 2009.「조선후기『敦寧譜牒』연구」.『조선시대사학보』48.

尹仁鉉. 1992.「『璿源系譜記略』의 판본 연구」. 중앙대학교 박사학위논문(미간행).

최진옥 외 7인. 2010.『장서각소장 왕실보첩자료와 왕실구성원』. 민속원.

홍순민. 1990.「조선후기『璿源系譜記略』改刊의 추이」.『규장각』13. 서울대학교 도서관.

홍우의. 2007.「『璿源系譜記略』「跋文」연구」.『장서각』17.

『조선왕실 보첩류의 DB구축 및 왕실구성원 연구』. 2006. 기초연구과제지원사업(인문사회분야)「연구결과보고서」.

■ 옥 영 정 〈조선후기 족보의 인쇄문화사적 접근〉

참고문헌

姜健秀 編. 1915.『松沙誌』. 高敞: 姜健秀方.

국립진주박물관 편. 2004.『심재온 기증유물 특별전-목활자로 보는 옛 인쇄문화』. 국립진주박물관.

김문택. 2004.「16~17세기 안동의 진성이씨 문중 연구」. 한국학중앙연구원 한국학대학원 박사학위논문(미간행).

남권희. 2003.「한국 고활자 특별전의 전시자료에 대한 개관」.『한국 고활자 특별전』.

류탁일. 1979.「嶺南地方 現存木活字와 그 印刷用具」.『규장각』3. 서울대학교 규장각.

_____. 2000.『星湖學脈의 文集刊行研究』. 釜山: 釜山大學校出版部.

문화재관리국 편. 1988.『動産文化財指定報告書(86指定篇)』. 文化公報部文化財管理局.

박희진・차명수. 2003.「조선후기와 일제시대의 인구변동」.『경제사학』35.

송준호. 1981.「한국에 있어서의 가계기록의 역사와 이해」.『歷史學報』87.

송찬식. 1999.「족보의 간행」.『한국사시민강좌』24.

옥영정. 2010.「한국국학진흥원 소장 족보, 동몽류, 지지, 일기류 등 책판의 성격과 가치」.『대동문화연구』70집.

_____. 2002.「호남지방 목활자본 연구」. 성균관대학교대학원 박사학위논문(미간행).

_____. 2010.「호서지방 목활자본의 현황과 목활자 유형연구」.『서지학보』36.

윤병태. 1974.「倣聚珍板式印書體完營木活字印本의 一例: 種藷譜를 中心으로」.『동대문도서관보』제3호.

_____. 1992.『조선후기의 활자와 책』. 범우사.

______. 1972. 『韓國書誌年表』. 한국도서관협회.

이정화. 2000. 「日帝時代 刊行 族譜의 硏究-國立中央圖書館 所藏 朴氏族譜를 중심으로」. 성균관대학교대학원 석사학위논문(미간행).

이택용. 2008. 「朝鮮後期 地方의 民間木活字 '善山字' 및 印刷所에 對한 考察」. 『선주논총』 제11집.

장인진. 2008. 「原州元氏族譜 해제」. 계명대학교 동산도서관디지털자료해제.

정승모. 2010. 『한국의 족보』. 이화여자대학교출판부.

천혜봉. 1993. 『한국목활자본』. 범우사.

青木修正. 1942. 「本館所藏 朝鮮古活字及印刷道具一式」. 『文獻報國』 第8卷 第4號. 卷首 圖版.

최경훈. 2009. 「조선시대 원주지역의 인쇄문화 연구」. 『조선시대 지방감영의 인쇄출판활동』. 조선왕실 주조 금속활자 복원사업 학술대회 논문집2.

참고 웹사이트

국사편찬위원회(http://history.go.kr/main/main.jsp)

규장각한국학연구원(http://e-kyujanggak.snu.ac.kr/search/search01.jsp)

조선왕조실록(http://sillok.history.go.kr/main/main.jsp)

한국고전번역원(http://www.itkc.or.kr/MAN/index.jsp)

한국고전적종합목록시스템(국립중앙도서관)(http://www.nl.go.kr/korcis)

한국역사정보통합시스템(한국학중앙연구원)(http://yoksa.aks.ac.kr/)

■ 송 만 오 〈계보자료를 통해서 본 조선시대 중인의 사회적 지위〉

참고문헌

『朝鮮王朝實錄』

『承政院日記』

『科擧謄錄』

『姓源錄』

『安東權氏成化譜』

『文化柳氏嘉靖譜』

『氏族源流』

『東國文獻』

『全州李氏族譜』

『南陽洪氏族譜』(1716)

『昌寧趙氏族譜』

金世禧. 『寬我堂遺稿』.

金相淳. 『靜軒集』.

金澤榮. 『金澤榮全集』.

Edward. W. Wagner 저. 이훈상·손숙경 공역. 2007. 「조선전기에 출간된 두 족보 안동권씨성화보와 문화유씨가정보」. 『조선사회의 성취와 귀속』. 일조각.

김두헌. 2008. 「18~19세기 중인 사회의 嫡庶差別과 共存 - 川寧玄氏 玄啓根 家門의 사례」. 『국학연구』 12.

송만오. 2001. 「11851년의 中人通淸運動과 조선후기 중인층의 동향」. 『全州史學』 8.

_____. 2011. 「영조대의 문과 운영에 대한 몇 가지 검토」. 조선시대사학회 발표.

송준호. 1987. 「한국에 있어서의 가계기록의 역사와 그 해석」. 『조선사회사 연구』. 일조각. pp.37-38

송준호·송만오. 2008.『조선시대 문과백서(상)』. 삼우반.
신명호. 1996.「조선 초기 八議와 형사상의 특권」.『淸溪史學』12.
이남희. 1999.「조선후기 雜科中人 연구」. 이회.
_____. 2010.「조선후기 의과팔세보의 자료적 성격과 의미」.『조선시대사학보』52.
이성무·최진옥·김희복 편. 1990.『조선시대 잡과합격자 총람』. 한국학중앙연구원.
정옥자. 1980.「詩社를 통해서 본 朝鮮末期 中人層」.『한우근박사정년기념사학논총』.
한영우. 1980.「조선후기 중인에 대하여-철종조 중인통청운동자료를 중심으로」.『한국학보』45.

■ 전 경 목 〈고문서를 통해 본 족보 절판 과정상의 분쟁〉

참고문헌

구본욱. 2005. 『300년간 지속해 온 논쟁 - 능성구씨 종손권 논쟁의 전말』. 도서출판 대광.

권기석. 2010. 「15~17세기 족보 편찬과 참여계층 연구」. 서울대 박사학위논문(미간행).

김용선. 1999. 「족보 이전의 가계기록」. 『한국사시민강좌』 24.

노명호. 1999. 「한국사 연구와 족보」. 『한국사시민강좌』 24.

박병호. 2006. 「본관의 소멸과 통합에 관한 연구-밀양박씨 사례를 중심으로」. 『동방학』 12.

_____. 2010. 「朝鮮後期 譜訟의 一事例-宗統繼承과 僞譜」. 『한국계보연구』 1.

서울대학교규장각. 1998. 『고문서』 5.

_____________. 2001. 『고문서』 23.

송준호. 1987. 『조선사회사연구』. 일조각.

송찬식. 1999. 「족보의 간행」. 『한국사시민강좌』 24.

양진석 외. 2007. 『최승희서울대명예교수소장 조선시대고문서』. 다운샘.

와그너. 2007. 「『안동권씨성화보』와 『문화유씨가정보』 그리고 조선전기 지배엘리트의 동질성」. 『조선왕조 사회의 성취와 귀속』. 일조각.

이수건. 2003. 『한국의 성씨와 족보』. 서울대학교출판부.

이종일. 1992. 「능성구씨 좌정승공파의 종중시비」. 『법사학연구』 13.

전경목 외 번역. 2003. 「조선말기 어느 요호부민가의 신분상승을 위한 노력」. 『호남문화연구』 31.

_____외 번역. 2006. 『유서필지』. 사계절.

전북대학교박물관. 1999. 『박물관도록-고문서』.

정승모. 2010. 『한국의 족보』. 이화여자대학교출판부.

최재석. 1983. 『한국가족제도사연구』. 일지사.

호남기록문화시스템. http://honam.chonbuk.ac.kr/

규장각한국학연구원. http://e-kyujanggak.snu.ac.kr/

■ 정 승 모 〈족보에 나타난 성씨의 移居와 지역의 역사〉

참고문헌(족보자료)

『萬姓大同譜』

『萬家譜』

『朝鮮系行譜』

『南陽洪氏文正公派譜』(2000년)

『江華崔氏世譜』(5권, 1936년)

『慶州李氏評理公派世譜』(6권, 2003년)

『杞溪兪氏族譜』(1991년)

『南原梁氏世譜』(1856년)

『綾城具氏判安東公派世譜』(1959년)

『東萊鄭氏文翼公派譜』(1958년)

『東萊鄭氏派譜』(1945년)

『文化柳氏夏亭公派譜』(2002년)

『密陽朴氏糾正公派世譜』(1928년)

『密陽朴氏族譜』(上下, 1662년 壬寅譜)

『瑞興金氏族譜』(3책, 1731년 초간보)

『瑞興金氏族譜』(4책, 1846년 병오보)

『順興安氏族譜』(3책 원.이.정, 1765년)

『順興安氏族譜』(권1-15, 1845년)

『安城金氏派譜』(二冊, 1920년)

『安城李氏世譜』(上下二冊, 1984년)

『陽川許氏慈山公派世譜』(3권, 1995년)

『礪山宋氏正嘉公派譜』(1857년)

『五校甲子增修淸州韓氏大同族譜』(1925년)

『鎭川(常山)林氏世譜』(全, 1983년)

『鎭川宋氏世譜』(九冊, 1859년)

■ 손 병 규 〈조선왕조 1600년경 편찬 족보의 계보형태와 특성
- 1606년 편찬 『晉陽河氏世譜(萬曆本)』의 분석을 중심으로〉

참고문헌

『安東權氏成化譜』(1476년 편찬)

『四姓綱目』(李魯. 1597년 편찬). 『春坡心易』(姜鳳海. 19세기중엽 편찬)

『경남문화자료총서1; 四姓綱目・春坡心易』. 경상대 경남문화연구원. 2002년 영인

『晉陽河氏世譜(萬曆本)』 (1606년 편찬; 『계명대학교 동산도서관 고문헌총서 13-晉陽河氏世譜(萬曆本)-』. 계명대학출판부. 2010년 영인)

『安東權氏甲午譜』(1654년 편찬)

多賀秋五郎. 1981. 『中國宗譜の硏究』 上. 日本學術振興會.

瀨川昌久. 1996. 「第三章 宗族間の連合と連帶」. 『族譜-華南漢族の宗族·風水·移住』. 風響社.

Martina Deuchler. 1992. The Confucian Transformation of Korea: A Study of Society and Ideology. Council on East Asian Studies. Cambridge.

常建華. 2005. 「明代的宗族鄕約化」. 『明代宗族硏究』. 上海人民出版社.

金京蘭. 2000. 「조선후기 가족제도 연구의 현황과 과제」. 『조선후기사 연구의 현황과 과제(姜萬吉敎授停年紀念)』. 창작과비평사.

원창애. 2002. 「『松巖世譜四姓綱目』解題」. 『경남문화자료총서 1; 四姓綱目·春坡心易』. 경상대 경남문화연구원.

成鳳鉉. 2004. 「固城李氏 『先世外家族譜』와 『八高祖圖』」. 『古文書硏究』 24. 한국고문서연구회.

孫炳圭. 2004. 「인구사적 측면에서 본 호적과 족보의 자료적 성격」. 『大東文化硏究』 46. 성균관대 대동문화연구원.

_____. 2010. 「13~16세기 호적과 족보의 계보형태와 그 특성」. 『대동문화연구』 71. 성균관대 대동문화연구원.

宮嶋博史. 2007. 「東洋文化研究所所蔵の朝鮮半島族譜資料について」. 『明日の東洋學』 7. 東京大東洋文化研究所.

권고나관. 2009. 「『安東權氏成化譜』를 통해서 본 한국 족보의 구조적 특성」. 『대동문화연구』 62. 성균관대 대동문화연구원.

권기석. 2007. 「15~17세기 족보의 편제 방식과 성격-서발문의 내용 분석을 중심으로」. 『奎章閣』 30. 규장각 한국학연구원.

_____. 2010. 「15~17세기 족보 편찬과 참여계층 연구」. 서울대 박사학위논문.

Lee, Sangkuk & Park, Hyunjoon. 2008. 「Marriage, social status, and family succession in the medieval Korea」. Journal of Family History 33.

장인진. 2010. 「계명대학교 동산도서관 소장 『晉陽河氏世譜』(萬曆本) 해제」. 『계명대학교동산도서관고문헌총서 13-晉陽河氏世譜(萬曆本)-』. 계명대학출판부.

박홍갑. 2010. 「고성이씨 족보의 간행과 그 특징」. 『고성이씨 가문의 인물과 활동』. 일지사.

참고문헌

『璿源續譜』. 1856, 1878, 1900.

全州李氏 長川君派譜. 1989.

咸陽朴氏 世譜. 1694, 1789, 1850, 1939.

全州李氏 撫按大君派譜. 1833, 1847, 1900, 1962, 1977.

咸陽朴氏 恥庵公派世譜. 1987. 강릉김씨

김두종. 1966. 『한국의학문화대년표』. 탐구당,

김재호. 2001. 「한국 전통사회의 기근과 그 대응: 1392-1910」. 『경제사학』 30.

박기주. 2000. 「1930년대 조선의 산업변화와 인구이동」. 『경제사학』 28.

박희진. 2002. 「조선후기 가계당 평균구수 추세 — 족보를 이용한 가족재구성을 중심으로—」. 『경제사학』 33.

박희진·차명수. 2003. 「조선후기와 일제시대의 인구변동-전주이씨 장천군파와 함양박씨 정랑공파 족보의 분석-」. 『경제사학』 35.

손병규. 2003. 「인구사적 측면에서 본 호적과 족보의 자료적 성격」. 『한국역사인구학의 방향 설정을 위하여』. 동아시아학술원 국제학술회의 발표논문.

안병직·이영훈 외. 2001. 『맛질의 농민들』. 일조각.

우대형. 2003. 「조선후기 인구압력과 상품작물 및 농촌직물업의 발달」. 『경제사학』 34.

은기수. 1998. 「조선후기 호적과 족보를 이용한 인구와 가족의 재구성-단성현 안동권씨 상암선생파를 한 예로」. 『한국의 사회와 문화』 25.

이기순. 1996. 「봉산 이씨 족보를 통해 본 조선시대 가족 규모」. 『홍익사학』 6.

_____. 2001. 「조선후기 고려신씨의 혼인 출산과 수명」. 『한국사학보』 10.

이규근. 2001. 「조선후기 질병사 연구 - "조선왕조실록"의 전염병 발생 기록을 중심으로」. 『국사관논총』 96.

이홍탁. 1984. 『인구학-이론과 실제』. 법문사.

차명수. 2009.「조선후기의 출산력, 사망력 및 인구증가 : 네 족보에 나타난 1700~1899년간 생몰 기록을 이용한 연구」.『한국인구학』32.

宮嶋博史. 2001.「사망의 계절적 분포와 그 시기적 변화」.『맛질의 농민들』. 안병직·이영훈 편. 일조각.

_____. 2003.「한국 인구사연구의 현황과 과제」.『한국역사인구학의 방향 설정을 위하여』. 동아시아학술원 국제학술회의 발표논문.

Coale, Ansley J. and Paul Demeny. 1983. *Regional Model Life Tables and Stable Populations.* NewYork. Academic Press.

Costa, D.L. 2000. Understanding the Twentieth-Century Decline in Chronic.

Jannetta, Ann Bowman and Samuel H. Preston. 1991. "Two Centuries of Mortality Change in Central Japan: the Evidence from a Temple Death Register". *Population Studies* 45.

Kim, Kuen-Tae. 2005. "Eighteenth-century Korean marriage customs: the Tansŏng census registers". *Continuity and Change* 20(2).

Kwon, T. H. 1977. *Demography of Korea.* Seoul National Univ. Press.

Park, Heejin. 2008. Influences of the Yangban's Age at Marriage and Ban on Remarriage on Childbirth in Choson society. *Sungkyun Journal of East Asian Studies* 8.

Samuel H. Preston, Patrick Heuveline and Michel Guillot. 2001. *Demography -Measuring and Modeling Population Procdsses-*. Oxford: Blackwell.

[저자소개]

미야지마 히로시(宮嶋博史)

일본 교토(京都)대학 졸업, 전 도쿄(東京)대학 교수, 현재 성균관대학교 동아시아학술원 교수로 재직 중이다. 도쿄대학 동양문화연구소 소장 족보를 정리하면서 한국 족보의 의의를 소개한 바 있다. 한국의 조선시대와 근대시기의 사회경제사 및 사상사 연구를 동아시아적 시야에서 진행하여 국내외에 한국학의 위상을 높였다.

주저서로는 『朝鮮土地調査事業史の研究』(1991, 도쿄대학 동양문화연구소), 『兩班』(1995. 한국판1996, 도서출판 강), 『明清と李朝の時代』(1998공저. 한국판2003, 역사비평사), 『미야지마 히로시, 나의 한국사 공부—한국사의 새로운 이해를 찾아서』(2013, 너머북스) 등이 있다.

연구실 02)760-0728

E-mail : miyajimah@skku.edu

장인진(張仁鎭)

경북 청도 출생. 영남대학교 국문학과를 졸업하고 계명대학교대학원 한문학과에서 문학석사, 영남대학교 대학원 국문학과에서 문학박사 학위를 받았다. 현재 계명대학교 고문헌연구소 전임연구원 겸 간사로 재직하고 있으며 대구광역시 문화재위원회 위원, 경상북도 문화재위원회 전문위원, 영남퇴계학연구원 연구위원 등으로 활동하고 있다. 저서로 『영남 문집의 출판과 문헌학적 양상』(2011)이 있고, 공동저서로 『경상도 칠백년사』(1999), 『계명대학교 고서종합목록』(2004), 『동아시아의 목판인쇄』(2008), 『계명대학교 동산도서관 소장 고서의 자료적 가치』(2010), 『계명대학교 동산도서관 소장 선본 고서 해제집』1, 2, 3집(2008-2012년) 등 다수가 있다.

E-mail : cij@kmu.ac.kr

권기석(權奇奭)

서울대학교 인문대학 국사학과를 졸업하고, 동대학원에서 석사 및 박사학위를 받았다. 현재 서울대학교 규장각한국학연구원 학예연구사로 재직 중이다. 주된 관심사는 조선시대 족보의 편찬 과정에서 나타나는 친족관계의 양상과 사회적 영향이며, 주요 논문으로는 「15~17세기 族譜 편찬과 참여계층 연구」, 「조선시대 族譜의 入錄階層 확대와 한계 -凡例의 관련 규정을 중심으로-」 등이 있다.

E-mail : kwonks93@snu.ac.kr

김영진

고려대 한문학과를 졸업하고, 고려대 대학원 국어국문학과(한문학 전공)에서 석사와 박사학위를 받았다. 계명대 한문교육과를 거쳐 현재 성균관대 한문학과 교수로 재직 중이다. 주요 논문으로 「孝田 沈魯崇 문학 연구」, 「朝鮮後期의 明淸小品 수용과 小品文의 전개양상」, 「조선후기 실학파의 총서편찬과 그 의미」, 「조선후기 중국사행과 서책문화」, 「조선후기 서적 출판과 유통에 관한 일고찰」, 「박지원의 필사본 小集들과 自編稿 『煙湘閣集』 및 그 계열본에 대하여」, 「燕行錄의 체계적 정리 및 연구 방법에 대한 시론」 등이 있고, 공저로 『계명대학교 동산도서관 소장 고서의 자료적 가치』(2010), 『18세기 영남 한문학의 전개』(2011) 등이 있다. 역서로는 『눈물이란 무엇인가』가 있다.

E-mail : kyj2164@hanmail.net

성봉현

충남대학교 충청문화연구소 연구교수로 현재 재직 중이다. 「고성이씨 『선세외가족보』와 『팔고조도』 검토」(『고문서연구』 24, 2004). 「일제시기 문집간행과 출판검열-송암집을 중심으로-」(『서지학보』 31, 2007) 외 다수가 있다.

E-mail: sung6927@hanmail.net

옥영정

경북대학교를 졸업하고 성균관대학교에서 박사학위를 받았다. 현재 한국학중앙연구원 인문학부 고문헌관리학전공 부교수로 재직 중이다. 주된 관심사는 한국고인쇄문화의 올바른 이해와 새로운 의미를 찾아내는 것이다. 〈조선시대 책의 문화사〉, 〈조선의 백과지식〉, 〈장서각에서 옛기록을 만나다〉, 〈규장각과 책의문화사〉, 〈승총명록으로 보는 조선후기 향촌지식인의 생활사〉, 〈풍석 서유구와 임원경제지〉 등을 공동저술하였다.

E-mail: gabinja@hanmail.net

송만오

서강대학교에서 학사와 석사 그리고 전남대학교에서 박사를 마친 후 현재 전주대학교 겸임교수로 재직 중이다. 「조선후기 중인의 개화운동」으로 박사학위를 취득하였으며 이후 조선시대 향촌사회의 모습, 일제하 청년회의 활동, 조선시대 문과제도 및 그 운영 등의 문제를 다룬 글을 다수 발표하였다.

E-mail : songcop@hanmail.net

전경목

전북대학교 문과대학 사학과를 졸업하였다. 전북대학교박물관 학예연구사를 거쳐 현재 한국학중앙연구원 고문헌관리학과 부교수로 재직 중이다. 저서로는 『우반동-고문서를 통해서 본 우반동과 우반동 김씨의 역사』(2001), 『고문서에게 물은 조선시대 사람들의 삶』(2009. 공저)와 논문으로는 「조선후기의 교생」(2008)외 다수가 있다.

E-mail : ckmok@ask.ac.kr

정승모

서울대학교 인류학과 및 동 대학원 졸업(문학석사), 한국학중앙연구원 한국학대학원 졸업 (문학박사)했다. 전남대학교 사회학과 전임강사, 국립민속박물관 학예연구사, 서울시 문화재과 전문직공무원, 경기도 문화재전문위원, 문화재청 문화재감정위원, 문화재청 문화재전문위원, 문화관광부 심의위원, (사)지역문화연구소 소장 등을 역임했다. 저서로는 『시장의 사회사』(1992), (2002년 日語版 『市場の社會史』(韓國の學術と文化 11, 法政大學出版局) 번역출간). 『한국의 세시풍속』(2001), 『경기누정문화』(2003, 공저), 『시장』(2006), 『하회마을』(2007), 『한국인의 생사관(2008, 공저), 『松簷-서백당・관가정의 건축과 의례』(2009), 『동국세시기』(2009), 『조선후기 지역사회구조 연구』(2010), 『족보』(2010)가 있다.

E-mail : rcrc2@hanmail.net

손병규(孫炳圭)

도쿄(東京)대학에서 '조선후기 지방재정사 연구'로 박사학위를 받았다. 현재 성균관대학교 동아시아학술원 교수. 조선시대~식민지시대초기 사회경제사와 호적・족보를 이용한 인구사 연구를 병행하고 있다.

주저서로는 『호적, 1606~1923 호구기록으로 본 조선의 문화사』(2007, 휴머니스트), 『조선왕조 재정시스템의 재발견』(2008, 역사비평사) 등이 있다.

연구실 02)760-0137

E-mail : sonbgu@skku.edu

박희진

영남대학교 상경대학 경제학과 박사를 졸업했다. 낙성대경제연구소 연구위원과 경북대학교 영남문화연구원 HK연구교수를 역임했으며, 현재 경북대학교 경제통상학부 초빙교수로 재직중이다. 족보, 호적, 혼서, 문집 등 고문헌을 이용하여 조선시대 사람들의 출생, 혼인, 사망 등 인구현상과 같은 사회경제적 조건을 연구해왔으며, 인구현상을 통해 한국의 사회 및 경제현상과의 관련성과 생활조건에 대해 관심을 가지고 있다. 또한 조선시대 및 일제시대의 신장을 통해 생활여건 및 수준의 변동추이에 대해서도 관심을 갖고 연구를 진행 중에 있다. 저서로는 『수량경제사로 본 조선후기』(서울대출판부, 2004(공저)), 『고문서로 읽는 영남의 미시세계』(경북대출판부, 2010(공저)), 『조선후기 재정과 시장』(서울대출판부, 2010(공저)), 『수령의 사생활』(경북대학교 출판부, 2010(공저))가 있으며, 논문으로는 "Mesuring living standards from lowest : Height of male Hangryu deceased in colonial korea" Explorations in Economic History. 48(4), Elsevier, 2011. (with Kim, Duol), "Sources for an Historical Demography of Korea: An Introduction", The Review of Korean Studies.13(3), The Academy of Korean Studies, 2010,(with Kim,Duol), 「일제하 언양지역 기류가구의 분거-거주등록부의 분석-」(『고문서연구』34, 한국고문서학회, 2009), 「20세기 호적부의 인구기재범위와 기록의 정확성」(『대동문화연구』63, 대동문화연구원, 2008)등이 있다.

E-mail: heejinp@knu.ac.kr

한국족보의 특성과 동아시아에서의 위상

2013년 09월 05일 초판1쇄 인쇄
2013년 09월 16일 초판1쇄 발행

지은이 **계명대학교 한국학연구원 편**
펴낸이 **신 일 희**
펴낸곳 계명대학교 출판부
(704-701) 대구광역시 달서구 달구벌대로 1095
TEL: (053)580-6233
FAX: (053)580-6235
홈페이지: www.kmupress.com
출판등록: 제347-1998-1호(1970. 9. 1.)

ISBN 978-89-7585-647-1 93990

정가 31,000원

*잘못된 책은 교환하여 드립니다.

이 도서의 국립중앙도서관 출판시도서목록(CIP)은 서지정보유통지원시스템 홈페이지(http://seoji.nl.go.kr)와 국가자료공동목록시스템(http://www.nl.go.kr/kolisnet)에서 이용하실 수 있습니다. (CIP제어번호 : CIP2013017261)